1862년, 고등학교를 졸업한
무렵의 메치니코프

1870년대 말, 또는 1880년대 초 메치니코프와 올가의 모습

1890년, 올가와 메치니코프(맨 앞줄 우측에서 두 번째), 그리고 러시아에서 건너온 파스퇴르 연구소의 연구생들.
뒷줄 맨 왼쪽에 서 있는 사람이 발데마르 하프킨이다.

메치니코프와 에밀 루

메치니코프와 올가(우측), 마리 레미

1905년경, 메치니코프와 릴리

잡지 『상트클레르Chanteclair』에 실린 B. 몰로흐B. Moloch의 메치니코프 풍자화, '백세 노인을 생산하다.' 1908년, No.4, 7p

1909년 5월, 야스나야폴라나에서 함께한 메치니코프와 레오 톨스토이

1909년 러시아 여행 중의 메치니코프와 올가

1914년, 파스퇴르 연구소에서 자신의 실험실에 앉아 있는 메치니코프

메치니코프의 저서 『감염성 질환과 면역』에 실린 그림

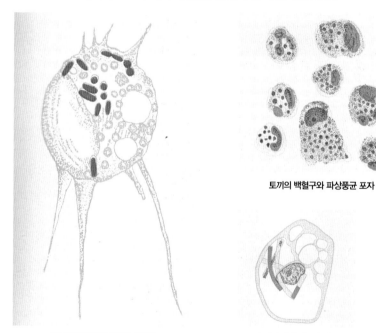

토끼의 백혈구와 파상풍균 포자

기니피그의 대식 세포와 대장균

쥐 간의 대식 세포와 세균

면역,

메치니코프에 묻다

면 역,
IMMUNITY

메치니코프에 묻다

코로나19 팬데믹 세상
면역의 아버지가 들려주는 바이러스와 면역

동아엠앤비

어머니께,
그리고 아버지를 추억하며

Ⅲ. 면역 전쟁

Ⅳ. 요구르트가 전부는 아니다

• 차 례 •

과학자는 당장 귀에 들리는
비난이나 칭찬보다
100년 뒤에 어떤 평가를 받게 될 것인지에
신경 써야 한다.

– 루이 파스퇴르Louis Pasteur, 1864년 7월.
『국민의 의견L'Opinion Nationale』지의 편집장
아돌프 게룰트Adolphe Guéroult에게 쓴 서신에서

메치니코프의 이름에 대하여

일리야 일리치 메치니코프Ilya Ilyich Metchnikoff는 고향인 러시아 외에 다른 곳에서는 다양한 이름을 사용했다. 해외 독자를 겨냥하여 연구 발표를 하거나 외국 생활에 적응해야 할 때 이러한 일은 불가피하다.

메치니코프는 해외 학술지에 논문을 실을 때나 러시아를 떠나 생활할 때 일리야Ilya라는 이름을 다른 이름으로 바꾸었다. 영어권에서 '엘리야Elijah'로 불리는 동명의 옛 예언자가 언어권마다 조금씩 다른 이름으로 불리듯, 그도 독일에서는 엘리아스Elias, 프랑스에서는 엘리Elie라는 이름으로 불린다. 성은 러시아어 성 미즈니코우Mecznikow와 가급적 비슷하게 발음될 수 있도록 미슈니코프Metschnikoff로 바꾸었다가, 프랑스에 완전히 정착한 후에는 프랑스어 발음에 맞춰 메치니코프Metchnikoff를 사용하였다. 보통 메치니코프의 성을 음역할 때 러시아식 철자를 반영하

여 'Mechnikov'라고 쓰지만, 이렇게 쓰면 러시아어에서 어미 '-ov'가 '오
프-off'에 가깝게 발음된다는 사실이 잘 반영되지 않는다.

이렇게 다양한 이름이 사용되다 보니 동일한 기관에서도 이름이 일
정하게 사용되지 않는 경우가 종종 발생한다. 예를 들어 노벨상 상장에
는 엘리 메치니코프Elie Metchnikoff라고 명시되어 있지만 노벨상 공식 웹사
이트에는 일리야 메치니코프Ilya Mechnikov라고 나와 있다.

이 책에서는 그의 어린 시절을 이야기할 때는 일리야Ilya라는 이름을
사용하고, 더 나이가 든 이후의 삶을 전할 때는 메치니코프 본인이 해외
에서 사용한 이름과 성인 엘리 메치니코프Elie Metchnikoff를 사용했다. 프랑
스에서는 그의 이름 철자가 Élie이지만 영어에서는 강세를 표시하지 않
으므로 이 책에서도 그렇게 적었다.

Ⅰ. 나의 메치니코프

1. 반전

1916년 7월 15일, 파리의 날씨는 흐리고 숨이 턱턱 막힐 만큼 습했다. 한때 루이 파스퇴르Louis Pasteur가 머물렀던 아파트의 금빛 문양이 그려진 벽지와 동양풍 양탄자, 새김 장식이 들어간 골동품 가구 위로 철재 창틀을 지난 빛이 쓸쓸하게 내려앉았다. 파스퇴르 연구소Pasteur Institute에 마련된 이 거주 공간은 파스퇴르를 추앙하던 사람들이 고마운 마음을 담아 선물한 유화와 꽃병, 자그마한 조각상 같은 작품들로 가득 채워져 흡사 박물관 같았다. 과학의 성지와도 같은 이곳에, 엘리 메치니코프가 북슬북슬한 은빛 머리카락과 수염으로 덮인 큼직한 머리를 베개에 얹고 누워 있었다. 호리호리하고 얼굴이 갸름한 쉰일곱의 아내 올가Olga가 침대 옆에 앉아 그의 두 손을 맞잡고 있었다. 메치니코프가 평생을 헌신한 과학, 그 과학이 지금 그를 저버리고 있다.

자신이 죽어 가고 있다는 사실은 잘 알고 있었지만, 이 순간 메치니코프가 가장 두려워한 건 죽음이 아니었다. 스스로 정한 기준보다 수십 년이나 이른 일흔 살에 이렇게 세상을 떠난다면 생명과 건강, 수명에 관한 자신의 이론에 의혹이 제기될지도 모른다는 사실이 무엇보다 두려웠다.

메치니코프는 이미 밝혀진 내용보다는 새로운 분야를 개척하는 연구에서 더 탁월한 능력을 발휘했다. 1908년에 수상한 노벨 생리·의학상도 현대 면역학의 토대를 마련한 공을 인정받은 일이었다. 이후에도 그는 최초로 노화에 대한 체계적인 연구를 시작해 '노년학gerontology'이라는 용어를 직접 만들었다.[1] 미래 세대는 150세까지 생존할 수 있다는 것이 그의 주장이었다. 그는 이들 세대가 건강을 유지하기 위해서는 장에 유익한 미생물이 해로운 미생물 대신 계속해서 생존할 수 있도록 요구르트 같은 발효유를 마시는 등의 노력을 해야 한다고 믿었다.

저명한 과학자에게서 나온 만큼, 이 아이디어는 돌풍을 일으켰다. 메치니코프는 국제적인 명사가 되고 전 세계가 발효유에 열광했다. 영국의 한 잡지사가 1911년에 실시한 여론조사에서는 메치니코프가 세상에서 가장 위대한 인물 열 명 중 한 명으로 뽑혔다.[2] 그러나 지금, 메치니코프의 심장은 그가 목표로 생각한 수명의 절반에도 채 이르지 못한 나이에 힘을 잃었고, 그가 설파해 온 것들도 함께 묻힐 위기에 처했다.

"약속 잊지 말게. 자네는 내 몸을 부검해야 해."[3]

이탈리아인 의사가 방에 들어서자 메치니코프가 말을 건넸다. 30여 년의 세월을 보낸 파스퇴르 연구소에서 그의 가르침을 받은 수많은 학생들 중 한 명이었다.

---

1) 『경계를 넘다: 과학으로 등장한 노년학(Crossing Frontiers: Gerontology Emerges as a Science)』(케임브리지: Cambridge University Press, 1995)의 저자이자 역사학 교수인 W. 앤드류 아첸바움(W. Andrew Achenbaum)은 메치니코프가 '노년학(gerontology)'이라는 용어를 처음 만들었다고 밝혔다. (필자가 수신한 이메일에서, 2010년 8월 17일)

2) 『스탠다드 매거진(Standard Magazine)』의 투표, "10인 선정(Who Are the Ten)"

3) ZIIM, 218.

"내 장을 주의 깊게 살펴보게. 거기 뭔가 있을 것 같거든."

메치니코프는 생이 다 끝난 후에도 평생 지켜 온 방식을 고수하려고 했다. 바로 자신을 연구 대상으로 삼는 일이었다. 갑자기 그가 몸을 심하게 움직이자 올가는 제발 가만히 좀 누워 있으라고 간청했다. 그러나 남편의 대답은 들을 수 없었다. 베개 위로 메치니코프의 머리가 풀썩 떨어졌다.

파스퇴르 연구소 정면에 세워진 삼색기가 깃대 중간까지 내려져 조기로 게양됐다.

근 2년째 맹위를 떨치고 있던 제1차 세계대전으로 수백만 명이 죽어 가던 시절이었음에도 이 특별한 죽음은 전 세계에서 주요 뉴스로 다루어졌다. 각국 언론은 일제히 메치니코프를 파스퇴르, 리스터, 로베르트 코흐와 더불어 '세균학으로 인류의 생명을 구한 불멸의 존재들' 중 한 사람이라며 한목소리로 찬사를 쏟아 냈다. 그러나 메치니코프가 우려한 대로, 그의 사망 소식은 수명에 관한 생전의 이론에 치명타가 되고 말았다.

얼마 지나지 않아 메치니코프의 이름은 잊혔다. 노년학이든 면역학이든 그의 연구를 이어 간 사람은 거의 찾을 수 없었다. 메치니코프가 일으킨 요구르트 열풍만 대서양 양쪽 대륙에서 불멸의 존재감을 입증해 보였을 뿐이다. 역사에 관심이 많은 면역학자나 수명을 늘리는 방법을 찾는 일에 심취한 몇몇 사람들을 제외하면, 메치니코프가 세상을 떠난 뒤 파스퇴르 연구소 외에서는 아무도 그를 기억하지 못했고 떠올린다 한들 대부분 요구르트와 관련된 일이 전부였다.

그러나 한 곳만은 예외였다. 그가 태어난 나라에서 일리야 일리치 메치니코프라는 이름은 사람들의 기억에 남은 것은 물론, 존경의 대상이었다. 게다가 그러한 명성은 요구르트와 전혀 상관이 없었다.

내가 모스크바에서 어린 시절을 보낸 1970년대 초반에 메치니코프는 '러시아의 파스퇴르'라 불리며 러시아 국민의 재능을 입증한 훌륭한 본보기로 여겨졌다. 소비에트 통치 체제하에서 메치니코프는 러시아 역사 속 다른 영웅들과 더불어 숭배해야 할 대상으로 찬양받았다. 이는 국민들이 스스로를 위대한 국가의 일원이라 느끼게 함으로써 소속감을 불어넣는 통치 방식에서 기인했다. 9학년 때 받은 교과서는 소비에트 사회주의 공화국 연방의 역사를 사상적으로 치우친 시각으로 다루고 메치니코프를 '조국과 과학에 헌신적으로 봉사한 표본'[4]으로 신성시했다. 내가 다닌 모스크바 제732 중등학교 아이들은 당시 소비에트 연방 전체에서 공부하던 5천만여 명의 다른 모든 학생들과 마찬가지로, 메치니코프가 '부르주아적인 정신'에 맞서 용맹하게 고투를 벌이고 '러시아와 세계 문화가 제국주의 시대에 이룬 가장 위대한 성취인 레닌주의'가 발전하는 데 힘을 보탠 인물[5]이라고 배웠다.

그러나 소비에트 체제에 동조하지 않는 부모 밑에서 자란 여러 아이들이 그랬듯 나 역시 이렇게 영웅을 우상화하는 방식에 질색했다. (우리 집안은 아주 오래전부터 소비에트의 억압적인 체제에 원한이 맺힌 상태였다.) 솔직히 나는 메치니코프나 교과서에 등장하는 다른 러시아의 위인들이 이룩했다는 업적이 대부분 공산주의 선전을 위해 지어낸 거짓말이 아닐까 하고 의심했다. 그래서 열일곱 살이 되던 해에 러시아를 영원히 떠나게 되었을 때, 이제 더 이상 그런 위인들에 관한 이야기를 듣지 않아도 된다는 사실에 너무 기뻤다.

---

4) 베르킨(Berkhin), 페도소프(Fedosov), 『소련의 역사(Istoriia SSSR)』, 105.

5) 위와 동일, 104.

30년의 세월이 흘러 2000년 중반쯤 이스라엘에서 과학 저술가로 일하던 시절, 나는 영국에서 면역학 분야의 뛰어난 학자로 알려진 레슬리 브렌트Leslie Brent 교수로부터 이메일을 한 통 받았다. 당시 나는 과학사에서 거의 알려지지 않은 중요한 사건들을 취재하던 중이라, 브렌트 교수에게 훌륭한 면역학자들 가운데 생애가 제대로 다루어진 적이 없다고 생각되는 인물들을 알려 달라고 부탁했었다. 그런데 브렌트 교수가 보내온 명단 상단에 적힌 이름 하나가 내 눈을 사로잡았다. 메치니코프였다. 그 이름을 보자마자 가지런히 땋고 다니던 머리와 만년필, 고등학교 때의 갈색 모직 교복까지 내 십 대 시절의 기억들이 소환됐다. 내가 그동안 얼마나 근시안적으로 생각해 왔는지 놀라울 뿐이었다. 내가 이런 천재적인 인물을 아예 배제할 대상이라 판단하고 싹 잊어버렸단 말인가?

분명 어릴 때부터 시작된 것으로 보이는 이 판단 착오를 바로잡기 위해 나는 조사를 해 보기로 결심했다. 메치니코프는 누구인가? 교과서에서 본 내용처럼 정말 그토록 위대한 인물인가?

메치니코프의 삶을 깊이 파고들어 보니 가히 전설이라 해도 될 법한 이야기와 만날 수 있었다. 외딴 마을에서 성장하며 장차 의학에 혁신을 일으킬 만한 이론을 탄생시키는 과학자를 꿈꾸었던 한 소년의 이야기였다. 그 아이는 나중에 인체에 면역이라는 치유력이 내재되어 있다는 현대 의학의 개념을 처음으로 밝혀낸다.[6] 오늘날 우리는 면역 체계가 우리 몸을 보호한다는 사실을 당연하게 받아들이지만, 불과 한 세기 전만 하더라도 주류 의학계에는 인체에 내재된 방어 기능이라는 개

---

6) 타우버(Tauber), "면역학의 탄생 Ⅲ(The Birth of Immunology Ⅲ)", 522; 타우버(Tauber), 체르냐크(Chernyak), 「메치니코프와 면역학의 기원(Metchnikoff and the Origins of Immunology)」, 135.

념 자체가 존재하지 않았다. 그러다 1880년대 초 어느 날, 메치니코프가 안경을 고쳐 쓰고 현미경을 가만히 들여다보고는 몸속에서 치유력이 발휘되는 장면을 직접 보았다고 공언한 것이다.

메치니코프는 의사가 아닌 동물학자였기에 아웃사이더로 여겨졌다. 그가 주창한 면역 이론은 독일에서 공격을 받았고, 프랑스의 한 유명한 과학자는 "동양에서 건너온 동화"[7]라고 칭하기도 했다. 그런 메치니코프가 어떻게 면역학의 창시자 대열에 포함될 수 있었을까? 인류의 의식에 그토록 막대한 변화를 가져온 과학자가 러시아 외에서는 어째서 그토록 철저히 잊혔을까?

나는 메치니코프의 아내 올가가 쓰고 많은 사랑을 받은 그의 전기 『엘리 메치니코프의 삶Life of Elie Metchnikoff』부터 시작하여 그에 관한 책과 기사를 뒤지면서 그 답을 찾아 나섰다. 하지만 내 나름의 판단을 내려야겠다는 생각이 있었기에 메치니코프의 회고록과 서신 외에 그와 절친했던 사람들과 그를 싫어했던 사람들이 쓴 글들도 조사했다. 우크라이나로 가서 낡은 버스에 올라 몇 시간을 달려 메치니코보Mechnikovo로 향하며 그의 자취를 쫓기도 했다. 메치니코프가 어린 시절을 보낸 그곳 전원 마을의 이름은 그의 기억과는 다르게 바뀌어 있었다. 모스크바로 가던 길에 찾아간 한 도서관에서는 1945년 5월에 발행된 신문 『프라우다Pravda』를 마이크로필름으로 뒤져 보다가 메치니코프의 탄생 100주년을 알리는 기념 기사를 찾았다. 러시아연방 국가 기록 관리소에서는 제정 러시아 시대 황제가 결성한 비밀경찰이 메치니코프에 관해 조사한 보고서를 얻을 수 있었다.

---

7) EM, "이야기(Geschichte)", repr., ASS, vol. 7, 504.

원래 나는 사람들의 기억에서 부당하게 지워진 과학자에 관한 책을 쓰려고 했으나 전혀 예기치 못했던 일이 벌어졌다. 메치니코프의 운명이 갑자기 바뀐 것이다. 내가 그를 다시 발견하기 위해 애쓴 2000년대에 전 세계 과학계도 메치니코프의 존재를 새롭게 발견했다. 그가 제시했던 아이디어들도 별안간 되새겨지고 있다. 메치니코프 자신은 20세기 과학계에 족적을 남기고자 애를 썼지만 정작 그 노력은 21세기의 과학을 발전시켰다.

메치니코프의 과거에서 시작된 조사가 현재까지 이어지면서 나는 이 이례적인 반전이 어떻게 이루어졌을까 생각해 보았다. 메치니코프가 세상에 남긴 진짜 유산은 무엇인가? 그의 연구는 그가 소망한 대로 인류가 질병에서 벗어나는 데 도움이 되고 있는가? 현대 과학은 장내 미생물과 수명을 어떻게 바라보는가?

조사를 벌이는 내내 나는 메치니코프가 만약 자신이 이처럼 놀라운 부활의 주인공이 된 것을 알게 된다면 불명예를 씻었다고 여길지 궁금해졌다. 이로써 숨을 거두면서 그가 느낀 두려움은 전혀 그럴 만한 이유가 없는 것이었다는 결론을 내리게 될까? 그리고 이루고자 했던 주된 목표를 마침내 성취한 승자라고 스스로를 평가할까? 혹시라도 그렇다면, 너무나 오랫동안 기다리느라 약간은 언짢은 순간도 있었겠지만, 정말 달콤한 승리가 아닐 수 없으리라.

메치니코프의 업적이 새로이 인정받고 나니 그의 생애에 관한 책을 써야겠다는 의욕은 더욱 커졌다. 그러나 그때만 해도 나는 아주 중요한 정보를 놓치고 있다는 사실조차 모르고 있었다.

2. 파리에서의 끈질긴 기다림

2007년 가을, 나는 파리를 지나는 길에 오래전 메치니코프에 관한 이야기를 직접 들었을 만한 사람들을 찾아보았다. 그 과정에서 올가 메치니코프와 알고 지냈던 엘리 볼먼Elie Wollman 교수를 만나게 되었다. 그런데 볼먼 교수와의 이 만남은 셜록 홈스 뺨치는 수사를 벌이게 된 출발점이 되었고, 상황은 생각지도 못한 방향으로 흘러갔다.

볼먼 교수의 부친인 유진은 메치니코프가 말년에 파스퇴르 연구소에서 가르친 학생 중 하나였다. 그는 아들의 이름을 메치니코프와 같은 엘리로 지어 놓고 아들이 태어나기 전에 세상을 떠났다. 볼먼 교수는 평생을 파스퇴르 연구소의 학자로 살면서 미생물 유전학 분야에 획기적인 영향을 준 사실들을 발견하고, 나중에는 메치니코프처럼 연구소 부소장을 맡았다. 위트와 활기가 넘치고 날카로운 눈빛을 가진 그는 (나와 만났던 당시에 그는 아흔 살이었다.) 남편과 사별한 올가가 1944년에 사망하기 전까지 자신의 가족과 친구처럼 지냈던 소중한 기억을 내게 기꺼이 이야기해 주었다. 나는 그의 말 한 마디 한 마디에 귀를 기울였다. 그는 메치니코프와 알고 지낸 사람들 중에 내가 이야기를 나눌 수 있었던 가장 가까운 지인이었다.

"올가는 대단한 미인이었습니다. 아주 예뻤어요. 그리고 굉장히 순수했지요."

볼먼 교수는 불어로 당시의 기억을 이야기하면서 '캉되르candeur'라는 단어를 사용했다. 순진함 또는 순수함이라는 의미가 담긴 말이었다.

"평생을 어린 소녀의 마음으로 살았지요. 목소리마저 소녀 같았어요. 다른 사람에 대해서 듣기 거북한 말이나 못된 말을 하는 걸 한 번도 들은 적이 없습니다."

올가의 이 순수함에는 부부가 똑같이 가지고 있던 무한한 순진무구함이 분명 포함되는 것 같다. 제2차 세계대전이 벌어지고 파리를 장악한 나치가 도시 곳곳을 뒤지며 유대인을 체포하기 시작하자 볼먼 교수의 부모는 환자로 위장하고 파스퇴르 연구소에 숨어들었다. 그러나 1943년, 결국 두 사람은 적발되어 강제수용소로 보내졌다.

"있잖아, 사실 한편으로는 안심이 되는구나. 네 어머니가 최근 들어서 너무 피곤해하셨거든. 수용소에 가면 좀 쉴 수 있으실 거야."

올가는 어린 볼먼을 이렇게 위로했다. 믿기지 않을 만큼 상황을 제대로 파악하지 못한 것이다. 유진 볼먼과 그의 아내 엘리자베스 볼먼은 아우슈비츠에서 목숨을 잃었다.

우아한 분위기가 감도는 볼먼 교수의 아파트를 나서다가, 나는 거실에 걸린 그림 앞에 잠시 멈춰 감탄하며 바라보았다. 애수가 가득한 그 풍경화는 올가가 그린 그림이었다. 그때 그가 단서를 하나 내밀었다.

"릴리 레미Lili Rémy라는 이름을 찾아보세요."

익숙한 이름이었다. 메치니코프는 친구며 동료들의 아이들에게 대부가 되어 주었는데 릴리도 그런 아이들 중에 하나였다. 릴리는 파스퇴르 연구소에서 과학 일러스트레이터로 일한 에밀 레미Émile Rémy의 딸이었다. 볼먼 교수의 제안은 어딘가 마음을 끄는 구석이 있어서 나는 그 말을 따르기로 했다. 파스퇴르 연구소의 공식적 혹은 대외적으로 알려지지 않은 역사에 정통한 여러 사람을 통해, 나는 릴리가 메치니코프의 혼외자녀로 '널리 알려져 있다'[8]는 사실을 알아냈다. 프랑스어

---

8) 이 사실이 기록된 최초의 문서는 카바용(Cavaillon)이 『백혈구 생물학 저널(Journal of Leukocyte Biology)』(2011, 90. no.3: 414)에 기고한 "역사적 이정표(The Historical Milestones)"이다.

로는 사회의 암묵적 수용의 의미가 내포된 '앙팡 네추렐un enfant naturel', 즉 메치니코프의 사생아였다는 것이다.

릴리는 이미 세상을 떠났지만 외동아들인 자크 사다 Jacques Saada가 한동안 파스퇴르 연구소와 꾸준히 연락하고 지내면서 축하 행사나 기념식에 참석했다는 사실도 알아냈다. 그는 혈통과 관련하여 돌아가신 모친에게 제기된 의혹이 연구소에서 오랜 세월을 지낸 사람들 사이에서는 공공연한 비밀이었음을 몰랐던 것 같다. 스스로 그 미스터리에 푹 빠져 있으면서도 굳이 감추려고 한 걸 보면 말이다. 파스퇴르 연구소에서 임시직으로 일했던 한 사람은 "비밀인 것처럼 말하면서도 그 비밀이 지켜지지 않기를 바라는 눈치였다"[9]라고 회상했다.

파리에서 다시 이스라엘로 돌아온 후, 나는 메치니코프의 유일무이한 자손이자 혼외자녀로 보이는 사람의 아들을 반드시 찾아내야겠다는 생각이 들었다. 돌아오기 전, 파리 교외에 위치한 빌 다브레 어딘가가 자크 사다의 집이라는 사실을 알아내고 찾아가 봤지만 그는 이미 다른 곳으로 떠난 상태였다. 본격적으로 조사에 착수한 나는 자크 사다의 이웃들과 빌 다브레 지역 행정기관에서 일하는 사람들, 그가 살던 아파트의 매매를 맡았을 가능성이 있는 부동산 업자들에게 전화를 걸었다. 또 파스퇴르 연구소가 보유한 우편 수신지 목록에서 자크 사다의 이름 앞에 '메이터maître'라는 직함이 적혀 있었던 점에 주목했다. 이 직함은 법조계에서 일하는 사람들이 사용하는 것이기에, 주변에 살던 사람들 중에 직업이 변호사인 사람들까지 찾아서 연락을 해 보았다. 실낱같은 확률일지언정 혹시라도 누군가가 그를 알지도 모른다는 희망을

---

9) 아니크 페로(Annick Perrot), 2012년 12월 13일. 필자와의 인터뷰에서.

30   I. 나의 메치니코프

품고서.

그러던 중 자크 사다가 살았던 건물 관리인이 그가 몇 년 전에 이미 세상을 떠났다고 알려 주었다. 아뿔싸! 그래도 나는 조사를 멈추지 않았다. 그의 자녀라도 찾을 수 있지 않을까? 메치니코프의 직계 자손을 찾아낼 수 있을지 모른다는 기대는 내 상상력에 불을 지폈다.

몇 개월을 장거리 전화와 아무 소득 없는 인터넷 검색으로 보낸 끝에, 나는 마침내 단서를 찾았다. 2003년, 『르 세브리엔Le Sévrien』이라는 온라인 소식지에 게재된 한 부고 기사에서 자크 사다의 이름을 발견한 것이다. 사망증명서를 확인해 보니 사망 사실을 신고한 사람이 파트리스 랑베르Patrice Rambert 박사라는 사실을 알아낼 수 있었다. 그런데 그에게 전화를 걸어 미처 내 소개를 다 끝내기도 전에 저쪽에서 외치는 소리가 들려왔다.

"메치니코프 유품 때문에 연락하신 게로군요!"

나는 너무 놀라 말문이 막혀 버렸다. 유품이라니? 무슨 미스터리 소설에나 나올 법한 전개가 실제로 벌어지고 있었다. 랑베르 박사는 메치니코프가 쓰던 갖가지 물건과 편지가 다른 곳도 아닌 바로 샹젤리제 거리에 있는 은행 금고에 들어 있는데, 그걸 꺼낼 수 있는 사람이 아무도 없다고 이야기했다.

자크 사다는 2003년에 사망하기 전에 리옹 신탁은행 샹젤리제 지점의 안전금고 네 곳을 빌려 자신이 가지고 있던 메치니코프의 유품을 보관해 둔 것으로 드러났다. 프랑스 법에 따라 사다의 물품에 소유권을 주장하는 사람은 메치니코프의 유품과 함께 사다의 부채도 물려받게 되는데, 이 부채의 규모가 상당했다. 그러니 상속받겠다고 나선 사람이 아무도 없었던 것이다. 결국 메치니코프의 유품은 이 애매한 법적 상황 때문에 꼼짝없이 갇혀 있었다.

자크 사다가 보유하고 있었다는 유산을 파헤칠수록 그 금고 안에 엄청난 보물이 감추어져 있다는 생각이 머리를 떠나지 않았다. 한동안은 내가 헨리 제임스의 소설『애스펀의 러브레터The Aspern Papers』(모더니즘 소설의 선구자로 평가받는 미국 소설가 헨리 제임스의 이 소설에는 가공의 인물인 18세기의 위대한 시인 제프리 애스펀에 심취한 주인공이 등장한다. 그는 시인이 젊은 시절 한 여성에게 쓴 러브레터를 손에 넣고 말겠다는 일념으로, 150세 할머니가 된 그 여성의 집에 하숙생으로 들어가 그녀의 조카딸까지 유혹하려고 한다. – 옮긴이)에 등장하는 주인공이 된 기분이 들 정도였다. 어떻게 하면 과학사를 연구해 온 사람들에게도 알려지지 않은 그 수십 편의 편지와 문서에 접근할 수 있을까? 온갖 계획을 떠올려 보았지만 가능성이 있는 건 아무것도 없었다. 사본조차 구할 방도가 없었다. 게다가 프랑스는 사유 재산 보호에 관한 법률이 워낙 엄격하다. 이번 일의 경우에는 정확히 누구의 재산을 보호하려는 것인지가 애매한 측면이 있지만 말이다.

금고에 담긴 자료가 과연 이렇게 애쓸 만한 가치가 있는 것이긴 할까? 이런 생각이 문득 떠오르기도 했다. 숨겨진 메치니코프의 편지들이 '가족의 가치'를 중시했던 메치니코프의 신념을 명확히 밝혀 줄 것임은 분명했다. 그는 과학의 힘으로 언젠가는 세상 모든 가족들의 삶에 완벽한 조화가 찾아오리라 믿었다. 그러나 메치니코프의 러브레터도 포함되어 있을 텐데, 그것을 찾고 싶다는 바람이 커지는 만큼 그가 올가의 믿음을 저버린 증거를 드러내야 한다는 사실이 두려웠다. 올가와 메치니코프의 삶을 깊이 들여다보면서 이미 나는 그녀에게 끈끈한 유대감을 느끼고 있었기 때문이다. 올가가 직접 쓰고 수집해 둔 메치니코프의 전기와 수많은 자료만으로도 나는 엄청난 빚을 진 셈이었다. 현재 러시아 과학아카데미 기록보관소Archive of the Russian Academy of Sciences

에 보관된 그 자료들이 없었다면 내가 직접 책을 쓰겠다는 생각조차 할 수 없었을 것이다.

그런데 별안간 행운이 찾아왔다. 자크 사다의 지인을 찾다가 알게 된 사람 중에 요셉 하다드Joseph Haddad라는 파리 출신의 배려심이 많은 변호사가 있었다. 사다가 수년 동안 가난에 찌들어 살 때 도와준 인물로, 매력적이고 박식한 사람이었다. 그가 내가 겪고 있던 난관을 자기 일처럼 해결하려고 나선 것이다. 문제는 메치니코프의 전기를 쓰기 위해 자료 조사가 필요하다는 나의 입장이나, 메치니코프의 자료에 관심이 있다고 밝힌 파스퇴르 연구소의 의사만으로는 금고를 열어 달라는 요청에 법적인 힘이 실리지 않는다는 것이었다. 그대로 다시 몇 개월이 흘렀다. 금고 사용료가 지불되지 않으면 은행 측이 분명 금고를 비우려고 할 텐데, 그렇게 돼서 소설 속 애스펀의 경우처럼 자료가 몽땅 다 사라지면 어쩌나 불안했다.

하지만 어느 날 하다드 씨가 기쁜 소식을 알려 왔다. 돌파구가 될 만한 법의 허점을 찾아냈다는 것이었다. 프랑스 민법 784조가 바로 그것으로, 하다드 씨는 이 조항을 근거로 다음과 같은 세 가지 요구사항을 마련했다. 첫째, 금고를 열어 자크 사다가 상속인으로 지명한 여성을 위해 금고 안 물건의 목록을 만들 것. 둘째, 메치니코프 문서의 사본을 내가 사용할 수 있도록 할 것. 그리고 셋째, 파스퇴르 연구소도 문서 사본을 사용할 수 있도록 할 것. 그로부터 얼마 지나지 않아 목을 빼고 기다리던 하다드 씨의 이메일이 도착했다. 사건을 맡은 지방법원의 민사 재판부가 우리 측 요구를 허가했다는 소식이 담겨 있었다. 사실상 전례를 찾아볼 수 없는 결정이었다.

엘리 볼먼 교수에게 단서를 얻은 날로부터 5년이 지난 2012년 11월의 어느 흐린 아침, 나는 샹젤리제 거리의 리옹 신탁은행에 들어섰다. 둥글게 다듬어진 모서리와 그리스 신들의 머리를 조각한 돌을새김 장식으로 꾸며진 은행에 다다르자 영화주인공이라도 된 것 같은 기분이 들었다. 개선문과 불과 몇 분 거리에 있는 파리의 상징적인 장소, 나무들이 길게 늘어선 이 거리에 내가 서 있다는 사실만으로도 충분히 그럴 만했다. 그런데 그날 결국 금고를 부수는 일까지 벌어지면서 자크 사다가 남긴 방대한 사연 역시 할리우드 영화 같은 결말을 맞이했다.

원래는 보안상의 이유로 은행 금고는 열쇠 두 개로 열도록 되어 있고, 은행과 고객이 열쇠를 하나씩 보관한다. 그러나 정황상 사다의 열쇠는 분실된 것이 분명했다. 그리하여 캐롤 뒤파르크 크뤼사르Carole Duparc-Crussard라는 감독관이 지켜보는 가운데 금고를 부수는 절차가 진행됐다. 이 세련된 감독관은 플란넬 미니스커트 정장에 여우 털이 칼라에 달린 긴 검은색 코트를 걸치고 있었는데, 하이힐을 신고 반짝이는 빨간 헬멧을 눌러쓴 채 오토바이를 타고 나타나 영화 같은 분위기를 한껏 고조시켰다.

하지만 금고 내부에는 흔한 은행 강도 영화에 등장하는 것처럼 강화 소재로 된 큼직한 금고문 같은 건 없었다. 은은한 조명과 긴 벤치가 없다는 점만 빼면 체육관 탈의실과 흡사한 형태였다. 방 한가운데에는 금고를 이용하는 고객들이 귀중한 물품을 꺼내 놓을 수 있도록 까만 철제 테이블이 바닥에 고정되어 있었다.

금고가 해체되고 내용물을 보게 되면 엄청나게 신이 날 거라고 확신했건만, 자물쇠 네 개가 시시하게 드릴로 제거되고 그 속에서 온갖 봉투며 신발 상자, 사다의 가족들이 쓰던 물품들로 채워진 닳고 해어진 가죽 주머니들이 뒤죽박죽 섞여 나오는 것을 보자 당혹스러울 뿐이었다. 게다가 금고 내용물을 목록으로 작성하느라 여념이 없는 멋쟁이 뒤파르크 크뤼사르 씨가 있는 자리에서, 단 몇 시간 안에 무더기로 쌓인 문서를 샅샅이 살펴보아야 했다. 일솜씨가 기막히게 좋은 파스퇴르 연구소의 기록 관리 담당자 다니엘 드멜리에Daniel Demellier가 금고가 늘어선 공간 한쪽에 마련한 '사무실'에서, 나는 메치니코프와 역사적인 관련성이 있어 보이는 자료들을 전부 스캔하고 복사하느라 정신이 없는 시간을 보냈다.

은행을 다시 나설 때는 메치니코프가 레미 모자에게 쓴 150통 넘는 편지 등을 전자 문서로 만든 수백 장의 자료가 내 손 안에 있었다. (이 책이 출판될 때까지는 나 혼자만 간직하겠다고 파스퇴르 연구소와 사전에 약속을 했다.) 내가 손에 넣은 문서 중에는 메치니코프의 애정 생활에 관한 이야기가 담겨 있을 편지들과 함께 올가와 릴리가 작성한 편지들도 포함되어 있었다. 내가 이들의 사생활을 침해했다는 생각에 마음이 영 불편했지만 메치니코프가 저서에 남긴 말을 떠올리며 마음을 가라앉히려 애썼다.

"위대한 인물의 전기에서 가정생활에 관한 사실이 은폐되어서는 안 된다."[10]

은행을 나서는 발걸음이 짜릿했던 이유는 또 있었다. 전자 문서와 더불어 메치니코프의 개인적인 물건들 몇 개가 내 손에 들어왔기 때문이다. 주사기 하나, 오늘날 프로바이오틱스probiotics의 전신이라 할 수 있는 유산균 알약이 담긴 녹색의 철제 상자, 그리고 메치니코프가 노화 연구 중에 직접 자른 머리카락이 담긴 둥근 유리 상자 하나였다.

은행 금고 중 한 곳에서는 금테 코안경이 나왔다. 메치니코프가 쓰

---

10) EM, 『개척자들(Osnovateli)』, repr., ASS, vol. 14, 226.

던 것 같아서 나는 그 안경을 내 코에 걸쳐 보았다. 혹시라도 지금 이 세상을, 100년간 어둠에 묻혀 있던 별이 새삼스레 다시 떠오른 21세기 초의 세상을, 그의 눈으로 볼 수 있을까 기대하면서.

Ⅱ. 메시나의 계시

3. 유레카!

1882년 10월, 러시아 제국 오데사Odessa에서 동물학자로 활동하던 메치니코프는 장차 인생을 바꾸어 놓을 연구 여행길에 올랐다. 그는 이탈리아의 시칠리아 섬, 암석이 많은 언덕 끝자락에 위치한 메시나의 북적이는 항구에 도착했다. 머리카락이 늘 부스스하던 말년의 모습은 아직 나타나지 않은 모습이다. 가느다란 안경테 뒤로 긴 머리를 곧게 빗어 넘긴 그의 곁에는 아내 올가와 다섯 명이나 되는 그녀의 언니, 동생이 함께했다. 이들은 메치니코프와 늘상 동행하는 측근이 되어 있었고, 그도 사랑하는 아내와 그 가족들을 보살피는 데 익숙해져 있었다.

배가 항구로 들어설 때 메치니코프 일행은 오렌지색 나무상자며 다른 물건들이 널려 있는 지저분한 항구를 바라보았다. 부두에 줄지어 선 건물들은 제대로 관리되지 않은 모습이 역력한 데다 각기 제멋대로 세워진 모습이었다.

"메시나는 전체적인 풍경 면에서 돋보인다고 하기에는 어렵지만 주변 지역은 상당히 아름다웠다."[1]

메치니코프는 몇 년 뒤 러시아 신문 『러스키 베도모스티Russkie Vedomosti』에 게재한 에세이에서 메시나를 이렇게 회상했다. 그와 식구들은 마차를 타고 해안을 따라 이 주변 풍경 속으로 향했다. 고대부터 전해 내려온 메시나의 석벽 바깥에 자리한 교외 마을 링고Ringo가 목적지였다. 이들이 머물던 해안가의 작은 집에서 내다보면, 푸른색으로 환하게 빛나는 메시나 해협이 이탈리아 대륙의 남단 칼리브리아주의 파릇파릇한 산비탈과 맞닿은 모습이 한눈에 펼쳐졌다. 거울처럼 평평한 바다 풍경이야말로 한숨 돌리러 찾아온 메치니코프가 바라던 것이었다. 연구할 해양 생물이 필요하면 부두에 나가 원하는 것을 가진 어부를 찾기만 하면 다 해결되는 곳이기도 했다.

사실 메치니코프가 가고 싶었던 곳은 나폴리였다. 젊은 시절, 그는 그곳에서 동트는 새벽마다 동물학 연구를 하러 바다로 향하곤 했었다. 그러나 당시 나폴리는 콜레라가 창궐하여 그 일대가 출입이 전면 통제된 상태였고, 메시나는 동물학 연구를 할 만한 곳으로는 나폴리 다음으로 최고의 장소였다. 깔때기처럼 생긴 해협에는 바다생물이 유난히 풍성해 메치니코프도 이미 여러 번 메시나를 찾은 적이 있었다.

메치니코프는 가족들과 메시나에서 석 달가량 머물렀다. 겨울로 접어든 어느 날, 올가는 어린 동생들을 데리고 유인원이 나온다는 서커스를 구경하러 갔다. 메치니코프는 바닷가 집에 혼자 있었다. 모처럼 주변이 조용해진 덕에 평소보다 생각의 깊이가 더해졌는지도 모른다. 실제로 그 이전, 이후에 메치니코프가 발견한 수많은 사실들은 일과에

---

1) EM, "메시나에서(Moe prebyvanie v Messine)" repr., SV, 71.

서 벗어나 잠시 평화로이 쉴 때 통찰력이 집중적으로 발휘된 결과[2]였다는 이야기가 전해진다. (아르키메데스가 그 유명한 '유레카의 순간'을 맞이한 곳도 같은 시칠리아섬의 시라쿠사라는 도시였다.)

메치니코프는 '연구실'로 사용하던 거실의 커다란 책상 앞에 앉아 있었다. 그 위에는 플랑크톤이 가득해 녹색을 띤 해수가 담긴 유리 기구들이 현미경과 함께 줄지어 놓여 있었다. 그는 플라스크 하나를 들고 가느다란 유리관을 집어넣었다. 그리고 끝부분을 엄지로 막아 진공 상태로 만들어서 플라스크 안에 있던 불가사리 유생Bipinnaria asterigera을 뽑아 올렸다. 전체적으로 납작하지만 돌기가 길게 뻗어 있고 그중에 몇 개는 달랑달랑 매달린 형태로 늘어난 모양을 한 이 유생의 배에는 입처럼 생긴 구멍이 있었다. 메치니코프는 우선 현미경 렌즈 아래에 불가사리 유생을 놓고, 다시 유리관으로 카민carmine 가루가 약간 들어간 물을 뽑아 올려 그 위에 떨어뜨렸다. 젤리처럼 투명한 몸속에서 이리저리 움직이는 세포들이 카민이 들어간 물을 빨아들여 몸 전체가 짙은 붉은색으로 바뀌는 과정을 그대로 볼 수 있었다. 메치니코프는 몸속을 돌아다니는 세포에 특별한 흥미를 느꼈다. 벌레, 해파리, 해면동물과 몸에 척추가 없는 다른 동물에서도 이처럼 먹이는 물론 여러 가지 입자를 순식간에 꿀꺽 삼키고, 먹은 건 무엇이든 몸 내부에서 처리하는 세포들을 관찰할 수 있었다.

그런데 이날, 메치니코프에게 당황스러운 생각 하나가 떠올랐다. 나중에 쓴 메시나 여행에 관한 에세이에서 그는 이렇게 밝혔다.

"이것과 비슷한 세포들이, 생물체가 해로운 물질에 맞설 수 있도록

---

2) 예를 들어, 존슨(Johnson)의 저서 『좋은 아이디어는 어디에서 오는가(Where Good Ideas)』(108–113)에도 그와 같은 사실이 나와 있다.

하는 것이 분명하다는 생각이 불현듯 스쳤다."[3]

다시 말해, 메치니코프는 눈앞에서 벌어지는 일들이 단순히 세포가 무언가를 삼키는 모습이 아니라 자가 방어의 가장 기본적인 형태가 아닌가 하는 상상을 한 것이다.

"대단히 흥미진진한 무언가가 숨겨져 있다는 예감이 들었다. 나는 마음이 한껏 들뜬 상태로 방 안을 이리저리 걸어 다니다가 급기야 해변으로 나가서 생각을 정리했다."[4]

메치니코프는 당시의 상황을 이렇게 설명했다.

"내 생각이 옳다면, 불가사리 유생의 몸에 작은 가시가 하나 들어갈 경우 그 돌아다니는 세포들이 몰려와서 재빨리 가시 주변을 감쌀 것이다. 사람의 손가락에 가시가 박히면 바로 그런 현상이 벌어진다."

메치니코프는 유생에 맥관 구조나 신경계가 없다는 점에 주목하며 추론을 이어 갔다. 만약 이동성이 있는 세포들이 가시처럼 외부에서 유입된 물체의 주변에 모여든다면, 이는 곧 불가사리 유생의 방어 기능이 고대부터 이어진 생물의 가장 기본적인 기능, 즉 원시적인 소화 기능이 확대된 것이라는 의미였다.

"이 생각이 떠오르자마자 나는 우리 집에 딸린 작은 정원으로 나갔다. 며칠 전에 아이들이 크리스마스트리 삼아 장식을 달아 놓은 감귤나무가 보였다. 얼른 장미 가시를 몇 개 따서 곧장 불가사리 유충에게 돌아가 물처럼 투명한 그 멋진 피부 아래로 가시를 찔러 넣었다."[5]

여기서 우리는 '크리스마스트리'로 메치니코프가 실험한 날짜를 가

---

3) SV, 74.

4) 위와 동일.

5) 위와 동일, 75.

능할 수 있다. 과학의 역사에서 가장 놀라운 실험이라 할 만한 이 실험
은 1882년 연말의 어느 날, 또는 1883년이 시작된 직후[6]에 이루어진
것이다.

"당연한 일이겠지만, 실험 결과를 기다리느라 밤새도록 마음을 진정
할 수 없었다."[7]

메치니코프는 메시나 에세이에서 이렇게 전했다.

"다음 날 아침 일찍, 실험이 성공했다는 기쁜 사실을 눈으로 확인할
수 있었다."

눈을 현미경 렌즈로 가져갔을 때, 짜릿한 광경이 그를 맞이했다. 전
날 예상했던 그대로 움직이는 세포들이 유생의 몸 안쪽 가시 주변에
모여들어 덩어리로 뭉쳐 있었다.

메치니코프는 이 세포들이 틀림없이 유생을 지키기 위해 달려온 것
이라고 확신했다. 그리고 다른 물질들, 즉 병을 일으키는 미생물이 쳐
들어와도 같은 방식으로 몰려와서 미생물을 삼킬 것이라 생각했다.

그다음 단계는 너무나 쉽게 이어졌다. 메치니코프는 일말의 망설임
도 없이 불가사리에서 벌어지는 이 현상이 사람에게서도 나타날 것이
라고 추정했다. 무엇보다 그는 37년의 인생 가운데 20년이 넘는 세월
을 생물종이 다른 종으로 진화하는 과정을 연구하면서 살아 온 사람이
었다. 그리고 이미 오래전에 다윈의 주장이 옳다는 결론을 내렸다.[8] 머

---

6) 과거에 러시아 제국에서 사용한 달력(율리우스력 – 옮긴이)대로라면, 메치니코프가 이야기하는 크리스마스는 1월 6일이다.

7) SV, 75.

8) 메치니코프가 다윈설을 연구하고 견해를 굳히게 된 과정은 윌리엄슨(Williamson)과 타우버(Tauber)의 저서 『생물학 논문의 발전(The Evolutionary Biology Papers)』 중 타우버가 쓴 머리말(1 – 21)과 타우버와 체르냐크(Chernyak)의 저서 『메치니코프와 면역학의 기원(Metchnikoff and the Origins of Immunology)』(68 – 100), 기셀린(Ghiselin)과 그뢰벤(Groeben)의 "엘리아스 메치니코프(Elias Metschnikoff)"를 참고하기 바란다.

리가 없는 연체동물부터 뇌를 가진 포유동물까지, 모든 생명은 공통 조상에서 시작하여 진화했다는 것이 메치니코프의 견해였다.

그리하여 새롭고 대담한 가설이 탄생했다. 인간을 비롯해 살아 있는 모든 생물의 몸속에서는 여기저기 돌아다니는 세포들이 미생물을 잡아먹는데, 이것이 생명을 위협하는 질병에 맞설 수 있는 면역력이라는 내용이었다. 생물에 치유력을 부여하는 주인공이 바로 이 세포들이라는 것이다. 의학계가 고대부터 알아내고 싶어 안간힘을 썼던 치유력을, 메치니코프가 용케 관찰하고 정의까지 제시했다. 현대 면역 이론이 최초로 탄생한 순간이었다.

"나는 동물학자였는데 느닷없이 병리학자가 되었다."[9]

메치니코프는 메시나 에세이의 마지막 단락에서 이렇게 밝혔다. 그가 세상을 떠난 후 생전에 직접 쓴 자전적인 글들은 『회고록Stranitsy vospominanii』이라는 제목으로 재출간되었다. 특히 이 책에 포함된 이 메시나 에세이는 면역에 관한 책과 기사에 무수히 인용되었다. 폴 드 크루이프Paul de Kruif는 자신의 대표적인 저서 『미생물 사냥꾼들Microbe Hunters』에서 메치니코프가 장미 가시를 이용한 실험을 다소 마음대로 해석한 것을 두고 빈정거렸다.

"사도 바울이 다마스쿠스를 지나는데 눈이 멀 만큼 환한 빛이 그를 내리쳐 쓰러뜨렸다는 이야기와 아주 흡사하다. 한순간에, 그것도 가장 환상적이고 불가능이라 할 만큼 빠르게 스쳐간 일순간에 메치니코프는 자신의 분야를 완전히 바꾸어 버렸다. …… 병에 대한 면역력을 전부 밝혀냈다는 확신을 자기 머릿속에 새겨 넣는 것으로 모든 것이 해결된

9) SV, 75.

일이었다.(모든 걸 훌쩍 뛰어넘어 결론에 다다른 정말 대단한 사람이다.)"[10]

메치니코프가 경험한 메시나의 계시는 어느 학자의 머릿속에 번개처럼 내리꽂힌 아이디어가 곧바로 지식의 새로운 지평을 열어 주었다는 내용이니, 흥미진진한 이야기인 것은 분명하다. 그런데 과연 이 이야기는 사실일까?

사실 메치니코프에게 찾아온 유레카의 순간은 전혀 '일순간'이 아니었다. 그가 향수에 젖어 메시나 에세이를 쓴 시기는 1908년 12월 말로, 노벨상을 수상한 후 그의 면역학 연구가 갑자기 몇 주째 신문 제1면 기사에 등장하던 시기였다. 그러므로 보다 많은 독자를 확보하기 위해 메치니코프는 이야기꾼들이 흔히 활용하는 장치에 의존하여 그전까지 해온 모든 연구 과정은 없애 버리고 갑자기 승리가 찾아온 순간을 표현하는 쪽을 택했다. 메치니코프의 실제 연구는 오히려 서서히 타 들어가는 도화선과 더 비슷했다. 수년에 걸쳐 조금씩 타 들어가다가 팡 소리와 함께 폭발하는 순간 '번쩍' 통찰력이 찾아온 경우였다.[11]

그리고 어떤 면에서 메치니코프는 과학자의 길에 들어서면서부터 이날의 발견을 준비해 왔다고 볼 수도 있다.

4. 성질 급한 아이

일리야 일리치 메치니코프는 1845년 5월 15일[12]에 러시아 제국의 말로

---

10) 드 크루이프(de Kruif), 『미생물 사냥꾼들(Microbe Hunters)』, 206.

11) 메치니코프의 배아 연구가 식세포 이론의 토대가 된 과정은 타우버와 체르냐크(Chernyak)의 저서 『메치니코프와 면역학의 기원(Metchnikoff and the Origins of Immunology)』(25~67)에 나와 있다.

12) 하리코프 지역 정부의 자료(DAHO 40.110.629, 1232-over)에는 러시아의 옛 달력을 기준으로 메치니코프의 생일

로시아Malorossiya에서 태어났다. '소러시아'라는 의미의 이 지역은 현재 우크라이나 동부에 해당된다. 그가 어린 시절을 보낸 곳은 파나소브카Panassovka라는 작은 마을로[13] 하리코프Kharikov 동쪽, 굴곡진 스텝 지대 한 쪽에 자리한 한산한 곳이었다.

일리야는 겨우 여덟 살밖에 안 된 꼬마 시절에 이미 자신이 학자라고 상상했다. 연못과 가까운 언덕 위의 집에서 나와 저 아래 낮은 곳까지 내달릴 때면 드넓은 들판이 까마득히 먼 지평선까지 광활하게 펼쳐져 있는 것이 보였다. 초목이 유난히 무성한 곳이라 식물 표본 재료도 얼마든지 모을 수 있었다. 연못가에 줄지어 선 단풍나무, 버드나무, 떡갈나무가 우거진 덩굴, 오래된 관목이 신기하게 뒤엉킨 곳은 호기심 많은 아이에게는 탐험하기에 딱 좋은 환경이었다. 밝은 밤색의 보드라운 머리카락 아래 발그레한 얼굴을 하고 청회색 눈을 반짝이던 일리야는 '변덕쟁이'라는 별명이 붙은 아이답게 잠시도 가만히 있지 못하고 기분이 수시로 바뀌었다. 일리야가 얼굴을 잔뜩 찌푸린 채 현관에 길게 늘어선 기둥 뒤에 서서 식물학에 관한 '논문'을 들여다볼 때면 두 형들과 동네 남자아이들 여럿이 주변에 모여 있었다. 일리야가 이들에게 2코펙(1코펙은 100분의 1루블이며, 2코펙은 우리 돈 35-40원 정도에 해당한다. - 옮긴이)씩 쥐여 주고 자신의 강의를 듣도록 했기 때문이다.[14]

다섯 명의 형제자매들 중에 막내로 태어난 메치니코프는 이렇게 일

___

이 5월 3일로 명시되어 있다. 현대에 사용되는 달력(그레고리력 - 옮긴이)으로는 5월 15일에 해당된다. 메치니코프 자신도 생일을 5월 16일로 잘못 밝힌 적이 있다. 이와 같은 실수는 옛 달력의 날짜에 13일을 더하는 바람에 일어난 것인데, 20세기에 태어난 사람은 13을 더하는 것이 맞지만 그는 19세기에 태어났으므로 12일을 더해야 옳다.

13)   메치니코프가 태어난 곳은 이바노브카(Ivanovka)와 가까운 어느 마을일 가능성이 크다. 지역 등록 자료에는 메치니코프의 부친이 살았던 곳으로 이바노브카가 명시되어 있다(모친에 관한 사항은 없다). 올가는 일리야가 태어난 직후 가족이 파나소브카로 옮겼다고 밝혔다.

14)   바르닥(Bardakh), "일리야 일리치(Il'ia Il'ich)", 1199.

찍부터 무언가를 발견하고 남을 가르치는 일을 시작하여 평생을 그 일을 하면서 살았다. 형들을 앞혀 놓고 가르친 걸 보면 간 큰 기질도 이미 어릴 때 드러난 셈이다.

일리야의 부모는 상트페테르부르크에서 살다가 이곳 '소러시아'로 이주했다. 우연찮게도, 이 가족도 러시아 소설에 등장하는 인물들이 거주지를 옮길 때 종종 이유가 되는 사연 때문에 이사를 했다. 원래 일리야의 아버지는 제국 근위대의 정예 대원이었다. 그런데 어느 저녁, 샴페인에 잔뜩 취한 채 도박판에 앉았다가 아내가 가져온 두둑한 결혼 지참금을 몽땅 날려 버렸다. 그 바람에 경제 사정이 여의치 않자 최악의 상황을 피할 방법을 모색해야 했는데, 그에게 떠오른 해결책이 소러시아에 있던 자기 소유의 땅이었다. 그 땅은 말과 양을 먹일 목초지가 대부분이라 큰 돈벌이가 되지는 않아도, 러시아 제국의 귀족에 해당하는 '드보리아네dvoriane' 계급의 가정이 편안하게 살아갈 수 있도록 해 주었다. 농노해방령이 내려지려면 아직 약 15년이 더 흘러야 했던 시기라 메치니코프의 집안은 수십 명의 농노도 거느렸다.

당시 드보리아네 계급이 보통 그랬듯이 메치니코프 가문도 외국인에게서 시작된 혈통이었다. 최초의 조상은 17세기 몰도바 출신의 탐험가이자 표트르 1세의 고문관으로 일했던 니콜라이 밀레스쿠Nichlas Milescu로,[15] '검을 가진 자'라는 뜻의 '그레이트 스파타Great Spatar[16]'로 불린 인물

---

[15] '검을 가진 자'로도 불린 메치니코프의 조상 니콜라이 밀레스쿠(1636-1708)는 뛰어난 학자이자 외교관, 번역가, 저술가로 알려진다. 사람들은 백과사전을 뒤지는 대신 그를 찾아가 의논을 했다고 하는데, 이는 수세대가 지나 메치니코프도 똑같이 겪은 일이다. 메치니코프의 혈통에 관한 자료는 ZIIM 19-21, 스파하리(Spafarii)의 "시베리아(Sibir)"(3–13)와 "로드 메치니코바(Rod Mechnikova)"(DAHO 14.11.5, 118-over-120)를 참고하기 바란다.

[16] 백과사전 『소비에트 몰다비아(Sovetskaia Moldaviia)』(몰도바 키시너우, 1982, pp.74, 587)에 따르면 spatar는 '검을 가지다'를 뜻하는 루마니아어 spadă에서 유래한 말로, 두 가지 의미가 담겨 있다. 즉, 중세 시대 몰다비아의 군사령관 또는 국가 공식행사에서 통치자의 칼을 담당하는 무기 담당자를 가리키는 말로 사용됐다. 메치니코프 집안의 계보에 관한 자료를 보면(DAHO 14.11.5, 118-over-120), 밀레스쿠 외에 또 한 명의 '검을 가진 자'가 있었다. 밀레스쿠의 조카인 게오르기 스테파노비치(Georgii Stepanovich)라는 인물로, 메치니코프와 이름이 같은 증조부 일리야의 조부이다.

이었다. 그다음 세대부터 사용된 메치니코프라는 이름은 러시아어로 '검'을 의미하는 '미치mech'에서 유래했다.[17] 일생 중 너무나 많은 세월을 동료들과 겨뤄야 했던 과학자에게 이보다 더 어울리는 성이 있을까.

메치니코프의 어머니인 에밀리아는 폴란드에서 태어난 레이바 네바코비치Leiba Nevakhovich의 딸이었다.[18] 유대인 저술가이자 사업가였던 네바코비치는 18세기 말에 더 나은 삶을 찾아 상트페테르부르크로 건너와 기독교로 개종했다. 원래 유대교도였다가 기독교도가 된 러시아인들이 으레 겪는 일처럼 네바코비치도 병을 앓다가 기적적으로 나은 사람으로 여겨졌다. 시민권과 귀족의 지위를 모두 획득한 그는 에밀리아를 비롯한 자식들에게 이를 그대로 물려주었다. 네바코비치의 아내인 카테리나 미헬손Catharine Michelson도 당시의 대세에 따라 유대교에서 기독교로 개종했다.[19]

---

17) 현대 러시아어에서는 이제 사용되지 않는 단어인 mechnik에는 역사적으로 여러 가지 의미가 담겨 있다. '족쇄가 채워진 죄인'을 대상으로 한 재판에 참석하여 용의자의 죄를 입증하는 법관을 의미하기도 하고, 전제군주 앞에서 왕의 권력을 상징하는 칼을 들고 서 있는 사람을 가리키기도 한다. 메치니코프라는 이름은 mechnik과는 무관한 것으로 보이며, '칼'을 뜻하는 mech와 직결된 것으로 추정된다.

18) 네바코비치(1776~1831)는 유대인들이 세속적인 교육을 받도록 장려한 일종의 계몽운동인 '하스카라'를 러시아의 유대인들 사이에 널리 알린 최초의 인물 중 한 사람이다. 그는 1803년에 유대인으로서는 처음으로 러시아어로 쓴 저서를 발표했다. 『유다 딸의 통곡(Vopl' Dshcheri Iudeiskoi)』이라는 책으로, 유대인이 겪고 있는 고통을 해소할 구제책과 유대인에 대한 인도적인 처우를 촉구하는 내용이다. 1806년에 스스로 찾아낸 구제책은 루터교 교회에서 기독교로 개종을 하는 일이다. 이후 문학계에서 활동하면서 알렉산드르 푸시킨과도 만나고 제국 극장에서 상연된 연극의 각본을 썼다. 나중에는 러시아에 속해 있던 현재의 폴란드 지역에서 해당 지역 전체의 담배 거래 독점권을 따내고 바르샤바 재무부 장관도 역임했다. 관련 자료는 다음을 참고하기 바란다: 『유대인 백과사전(Evreiskaia Entsiklopediia)』(상트페테르부르크, 유대인 과학출판물 관리협회, 1908~1913), 622~624, s.v. "Nevakhovich L. N."; 게센(Gessen)의 저서 『유대인(Evrei)』, 78~139; 칸델(Kandel)의 저서 『시간과 사건에 관한 책(Kniga vremen)』 vol.1, 31~32; 콜로지제크(Kolodziejczyk)의 "레온 네와초비치(Leon Newachowicz)"; 『유대인에 관한 요약 백과사전(Kratkaia Evreiskaia Entsiklopediia)』(예루살렘: 히브리 대학교, 1990), 670; 니콜라예프(Nikolaev)의 저서 『러시아의 작가들(Russkie pisateli)』, 244~45.

19) 메치니코프의 외할머니인 카테리나 미헬손(1790~1837)의 이름은 상트페테르부르크 볼코프스코(volkovskoe) 루터교 묘지에 마련된 묘비에 그대로 나와 있다. 바로 옆에는 남편인 리프 네바코비치(Lev Nevakhovich)도 나란히 누워 있다(게센의 『유대인』, 138). 미헬손 역시 남편처럼 유대교에서 기독교로 개종을 했을 가능성이 매우 높다. 미헬손이 기독교 여성보다는 자신처럼 개종한 사람과 결혼을 했을 가능성이 아주 높기 때문이다. 미헬손의 이름 중 조상의 이름이 포함된 부분이 사모일로브나(samoilovna)인 것으로 볼 때 아버지 이름은 사무엘(Samuel)로 보이며, 이를 토대로 추정하면 그녀는 네바코비치와 결혼을 한 시기인 1809년 상트페테르부르크 인명부에 유일하게 그 이름으로 올라 있는 사무엘 미헬손(Samuel Michelson)의 딸로 여겨진다. 사무엘 미헬손은 유대인 화가이자 조각가로 알려져 있다. 폴란드 출신의 유대인인 네바코비치처럼 그도 폴란드에서 키예프로 이주하여 지역 유대인 공동체의 대표를 맡았다. 그리고 이후 상트페테르부르크로 옮겨 왔다(RGIA 535.1.7, 535.1.21, 789.1(I). 1573, 1329.1.243, 1374.4.243; DAKO 280.174.1060). 옛 문서 자료로는 가족 명단을 모두 확인할 수 없지만, 이 유대인 화가가 메치니코프의 외증조부라는 간접 증거는 확

일리야는 엄마와 유난히 가깝게 지냈고 엄마를 잘 따랐다. 그는 자신의 활달한 성격이 엄마에게서 물려받은 것이라 믿었다. 음식과 카드놀이에 푹 빠져 살며 향락을 즐기던 아버지와 만날 일이라곤 아침에 일어날 때와 밤에 잠자리에 들 때 손에다 입을 맞추는 것이 전부였다.

1856년, 일리야가 당시 러시아 최초의 산업 중심도시로 발전 중이던 하리코프에서 고등학교에 입학한 직후 크림 전쟁이 막을 내렸다. 이 전쟁은 러시아인들의 정신을 일깨운 계기가 되었다. 러시아의 군중들은 처음으로 변화를 부르짖었다. 조국이 저물어 가던 오스만 제국의 일부를 합병하려다 전쟁을 치르고 실패했다는 수치심으로 큰 충격을 받은 국민들은 전제정치를 중단하라고 주장했다. 기존 체제에 반대하는 지식인들은 시민의 자유와 사회평등, 과학의 힘 등 불온하다고 여겨지던 서구식 사상으로 돌아섰다.

그 시기 서방 사회는 대부분 과학으로 한껏 기대에 부풀어 있었다. 유럽과 아메리카 대륙 곳곳에는 증기엔진으로 움직이는 열차가 수천 마일에 걸쳐 점점 늘어 가는 새 철로 위를 달렸고, 새로운 연구가 이어지면서 앞으로 그 성능이 더 향상될 것이라는 전망도 나왔다. 산업혁명으로 도시의 규모가 점차 커지자 작물 생산량을 늘려 식량을 확보해 줄 농업 과학이 중시되었다. 생물학 분야에서는 독일의 과학자들이 세포가 생명의 기본 단위임을 증명하면서 생물계에 대한 이해 수준이 사상 유례 없이 깊어질 것임을 예고했다.

인할 수 있다. 1838년에 작성된 한 문서((RGIA 780.1(I). 2272))에는 사무엘 미헬손에게 엘레나라는 이름의 어린 딸이 있으며 기독교로 개종했다는 내용이 적혀 있다. 올가의 메치니코프 전기(ZIIM, 6)에 등장하는 메치니코프의 이모할머니 엘레나 사모일로브나(Elena Samoilovna)가 바로 이 인물로 보인다. 여러 세대에 거쳐 조상의 이름을 그대로 사용한 것도 이러한 추정을 뒷받침한다. 사무엘 미헬손의 이름 중 조상의 이름이 포함된 부분의 이름으로 그의 부친은 이름이 미카일(Mikhail)이었음을 알 수 있는데, 카테리나의 아들이자 메치니코프의 외삼촌, 즉 메치니코프 모친 에밀리아의 남자 형제도 이름이 미카일이었다.

러시아는 이 흥미진진한 분위기에서 뒤처져 있었지만 대신 절박감이 과학을 향한 열정을 더욱 뜨겁게 만들었다. 농지는 엄청나게 방대했지만 농민의 절반은 쟁기도 없이 끝이 뾰족한 '소카sokha'라는 원시적인 도구로 땅을 일구었다.[20] 문맹률은 전체 인구의 4분의 3이 넘었고,[21] 아동의 3분의 2 가까이가 열다섯 살도 되기 전에 세상을 떠났다.[22] 이런 상황에서 과학은 구제책으로 떠올랐다. 처음에는 젊은 남성들이, 나중에는 여성들까지 민중을 '섬기기 위한' 목적으로 자연과학을 공부하기 시작했다. 당시 러시아 지식 계급 사이에는 교육받은 계층이 잘살게 된 것은 가난한 민중들 덕분이니 '빚을 갚아야 한다'는 생각이 지배적이었고, 이 메시아적 사상은 자연스레 그러한 열정으로 이어졌다.[23] 또한 이 과제를 가장 훌륭하게 해결할 수 있는 방안이 바로 과학과 의학, 그리고 교육이라고 믿었다. 메치니코프의 말을 빌리자면, 그를 비롯한 같은 세대 수많은 사람들이 "러시아를 구원할 수 있다는 믿음으로 과학에 열정적으로 뛰어들었다."[24]

한 사회비평가는 러시아가 "혼수상태에서 깨어난 것 같다"[25]라는 글을 썼다. 러시아의 급진파는 구체제가 '작년에 내린 눈처럼 녹아 없어지기를' 원했다. 일부는 '공화국'이라는 대담한 표현이 담긴 인쇄물을 만들어 검열을 피해 몰래 배포하기도 했다.

---

20) 페도소프(Fedosov), 『역사(Istoriia)』 SSSR, 260.

21) 위와 동일, 393.

22) 1843년 통계자료. 군도빈(Gundobin), 『아동 사망률(Detskaia smertnost)』 4.

23) 이에 관한 내용은 파이프(Pipes) 등의 저서 『구체제 러시아(Russia under the Old Regime)』(249-280)와 피셔(Fisher)의 "급진세력의 대두(The Rise of the Radical)"에서 상세히 확인할 수 있다.

24) 번스타인(Bernstein), "메치니코프 – 주창자(Metchnikoff—'The Apostle')"

25) 미하일 렘케(Mikhail Lemke)의 저서 『19세기 러시아 저널리즘과 언론 검열에 관한 에세이(Ocherki po istorii russkoi tsenzury I zhurnalistiki XIX stoletiia)』(상트페테르부르크: Trud, 1904), 17에 인용된 N. V. 셸구노프(N. V. Shelgunov)의 표현.

형과 함께 하리코프의 '점잖은 자제들이 머무는 기숙사'에서 지내던 일리야는 깜빡이는 촛불 아래에서 금지된 책들을 닥치는 대로 읽었다. 루트비히 뷔히너Ludwig Büchner의 『힘과 물질Kraft und Stoff』을 비롯해 유럽의 철학자들이 과학적 물질주의에 대해 쓴 책들을 읽고, 물리적인 현실은 실제로 존재하며 과학은 진실에 다가설 수 있는 완벽한 방법이라는 이들의 믿음을 공유하게 되었다. 그는 놀라운 것들이 폭로된 것 같은 느낌을 받았다. 황제가 신을 대변하여 지구상에 존재한다고 여겼던 러시아에서는 이 같은 주장이 종교적 믿음을 저해한다는 이유로 일체 금지되어 있었다. 당연한 결과지만 금지 조치는 오히려 열광적인 인기를 얻는 원동력이 되었고, 특히 러시아 젊은이들 사이에서 뜨거운 호응을 얻었다. 일리야는 잠자리에 들기 전에 기도하던 습관을 그만두었다. 그리고 친구들을 만나기만 하면 무신론자가 되라고 하도 끈질기게 권하는 바람에 '무신'(러시아어로는 Boga-net)[26]이라는 별명까지 얻었다.

하지만 신을 믿지 않아도 종교는 가질 수 있다. 일리야는 과학 쪽으로 방향을 틀고 그 어떤 종교의 광신도도 따라올 수 없을 만큼 헌신적인 믿음으로 그 안에서 답을 찾았다. 학교에서는 신학 같은 '쓸모없는' 수업 시간마다 몰래 과학 서적을 읽고 과학과 무관한 활동은 전혀 하지 않았다. 가끔 콘서트나 오페라를 관람하러 가는 것이 유일한 여가 활동이었다. 우리는 어디에서 왔나? 어디를 향해 가고 있나? 그리고 무엇보다 중요한 물음, 삶의 목적은 무엇인가? 이런 질문이 그를 괴롭혔다. 일리야는 "이러한 물음이야말로 인류에게 고통을 안겨 주는 핵심"이므로 반드시 답을 찾아야 한다고 생각했다.[27]

---

26) ZIIM, 24.
27) SV, 44.

진실을 갈구하다 우연히 자신이 찾던 해답을 찾는 사람들이 있듯이, 열다섯 살 일리야도 우연히 중요한 실마리를 얻었다. 그는 그림 하나를 보자마자 숨이 멎는 것 같았다. 독일어 원서를 번역한 『동물계의 분류와 체계Classes and Orders of the Animal Kingdom』라는 두툼한 책에서 발견한 것으로, 현미경으로 들여다본 아메바와 여러 생물의 모습을 나타낸 멋진 그림이었다. 그로부터 불과 30년 후에 현미경으로 세포의 구조를 완전히 관찰할 수 있게 되었으니, 조그마한 생명체 속에 숨겨진 세상이 이미 그 비밀을 드러낼 채비를 하고 있었던 셈이다.

　　일리야의 운명은 정해졌다. 이미 입회식 절차는 다 끝난 셈이었다. 그는 이제부터 가장 원시적인 형태의 생명체를 연구하는 데 모든 것을 바치겠다고 다짐했다. 인간에게서 발견하기에는 너무 깊이 숨겨진 진실을 그 원시 생명체에게서는 찾아낼 수 있을지도 모른다는 것이 그런 생각의 이유였다. 이는 오늘날 생물의학의 가장 기본적인 토대가 되는 생각이지만, 당시에는 너무나 생소한 개념이었다.

　　일리야가 열여섯 살이 된 1861년, 러시아에 중대한 전환점이 찾아왔다. 에이브러햄 링컨이 노예해방령을 발표한 시점보다 2년 앞서, 러시아의 알렉산드르 2세가 '농노해방령'으로도 알려진 그 유명한 '대개혁'을 선포해 농노가 자유를 얻은 것이다. 19세기판 페레스트로이카(1986년 고르바초프 정권이 추진한 소련의 기본적인 정책 노선으로 국내의 민주화와 자유화, 외교적인 긴장 완화가 주된 내용이었다. - 옮긴이)라 할 수 있는 이 변화로 러시아는 자유를 향해 나아가기 시작했지만 사회는 불안감으로 들끓었다. 겨우 조막만 한 땅을 부여받은 소작농들은 농노해방령의 내용이 위조되었고 황제가 생각한 '진짜' 개혁안은 지주들의 손에 도둑맞았다고 믿었다. 도끼를 움켜쥐고 땅을 약탈하러 나선 사람들까지 생겨났다. 이 변화에 만족하지 못한 건 급진적인 지식인들도 마찬가지여서, 펜을 집어 들고 보다 신속한 개혁을 요구했다. 학생들은 거리로 나가 시위를 벌였다.

일리야와 그의 절친한 친구들은 함께 니힐리즘 쪽으로 마음이 기울어진 상태였다. 러시아에서는 기존 체제에 반대하는 세력들 중에서도 대담한 축에 속한 이 흐름에 동참한 이들을 '1860년대의 젊은 세대'라는 의미로 '60년대 사람들'이라 칭했다. 귀족의 자제, 장사꾼, 공무원, 심지어 성직자까지 가세한 러시아의 젊은 니힐리스트들은 끊임없이 분노하며 권력이라면 어떤 형태든 모조리 없애 버려야 한다고 주장했다. 신, 전제군주, 지주가 상인에게 부과하는 규칙이나 남성이 여성에게 강요하는 규칙, 부모가 자녀에게 강요하는 규칙까지 모든 것이 사라져야 할 대상이었다. 이들은 과학만이 발전을 가져올 수 있는 창조적인 힘이고, 과학의 범위는 실험실을 넘어 훨씬 넓다고 보았다. 1862년에 발행된 자유주의 성향의 잡지 『불꽃Iskra』은 과학을 두고 "모든 사람에게 지식의 열매와 선, 물질적인 부를 공정하게 분배하기 위해 활용할 수 있는 무기"[28]라고 밝혔다.

보다 과격한 니힐리스트들은 정부는 물론 의생활까지 모든 것을 바꾸어야 한다는 생각에 옷차림까지 관습에 반대하는 수단으로 활용했다. 현재 우리가 이야기하는 히피보다 100년이나 앞선 움직임이었다. 남성들은 예술가들처럼 내키는 대로 입거나 농민 복장으로 다녔다. '니힐리스키nigilistki'라 불리던 여성 니힐리스트들은 주름 장식이 달린 모슬린 드레스 대신 검소한 짙은 색 양모 드레스를 입었다. 헤어스타일은? 당시 니힐리스트들은 머리 모양마저도 구세대들의 머리끝까지 화가 치

---

28) 안토노비치(Antonovich)와 엘리제예프(Eliseev)의 저서 『60년대(Shestidesiatye gody)』(251)에서 인용함.

밀어 오르게 만드는, 우리에게도 아주 친숙한 전략을 기반으로 하여 택했다. 남자들은 길게 기른 머리를 잔뜩 헝클어트려 뭉치가 된 상태를 아주 자랑스레 내놓고 다녔고, 여성들은 보는 사람이 깜짝 놀랄 정도로 짧게 싹둑 자른 머리 모양을 고수했다.

일리야는 그런 극단적인 축에 속하지는 않았다. 그의 청년 시절 사진을 보면 호리호리하고 다소 허약해 보이는 체형에 슬라브족답지 않게 큼직한 코가 눈에 띄고, (아내에게 쓴 편지에서는 사진을 찍으면 코가 너무 두드러진다고 불평하기도 했다.) 공상하듯이 어딘가를 응시하는 눈길은 깊은 생각에 잠긴 것처럼 보인다. 웨이브가 있는 가느다란 머리는 다소 긴 편이지만 양쪽으로 나뉘어 깔끔하게 정돈되어 있다. 옷은 일부러 갖춰 입은 흔적이 역력하다. 검은색 재킷에 깃이 빳빳하게 세워진 풀 먹인 하얀 셔츠 차림에 나비넥타이까지, 일요일마다 챙겨 입는 가장 좋은 옷을 차려입은 모습이다. 메치니코프처럼 꽤 괜찮은 집안의 남자가 결혼할 여자에게 보낼 법한 사진이다.

그러나 반항적인 느낌이라곤 전혀 엿보이지 않는 외모와 달리, 일리야가 말년에 러시아의 과학 역사에 대해 쓴 에세이를 보면 당시 그가 니힐리스트였던 사실은 분명하다. 그와 동시대를 살았던 세대의 정신을 상징하는 인물은 당시 이반 투르게네프가 발표하여 사람들에게 큰 영향을 준 소설 『아버지와 아들Fathers and Sons』의 주인공인 니힐리스트 예브게니 바자로프다. 소설에서 바자로프가 자신을 지칭한 표현인 '니힐리스트'가 19세기 중반, 러시아 저항 세력의 이름이 된 것이다. 바자로프는 무뚝뚝한 성격에 오로지 과학만을 믿는 젊은 의사로 등장한다. 메치니코프는 에세이에서 바자로프를 당당하게 만든 것은 바로 그러한 믿음이라는 의견을 밝혔다.

"실제 삶에서도 마찬가지지만, 과학에서는 무엇이든, 어떠한 권력 앞에서건 고개를 숙일 필요가 전혀 없다."[29]

메치니코프가 독단적인 주장에 반대하는 과학자가 된 바탕이 니힐리즘이었다는 것 또한 분명한 사실로 보인다.

일리야는 고등학생 시절부터 자신에게 주어진 시간이 다 끝나 가는 사람처럼 행동했다. 성격이 예민해서 쉽게 상처받고 벌컥 화를 내는 일도 잦았지만, 그만큼 자신이 얼마나 큰 재능을 가진 사람인지도 아주 일찍부터 감지했다. 어른이 될 때까지 잠자코 기다릴 수 있는 인내심은 없었기에 그는 한시바삐 러시아와 인류를 구하고 싶어 했다. 그리고 위대한 과학적 발견을 통해 그 꿈을 이루고자 했다. 일리야는 대학생처럼 보이려고 고등학교 교복을 사복으로 갈아입고 하리코프 대학교로 가서 강의실로 몰래 들어갔다. 그리고 현미경을 빌려서 바다에 사는 단세포생물을 연구하기 시작했다. 그는 자신의 생각을 세상에 알리고 싶다는 열망으로 열여섯 살에 지질학 교과서를 분석한 첫 번째 논문을 발표했다.

열일곱 살에 최고상 금메달 수상자로서 고등학교를 졸업한 일리야는 당시 인류의 삶을 구하려는 러시아 청년들이 가장 선호하던 분야인 의학을 공부할 생각이었다. 독일의 저명한 병리학자 루돌프 피르호Rudolf Virchow가 질병은 세포로 인해 발생한다는 이론을 발표한 지 얼마 안 된 시기였고 일리야는 그 이론에 깊은 인상을 받았다. 피르호는 병에 걸리면 세포가 변형된다고 밝히고, 의사가 세포를 관찰하여 암과 다른 질병을 진단할 수 있다고 주장해 의학계 전체가 우러러보는 존재

---

29) SV, 41.

가 되었다. 일리야는 자신만의 의학 이론을 탄생시킬 날을 꿈꿨다. 의과학 전체에 피르호에 못지않은 영향을 주고 싶었다.

그러나 일리야의 어머니는 의사 대신 연구자가 되라고 설득했다.

"고통에 괴로워하는 사람을 계속 보면서 살기에는 네가 너무 예민하지 않니."[30]

옳은 말일지도 몰랐다. 결국 일리야는 하리코프 대학교 자연과학부에 들어갔다. 그리고 총 4년 과정인 자연과학 공부를 2년 만에 휙 끝내버렸다.

5. 과학, 그리고 결혼

청년 과학자들 대다수가 기초 학문을 익히느라 여념이 없던 스무 살에 일리야는 머잖아 과학의 새로운 한 분야를 탄생시키게 될 연구에 착수했다.

1864년에 대학을 졸업한 직후 일리야는 해외로 연구 여행을 떠났다. 첫 여행은 짧은 일정으로 끝났지만, 곧이어 러시아 황제가 자유를 바라는 국민들의 외침이 고조되던 시기에 만들었다가 금세 종료한 국가 계몽 프로그램의 장학금을 받게 되었다. 나중에 황제가 세운 대학들을 쇄신하는 데 힘을 보탤 것이라는 기대로 마련된 이 지원 덕분에 러시아의 젊은 과학자 수십 명이 해외에서 공부할 기회를 획득했다. 그리하여 일리야는 3년 동안 공부도 하고 여기저기 돌아다닐 수 있었다. 그

---

30) ZIIM, 33.

는 자신에게 꼭 맞는 방식대로 유럽 전역을 여행했다. 알프스나 폼페이 유적을 구경하는 대신 독일의 우수한 대학교 연구실과 헬골란트섬을 방문하고, 이탈리아에서는 무척추동물 연구를 하기에 딱 좋은 해안을 찾아 다녔다.

당시 이탈리아의 최대 도시였던 나폴리만灣은 서식하는 수생 동물이 워낙 풍부해서 지역민에게 일명 '물고기 박사dottori dei pesci'라 불리던 동물학자들이 즐겨 찾았다. 키 180센티미터에 마르고 에너지 넘치는 청년이 어떤 날은 바닷물로 채운 양동이를 질질 끌고 다니고, 또 어떤 날은 나비를 잡으러 다니는 사람처럼 끝에 그물망이 달린 긴 막대를 들고 다니는 모습은 곧 나폴리 부두의 고정 풍경이 되었다. 일리야는 새벽 4시에 부두로 나가 먹을 수 없는 '해산물frutti di mare'을 주문할 어부를 찾았다. 해면동물, 멍게, 빗해파리, 해파리 등을 잡아 줄 사람을 고용한 것이다. 그렇게 얻은 수확물을 셋방에 가지고 돌아와서 하나씩 해부하고 배아도 관찰하면서 중요한 질문들을 던졌다. 자연에는 숨겨진 청사진이 존재할까? 가장 단순한 형태의 생명체에서 생명의 수수께끼를 알아낼 수 있을까?

당시 활동하던 수많은 동물학자들처럼 일리야도 동물계의 숨겨진 질서를 연구했다. 한 생명체는 다른 생명체와 어떤 관계가 있을까? 찰스 다윈이 제시한 이론처럼 사람을 비롯한 모든 동물이 같은 조상에서 진화한 것일까? 다윈이 5년 앞서 발표한『종의 기원On the Origin of Species』은 일리야의 온 마음을 빼앗아 갔다. 그의 말을 빌리자면, "다윈은 살아 있는 존재를 지배하는 법칙을 연구하면 인간 존재에 관한 의문을 해결할 수 있다는 희망을 키워 주었다."[31] 그러나 생물의 조상이 동일하다는 다윈의 주장은 여전히 뜨거운 논쟁의 불씨였다. 저명한 과학자들 중에는 동물은 종에 따라 제각기 고유한 조상이 있다고 믿는 사람도 많았다. 나폴리에서 일리야는 그 논란을 해소하는 데 도움이 되기를 바라는 마음으로, 가능성이 충분하다고 확신한 연구 분야를 파고들었다. 바로 무척추동물의 배아였다. 석사 논문을 쓰기 위해 작은 짧은 꼬리오징어의 유충을 해부하기도 했다.

그러나 스물두 살에 러시아로 돌아오자 일리야의 드높은 희망은 현실의 벽에 부딪히기 시작했다.

붉은색과 흰색으로 꾸며진 바로크 양식의 길쭉한 상트페테르부르크 국립 대학교 건물은 그때도 지금과 같은 모습으로 우뚝 서 있었다. 탁 트인 하늘 아래로 보는 이들의 시선을 압도하는 돔 지붕과 뾰족한 탑, 각종 기념물이 줄지어 네바 강변을 굽어보고, 부두에는 황제의 명으로 이집트 알렉산드리아에서 사들인 화강암 스핑크스 두 개가 차가운 강물을 조소하는 표정으로 응시한다. 1868년, 일리야는 이 대학교 동물학과에 지금의 부교수와 비슷한 '닷�쎈트dotsent'라 불리던 자리를 얻었다. 유난히 기다란 상트페테르부르크 대학 건물의 복도에서는 머지않아 러시아의 과학을 빛내게 될 얼굴들을 만날 수 있었다. 화학 교수로 재직 중이던 젊은 드미트리 멘델레예프Dmitry Mendeleyev도 화학에 갓 입문한 학생들을 위해 기발한 수업 도구를 막 개발한 시기였다.[32] 바로 원자의 질량을 기준으로 원소를 분류하는 주기율표였다.

일리야는 휘파람으로 오페라 「마법피리」의 아리아를 부르며 뼈가 시

---

31) SV, 16.
32) 고딘(Gordin), 「질서정연한 존재(A Well-Ordered Thing)」, 22–30.

릴 만큼 춥고 햇빛 보기도 힘든 상트페테르부르크의 돌길을 터덜터덜 걷곤 했다. "내가 달팽이처럼 작다면 내 껍데기 안으로 몰래 들어갈 텐데." (음악을 워낙 좋아하고 특히 오페라를 사랑했던 일리야는 한 번 들은 음악은 무엇이든 휘파람으로 불 수 있었다.) 불과 얼마 전까지만 해도 '러시아를 구원할' 존재가 되리라 상상하며 에너지가 넘쳐흘렀던 청년은 깊이 실망한 상태였다. 일단 첫 번째 문제는 독일에서 보았던, 널찍하고 필요한 장비가 다 갖추어진 실험실을 찾을 수가 없다는 것이었다. 대학 측이 제공한 일리야의 유일한 연구 공간은 난방도 되지 않는 동물학 박물관 안에 있는 데다 그마저도 책상이 캐비닛 사이에 꽉 끼어 있었다. 월급도 형편없었다. 과학계의 연장자들이 재능을 키워 주리란 기대도 무관심으로 돌아와 씁쓸함만 커졌다. 혹시 자신을 내치려고 일부러 도와주지 않는 건가 하는 의심까지 생겼다. 눈까지 말썽이었다. 분명하게 드러난 문제도 없는데 눈 상태가 수시로 악화되어 그에게 큰 고통을 안겨 주었다. '이대로 과학을 그만둬야만 하나?' 잠 못 드는 밤이면 이 무시무시한 생각이 떠올라 그를 괴롭혔다.

사랑하는 사람과 얼른 결혼을 해서 위안을 얻어야겠다는 마음이 간절해졌다. 절친한 친구들 중에는 허위 결혼에 동참한 경우도 있었다. 러시아의 니힐리스트들이 젊은 여성들의 '해방'을 위해 생각해 낸 방법이 바로 허위 결혼이었다.[33] 여성 니힐리스트는 기혼이 되면 미혼 여성들에게 허락되지 않은 자유를 누릴 수 있었다. 다른 도시로 이사를 갈 수 있고 대학에도 다닐 수 있고 해외로 여행을 가도 가족이 망신스러워하지 않아도 되었다. 니콜라이 체르니셰프스키 Nikolai Chernyshevsky가

---

33) 코바렙스카야(Kovalevskaia), 「기억(Vospominaniia)」, 124; 보그다노비치(Bogdanovich), 「인간의 사랑(Liubov' liudei)」

1863년에 발표한 후 러시아 급진파들 사이에서 복음서와 같은 책이 된 유토피아 소설 『무엇을 할 것인가?What Is to Be Done?』에서도 여주인공이 자신의 사회주의적 이상을 실현하는 수단으로 결혼을 이용한다. 니힐리스트의 시각에서 결혼 제도는 억압의 한 형태이므로 없애야 할 목표였다. 그러나 일리야는 마음을 나눌 대상을 찾는 데 있어서 놀랄 만큼 보수적인 태도를 고수하며, 짧은 머리를 한 여성 니힐리스트는 허위 결혼으로든 아니든 아예 배우자 후보로는 생각조차 하지 않았다. 전혀 니힐리스트답지 않게, 진짜 아내를 찾는 것이 그의 소망이었다.

일리야는 상트페테르부르크 대학에서 만난 한 식물학 교수의 어린 딸에게 피그말리온 같은 환상을 품은 상태였다. 학자다운 상상 속에서 언젠가 그 소녀와 결혼을 하리라 믿고 있었지만, 그때 동갑내기 여성이 나타났다. 바로 그 교수의 조카딸인 루드밀라 페도로비치Ludmila Fedorovich라는 여성이었다. 말수가 적은 루드밀라는 일리야가 아플 때 돌봐 주고, 수시로 고민을 분출해도 늘 응원해 주었다. 일리야도 그 보답으로 루드밀라가 아프면 챙겨 주었다. 우정으로 시작한 두 사람의 관계는 이내 연인으로 바뀌었지만 1869년의 결혼은 일리야를 절망으로 내몰고 말았다.

일리야와 루드밀라의 결합은 시작부터 불길한 기운이 가득했다. 연보랏빛 실크 드레스 차림의 신부는 결혼식이 열린 교회에서 의자에 앉은 채 남의 손에 들려서 입장할 수밖에 없었다. 처음에는 독감이라는 진단이 내려졌지만, 나중에 일명 '폐병'으로 불리던 19세기의 큰 골칫거리인 결핵에 걸린 것으로 밝혀졌다. 소설이나 연극에서는 결핵에 걸린 여주인공이 로맨틱하게 묘사되기도 한다. 주세페 베르디가 작곡한 오페라 「라 트라비아타」에 등장하는 비올레타도 그 예인데, 당시 그 작품이 상트페테르부르크에서 초연됐으니 일리야도 극장에서 봤을지도 모른다. 그러나 그가 서둘러 퇴근해 자신만의 비올레타가 있는 집에 당도하면 로맨틱한 일은커녕 숄을 두른 채 덜덜 떨며 피를 토하는 쇠약한 아내가 기다릴 뿐이었다.

일리야는 아내를 데리고 좀 더 따뜻한 오데사로 이사를 가서 노보로시야 대학교Novorossiya University에서 교수 자리를 얻었다. (나중에 이곳에서 작은 갑각류에 관한 연구로 박사 학위를 취득했다.) 월급을 몽땅 털어서 루드밀라가 외국에서 '일광 치료'를 받도록 하기도 했다. 그렇게 다방면으로 애를 썼건만 어느 것도 도움이 되지 않았다. 일리야가 마지막이라는 생각으로 모든 희망을 건 곳은 기후가 온난하기로 유명한 포르투갈의 섬, "꽃으로 덮인 무덤"[34]으로 불리던 마데이라Madeira였다. 그러나 1873년 4월, 루드밀라는 그곳에서 숨을 거두었다.

깊은 고통에 빠진 일리야는 한동안 루드밀라가 쓰던 모르핀으로 버텼다. 러시아로 돌아오다가 제네바에 들른 즈음에는 몸도 정신도 완전히 지쳐 버렸다. 아내의 죽음 이후 찾아온 모진 고통은 살아야 할 이유를 모두 앗아 갔다. 눈 상태도 극히 악화되어, 때로는 억지로라도 아무것도 읽거나 쓰지 않으려고 눈에 안대를 해야 할 정도였다. 일자리는 이미 위태로워진 상황이었다. 한 해 전만 해도 권위 있는 상을 받았지만 그해에는 수상 명단에서 제외됐다.

"뭐 하러 살아야 하나?"[35]

일리야는 자문했다.

"내 인생은 끝났다. 눈 상태도 이렇게 나빠졌으니 곧 아예 멀어 버릴

---

34) ZIIM, 59.

35) ZIIM, 63.

것이다."

메치니코프는 자신에게 닥쳐 올 다음 절망을 "제네바에서 찾아온 참사"[36]라 칭했다. 결국 자살 결심을 굳힌 그는 남은 모르핀을 한꺼번에 삼켰다. 그런데 삼킨 양이 너무 많아 구토가 이어졌다. 그의 몸이 독을 몰아낸 것이다.

그러자 일리야는 다른 방법으로 목숨을 끊으려고 했다. 뜨거운 물에 들어가 몸을 펄펄 끓게 만든 후 얼음물처럼 차가운 냉수에 곧바로 샤워를 하고, 밖에 나가 싸늘한 밤공기까지 맞았다. 치명적인 감기에 걸리려는 계획이었지만, 론강을 가로지른 다리를 바라보던 일리야의 시야에 갑자기 무언가가 들어왔다. 랜턴 주변에 몰려들어 윙윙대는 벌레 떼였다. 삶이 아무 의미 없다는 생각은 '자연의 선택을 거쳐 진화할 만큼의 시간도 충분히 살지 못하는 그 벌레들의 생이 얼마나 짧은가'라는 생각으로 옮겨 갔다. 그로부터 오랜 시간이 지나, 올가는『엘리 메치니코프의 삶』에서 당시 그가 겪었던 위기가 어떻게 정리됐는지 전했다.

"그의 생각은 과학적인 문제로 바뀌었다. 그는 살아남았다. 생의 고리가 다시 형성된 것이다!"[37]

스물여덟 살에 홀아비가 되어 오데사로 돌아온 일리야는 한껏 기운이 빠진 채로 지냈다. 눈물이 왈칵 쏟아질까 봐 극장에도 가지 않으려고 했다. 그럼에도 연구는 강행한 덕분에, 상트페테르부르크 국립 과학아카데미Imperial Saint Petersburg Academy of Sciences가 연 3회 수여하는 카를 폰 베어 상Karl von Baer Prize을 세 번이나 수상하고 국제적인 명성도 얻었다. 일리야의 연구 방향은 늘 생각의 중심에 있던 발생학 쪽으로 기울

---

36) 메치니코프가 올가에게 쓴 편지, 1898년 4월 6일. 편지 1, 223.

37) ZIIM, 63.

었다. 동물의 종이 달라도 조상이 동일한가 하는 문제를 해결해 주리란 생각 때문이었다. 독일의 한 동물학자는 배아가 발달하는 과정에서 자신이 속한 종이 거쳐 온 진화의 전 과정을 압축된 형태로 경험한다는 '발생반복설recapitulation theory'을 제안했다. [38] 극히 일부만 사실로 증명된 이론이지만, [39] (배아는 성체가 아닌 조상의 배아 발달 과정과 일치하는 단계를 거치는 경우가 많다.) 당시 이 이론은 일리야를 비롯한 수많은 사람들의 마음을 사로잡았다.

과학계에서는 이미 30여 년 전에 어류와 조류, 인간과 다른 척추동물의 배아 발달 과정이 분명하게 밝혀졌고, 전 과정이 엄격한 규칙에 따라 진행된다는 사실이 알려졌다. 모든 배아는 세 개의 똑같은 배엽에서 발달하며 배엽마다 장차 각기 다른 장기가 되는 배germ가 담겨 있다는 내용이었다. 그러나 수적으로 훨씬 다양한 무척추동물의 배아에 대한 정보가 단편적인 사실만 알려졌고 그마저도 발달 과정보다는 외형의 변화에 중점을 둔 경우가 많아서 서로 다른 종끼리 비교할 수가 없었다. 일리야는 동물이 발달하는 각 단계를 추적해 그와 같은 비교가 가능하도록 했다. 유럽을 돌아다니던 시절 시작한 연구를 고국에서도 이어 간 덕분에, 그는 '무척추동물의 비교 발생학'이라는 새로운 연구 분야를 개척한 창시자 중 한 사람이 되었다.

그로부터 20여 년 동안 놀라운 수십 건의 연구 결과가 발표됐다. 일리야는 20종이 넘는 무척추동물의 발생학적 특성을 밝혀냈다. 각종 애벌레, 성게, 거미불가사리, 젤리 같은 해파리, 종처럼 생긴 머리에서 빛을 발하는 관해파리류에 이르기까지 알이 성체로 자라는 발달 과정을 추적했다. 그리고 따뜻한 지중해에 서식하는 두족류 연체동물 연

---

38) 프리츠 뮐러(Fritz Müller). 1864년에 발행한 소책자, 『다윈에 관한 사실과 논쟁(Facts and Arguments for Darwin)』
39) 마이어(Mayr), 『생물학적 생각의 발전(The Growth of Biological Thought)』, 474–76.

구에 파고들어 무척추동물의 배아에도 척추동물처럼 배엽이 존재한다는 확실한 증거를 발견했다. 무척추동물과 척추동물의 조상이 동일하다는 사실을 보여 준 충격적인 증거였다. 이후에도 전갈과 갑각류처럼 완전히 다른 동물의 배아에서 동일한 배엽을 발견한 끝에, 일리야는 다윈설을 확신하기에 이르렀다. '극피동물echinoderms'이라 불리는 동물과 빗해파리, 해파리의 진화적 고리를 증명한 메치니코프의 연구는 발생학계에 "신기원"[40]을 열었다.

과학자의 길에 들어선 초창기부터 유난스러운 공격성은 일리야의 특징이었다. 하리코프 대학교에서 자연과학을 전공하던 열여덟 살 신입생 때 난생처음 발표한 정식 논문에서도, 베를린 출신의 유명한 생리학자가 현미경 관찰로 밝혀낸 민물 종벌레 자루의 특성을 거론하며 문제를 제기했다. 유럽 곳곳을 돌아다니던 시절에도 호전적인 성격이 끊임없이 터져 나왔다. 그리고 자신의 연구 결과를 발표할 때마다 누가 의견을 제시하면 반박하느라 바빴다. 독일의 한 저명한 과학자가 어떤 연구 분야에 자신이 기여한 바를 인정하지 않았을 때에는, 분노를 고스란히 담아 인정을 요구하는 소책자를 만들기도 했다.

발생학을 개척한 선구자이자 저명한 생물학자인 카를 폰 베어Karl von Baer는 상트페테르부르크에서 일리야에게 편지를 한 통 보냈다.

"조국을 명예롭게 하는 자네의 열정과 희망을 아주 기쁘게 생각하네. 하지만 이 늙은이의 말에 귀를 기울여 주게나. 나 역시 야망이 넘치는 사람이었지만 지금은 완전히 극복했네. 그러니 내 말을 존중해

---

40) A. D. 네크라소프(A. D. Nekrasov), "메치니코프의 발생학 연구(Raboty I. I. Mechnikova v oblasti embriologii)", ASS, vol. 3, 415.

서, 다른 사람들과 논쟁하는 일을 자제하게."[41]

자신보다 한참 젊은 청년을 향한 노학자의 간청이었지만 일리야는 전혀 신경 쓰지 않았다.

입씨름하느라 신경을 집중하고 있지 않을 때마저 성마른 기질이 드러났다. 독일의 한 연구실에서는 희귀한 도마뱀을 해부하려다가 손이 원하는 대로 말을 듣지 않자 한바탕 성질을 부렸다.[42] 그 귀중한 동물을 해부하던 도구들과 함께 바닥에 던져 버린 것이다. 이탈리아에서는 아래층에서 연주하는 세레나데가 창문을 통해 끊임없이 들려와 잠을 이룰 수 없는 지경이 되자, 소변 요강을 들고 내려가서 불쌍한 연주자들의 머리 위에다 부어 버린 일화가 전해진다.[43] 오데사에서는 친척의 남편을 만났는데, 과학자인 그가 증류수에서 세균이 자연적으로 나타나게 할 수 있다고 주장하자 격분한 나머지 그 세균은 증류수가 아니라 더러운 손가락에서 '생겨난 것'이라고 설명하면서 그를 향해 실험 기구를 집어 던졌다.[44]

이런 전투적인 성격은 한참 뒤 그가 과학자로 살아가는 데 걸림돌이자 축복이 되었다.

41) SV, 181.
42) ZIIM, 43.
43) 위와 동일, 50.
44) 안치페로바(Antsiferov), 『과거를 회상하며(Iz dum o bylom)』 270.

6. 극단분자

한번은 노보로시야 대학교에서 교무회의 도중에 열띤 설전을 벌이던 일리야가 전체가 주목하도록 만들기 위해, 다리가 새김 조각으로 장식된 나무 테이블 위에 덜컥 올라간 일이 있었다.[45] 같은 시기에 오데사에서 함께 지낸 사람들은 그가 얼마나 오만하고 다루기 힘든 사람이었는지 보여 주는 사례로 이 일을 언급하곤 했다. 그러나 이런 평가에도 불구하고 일리야는 오데사의 자랑으로 여겨졌다. 과학을 널리 알려야 한다는 굳은 확신으로 개최한 공개 강연에는 비가 오나 날이 개나 언제든 어마어마한 청중이 모여들었다.

오데사는 세계적인 도시인 동시에 그곳을 아끼는 사람들이 '오데사엄마Odessa-mama'라고 부를 정도로 정감이 넘치던 매력적인 도시였다. 황제가 '신新 러시아'로 불리던 노보로시야 남부 지역 인구를 늘리기 위한 노력을 기울인 덕분에 그리스와 이탈리아, 그 밖에 다른 나라에서 온 외국인들과 유대인들도 오데사에 정착해서 살 수 있었다. 오데사에서는 곡물 수출과 와인 수입, 도로와 철도 건설이 진행됐다. 20년마다 인구가 두 배씩 증가하고 그에 따라 일자로 쭉 뻗은 넓은 거리들이 '신시가지'로 바뀌었다. 1860년대 말경 오데사를 방문한 러시아의 한 지리학자는 당시 모습을 이렇게 묘사했다.

"유럽의 도시처럼 변모했다. 그냥 돌도 아닌 화강암이 깔린 길에 커다란 합승 마차가 다니고, 값비싸고 세련된 호텔이며 쾌속 증기선 등 인구가 많은 중심도시에 필요한 편의시설들이 갖추어져 있다."[46]

---

45) 콘다코프(Kondakov), "기억(Vospominaniia)", 6.

46) 베니우코프(Veniukov), "회고(Iz vospominanii)", 3.

지금은 메치니코프 대학교로 이름이 바뀐 노보로시야 대학교의 노란색과 흰색 크림케이크 모양의 거대한 건물은 오데사의 역사적 중심부에 자리하고 있다. 일리야는 러시아의 과학을 발전시켜야 한다는 사명감과 열정으로 이곳을 그저 학생들을 가르치는 곳이 아닌 핵심 연구 기관으로 키우기 위해 애를 썼다. 이 목표를 달성하려면 각 분야의 저명한 연구진을 채용해야 했는데, 일리야는 이를 관철시키기 위해 호전적인 본성을 적극 발휘하여 대학 행정부와 협상을 벌였다.

이런 일리야도 절친한 사람들과 함께 있을 때면 다루기 힘든 사람이라는 평가가 도무지 믿기지 않는 모습을 보였다. 낯선 이들과 만나면 일단 경계하고 언제든 선제공격을 날릴 태세를 갖추는 고질적인 성향이 드러났지만, 친한 친구들과 함께할 때는 그 뾰족뾰족한 성격이 어딘가로 쏙 들어가 버렸다. 가까이 지내는 사람, 아끼는 이에게는 온화하고 수다스럽고 재미있는 사람으로 변모하여, 상대가 자신의 도움을 필요로 하든 그렇지 않든 늘 건강을 염려하고 사소한 일까지 신경 써 주었다. 일리야가 유럽 여행을 할 때 이탈리아에서 만나 친구가 된 러시아의 무정부주의자 미하일 바쿠닌Mikhail Bakunin은 그에게 '마마샤mamasha', 즉 '엄마'라는 별명을 붙여 줄 정도였다.[47] 오데사에서도 일리야의 몇몇 친구들이 같은 별명으로 그를 부르곤 했다.

루드밀라가 세상을 떠나고 2년 정도가 지난 어느 날, 일리야는 위층에 살던 부유한 귀족 지주 벨로코피토프Belokopytoffs 씨네 집을 찾아가 제발 조용히 좀 해 달라고 부탁했다. 여덟 명이나 되는 그 집 아이들이 너무 소란스러웠기 때문이다. 그런데 막 열여섯 살이 된 이 집의 장

---

47) ZIIM, 45.

녀 쌍둥이 중 하나인 올가가 또 다른 이유로 일리야의 평화를 방해했다. 큰 키에 아름다운 금발 머리를 늘어뜨린 올가의 눈에 일리야는 그저 안색이 창백하고 마른 이웃이었다. 나중에 쓴 글에서는 그녀는 "그이가 예수를 닮았다고 생각했다"라고 고백했다.[48] 1875년 2월에 전해진 두 사람의 결혼 소식은 많은 이들을 놀라게 했다. 니힐리스트들은 대등한 관계에서나 애정을 토대로 한 두 사람의 결합이 가능하다고 믿었지만 일리야는 자신보다 거의 열네 살이나 어린 여성과 결혼한 것이다. 피그말리온에 결코 뒤지지 않았던 일리야의 계획도 어린 아내에게 생물학을 가르치는 등 여러 면에서 마침내 실현되었다.

머리를 길게 땋아서 늘어뜨린 올가는 조용하면서도 강단이 있어서 오늘날까지도 '투르게네프의 여주인공'으로 불리는 러시아의 이상적인 여성상에 꼭 맞는 여성이었다. 신나고 재미있는 일들에 그다지 얽매이지 않는 이 금발의 젊은 여성은 순수하고, 검소하고, 더 높은 목표를 위해 헌신할 줄 아는 사람이기도 했다. 이런 올가에게 자신을 희생하며 끝까지 헌신하고픈 대상은 일리야였다. 결혼식 바로 다음 날, 올가는 새신랑을 깜짝 놀라게 만들었는데, 메치니코프로서는 충분히 감동하고도 남을 일이었다. 맛있는 음식으로 식탁을 차리는 대신 남편이 훨씬 더 감탄할 만한 것, 바로 생선뼈를 준비한 것이다. 올가 자신이 생선의 등뼈 발달에 대해 얼마나 잘 알고 있는지 증명해 보인 일이기도 했다.

"결혼식 다음 날 새벽, 나는 전날의 흥분이 채 가라앉기도 전에 일어나서 동물학 강의를 들을 준비를 했다."[49]

---

48) ZIIM, 73.
49) 위와 동일, 74; 편지 1, 54.

올가는 메치니코프가 세상을 떠난 뒤에 발표한 그의 전기에서 당시의 일을 이렇게 회상한다.

메치니코프는 40년 넘는 결혼 생활 동안 올가에게 약 400통의 편지를 보냈다. 일기처럼 쓴 그 편지들은 연구에 관한 이야기가 주를 이루었다. 편지의 첫머리는 늘 '사랑하는 그대', '내 사랑', '내 귀한 사람', '내가 아끼는 그대여'와 같은 문구로 시작됐다. 그러나 메치니코프가 섬세한 필체로 써 내려간 글로 올가에게 전하려던 마음은 이토록 다양한 애정 표현보다는 노란 종이 위에 담긴 편지 내용에 더 제대로 담겨 있었다. 과학에 사로잡힌 마음을 함께 나누는 것이야말로 메치니코프가 가장 깊은 애정을 드러내는 방식이었다. 또한 메치니코프는 올가가 남편의 연구 성과를 자랑스러워하면서 가장 큰 즐거움을 느낀다는 사실을 잘 알고 있었다.

"내가 아끼는 이를 떠올리며, 무엇이 그녀를 가장 기쁘게 해 줄 수 있을까 고민했소."[50]

메치니코프는 결혼 직후 올가에게 쓴 편지에서 그녀를 마치 제삼자처럼 언급하며 이렇게 설명했다.

"그리고 최대한 빠른 시일 내에, 온 힘을 다해서 공공 강좌를 시작할 수 있게끔 준비하는 것이 그 최선의 방법이라 판단했소."

두 사람 사이에 아이가 없었던 것도 올가가 일리야와 그의 연구에만 집중적으로 관심을 기울일 수 있었던 이유였다.

"사는 게 이토록 가치 없는 일이거늘, 새로운 생명을 탄생시키는 건 죄악이다."[51]

---

50) 메치니코프가 올가에게 쓴 편지, 1876년 9월 13일, 편지 1, 27.

51) EM, 『낙관주의 연구(Etiudy optimizma)』, 220.

일리야는 극도의 우울함에 젖어 살던 시절에 이런 의사를 밝혔다. 올가가 그의 생각에 동의하지 않았더라도 다른 문제가 있었다. 병원에서 올가에게 아이를 낳지 말 것을 권고한 것이다. (왜 이런 경고를 했는지는 알려지지 않았지만, 올가의 쌍둥이 자매가 아이를 낳다가 사망한 것을 보면 충분히 그럴 만한 이유가 있었던 듯하다.)

1881년 봄에는 메치니코프에게 개인적인 면과 직업적인 면에서 거의 동시에 중요한 사건이 벌어지면서 인생행로에 변화가 찾아왔다.

메치니코프의 인생에는 한 번씩 수수께끼 같은 일이 발생하곤 했는데 이 시기 개인적으로 겪은 일은 그중에도 상당히 아리송한 축에 속한다. 한 해 전, 올가가 티푸스에 걸리는 바람에 일리야는 아내를 돌보고 걱정하느라 크게 무리를 했다. 아내의 병세가 나아지고 몇 개월이 지나자 그는 심장 부위에 통증을 느끼고 두통과 어지럼증, 불면증에 시달리기 시작했다. 어느 날은 말을 하는데 발음이 다소 어눌해진 것처럼 느껴져 몸의 일부가 마비되면 어쩌나 두려워해야 했다.

"초조함과 불안이 연이어 그를 엄습했고, 결국 남편은 자살을 결심했다."[52]

올가가 전기에도 쓴 이 일은 기이한 사건으로 이어졌다. 당시 서른다섯 살이던 메치니코프는 이미 자살을 시도했다가 실패했던 경험이 있던 터라 가장 확실하게 숨을 끊을 수 있는 방법을 택했다. 그 당시에 원인을 알 수 없는 재발성 발열 증상을 호소하는 환자들이 대거 발생했는데, 그런 환자 중 한 명의 혈액을 직접 자기 몸에 주사한 것이다. (지금은 이러한 증상이 이나 진드기로 전파되는 바이러스 감염으로 발생한다는 사실이 밝혀졌다.) 메치니코프는 문제의 질병이 혈액으로 전염되는지 확인한다는 표면적인 이유를 내세

---

52) ZIIM, 85.

위 이런 행동을 감행했다. 과연 그는 정말로 목숨을 끊을 생각이었을까? 혹은 러시안룰렛과 다름없는 이 행동을 신경이 극히 쇠약해진 상태에서 자포자기의 심정으로 저지른 무모한 실험으로 보아야 할까?

어느 쪽이든, 나중에 면역학을 수립하게 되는 이 인물이 택한 충격적인 방법은 인체의 면역 기능이 어느 정도인지 증명한 실험이 되었다. 이 일의 결과를 보면, 먼 옛날 고통받는 사람들을 치유해 주던 주술사들이 자신이 가진 그 특별한 치유 능력을 강화하고자 독특한 의식을 행했던 것이 떠오른다. 일리야가 마법의 힘을 믿은 건 아니지만 과학에 대한 그의 믿음은 그런 의식의 위력에 맞먹는 효과를 가져다주었다. 그는 이 자가 실험을 끝낸 후 새로운 힘을 얻었다.

처음에는 자기 손으로 일으킨 이 병 때문에 심하게 앓았을 뿐만 아니라 눈에 급성 염증 반응까지 나타났다. 그러나 눈이 손상되는 대신 말끔히 치유되어 이후 평생, 하루에도 몇 시간씩 현미경을 들여다봐도 아무 문제 없을 정도로 건강해졌다. 더 중요한 성과는 삶에 대한 의욕을 되찾았다는 것이다. 이전까지 전혀 느낄 수 없었던 생에 대한 갈증까지 느낄 정도였다. 죽음의 문턱에 다녀온 경험이 종종 세상을 보는 눈을 바꾸어 놓는데, 일리야처럼 예민한 사람에게는 그런 일이 삶 전체를 바꾸어 놓은 계기가 되었다. 올가는 그때의 일을 이렇게 전한다.

"재귀열 증상에서 회복된 후 그이는 완전히 새로 태어난 사람이 되었다. 삶에 무한한 애정을 품게 되었고 건강 상태는 엄청나게 좋아졌다. 활력이나 일을 해내는 능력도 전과는 비교도 안 될 만큼 좋아져서, 그이의 젊은 시절을 지배한 비관론이 마침내 시들해지고 낙관론이 지배하는 성숙한 시기가 시작됐다."[53]

이 낙관적 세계관은 그로부터 20여 년 후까지 그의 신조가 되었다.

일리야가 40도를 넘나드는 고열에 시달리며 침대에 누워 지내던 무렵, 청천벽력 같은 소식이 전해졌다. 테러리스트 단체 '인민 의지당 Narodnaya Volya' 소속 활동가들이 상트페테르부르크에서 알렉산드르 2세가 타고 있던 마차에 폭탄 두 개를 던져 황제를 암살한 것이다. 혁명을 일으키려는 목적으로 벌인 이 사건은 도리어 국가의 가혹한 압제를 앞당기고 말았다. 아버지가 시작한 '대개혁'에 반대해 온 잔혹한 황제 알렉산드르 3세는 허가된 지 얼마 되지도 않은 자유의 권리를 즉각 철회했다. 그리고 인민 의지당의 당원들을 잡아들여 처형한 데 이어 '불충한' 자들을 체포해 감옥에 집어넣거나 시베리아로 보내 버렸다. 대학은 폭동을 선동하는 중심지로 지목되어 특히 엄중한 탄압을 받게 되었다. 학생들의 집회도 금지되고 대학 측에서 결정하는 모든 사항은 국가의 승인을 받아야 했다.

오데사에서는 '정치적으로 불순한' 교직원 명단이 만들어졌다. 메치니코프의 이름도 그에 포함되었다. 한 헌병대장은 그에 대해 다음과 같이 선언했다.

"동물학과 교수 메치니코프는 극단분자이므로 어떠한 교육기관에서도 일해서는 안 된다."[54]

사실 메치니코프는 평생을 중도 자유주의자로 살았다. 폭력을 극히 싫어해서 혁명에도 반대했다. 그러나 제정 러시아에서는 그 정도면 위험한 극단주의자로 낙인찍히기에 충분했다.

---

53) ZIIM, 86.

54) 포포브스키(Popovskii), 「발데마르 하프킨(Vladimir Khavkin)」, 18.

메치니코프는 지금까지 고생스럽게 지켜 온 일들이 이제는 불가능한 일이 되어 버렸음을 깨닫기 시작했다. 있는 힘껏 저항했지만 노보로시야 대학교에서는 과학적인 성과가 아닌 정치적인 충성도를 기준으로 새로운 교수진을 채용했다. 화학과와 법학과에 능력이 부족한 사람을 교수로 임명한 데 이어, 메치니코프가 10년 넘게 보호해 온 한 유대인 강사[55]는 기독교로 개종하지 않았다는 이유로 결국 해고됐다.

"교무회의가 점점 고문이 되어 가고 있다."[56]

메치니코프는 「내가 해외에 정착한 이유Why I Settled Abroad」라는 제목의 에세이에서 이렇게 밝혔다.

학생들과의 관계도 끊임없이 그를 괴롭혔다. 그들의 과학적인 열망을 키워 주고 그러면서 자신의 과학적 열망도 실현하는 일보다는 학교를 상대로 학생들을 방어하거나 감옥에서 빼내는 일에 시간을 보내야 했다. 그 와중에 새로 부임한 총장은 까다로운 제도를 수립하여 갈등을 더 이상 피할 수 없는 상황을 만들었다. 한번은 학생들이 학교 건물의 한 층을 점유하고 '사회주의자의 색채가 짙다'는 이유로 학생들의 논문 승인을 거부한 학장의 행태에 반대하는 농성을 벌이자, 중재자로 메치니코프가 호출됐다. 그가 학생들의 입장을 대표해 문제가 된 학장과 협상을 벌이고 합의를 이끌어 낸 덕분에 학생들은 농성을 중단했다. 그러나 얼마 지나지 않아, 학장은 협의한 약속을 애초에 지킬 생각이 없었다는 사실이 드러났다.

---

55) 슈레이크(Shtreikh), "유대인의 관계(Evreiskie otnosheniia)." 메치니코프는 유대인을 차별하는 상황이 발생할 때마다 나서서 막고, 학내 유대인 학생과 교·강사의 대변자를 자처했다. 아내의 토지를 관리하면서도 소작농들이나 정부가 유대인 농부를 못살게 굴지 못하도록 적극적으로 개입했다.

56) SV, 81.

"학장의 배신이 마지막 결정타였다."[57]

같은 에세이에서 메치니코프는 이렇게 설명했다.

때는 오데사가 1년 중 가장 아름다운 늦봄이었다. 우중충한 학교 분위기와 달리 거리는 활짝 피어난 회화나무가 늘어서 오렌지꽃을 떠올리게 하는 향기가 가득했다. 1882년 5월 22일, 메치니코프는 학교에 사직서를 제출했다. 곧이어 자유주의를 고수해 온 최소 세 명의 다른 교수들도 학교를 그만두었다.[58]

"노보로시야 대학교의 기억을 떠올리기만 하면 진저리가 나고 마음이 불편해진다네."[59]

메치니코프는 몇 개월 후, 한 친구에게 쓴 편지에서 이렇게 털어놓았다.

교수직을 내려놓기 전, 그는 지역기관에서 곤충학자로 일한다는 계획을 세웠지만 실현되지는 않았다. 그 시기에 올가의 양친이 모두 돌아가셨기 때문이다. 키예프 인근 지역에 있던 집안의 농지 중 일부가 올가의 몫이 된 덕분에 매년 8,000루블의 소득이 생겼다.[60] 당시 교수 급여의 거의 세 배에 달하는 돈이었다. 메치니코프는 학교에서 겪은 온갖 성가신 일이나 경제적인 걱정에서 모두 벗어나 마침내 연구에만 온 열정을 바칠 수 있는 자유를 얻게 되었다.

서른일곱의 메치니코프는 이미 꽤 훌륭한 일자리를 얻을 수 있을 만큼 많은 업적을 이루었지만, 현미경 들여다보는 일을 그만둘 생각은

57) SV, 83; 슈레이크(Shtreikh), "한 교수의 이야기(Iz professorskoi)"

58) 레즈니크(Reznik), 『메치니코프(Mechnikov)』, 173; 슈레이크(Shtreikh), "유대인의 관계(Evreiskie otnosheniia)", 9.

59) SV, 229.

60) "메모(Primechaniia)", 편지 2, 297.

전혀 없었다. 어린 시절의 꿈, 자신의 마음을 단번에 사로잡은 피르호의 이론처럼 독보적인 의학 이론을 세우고 말겠다는 그 꿈을 이루려면 아직 갈 길이 멀었다.

7. 실화

1882년 가을, 올가가 갓 물려받은 유산으로 메시나로 여행을 떠난 메치니코프의 머릿속에는 이미 연구 계획이 수립되어 있었다. 앞서 이야기한 것처럼 이 여행에서 이루어진 발견은 20년 가까운 준비 과정에서 나온 결과였다.

한창 유럽을 여행 중이던 스무 살의 메치니코프는 독일 기센의 식물원에 들렀다가 온실에서 몸에 털이 잔뜩 난 아주 작은 벌레를 발견했다. 그런데 이 벌레를 현미경으로 들여다보던 그는 먹이를 희한하게 처리하는 과정을 관찰하고 깜짝 놀랐다. 벌레는 제대로 된 위장 구조는 없었지만 세포처럼 생긴 무언가가 몸속을 꽉 채우고 있었는데, 먹이가 유입되면 그곳에서 곧바로 흡수했다. 이런 원시적인 소화 과정은 그전까지 단세포동물에게서만 관찰할 수 있는 것이었으니, 벌레가 그야말로 굉장한 광경을 보여 준 셈이었다. 하지만 당시 메치니코프는 그것이 얼마나 대단한 일인지 알지 못했다.

이후 몇 년 동안 그는 다양한 생물에서 그처럼 물질을 게걸스럽게 꿀꺽 삼키는 세포를 여러 차례 관찰했다. 어느 무척추동물에서는 생명의 가장 초기 단계인 배아 상태에 그처럼 먹이를 소화하는 것이 주된 기능인 세포가 주머니 같은 모양으로 밀집되어 있는 것을 발견했다.

메치니코프가 그러한 세포를 평화로이 관찰하며 지내던 어느 날, 다윈설을 열렬히 옹호하는 독일의 젊은 과학자 에른스트 헤켈Ernst Haeckel 이 먼 옛날 단세포생물만 존재하던 지구에 맨 처음 등장한 다세포생물에 관한 가설을 발표했다. '독일의 다윈'으로 불리던 헤켈은 이 수수께끼 같은 생물에 '가스트레아'gastrea'(낭배동물 - 옮긴이)라는 이름을 붙였다. 그는 이 생물이 크기는 현미경으로 볼 수 있는 정도이고, 형태는 바닥과 닿는 면이 두 곳인 주머니 모양으로, 여러 생물종의 배아 초기 단계에서 나타나는 구조와 비슷하다는 대담한 주장을 펼쳤다.

메치니코프는 이를 평생 수없이 치른 과학적 대결의 또 다른 기회로 활용했다. 다세포생물의 조상은 헤켈이 말한 가스트레아가 절대 아니며, 헤켈이 말한 생물보다 더 원시적인 동물의 배아에서 자신이 직접 목격한 작은 낭(주머니)이 다세포생물의 조상이라는 것이 메치니코프의 주장이었다. 바로 먹이를 게걸스럽게 집어삼키는 세포들로 채워진 그 주머니였다. 이어 그는 강의나 저술 활동을 통해 '독일의 다윈'에게 심한 악담을 쏟아 냈다. 「종의 기원을 둘러싼 의문에 관한 에세이Essay on the Question of the Origin of Species」라는 글에서는 헤켈이 '딜레탕트dilettante'[61](예술이나 학문 등을 사랑하는 비전문가, 아마추어 평론가 - 옮긴이)이며 "재능이 뛰어나다기보다는 아주 부지런한 사람"[62]이라고 평가하면서 헤켈의 연구 방법은 "신뢰도가 떨어지고 시기적으로도 부적절하며 과학적이지 않다"[63]라고 지적했다. 메치니코프는 헤켈의 이론에 맞서기 위해 연구 주제까지 바꾸어 생물체의 몸속을 돌아다니는 이 게걸스러운 세포를 집중적으로 파헤치기

---

61) EM, "종의 기원을 둘러싼 의문에 관한 에세이(Ocherk voprosa)", repr., ASS, vol. 4, 321.

62) 위와 동일, 320.

63) 위와 동일, 322.

시작했다.

해결될 기미가 보이지 않던 이들의 논쟁이 일어난 시점, 그리고 메치니코프가 몸속을 돌아다니는 세포에 집착하기 시작한 시기 모두 오늘날 심리학자들이 이야기하는 '10년의 법칙'(1만 시간의 법칙으로도 불린다 - 옮긴이)을 제대로 증명한다. 제아무리 창의력이 뛰어난 사람도 최소한 10년 동안 한 가지에 몰두한 뒤에야 세계 최고 수준의 변화를 일으킬 수 있다는 법칙인데, 앤드류 로빈슨Andrew Robinson은 저서 『천재의 탄생Sudden Genius?』에서 이 규칙이 음악이나 예술, 과학계에서는 창의력의 '법칙'으로 널리 인정받고 있다[64]고 설명하면서 작자 미상인 그리스의 시 한 편을 인용했다.

"숭고한 신께서는 우월함의 문을 지나기 전에 반드시 땀을 흘리도록 해 두셨네."

헤켈이 가스트레아 이론을 발표한 때는 1872년이며, 그로부터 정확히 10년 뒤 메치니코프는 메시나에서 계시를 받는다.

메치니코프는 특유의 승부욕이 끓어오르는 것을 느끼며 가장 오래된 무척추동물을 찾아 나섰다. 원시적인 형태의 세포 소화를 확인할 수 있는 흔적이 반드시 남아 있으리라는 가정을 세운 것이다. 이 연구 끝에 약 10억 년 전부터 해저 바닥에서 살아 온 해면동물과 해파리, 빗해파리, 관해파리와 같은 원시 동물에 그와 같은 소화 기능이 일반적으로 존재한다는 사실을 확인했다. 1882년에 메시나로 떠난 표면적인 이유는 고대 해양 생물을 대상으로 몸속을 돌아다니는 세포를 연구한다는 것이었지만 그 이면에는 헤켈의 코를 납작하게 만들고 말겠다는

---

64) 로빈슨(Robinson), 『천재의 탄생(Sudden Genius?)』, 316-27.

목표가 숨어 있었다.

메시나에 도착하고 얼마 지나지 않아, 메치니코프는 이 세포들이 물질을 삼키는 것은 소화 기능일 뿐만 아니라 다른 중요한 현상과도 관련이 있다는 사실을 깨달았다. 불가사리 유생이 성체로 형태가 바뀌는 과정[65]에서 발생한 여분의 조직을 이 돌아다니는 세포들이 먹어 치운 것이다.[66] 나중에 그는 올챙이가 개구리로 바뀔 때도 같은 일이 벌어진다는 사실을 확인했다. 그뿐만 아니라 이 세포들이 동물의 신체 내에서 생긴 물질과 더불어 외부에서 유입된 입자도 집어삼킬 수 있다는 것을 알고 있었으니, 메치니코프의 생각이 이 세포들의 역할에 면역 기능까지 추가시키는 쪽으로 확대된 것은 어쩌면 당연한 일이었다.

사실 메치니코프는 메시나로 가기 전까지 면역 연구에 직접 뛰어들지 않았다. 인체가 질병과 싸우는 기능은 의학 중에서도 질병의 메커니즘을 다루는 병리학의 영역이고, 그가 속한 동물학과는 상당한 거리가 있었다. 하지만 그는 누구 못지않게 호기심이 많은 사람이었다. 틈날 때마다 책을 읽었고 과학계 여러 분야의 최신 동향을 놓치지 않았다. 또한 인간의 건강과 행복은 그가 항상 관심을 가진 주제였다.

마침내 메치니코프는 드디어 비범한 재능을 바칠 만한 대상, 즉 면역과 만났다.

---

65) EM, "체내 소화의 병리학적 중요성(Über die pathologische Bedeutung der intrazellulären Verdauung)", 『의학 발전(Fortschritte der Medizin)』 2, no. 17 (1884): 558-69, repr., ASS, vol. 5, 45.

66) 올가가 전하는 이야기에 따르면(ZIIM, 97) 메치니코프는 처음에 여분의 생체 조직이 감소하는 현상이 질병과 무관한 '생리학적 염증'의 사례이기를 기대했다. 그러나 이와 같은 현상이 자신이 생각한 염증의 핵심 징후, 즉 혈관에 백혈구가 존재하는 현상과 연관성이 없다는 사실과 근육에 존재하는 세포들에 의해 조직 축소가 발생한다는 사실을 깨달았다.

8. 아웃사이더의 이점

메치니코프는 자신의 연구 내용을 담은 논문을 책으로 펴낸『감염성 질환과 면역Immunity in Infective Diseases』에서 "병을 막는 보호 기능은 늘 인류의 마음을 사로잡았던 중대한 주제이다. 그러므로 까마득한 고대부터 커다란 관심이 쏠린 것은 당연한 일이다"[67]라고 썼다. 실제로 먼 옛날부터 왕과 주술사, 의사 모두 뱀독을 이겨 내는 방법 또는 사람이나 소에게서 발생하는 여러 질병을 막을 방법을 찾아 나섰다. 그리고 때때로 원하던 결과를 얻기도 했다.

지금으로부터 2000년도 더 전에 폰투스Pontus의 왕이었던 미트리다테스 6세Mithridate VI는 병적으로 의심이 많은 사람이었다고 전해진다. 그가 가장 두려워한 것은 독이 든 음식을 먹고 끔찍한 경련을 일으킨 뒤 숨진 부친의 운명을 그대로 물려받는 일이었다.[68] 그리하여 미트리다테스 6세는 자신의 몸이 세상에 존재하는 모든 독에 익숙해지도록 단련하기로 마음먹었다. 그가 택한 방법은 짓이긴 약초들을 일부러 해로운 영향이 발생하는 조합으로 섞은 뒤 꿀을 몇 방울 떨어뜨려 맛을 좋게 만들어서 삼키는 것이었다. 이 방법은 나중에 효과가 지나치게 뛰어나다는 사실이 밝혀졌다. 로마인들에게 붙들릴 위기에 처했을 때 독을 마시고 자살하려고 했으나 그러지 못한 것이다. 독에 대한 면역력이 증대된 결과였다.

왕들이 독 때문에 처한 곤경이 아니더라도 인류 역사 내내 면역에 주

---

67) EM, 『면역(Nevospriimchivost)』, 615.

68) 윌리엄 스미스(William Smith), 『그리스 로마 전기 · 신화 사전(A Dictionary of Greek and Roman Biography and Mythology)』(런던: John Murray, 1873), 2015년 9월 11일 접속(www.perseus.tufts.edu/hopper/text?doc=Perseus:text:1999.04.0104: entry=mithridates-vi-bio-1).

목할 수밖에 없는 사건들이 수시로 발생했다. 엄청난 파괴력을 발휘하며 '얼룩덜룩한 괴물'이라고도 불리던 천연두의 발생도 그중 하나로, 한때 전 세계 인구의 5분의 1이 천연두로 인해 죽거나 흉터로 외모가 망가졌다는 기록이 있다.[69] 하지만 겉모습이 흉해진 사람들은 그 대가로 한 가지 이점을 누렸다. 천연두를 한 차례 앓고 살아남은 사람들은 두 번 다시 같은 병에 걸리지 않았던 것이다. 중국에서는 불과 10세기에 이미 머리가 비상한 솜씨 좋은 사람들이 비밀리에 전해진 방법으로 천연두를 방지하는 물질을 접종했다.[70] 천연두 환자의 피부에 생긴 딱지를 긁어모아서 은으로 된 관을 이용해 코 안에 불어 넣는 것도 이들이 활용한 비법 중 하나였다. 남자아이는 왼쪽 콧구멍에, 여자아이는 오른쪽 콧구멍에 그 시술이 이루어졌다고 한다.

이 기술을 은밀히 감추기가 어려웠거나 세계 곳곳에서 끊임없이 새로운 기술이 개발된 결과 덕분인지, 18세기에 이르자 아시아와 아프리카, 유럽의 시골 지역에서 사람들의 병을 치료해 주던 사람들이 무시무시한 천연두를 이겨 낼 수 있는 접종을 공개적으로 실시하기 시작했다. 코카서스 산맥과 콘스탄티노플에 살던 가난한 시르카시아인 Circassian들은 썩 유쾌하지 않은 목적으로 딸아이들에게 이 접종을 받도록 했다. 시르카시아 여성들은 미모가 뛰어나기로 소문이 자자해서 첩으로 큰 인기를 얻고 있었는데, 몸에 흉터가 생긴 곰보는 터키에 첩으로 팔 수 없다는 이유에서였다.

"한 집안에 천연두가 퍼져 세 딸 중 하나는 죽고 하나는 눈 하나를 잃었다. 나머지 한 명도 병은 나았지만 코가 커지고 말았다. 이 일을

---

69) 볼테르(Voltaire), "접종에 대하여(On Inoculation)"

70) 니드햄(Needham), 계진(Gwei-Djen), 『중국의 과학과 문명화(Science and Civilisation in China)』, vol. 6,155.

속상해하던 부모는 완전히 절망했다."[71]

볼테르는 1753년에 한 친구에게 '접종에 대하여On Inoculation'라는 제목으로 보낸 편지에서 이렇게 전했다. 그리하여 시르카시아에서는 딸이 태어나면 나중에 혹시라도 외모가 망가지는 일이 발생하지 않게끔, 태어난 지 6개월이 된 아기의 연약한 피부를 침으로 찌르고 천연두 상처에서 흘러나온 물질을 문질러 바른 다음 식물의 잎으로 덮고 양가죽으로 그 위를 다시 덮어 두었다.[72] 콘스탄티노플에서 근무하던 영국 대사의 아내 워틀리 몬테규Wortley Montagu는 볼테르가 "영국에 있는 그 어느 여성보다도 재능이 뛰어나 천재에 버금갈 정도이며 정신도 그에 못지 않게 탄탄하다"[73]라고 묘사한 사람인데, 그런 그녀도 어린 아기였던 아들에게 이 천연두 접종을 받도록 했다. 나중에 몬테규 부인은 영국의 귀족들 사이에 천연두 접종 광풍을 일으키는 역할을 했다.

메치니코프가 면역에 관한 논문에서 밝혔듯이 이러한 접종 방식은 상당히 위험했음에도 계속해서 행해지다가 18세기 말, 글로스터 출신의 "아주 똑똑하고 많이 배운"[74] 시골 의사 에드워드 제너Edward Jenner 덕분에 마침내 중단됐다. 제너는 소젖을 짜는 하녀들이 소에서 우두를 옮아 비교적 가볍게 앓고 나면 천연두에 걸리지 않는다는 사실을 알아채고, 우두로 인해 생긴 종기를 이용해 백신을 만들었다. 백신은 제너가 '소'를 의미하는 라틴어 '바카vacca'에서 착안하여 직접 붙인 명칭이다. 그가 개발한 백신 접종법은 대영제국 전체는 물론 영국과 전쟁이

---

71) 볼테르(Voltaire), "접종에 대하여(On Inoculation)"

72) A. N. 소틴(A. N. Sotin), 『천연두의 유행과 백신(Zavisimost' ospiannykh epidemii ot ospoprivivaniia)』 PhD diss., 상트페테르부르크, 1894, 울얀키나(Ulyankina), 『면역학의 기원(Zarozhdenie immunologii)』(38)에 인용됨.

73) 볼테르(Voltaire), "접종에 대하여(On Inoculation)"

74) EM, 『면역(Nevospriimchivost)』, 618.

끊이지 않던 프랑스에서도 널리 행해졌다. 나폴레옹은 제너의 업적을 기리는 훈장까지 만들었다.[75]

19세기에 이르자 프랑스가 접종을 이끌기 시작했다. 선두주자로 등극한 루이 파스퇴르Louis Pasteur는 런던에서 개최된 한 국제의학 학술회의에서, 접종은 소와 관계가 있든 없든 상관없이 모두 '백신 접종vaccination'으로 칭하자고 제안하며 제너에 대한 무한한 존경심을 드러냈다. 그리고 "가장 위대한 영국인, 제너의 공로와 그 엄청난 업적"을 기려야 한다고 주장했다.[76]

러시아에서 황제가 암살된 이후 벌어진 상황들로 메치니코프가 한창 혼란을 겪던 1881년 5월, 파스퇴르는 푸이 르 포르Pouilly-le-Fort라는 프랑스 마을에서 실시한 공개 실험으로 전 세계를 충격에 빠뜨렸다. 당시 농가 전체에 확산된 탄저병으로부터 가축을 지키는 새로운 백신을 개발하여 그 효능을 검증해 보인 것이다. 파스퇴르가 택한 방법은 제너의 방법과 원리가 동일했다. 즉 기능이 약화된 균을 이용하여 멀쩡한 균이 일으키는 병에 대한 면역이 생기도록 하는 것이다.

"탄저병 백신은 동물에게 가벼운 증상을 일으키고, 대신 치명적인 증상으로부터 보호해 준다."[77]

파스퇴르는 이렇게 밝혔다.

그러나 백신을 접종받은 소나 사람에서 어떻게 면역력이 생기는지는 여전히 수수께끼로 남아 있었다. 의학계에서는 흔히 그렇듯이 이번에도 이론이 현상을 따라가지 못했다.

75) 시몬스(Simmons), 『의사들, 그리고 발견(Doctors and Discoveries)』, 155.
76) 위와 동일.
77) 위와 동일, 21.

면역의 원리에 대해서는 인류의 역사가 전개되는 동안 끊임없이 흥미로운 이론들이 제시됐다. 9세기에 페르시아의 의학계에 몸담고 있던 한 유명한 인물은 천연두에 대한 면역이 피부에 생긴 종기에서 피가 흘러나오는 동안 체내에 과도하게 존재하던 수분이 제거되면서 생겨난다고 설명했다.[78] 이를 통해 천연두라는 가혹한 시련을 이기고 살아남은 사람은 병을 또다시 일으킬 수 있는 문제의 수분이 몸에 더 이상 남지 않게 된다는 것이다. 그로부터 6세기가 흘러 르네상스 시대 이탈리아의 한 학자는 사람은 모두 여성의 생리혈에 섞인 오염 물질을 몸에 지닌 채 태어나는데, 천연두로 생긴 종기를 통해 이것이 몸 밖으로 빠져나간다고 주장했다.[79] 이 불순물이 제거되면 천연두를 일으키는 기질 자체가 사라진다는 것이 그의 설명이었다. 18세기에 영국의 한 의사는 면역의 원리를 엄격히 물리적인 방식으로 설명했다.[80] 천연두에 걸리면 피부에 생기는 농포가 모공을 넓히고, 이렇게 확장된 모공은 영원히 활짝 열린 상태로 남아 있으므로 병을 일으키는 물질이 몸에 축적되지 않는다는 것이다. 역시나 영국에서 등장한 또 다른 (이번에는 다소 원예학을 연상시키는) 이론[81]은 인간이 태어날 때부터 병을 일으키는 모든 씨앗을 가지고 태어나며, 병에 한번 걸려야 그 씨앗이 완전히 소진되어 사라진다는 내용이었다. 그러나 파스퇴르도 적극 지지했던 세균설이 의학계를 장악하자 면역에 대한 탐구도 새로운 국면에 진입했다. 병은

---

78) 라제스(Rhazes), 『천연두와 홍역에 관한 논문(A Treatise on the Smallpox and Measles)』, W. A. 그린힐(W. A. Greenhill) 번역(런던, Sydenham Society, 1848). 실버스타인(Silverstein), 『폴 에클리히의 수용체 면역학(Paul Ehrlich's Receptor Immunology)』(77)에 인용됨.

79) 지롤라모 프라카스토르(Girolamo Fracastoro), 『감염과 감염질환의 치료(De Contagione et Contagionis Morbis et Eorum Curatione)』, W. C. 라이트(W. C. Wright) 번역(뉴욕: Putnam, 1930), 60–63. 실버스타인(Silverstein), 『폴 에클리히의 수용체 면역학(Paul Ehrlich's Receptor Immunology)』(78)에 인용됨.

80) 실버스타인(Silverstein), 비알라시비츠(Bialasiewicz), "이론의 역사(A History of Theories)", 158.

81) 실버스타인(Silverstein), 『폴 에클리히의 수용체 면역학(Paul Ehrlich's Receptor Immunology)』, 78.

신이 내린 벌이라 여기는 생각은 오늘날까지도 완전히 뿌리 뽑히지 않았고 고대 사람들은 당연히 그렇다고 믿었지만, 세균설을 통해 그 믿음과 달리 병은 벌과는 아무런 관계가 없다는 사실이 밝혀졌다. 신이 아니라 세균이 인체 구석구석 파고드는 범인임이 분명하게 밝혀진 것이다. 이에 따라 파스퇴르를 비롯한 의학계의 학자들은 세균설의 관점에서 선천적으로 존재하거나 후천적으로 생겨나는 것으로 추정되는 면역의 실체를 밝히기 위해 씨름하기 시작했다. 미생물이 인체를 침입했을 때 그 결과를 좌우하는 것은 무엇인가? 백신 접종은 어떻게 인체가 미생물에 감염되지 않도록 할까? 인체가 세균에 완전히 저항력을 갖도록 해 주는 것은 대체 무엇일까?

자신이 개발한 백신이 어떻게 작용하는지 설명할 수 없다는 사실에 화가 치민 나머지, 파스퇴르는 과감한 가설을 내놓았다. 백신은 기능이 약화된 세균으로 이루어지므로 이것이 몸속에 들어가면 세균에게 필요한 특정한 영양소를 고갈시킨다는 것이 그의 설명이었다. 그래서 병을 일으키는 세균이 인체를 침입하더라도 먹을 것이 전혀 남아 있지 않게 된다는 것이다. 그 결과 생체 조직은 "미생물이 생장할 수 없는 곳"이 된다고 파스퇴르는 주장했다.[82] 이러한 견해는 1880년 파리 과학아카데미 회원들에게 전달되었다.

그러나 파스퇴르 자신도 이 가설이 썩 만족스럽지 않았다. 다른 문제들을 일일이 거론하지 않더라도, 우선 기능이 약화된 미생물이 아닌 사멸한 미생물로 만드는 백신이 분명 존재했다. 즉 체내 영양소를 소비할 수 없는 균으로 만들어진 백신도 병을 예방하는 효과는 그대로

---

82) 『과학아카데미 회보(Comptes rendus de l'Académie des sciences)』, 90 (1880): 239.

나타난 것이다. 또한 파스퇴르의 가설은 백신을 접종받거나 한 번 병에 걸린 이후에 나타나는 면역 기능까지는 설명할 수는 있지만, 백신도 맞지 않고 병에 걸린 적도 없는데 병에 면역력을 나타내는 경우는 설명할 수 없었다.

프랑스 리옹에서 활동하던 저명한 수의학자 오귀스트 쇼보Auguste Chauveau는 이와 같은 선천적 면역 능력을 밝혀내고자 했다.[83] 그리고 파스퇴르의 가설과 상충되는 설명을 제시했다. 미생물은 영양분이 고갈되어 사멸하는 것이 아니며, 혈액 내에서 세균을 파괴하는 물질과 맞닥뜨린다는 내용이었다. 그렇다면 자연 면역이 때때로 기능을 발휘하지 못하는 것은 어떻게 설명할 수 있을까? 쇼보는 과량의 미생물이 침입하면 인체를 보호하는 이 물질이 고갈된다고 보았다. 후천 면역에 대해서도 독일의 병리학자 파울 그라비츠Paul Grawitz가 파스퇴르의 가설과는 다른 설명을 제시했다. 병에 걸리면 초기 단계에 "세포가 균과 에너지 교환이 수반되는 동화 작용"을 하고, 이 과정에서 감염을 일으키는 물질에 면역력이 생긴다는 설명이었다.[84]

같은 시기에 등장한 다른 면역 이론들과 이 두 가지 설명에는 공통점이 있다. 애매모호하다는 점, 그리고 인체를 수동적이고 비활성 상태인 일종의 저장고로 보았다는 점이다. 이처럼 체내에서 병에 저항하는 능력이 생기는 기전mechanism은 밝혀지지 않은 수수께끼로 남아 있었다.

반면 감염질환의 원인에 관한 과학계의 연구는 비약적인 발전을 맞이했다. 메치니코프는 메시나로 여행을 떠나기 몇 개월 전인 1882년

---

83) 『과학아카데미 회보(Comptes rendus de l'Académie des sciences)』 89 (1880): 498; 90 (1880): 1526; 91 (1880): 148. 실버스타인(Silverstein), 비알라시비츠(Bialasiewicz)의 "이론의 역사(A History of Theories)" (164)에 인용됨.

84) EM, 『면역(Nevospriimchivost)』, 624.

봄에 베를린에서 발표된 한 논문을 읽고 소스라치게 놀랐다. 세균학의 원로로 꼽히던 로베르트 코흐Robert Koch가 19세기 서구 세계에서 가장 막대한 인명 피해를 낳은 질병[85]인 결핵을 일으키는 가늘고 긴 원통 모양의 균을 현미경 관찰로 발견한 것이다. 코흐가 장차 자신을 얼마나 비통하게 만들지 알 리 없었던 메치니코프는 이 새로운 발견에 온 마음을 빼앗겼다. 결핵을 앓던 아내와 4년을 함께 지냈던 그에게는 개인적으로도 너무나 큰 의미가 있는 성과였다. 그때부터 메치니코프도 왜 자신은 결핵을 앓지 않았을까 의아하게 생각했을지도 모른다. 메치니코프의 몸은 어떻게 결핵균으로부터 스스로를 지켜낼 수 있었을까?

개인적인 이유에서든 다른 이유에서든 이 결과에 완전히 매료된 메치니코프는 인체의 질병에 점점 큰 관심을 기울였다. 자주 인용되는 메치니코프의 다른 논문에 비해 메시나에서 얻은 연구 결과가 훨씬 세부적으로 제시된 『감염성 질환과 면역』[86]에서도 그가 메시나로 떠나기 전에 병리학 수업을 들었다는 사실을 확인할 수 있다. 그 수업에서 메치니코프는 염증 반응이 일어나면 영어로 '화이트 블러드셀white blood cell' 또는는 (그리스어로 '하얗다'는 뜻을 가진 leuko에서 비롯된) '루코사이트leukocyte'라 불리는 백혈구가 혈관 벽에서 나와 염증이 생긴 부위에 밀집한다는 사실을 배웠다. 이와 함께 염증은 미생물에 의해 발생하는 경우가 아주 많다고 여겨지며, 문제의 미생물이 가끔 백혈구의 내부에서 발견된다는 사실도 접했다.

메시나에서 이 모든 조각들이 하나로 합쳐지기 시작했다. 불가사리의 세포는 먹이나 쓸모가 없어진 조직, 외부에서 유입된 물질 주변에

---

85) 두보스(Dubos)와 두보스(Dubos), 『폐결핵(The White Plague)』, 10.

86) EM, 『면역(Nevospriimchivost)』, 628-32.

덕지덕지 모여들었다. 그런데 인체의 백혈구는 감염이 발생한 부위에 모여든다. 바로 이 지점에서, 서서히 타 들어가던 도화선이 마침내 폭탄에 이르러 쾅 하고 폭발하듯 놀라운 발견이 이루어졌다. 메치니코프에게 번쩍 떠오른 직감은 생명체의 기능에 관한 소름 끼칠 만큼 정확한 통찰로 이어졌다. 척추동물의 몸속을 돌아다니는 세포들 중 일부는 단세포생물 시대부터 존재하면서 진화한 결과물이라는 사실을 깨달은 것이다.

진화 단계가 낮은 생명체들은 소화 기능과 신체를 보호하는 기능의 구분이 모호하다. 실제로 아메바에게 먹이를 먹는 기능은 침입한 적을 먹는 기능과 동일하다. 지구에 맨 처음 등장한 다세포생물의 몸에는 분명 단세포생물처럼 먹이와 침입한 물질을 모두 집어삼키는 세포들이 무수히 존재했을 것이다. 위장이 없는 단순한 구조의 무척추동물에서 그러한 세포들은 지금도 소화 기능을 수행한다. 그러나 생명체가 진화하면서 이 두 기능은 분리되었다. 인간을 비롯한 척추동물은 진화 과정을 거치면서 동일한 세포를 물려받았고, 이 세포들은 무언가를 먹는 기능을 그대로 유지했지만 먹는 대상을 감염을 일으키는 침입체로 바꾼 것이다. 그리고 이것이 인체를 보호하는 특수한 기능을 전담한다.

불과 몇 개월 전에 세상을 떠난 다윈이 살아 있었다면 엄청나게 기뻐했으리라. 메치니코프가 발견한 사실은 단세포생물과 인간을 하나로 엮어 주는 고리가 되었다. 십 대 시절, 가장 단순한 형태의 생명체가 인체의 비밀을 밝혀 줄 수 있으리라 생각했던 그의 확신이 성공을 거둔 셈이다.

그 이전에도 많은 학자들이 몸속을 돌아다니는 세포에 미생물이 들어 있다는 사실을 확인했다. 그러나 미생물이 몸에 감염을 일으키는 과정에서 세포 내부에 수동적으로 흘러 들어갔고, 메치니코프의 가설과는 반대로 이러한 이동은 몸에 해로운 영향을 준다는 견해가 지배적이었다. 메치니코프가 모르는 사이 일부 학자가 세포를 통해 미생물이 파괴될 수도 있다는 제안을 내놓았지만,[87] 이들의 목소리는 면역의 본질에 관한 온갖 추측들이 난무하며 빚어진 불협화음에 묻혀 버렸다. 메치니코프는 자신의 예감을 면역에 관한 완전한 이론으로 정립시킨 유일한 인물이었다. 그리고 이 발견을 평생의 연구 과제로 삼았다.

메치니코프와 동시대를 살았던 사람들은 대다수가 몸속을 돌아다니는 세포는 인체를 방어하는 역할과 전혀 무관하다고 보았다. 어떻게 메치니코프는 어느 누구도 생각하지 않은 것에 주목할 수 있었을까? 고대부터 이어진 난제, 100년 넘게 의사들을 쩔쩔 매게 만든 수수께끼의 현대적인 해답을 어떻게 동물학자가 제안하게 되었을까?

역설적이게도 메치니코프가 의사가 아닌 동물학자라는 점은 장점으로 작용했다. 늘 자신만의 원칙에 따라 연구를 이어 온[88] 메치니코프는 어느 분야든 시간이 갈수록 축적되기 마련인 관례적인 생각에 얽매이지 않았다. 덕분에 그는 상상력을 마음껏 발휘하여 의학 역사상 가장 위대한 발견으로 꼽히는 성과를 얻을 수 있었다.

니힐리스트다운 대담함을 지닌 메치니코프의 개인적인 특징도 이 발견에 중대한 영향을 주었다. 그러한 기질은 질병에 관한 세포 이론과 세균설, 다윈의 진화론 등 그 시기에 등장한 급진적인 생각을 종합

---

87) 메치니코프도 『면역(Immunity)』에서 그와 같은 내용을 몇 차례 언급했다. 메시나에서 연구하던 시기에는 미처 인지하지 못한 내용이었다[『면역(Nevospriimchivost)』, 627–28]. 이에 관한 검토 내용은 체르냐크(Chernyak)과 타우버(Tauber)의 "면역학의 탄생(The Birth of Immunology)"(221–24)과 암브로스(Ambrose)의 "오슬러 슬라이드(The Osler Slide)"에서도 확인할 수 있다.

88) 타우버(Tauber)의 "일리야 메치니코프(Ulya Metchnikoff)" 참조.

하여 자신만의 새로운 이론을 만들어 내는 용기를 갖게 해 주었다. 이 번만은 선제 공격을 하는 데 익숙한 성격 역시 도움이 됐다. 싸움이라면 이골이 난 그는 먹성 좋은 세포들이 보여 준 기능이 바로 자신에게도 절실한 능력, 즉 자기 방어 기능임을 확신할 수 있었다. '뭐 눈에는 뭐만 보인다'는 말도 있듯이 원래 인간에게는 자신이 세상을 느끼는 감각대로 세상을 바라보는 보편적 경향이 있다. 메치니코프의 경우 타고난 싸움꾼의 눈으로 인체가 싸우는 기전을 알아본 셈이다.

9. 식세포

얼마 지나지 않아 메치니코프는 어느 곳이나 그렇듯 과학계에서도 올바른 것이 다가 아님을 뼈저리게 깨달았다. 올바른 것만큼 중요한 것은 믿도록 하는 일이었다. 그래도 다행히 초심자에게 따른다는 행운이 그를 향해 미소 지었다. 메시나에서 메치니코프의 새로운 가설이 믿기 힘들 만큼 큰 호응을 얻은 것이다.

이러한 호응은 메치니코프가 몸속을 돌아다니는 세포에 대해 발견한 사실을 맨 처음 공유한 사람이 지배적인 견해를 들이대며 단숨에 기를 꺾으려 하지 않는 사람이었던 덕분에 시작됐다. 발트해 연안 지역 출신으로 고집이 세기로 유명하던 니콜라우스 클라이넨버그Nicolaus Kleinenberg가 바로 그 주인공이었다. 턱에 염소수염을 기른 독특한 외모의 클라이넨버그는 히드라Hydra(못이나 늪의 나무와 돌에 붙어살면서 수중 미생물을 먹는 자포동물 – 옮긴이)에 관한 대표적인 논문들을 발표한 학자였다. 유럽 대륙에서 활동하다가 동료들과의 사이가 악화되어 메시나 대학교로 옮겨 온 그는 이동 세포들과 면역 기능에 관한 메치니코프의 대담한 가설을 접하고 크게 감탄하며 열광적인 반응을 보였다.

"히포크라테스가 할 법한 생각이군!Das ist ein wahrer Hippkratische Gedanke!"[89]

의사가 되기 위한 과정을 밟아 온 사람답게, 클라이넨버그의 머릿속에는 인체에 내재된 치유력이 존재한다고 믿었던 그리스 의사 히포크라테스가 자연스레 떠올랐다. 서양의학의 아버지라는 확고한 지위에 오른 히포크라테스는 사람의 몸이 혈액, 점액, 황색 담즙, 흑색 담즙 등 네 가지 체액humors으로 이루어지며, 이 네 가지가 서로 적절히 균형을 이루어야 한다고 주장했다. 황금빛 해안이 펼쳐진 그리스의 코스섬에서 사람의 병을 치료하는 기술을 연마하는 동안, 히포크라테스는 자연의 지혜를 깨닫고 탄복하며 인체는 네 가지 체액의 균형을 조절하는 능력을 타고난다고 생각하게 되었다. "인체의 본질이 바로 병을 치료하는 의사"[90]라는 유명한 말과 함께 "자연은 아무 지시가 없어도 필요한 일을 능숙히, 그리고 즉각 해낸다"라는 말을 남기기도 했다. 그가 살았던 시대의 사람들과 후손들은 히포크라테스의 이 같은 선언을 사람마다 내재된 치유력이 있다는 의미로 해석하고 경이로운 만큼 아리송한 일로 여겼다.

히포크라테스의 추종자들은 이후 수세기 동안 인체의 치유력에 '비스 비탈리스vis vitalis', '비스 메디카트릭스vis medicatrix', '비스 에센시알리스vis essentialis' 등 멋들어진 라틴어 이름을 붙였다. (각각 차례로 생명의 힘, 힘의 중재자, 본질적인 힘을 뜻한다. - 옮긴이) 그러나 19세기 말에 이르러, 면역의 미스터리를 풀기 위한 탐구는 의학의 나머지 영역과 더불어 물질주의자의 영역으

---

89) ZIIM, 96.

90) 히포크라테스(Hippocrates), 『제7권, 전염병(Volume VII. Epidemics)』

로 완전히 옮겨 갔다. 의사들은 한때 의학계 전체를 지배하던 자연적인 치유력의 개념에서 완전히 돌아섰다. 급기야 자연 면역은 의사들이 극히 반대하는 개념이 되었다. 자연 치유 능력에 대한 연구는커녕, 그러한 현상을 관찰하려는 사람도 전혀 없었다. 유럽과 미국에서는 동종요법을 고수하던 사람들만이 병을 물리치는 '생명의 힘'에 대해 이야기했지만 의학계의 비난을 받아야 했다. 청진기를 두른 주류 의학계의 의사들은 치유의 해답을 손에 만져지는 세상, 물질로 이루어진 세상에서 찾으려 했다.

클라이넨버그는 이 아이러니한 상황을 포착한 것 같다. 다른 사람도 아니고 광적인 물질주의자에 해당되는 메치니코프가, 치유력을 나타내는 최초의 물질적 증거를 관찰하고 '내재된 힘'이라는 옛 개념을 되살리려 한 것이다. 또 메치니코프의 발견이 히포크라테스가 깨달음을 얻은 곳과 지리적으로 상당히 가까운 곳에서 이루어졌다는 생각을 했을지도 모른다. 히포크라테스의 고향인 코스와 시칠리아는 모두 지중해에 위치한 섬으로, 배를 타면 서로 오갈 수 있는 가까운 거리에 있다. 하지만 히포크라테스가 살던 시절로부터 무려 2000년이라는 시간이 흐른 뒤에야 면역의 수수께끼가 막 벗겨지려 하고 있었다.

메치니코프는 클라이넨버그의 격려에 힘을 얻어 몸이 투명한 여러 동물에 온갖 물질을 주입했다. 염소젖, 사람의 피 몇 방울, 카민이나 인디고 같은 염료, 익힌 완두콩 덩어리, 성게 알 등을 불가사리 유생과 바다벌레, 멍게의 몸속에 넣었다. 그때마다 변함없이 몸속을 돌아다니던 세포가 침입한 물질을 꿀꺽 삼키거나 주변을 둘러싸고 그 외부 물질을 꼼짝 못하게 고정시켰다.

그로부터 약 3개월이 흐른 어느 날, 세계적으로 손꼽히는 학자가 메치니코프의 발견에 이례적으로 힘을 실어 주는 일까지 생겼다. 하늘이 도운 것만 같은 이 일은 사실 하늘이 아닌 '땅'이 도왔다. 메시나 남쪽의 활화산 에트나가 가만히 웅크리고 있다가 슬슬 깨어날 기미를 보인 것이다. 화산이 분출하려는 조짐이 보일 때마다 늘 일어나는 일들이 시작됐다. 산 주변 수백 킬로미터 내에 사는 사람들이 너도나도 마차나 기차에 올라 조금씩 끓어오르는 화산 가까이로 달려왔다. 지구 땅속 저 아래, 가장 깊은 곳에서부터 올라온 용암이 눈부시게 환한 빛을 발하며 흘러넘치는 장관을 볼 수 있는 절호의 기회였기 때문이다. 그런데 잔뜩 기대에 부풀어 화산을 바라보던 구경꾼들 틈에는 베를린 최고의 의사이자 정치가, 공공 보건 정책 개혁가인 루돌프 피르호가 있었다. 세포에 관한 기존의 여러 이론을 하나로 통합하여 병리학에 혁신을 일으킨 바로 그 장본인이었다. 1883년 3월 당시 이탈리아의 따뜻한 기후를 찾아와 요양 중이던 그는 에트나가 용암을 분출하려 한다는 소식을 접했다. 에트나는 자신이 숭배하던 요한 볼프강 폰 괴테가 100여 년 전에 아름다움을 노래했던 곳이기에, 그는 여행 일정까지 바꿔 서둘러 메시나로 향했다.[91]

피르호의 세포 이론이 어린 메치니코프에게 언젠가 자신도 의학계에 위대한 업적을 남기겠다는 꿈을 심어 준 지도 20년 이상이 흘렀다. 그 꿈이 현실이 되려 하는 지금, 메치니코프에게 바로 꿈에 불을 지핀 사람의 의견을 들을 수 있는 귀하고 특별한 기회가 찾아온 것이다.

두 사람은 메시나 대학교의 한 교수 집에서 만났다. 그리고 피르호는 메치니코프의 실험을 직접 확인하러 들르겠다고 말했다. 메치니코

91) 피르호가 안톤 도른(Anton Dohrn)에게 쓴 편지, 1883년 3월 24일. 그뢰벤(Groeben)과 웨니그(Wenig), 『안톤 도른과 루돌프 피르호(Anton Dohrn und Rudolf Virchow)』, 56.

프가 그의 방문을 기다리며 얼마나 긴장했을지는 충분히 예상할 수 있으리라. 특히나 피르호는 비판적이고 냉정하기로 소문이 자자한 사람이라 더욱 그럴 수밖에 없었다.

작은 체구에 몸이 유연한 편이던 피르호는 메치니코프와 달리 다양한 분야에서 방대한 업적을 이루고도 절대 서두르는 법이 없었다. 당시 60대였던 그는 권위적인 분위기를 물씬 풍겨 '교황님', '사령관님'이라는 별명까지 얻었다.[92] 무언가를 인정할 때 보이는 열의마저도 "싸늘하게 호응했다"라는 평가를 듣기 일쑤였다. 이런 피르호도 메치니코프의 발견 앞에서는 평상시에 늘 보이던 그 싸늘함을 버릴 수밖에 없었다. 여기에는 개인적인 이유가 있었다. 피르호가 정립한 세포병리학을 두고 이미 효용성이 없는 이론이라고 주장하는 반대 세력들이 등장하려던 차에, 메치니코프의 발견이 다시금 세포에 이목이 집중되어야 할 새로운 근거를 마련해 준 셈이었던 것이다.[93] 이번에는 세포가 면역력을 제공하는 주체로 떠올랐다. 에트나는 결국 용암을 내뿜지 않았지만,[94] (그해에 화산이 분출했다는 기록은 없다.) 피르호는 메치니코프와의 만남 덕분에 전혀 실망하지 않았다.

4월 말쯤 독일로 돌아온 피르호는 베를린 의학 협회Berlin Medical Society에서 잔뜩 들뜬 목소리로 면역에 관한 메치니코프의 가설을 최초로 공개했다.

"최근에 제게 큰 행운이 찾아왔습니다. 저명한 동물학자로 꼽히는

---

92) 아커크네히트(Ackerknecht), 「루돌프 피르호(Rudolf Virchow)」, 38; 시몬스(Simmons), 「의사들, 그리고 발견(Doctors and Discoveries)」, 11.

93) 피르호는 1885년에 "세포와 세균의 고투(The Struggle of Cells and Bacteria)"라는 제목의 논문을 발표했다. 아커크네히트(Ackerknecht), 「루돌프 피르호(Rudolf Virchow)」 참조.

94) 에트나 화산은 1879년과 1886년에 폭발한 것으로 알려진다. 그뢰벤(Groeben), 웨니그(Wenig), 「안톤 도른과 루돌프 피르호(Anton Dohrn und Rudolf Virchow)」, 99 참조.

메치니코프를 메시나에서 만나 상당히 놀라운 실험을 직접 관찰할 기회를 얻었습니다."[95]

나중에 베를린의 주간 의학지 『베를린 임상 주간지Berliner Klinische Wochenschrift』에 실린 피르호의 발표 내용을 읽은 메치니코프는 세포 분야의 대원로 입에서 나온 찬사에 한껏 고무됐다. 그리고 남은 평생을 초창기에 자신을 지지해 준 클라이넨버그와 피르호에게 늘 고마운 마음을 품고 살았다.

피르호는 연구를 조심스럽게 진행하라고 충고했다. 병리학자들의 눈에 메치니코프는 그들만의 성역이자 병리학의 핵심인 염증 반응에 위험스럽게 끼어든 존재였다. 무엇보다 병리학계에 큰 충격을 안겨 준 사실은 메치니코프가 당시 널리 인정되던 견해와는 정반대되는 내용, 즉 이동 세포들이 염증이 생기면 그 부위를 보호하고 치유하기 위해 일부러 찾아간다고 주장했다는 것이다.

"병리학에서는 그 반대로 믿고, 믿는 대로 가르친다네."[96]

피르호는 메치니코프에게 이렇게 말해 주었다.

실제로 병리학자들은 이동 세포들이 염증을 일으킨다고 생각했다. 혈관에서 흘러나온 세포가 뿔뿔이 흩어져서 붓고 벌겋게 달아오르는 등 염증의 전형적인 증상을 일으킨다는 것이 공통된 의견이었다. 백혈구의 내부에서 미생물이 발견되는 경우가 잦았으므로, 이것이 백혈구가 감염을 퍼뜨리는 증거로 여겨졌다.

한마디로 정리하면, 염증은 수동적으로 발생하며 몸에 해롭다는 것

---

95) 『베를린 임상 주간지(Berliner klinische Wochenschrift)』, no. 324 (1883년 8월 20일): 526. EM, 편지(Pis'ma) 중 "메모(Primechaniia)"(1863-1916), 252에 인용됨.

96) EM, 『면역(Nevospriimchivost)』, 632.

이 당시의 공통된 시각이었다. 이때 메치니코프가 염증은 본질적으로 능동적인 반응이며 치유가 가능하다는 정반대되는 의견을 피력했다.

시칠리아의 기온이 크게 오르기 시작하자 메치니코프는 가족들을 데리고 이탈리아 반도에서도 알프스의 남쪽 끝, 가파른 절벽 아래 가르다 호수가 펼쳐진 리바라는 마을로 옮겨 갔다. 올가가 자매들과 함께 마을을 둘러싼 산악지대 곳곳을 구경하러 다니는 동안, 메치니코프는 이동 세포의 새로운 역할에 관한 논문을 썼다. 그는 조심스럽게 접근하라는 피르호의 조언대로, 세포의 소화 작용은 '생물의 몸속에서 생겨나거나 외부에서 침입한 해로운 물질로부터 몸을 보호하는 역할도 한다'[97]는 결론을 제시했다. 사실 그렇게 조심스러워해야 할 필요는 없었다. 오늘날 우리는 소화가 고대부터 전해진 면역 기전이며, 생물이 진화 과정을 거쳐 생존하는 데에도 도움이 된 기능임을 잘 알고 있다.

러시아로 돌아가는 길에 알프스 산맥 반대편의 비엔나에 들른 메치니코프는 한창 연구 중인 세포에 잘 어울릴 만한 이름을 짓기 위해 동료들을 불러 모았다. 고대 그리스어에서 따온 이름을 짓고 싶었지만, 여러 언어에 능한 그가 그리스어는 몰랐기 때문이다. 그리하여 먹성 좋은 이 세포들에게 '먹는다'는 뜻을 가진 '파제인phagein'과 '세포'를 의미하는 '사이트cyte'를 결합한 '파고사이트phagocyte', 즉 식세포라는 이름이 붙여졌다.[98] 식세포가 게걸스럽게 물질을 먹는 과정은 식균 작용을 뜻하는 '파고사이토시스 phagocytosis'로 불리게 되었다.

메치니코프는 마침내 새로운 가설을 세상에 발표할 준비를 마쳤다.

---

97) EM, "무척추동물의 체내 소화에 관한 연구(Untersuchungen über die intracelluläre Verdauung bei wirbellossen Tieren)", 『비엔나 대학교 동물학연구소 연구(Arbeiten aus dem Zoologischen Instituten der Universität Wien)』 5, no. 2 (1883): 141–68, repr., ASS, vol. 6, 20.

98) ZIIM, 97.

비엔나의 한 동물학 분야 학회지에 식세포에 관한 논문을 제출한 후, 그는 조만간 거센 폭풍이 몰아치리란 사실을 전혀 알지 못한 채 러시아로 돌아갔다.

10. 치유를 위한 소화

메치니코프가 러시아에 도착한 1883년 봄은 알렉산드르 3세가 크렘린 궁전에서 치른 호화로운 대관식 이야기로 온 나라가 떠들썩했다. 선대 황제가 암살된 후 새 황제가 시행한 억압적인 반개혁 정책은 이후 20년 동안 체제에 반대하려는 생각이 고개도 들지 못하게 만들었다. 군주제 폐지나 자유화를 요구하는 목소리도 사그라졌다. 흥겨운 저녁 식사와 무도회, 야외 파티, 군사 퍼레이드가 3주째 이어진 모스크바에는 세계 곳곳의 왕족들과 귀족들을 비롯한 수천 명의 사람들이 모여들었다.

오데사에서도 역사적인 모임이 열렸다. 제7차 러시아 박물학자·의사 총회Congress of Russian Naturalists and Physicians에는 러시아 전역에서 600명이 넘는 참석자가 모이고 해외에서도 사람들이 찾아왔다. 이날 총회에서 러시아의 가장 유명한 생물학자 중 한 명이던 메치니코프가 의장으로 지명됐다.

"여기에 모인 의학계 대표들은 이번 의장 지명을 통해, 생물학과 최근 떠오르는 새로운 의학의 밀접한 협력을 강조하고자 합니다."[99]

행사를 주최한 한 관계자는 나중에 이렇게 설명했다.

---

99) 바르닥(Bardakh), "일리야 일리치(Il'ia Il'ich)", 1197.

1883년 8월 23일, 해가 쨍쨍한 아침에 메치니코프는 노보로시야 대학교의 대형 강당에 설치된 연단 위로 올라갔다. 그에게는 너무나 익숙한 아치 모양의 창문과 사람들로 꽉 찬 발코니가 눈에 들어왔다. 늘 그랬듯 처음에는 긴장한 기색이 역력했지만, 말을 이어 갈수록 점점 열기가 오르자 요점을 짚을 때마다 왼팔을 옆구리에 척 걸치는 특유의 자세도 나타났다. 그리고 늘 그러했듯 메치니코프의 강연은 청중을 매료시켰다. '유기체의 치유력에 대하여'라는 역사적인 강연은 여기서 발표되었다. 그가 처음으로 대중 앞에서 자신의 면역 이론을 선보인 것이다.

"우리는 어디 사는 아무개가 병에 걸렸는데 '워낙 튼튼한 사람이라' 나았다는 말을 자주 듣곤 합니다."[100]

메치니코프는 이렇게 말문을 열었다.

"실제로 의학계에서는 아주 먼 옛날부터 인체에 자연적인 치유력이 있다고 보았습니다. 사람을 질병으로부터 보호해 주는 힘이죠."

다음으로 그는 이 치유력에 관한 히포크라테스의 말을 인용하고, 그의 뜻을 이어받은 사람들이 지난 유구한 세월 동안 내놓았던 견해들도 제시했다. 그리고 말을 이어 갔다.

"그러나 최근 들어, 일반적인 치료가 행해지는 현대 의학에서 히포크라테스가 말한 '자연의 원리physis'는 거의 자취를 감추었습니다. 일부 교과서에서나 겨우 다루어지는데, 그것도 어쩌다 다른 설명과 함께 언급되거나 마지못해 끼워 넣은 개념처럼 소개됩니다."

그렇다면 동물과 사람은 병을 일으키는 유기체를 어떻게 물리칠까?

---

100) EM, "치유력(O tselebnykh silakh)", repr., ASS, vol. 13, 125–32.

메치니코프는 이에 대해, "최근 알려진 사실들을 보면 동물과 사람에게는 세균을 물리치는 어떤 능력이 있으며, 그 능력이 없었다면 인류 전체가 이미 오래전에 멸종했을 것임을 알 수 있다"라고 설명했다.

이어 메치니코프는 이 치유력에 관한 자신의 대담한 관점을 공개했다. 인간이 등장하기 훨씬 전에 식물과 벌레, 곤충, 다른 생명체들도 미생물의 공격을 받았다는 설명도 덧붙였다.

"아주 강력한 균이 도처에 도사리고 있다가 맹공을 퍼붓는데 식물과 동물은 어떻게 버틸까요? 우리가 늘 궁금해하던 이 질문에는 다음과 같이 대답할 수 있다고 봅니다. 동물은 균을 먹고 소화시켜서 없애 버린다고 말이죠."

이어 메치니코프는 그것이 놀랍게도 사람의 몸에서 일어나는 일과 정확히 일치한다는 사실이 입증될 것이라는 과감한 추측을 내놓았다.

"세균은 폐포를 통해 침입하든 소화관 벽이나 피부에 난 상처로 침입하든, 우리 몸 어디에서든 이동 세포들에게 붙잡힐 위험을 감수해야 합니다. 바로 균을 먹고 파괴할 수 있는 세포들이지요."

마침내 메치니코프는 놀랍도록 날카로운 선견지명을 청중들에게 전했다. 인간을 비롯한 고등동물은 "치유를 위한 소화 기능이 발휘되는 기관계를 완벽하게 갖추고 있다"라는 내용이었다. 사실상 면역 체계의 개념을 제시한 것이다. 그는 비장과 림프절, 골수가 면역의 이 핵심적인 기능을 수행한다고 정확히 설명했다. 그리고 이 기관들은 세균을 먹고 소화하는 특별한 세포들을 포함한다고 했다.

"해면동물과 같은 하등동물에는 소화 기능을 하는 세포가 한 덩어리로 뭉쳐서 존재하지만, 고등동물에는 그러한 세포들이 두 종류의 조직으로 나뉘어 존재합니다. 하나는 일반적인 소화 기관이고, 다른 하나는 의학적이거나 치료적인 (혹은 예방적인) 소화 기관입니다."

메치니코프는 사람마다 병에 취약한 정도가 다른 이유는 '치유를 위한 저항 기능을 가진 장기'의 기능 수준이 저마다 다르기 때문이라고 결론지었다. 이것은 그가 어린 시절부터 그토록 얻고자 노력했던 목표, 즉 인류 전체에 변화를 일으키는 아이디어였다. 청중들은 그의 말에 동요했다.

"그날 총회가 진행되는 동안도 그랬고, 그 이후로도 한동안은 의학계 사람들이 모이는 자리마다 대화 주제가 메치니코프의 새로운 아이디어로 흘러갔다."[101]

오데사에서 의사로 활동했던 한 사람은 나중에 이렇게 회상했다. 1883년 가을, 메치니코프는 국립 상트페테르부르크 과학아카데미 회원으로 선출됐다. 이것을 시작으로 이후 러시아와 전 세계 여러 저명한 단체들에도 이름을 올렸다. 과학아카데미 입회를 권하는 서신에는 오데사 총회에서 메치니코프가 밝힌 내용이 "병리학적 진행 과정에 관한 연구에 새 시대를 열었다"[102]라는 설명이 담겨 있다.

하지만 그 서신에 언급되지 않은 사실이 있었다. 그 '새 시대'가 한동안은 멋진 가설로만 머물러 있었다는 점이다. 메치니코프는 그때까지 '치유를 위한 소화'의 실질적인 증거를 발견하지 못했다. 그가 제안한 가설의 많은 부분이 직감에서 나왔다는 것도 놀랍지만, 그 예측이 사실이었다는 점은 가히 충격적이라 할 만큼 놀라운 일이다.

얼마 지나지 않아 메치니코프는 그토록 얻기를 바라던 증거를 전혀 예상치 못한 장소에서 발견했다. 한 친구의 수족관이었다. 그 수족

---

101) 바르닥(Bardakh), "일리야 일리치(Il'ia Il'ich)", 1197.

102) 레즈니크(Reznik), 『메치니코프(Mechnikov)』, 186.

관에는 몸이 투명한 새각류가 있었다. 물속에서 튀어 오르는 특징 때문에 흔히 물벼룩으로 불리는 이 자그마한 갑각류는 몸에 기생하는 곰팡이에 감염되어 있었다. 물벼룩이 면역력의 수수께끼를 풀어 줄 가장 적합한 생물은 아닐지 몰라도, 메치니코프는 이들에게서 생물이 병에 저항하는 모습을 목격할 수 있었다. 그것도 생물학에서 특히 높은 가치를 인정받는 방식, 즉 살아 있는 동물의 몸에서 벌어지는 변화를 실시간으로 관찰하는 방식을 통해서였다.

병든 물벼룩 한 마리를 현미경 렌즈 아래 놓고 들여다본 메치니코프는 숨이 멎을 만큼 놀라운 광경과 마주했다. 바늘처럼 생긴 곰팡이의 포자가 물벼룩의 몸에 침입하여 장까지 뚫고 들어가 있는데, 그 주변을 움직이는 세포들, 즉 식세포들이 둘러싸고 있었다. 그로부터 두 달 넘게 백여 마리의 물벼룩을 가지고 연구를 벌인 후 그는 결과를 정리했다. 침입한 곰팡이의 포자는 그 수가 많으면 물벼룩의 몸속에서 곰팡이로 성장하고 결국 숙주의 목숨을 빼앗는다. 그러나 그가 관찰한 물벼룩의 3분의 2에서 나타난 것처럼 식세포가 포자를 먹어 치우는 데 성공하면, 물벼룩은 살아남았다. 내재된 치유력으로 목숨을 건진 것이다.

살아 있는 생물에서 치유력이 발휘되는 이 장면은 결코 잊히지 않는 기억으로 남아 메치니코프가 코앞에 다가온 '면역 전쟁'에서 고투를 벌이는 내내 되살아났다. 그로부터 수년이 지나서 식세포 이론의 역사에 관한 에세이에도 그는 이렇게 밝혔다.

"이 이론이 사방에서 공격을 받을 때면 내가 정말로 뭔가를 잘못 짚은 건 아닌지 스스로 되묻기도 했다. 그럴 때마다 곰팡이에 감염된 물벼룩을 떠올리면 내 생각이 틀림없다고 확신할 수 있었다."[103]

그러나 참신한 이론을 만든 자랑스러운 인물이 되었을지언정, 메치니코프는 의사들의 회의적인 견해를 가라앉히기 위해서는 물벼룩에서 포유동물로 시선을 옮겨야 했다. 그는 당시 연구가 가장 활발히 이루어진 탄저균을 토끼와 기니피그에 감염시키기로 결정했다. 3년쯤 앞서 루이 파스퇴르가 탄저병 백신을 개발하여 수의학 분야에 돌풍을 일으켰으니, 이 실험으로 메치니코프는 파스퇴르에게 보이지 않는 손을 뻗은 셈이었다. 그는 백신으로 얻는 면역력이 다름 아닌 식세포로부터 나온다는 사실을 입증하리라 마음먹었다.

메치니코프는 동물이 탄저균에 면역되도록 하기 위해, 활성이 약화된 균을 토끼 두 마리와 기니피그 두 마리에 각각 주사했다. 백신의 효과는 토끼 한 마리에서만 나타났다. 이 한 마리만 정상적인 탄저균을 이어서 주사해도 건강했고 나머지 토끼 한 마리와 기니피그 두 마리는 탄저균 주사 후 모두 폐사했다.

현미경으로 이 네 마리의 동물에서 얻은 혈액을 들여다본 메치니코프는 간절히 바라던 근거를 마침내 얻었다. 건강한 토끼에서 뽑은 혈액에서 탄저균이 식세포에게 꽁꽁 둘러싸인 모습이 관찰된 것이다. 죽은 동물의 혈액에서는 그와 반대로 탄저균이 자유롭게 떠다니고 있었다. 적어도 메치니코프는 이 건강한 토끼가 탄저균에 면역력을 발휘하게 된 이유는 식세포 덕분이며, 이 세포들이 미리 백신에 노출되어 단련된 결과 치명적인 병에서 토끼를 살려 낸 것을 분명하게 알 수 있었다.

---

103) EM, "식세포의 원리(Die Lehre von den Phagocyten)", repr., ASS, vol. 7, 450.

"식세포는 이전까지는 이겨 낼 수 없었던 물질을 소화하면서 점차 그 물질에 익숙해지고, 식세포의 이러한 세포 내 소화 작용이 백신으로 형성되는 면역력과 관련이 있다고 주장할 수 있는 근거가 추가로 확보됐다."[104]

메치니코프는 베를린의 루돌프 피르호에게 보낸 논문에서 이렇게 밝혔다. 식세포에 관한 논문은 이전에도 발표했었지만 동물학 분야의 학회지에 실려서인지 크게 주목받지 못했다. 그러나 물벼룩과 탄저균에 관한 두 편의 새 논문은 1884년, 당시 의학계의 주요 학술지로 꼽히던 『피르호 기록Virchow's Archive』에 실리면서 큰 관심을 받았다. 메치니코프는 혹시라도 누군가 자신의 이론에 대한 의견을 내놓은 것이 없는지 기대에 부풀어 수시로 도서관으로 달려가서 독일의 의학 분야 간행물들을 다급히 뒤져보곤 했다.

첫 번째 반응은 하마터면 놓칠 뻔했다. 올가와 쌍둥이 자매에게 '폐가 약하다'는 진단이 내려졌기 때문이다. 의사는 두 자매가 겨울을 따뜻한 곳에서 보내는 것이 좋겠다고 권했다. 크게 염려되는 마음에 메치니코프는 올가와 다른 자매들을 다 데리고 지중해 해안으로 여행을 떠났다. 그리하여 1885년 봄, 이탈리아의 도시 트리에스테로 온 뒤에야 그동안 못 본 논문들을 확인할 수 있었다. 그리고 학술지 『베를린 임상 주간지』에서 쾨니히스베르크(러시아 서부의 항구도시 칼리닌그라드의 옛 지명 – 옮긴이)의 저명한 병리학자 파울 바움가르텐Paul Baumgarten이 자신의 이론을 조목조목 비판한 내용을 발견했다.

신랄한 지적이었다. 메치니코프는 그로부터 십수 년이 지나서 쓴

---

104) EM, "탄저균과 식세포의 관계(Über die Beziehung der Phagocyten zu Milzbrandbacillen)", 『피르호 기록 (Virchow's Archive)』 97, no. 3 (1884): 502–26, repr., ASS, vol. 6, 45.

『감염성 질환과 면역』에서 식세포 이론 때문에 고생했던 일들을 이야기하는 가운데 "바움가르텐이 전쟁의 서막을 열었다"[105]라고 전하며 당시의 감정을 숨김없이 털어놓았다.

바움가르텐은 식세포 이론을 진지하게 받아들였고, 그만큼 진지하게 혹평했다. 그는 재귀열(이, 벼룩, 진드기 등의 매개로 스피로헤타라는 세균에 감염되면 발생하는 전염병. 발열 증상이 반복되는 특징이 있다. - 옮긴이)을 예로 들며 자신의 의문을 설명했다. 재귀열 환자 대부분은 식세포에게 잡아먹히지 않은 미생물이 혈액에 마음대로 돌아다니지만 병이 회복된다는 내용이었다.

"이는 곧 살아 있는 생물이 식세포의 도움을 받지 않아도 활발히 발달하는 기생충의 영향을 이겨 낼 수 있다는 것을 보여 준다."[106]

바움가르텐은 이렇게 설명하고, 미생물이 "자신의 수명이 닿을 수 있는 한계"에 도달하면 "저절로" 생을 다하고 그러면 환자는 회복된다고 밝혔다.[107]

메치니코프의 이론이 목적론적이라는 바움가르텐의 주장은 특히나 가혹한 평가였다. 목적론은 자연 현상의 이면에는 설계, 또는 목적이 존재한다고 보는 관점으로, 바움가르텐은 메치니코프가 식세포를 마치 사람처럼 목적을 가진 존재로 보았다고 주장했다.

메치니코프에게는 실로 어마어마한 비난이었다. 그는 러시아의 여타 니힐리스트들처럼 과학의 실증적인 특성을 평생 굳게 믿고 살아 온 사람이었다. 오직 확인이 가능한 증거만이 지식으로 인정될 수 있다

---

105) EM, 『면역(Nevospriimchivost)』, 634.

106) 바움가르텐(Baumgarten), "보고서(Referate)." ASS, vol. 6, 80에 인용됨.

107) 바움가르텐(Baumgarten), 『병리학 교과서(Lehrbuch der pathologischen Mykologie)』, 1886, 1:114. ASS, vol. 6, 98에 인용됨.

고 보았다. 실증주의자의 시각에서는 자연에 설계가 존재한다는 형이상학적인 개념을 결코 용납할 수 없었다. 그런데 바움가르텐은 과학을 주창하는 메치니코프의 이론이 비과학적이라고 비난한 것이다.

과학의 우월성을 믿지 않는 나약한 사람이었다면 비판 앞에서 스스로를 의심하거나 황급히 달아났으리라. 그러나 메치니코프는 서둘러 반박에 나섰다. 식균 작용을 발견하게 한 특유의 전투 본능이 이론을 방어하는 동력이 되었다.

오데사로 돌아온 메치니코프는 이를 갈며 새로운 연구에 몰두했다. 짧은꼬리원숭이를 재귀열에 감염시키는 실험을 통해 그는 바움가르텐이 환자의 혈액에서 식세포를 보지 못한 이유는 이 병의 다른 특징 때문임을 입증했다. 이번에는 식세포가 혈액이 아닌 비장에 등장한 것이다.

"비장이 '치유 기관'으로 밝혀지다니, 이 얼마나 멋진 일입니까!"[108]

메시나에서 만나 메치니코프의 친구가 된 클라이넨버그는 편지로 한껏 들뜬 마음을 전했다.

"수천 년 동안 우리 몸의 한 부분으로 살아 온 기관이 어떤 일을 하는지 처음으로 밝혀졌으니, 더없이 굉장한 일이오."

클라이넨버그는 또 위로의 말과 함께 현명한 조언도 건넸다.

"식균 작용 연구가 발표되자마자 자리를 잡지 못했다고 너무 심려하지는 말아야 하오. 과학계에서는 지극히 자주 있는 일이고, 해결할 방법은 딱 한 가지밖에 없소. 바로 시간이오."[109]

그즈음 메치니코프는 몇 가지 실험만 추가로 진행하면 자신의 이론

---

108) 클라이넨베르크가 메치니코프에게 쓴 편지, 1887년 11월 23일. ARAN 584.4.142.
109) 클라이넨베르크가 메치니코프에게 쓴 편지, 1885년 4월 8일. 위와 동일.

에 반대하는 사람들을 설득할 수 있을 것이라고 생각했다. 무엇보다 히포크라테스가 이야기한 자연적인 치유력이 실제로 존재함을 입증하여 자신이 의학을 역행시키는 것이 아니라 앞으로 나아가게 만들고 있음을 증명해 보이리라 굳게 결심했다. 문제는 제대로 된 실험실이 없다는 것이었다.

이것은 오데사든 다른 곳이든 대학 연구소로 돌아간다고 해서 해결할 수는 없는 일이었다. 메치니코프는 오데사의 집에 수족관을 만들고 해면동물이며 온갖 색깔의 불가사리를 구해 어떻게든 연구를 이어 가려고 최선을 다했다. 하지만 토끼나 기니피그, 돼지, 원숭이 등을 이용한 실험은 집에서 하기에는 한계가 있었다. 그런데 그때, 파리에서 뜻밖의 해결책이 나타났다.

11. 파스퇴르 붐

"꽁꽁 묶인 채 울부짖거나, 두 겹의 매트리스 사이에 끼어 숨도 제대로 쉬지 못했다."[110]

루이 파스퇴르의 동료 중 한 사람은 100년도 더 전, 당시 광견병 환자에게서 볼 수 있던 일반적인 상태를 이렇게 묘사했다. 사람들은 한때 공수병으로도 불린 이 병의 이름만 들어도 사나운 짐승을 떠올리며 극심한 공포를 느꼈다. 치료를 위해 물린 자국을 시뻘겋게 달군 부지깽이로 지지는 방법까지 동원하고 병을 치료하려는 다른 시도도 했지

---

110) 뒤끌로(Duclaux), 「파스퇴르(Pasteur)」, 294.

만 광견병의 무서운 기세를 꺾기에는 역부족이었다. 파스퇴르가 최초의 인체 백신을 개발할 질병으로 광견병을 택한 이유도, 이것이 흔히 발생하지만 극적인 측면이 덜한 다른 질병들에 비해 두려움을 동반한 세간의 관심을 훨씬 더 많이 끌었기 때문인지도 모른다.

1885년 10월 말, 파리에서 전 세계를 깜짝 놀라게 만든 뉴스가 곳곳에 전보로 전해졌다. 당시 창립된 지 겨우 30여 년밖에 안 되었던 『뉴욕타임스』도 이 소식을 전했다. '공수병 치료법 – 파스퇴르 박사, 백신 치료 성공했다고 밝혀.'[111] 광견병에는 오늘날까지도 치료법이 존재하지 않는다. 파스퇴르가 만든 백신은 광견병에 걸린 동물에게 물린 직후에 주사하여 보통 잠복기가 몇 주 정도 되는 이 병을 '예방'하기 위해 만들어졌다. 하지만 이러한 사실에도 광견병 백신은 의학적 기적과 다름없었다. 이 백신은 감염성 질환을 모조리 정복할 수 있는 새로운 시대를 예고하는 신호탄이었다.

메치니코프가 머무는 오데사에서 파스퇴르의 백신 소식은 유난히 큰 반향을 일으켰다.

"좀 밝은 이야기로 넘어갈까요? 오데사에 퍼진 콜레라는 지금 좀 어떤지, 혹시 소식 들었어요?"

숄렘 알레이헴Sholem Aleichem의 소설 『우유 장수 테비에Tevye the Dairyman』에서 주인공이 한 이 말은 크게 유명해졌는데, 그럴 만한 이유가 있었다. 전 세계인이 드나드는 항구 도시 오데사는 늘 인파로 정신없이 북적였는데, 문제는 몰려든 사람들과 함께 콜레라, 페스트, 티푸스, 천연두도 꾸준히 유입되어 하루도 안심할 날이 없을 정도였다는 것이다.

---

111) 『뉴욕타임스(New York Times)』, 1885년 10월 30일.

파스퇴르의 백신 개발 소식이 전해지고 채 석 달도 지나지 않아, 오데사시는 세균학 연구소 설립 계획을 수립했다. 광견병 예방 백신을 배포하고 오데사 시민과 가축을 각종 전염병으로부터 지켜 줄 시설을 만든다는 계획이었다. 시에서 발행하던 주간지 『베도모스티Vedomisti』는 1886년 2월에 이 시설이 오데사에 "영향력 있는 지식 중심지로 변화하는 계기를 가져다줄 것이며, 과학적 요구에 대응하는 러시아 최초의 도시라는 큰 영광을 안겨 줄 것"이라고 예견했다.[112]

『베도모스티』는 이와 함께, 새로운 연구 시설의 성공 여하는 "우리의 유명한 과학자, I.I. 메치니코프"가 이곳의 대표직을 맡을 의사가 어느 정도인지에 달려 있다고 밝혔다.[113] '러시아의 유명한 과학자'는 아직 파스퇴르와 만날 기회는 없었지만 새 연구 시설의 대표직을 맡을 의사가 있는 것 이상이었다. 그는 마치 자신의 미래가 전부 이 연구소에 달려 있는 사람처럼 온 마음으로 연구소 홍보에 나섰다. 그의 절박함은 진심이었다. 정확히 말하면 메치니코프 자신의 미래라기보다는 그가 내세운 식세포 이론의 미래가 거기에 달려 있었다. 이론을 방어하려면 반드시 온혈동물을 대상으로 실험을 해야만 하는 상황이었고, 세균학 연구소는 바로 그 실험을 할 수 있는 환경을 제공해 줄 수 있었다. 대중의 관심이 새로운 백신에 쏠려 있는 상황에 백신으로 생긴 면역력이 다름 아닌 용맹한 식세포에서 비롯된 결과임을 서둘러 증명해야 한다는 마음이 절실했던 것이다.

그러나 파스퇴르는 자신이 만들어 낸 백신의 비밀을 그리 금세 공

---

112) 『오데사 시 공공행정부 회보(Vedomosti Odesskago Gorodskago Obshchestvennago Upravleniia)』, no. 10, 1886년 2월 1일, 2.

113) 위와 동일, no. 35, 1886년 5월 17일, 4.

개하지 않았다. 그리고 백신의 초창기 효과는 언론에 보도된 내용보다 훨씬 불안정했다. 1885년 말까지 파스퇴르의 연구소에서 백신주사를 맞은 80명 중에 세 명이 사망했다.[114] 파스퇴르는 백신이 없었다면 사망자가 훨씬 많았을 것이라 주장했지만, 광견병은 유독 이 숫자가 오락가락하기로 악명이 높은 질병이다.

개에게 물렸다고 해서 그 개가 광견병에 걸린 상태였다고 확신할 수 있을까? 이 의문은 개를 붙잡아야만 확실히 해소할 수 있는데, 실제로 개를 포획할 수 있는 경우는 드물었다. 게다가 광견병에 걸린 개에게 물린 사실이 분명하더라도 그로 인한 피해는 물린 위치와 상처의 정도에 따라 달라진다. 물린 사람들 대다수가 아무런 치료를 받지 않아도 병에 걸리지 않는다. 또한 지역 단위로 보면 광견병 의심 환자로 분류되는 사람의 숫자가 보통 매우 적어서 광견병에 걸린 동물에게 사람이 물린 사례가 어느 정도인지, 통계적인 신뢰도가 보장되는 범위로 분석할 수가 없었다. 광견병 걸린 개에게 물려 그 병으로 사망한 사례에 관한 탄탄한 통계적 증거가 없으니 파스퇴르도 자신이 만든 백신으로 사망자의 수가 크게 줄었다는 주장을 펼치기가 쉽지 않았다.

파스퇴르를 비판하는 세력들은 그가 만든 백신이 사람들을 치료하기는커녕 목숨을 빼앗을 수 있다고 주장했다. 무모하다는 비난도 제기됐다. 이런 생각을 가진 사람들의 입에서는 '돌팔이'에다 '살인자'라는 표현까지 심심찮게 흘러나왔다.[115]

"광견병 치료법이 나왔다는데, 광견병으로 지금처럼 많은 사람이 사

---

114) "루이에의 사례(L'affair Rouyer')", 『과학을 위하여(Pour la Science)』, no. 33, 2007년 11월-2008년 1월, 95.
115) 위와 동일, 96.

망한 적도 없다." [116)

프랑스 의학 협회의 회의에서는 한 의사가 잔뜩 화를 내며 이런 말을 쏟아 냈다.

불안감을 느낄 수밖에 없었던 가장 큰 이유는 그런 회의적인 견해가 어느 정도 일리가 있었기 때문이다. 광견병 백신은 감염된 신경조직으로 만들어지므로 병을 일으키는 '해로운 물질'이 이용되는 셈이었다. 백신 제조는 광견병에 걸린 개에게서 떼어 낸 뇌 조직으로 토끼를 감염시키고, 병든 토끼의 뇌와 척수를 다시 분리하여 건조시킨 뒤 멸균된 배지와 섞는 단계로 이어졌다. 건조 시간이 길수록 이 해로운 물질의 힘은 약해졌다. 환자에게는 14일 동안 건조하여 활성이 가장 약한 백신을 맨 처음 주사하고, 건조 시간이 겨우 5일 미만인 조직으로 만든 백신까지 매일 물질의 강도를 높여서 주사했다. 마지막으로 투여되는 주사는 해로운 물질의 활성이 거의 원상태 그대로 남아 있었다. 광견병 백신에 반대하는 사람들은 바로 이 점을 지적했다. 백신 제조 방식에 근거가 아예 없는 것은 아니지만, 개발된 지 불과 몇 개월밖에 되지 않았고 충분히 검증도 되지 않았으므로 백신을 맞고 광견병에 걸릴 수도 있다고 본 것이다. 파스퇴르를 포함하여 어느 누구도 체내에서 백신이 어떻게 작용하는지 확실한 근거를 가지고 설명하지 못한다는 점도 백신의 안전성에 대한 우려를 키웠다.

화려하게 빛나던 파스퇴르의 명성은 광견병 백신을 둘러싼 논란 때문에 수치스러운 실패로 끝날 위기에 처했다. 40년간 그는 프랑스 과학계에서 봉사하면서 크나큰 영광과 명예를 쌓고 프랑스 과학아카데미

---

116) 피터(Peter) 박사, 1887년 7월 12일 회의에서. 『의학아카데미 회보(Bulletin de l'Académie de médecine)』 18 (1887): 38.

에서 '불멸의 인물'로도 선정됐다. 그런데 그의 적들이 외치는 주장대로라면 그가 사람을 죽이려 했다는 오명을 쓰게 될 판이었다. 파스퇴르가 이 시점에 가장 두려워한 것은, 이처럼 사면초가에 몰린 자신의 백신이 해외에서 잘못 투여되어 그나마 남은 신뢰마저 다 잃어버리는 일이었다.

파스퇴르는 다른 나라의 의사들에게 백신 만드는 법을 가르쳐 주는 대신 다른 제안을 했다. 프랑스에 새로 큰 연구소를 지어서 전 세계 모든 광견병 환자가 목숨을 구해 줄 백신을 맞을 수 있도록 하겠다는 것이었다. 그리하여 1885년 크리스마스가 얼마 남지 않은 어느 날, 미국 뉴저지에서 온 네 명의 소년들이 프랑스에 도착했다. 『뉴욕타임스』 제1면도 그 소식을 전했다. "뉴어크 아이들이 어제 저녁 백신을 접종받았다. 다들 파리에 무사히 도착하여 용감하게 치료를 받고 잠자리에 들었다."[117] 미국의 유머 잡지 『퍽Puck』의 뒤표지에도 다음과 같은 내용의 만화 한 편이 실렸다. '파스퇴르 붐 − 물이 두려운 사람들에게는 바로 지금이 적기. 광견병 걸린 개에게 물린 다음, 파리로 여행을 떠나자.'[118]

파스퇴르가 프랑스 과학아카데미 회원들에게 새로운 연구소 설립 계획을 발표한 직후, 러시아에서 절박한 내용이 담긴 전보 한 통이 날아왔다. "미친 늑대 한 마리에 열아홉 명이 물렸습니다. 그곳으로 환자들을 보내도 될까요?"[119] 그때로부터 60여 년 전, 모스크바로 향하던 나폴레옹의 손에 잿더미로 변했던 스몰렌스크와 가까운 작은 도시 벨

117) 『뉴욕타임스(New York Times)』, 1885년 12월 22일.

118) 『퍽(Puck)』, 1885년 12월 23일. 한센(Hansen)의 "미국의 최초(America's First)"(390)에 인용됨.

119) 스몰렌스크에서 사람들이 늑대에 물린 사건은 셰벨레프(Shevelev)와 니콜라에바(Nikolaeva)가 쓴 『최후의 승리(Poslednii podvig)』(32–41, 45–54)에 나와 있다.

리에서 보내 온 것이었다. 파스퇴르는 답을 보냈다. "환자들을 즉시 파리로 보내십시오."

그러나 당시로서는 충분히 예상할 수 있는 일이 벌어졌다. 러시아 중앙정부의 승인 없이는 누구도 거주지 외에 다른 곳으로 갈 수 없었던 것이다. 벨리 지역당국은 늑대에 물린 환자들이 자유롭게 통행할 수 있는 증명서와 기차표를 마련하는 한편 여행길을 도와줄 의료 보조 인력을 확보하고자 소속 지역정부 대표에게 전보를 보냈고, 그 요청이 담긴 전보는 다시 상트페테르부르크의 내무부로 전달됐다. 대부분 상인들이던 열여덟의 희생자들은 결국 늑대가 광기 어린 모습을 드러내고 2주가 지나서야 마침내 파스퇴르의 연구소에 도착했다. 늑대에 물린 사람들 중에 일흔 살이던 바실리 신부 한 명만 지체 없이 자비를 털어 파리에 더 일찍 당도했다.

프랑스 신문들에 '스몰렌스크 출신의 러시아인들Les Russes de Smolensk'이라 칭해진 환자들은 때가 찌든 양가죽 코트를 걸치고 턱수염이 헝클어진 모습으로 나타나 연구소의 몇 안 되는 환자들 중에 단연 눈에 띄었다. 이들이 파리의 궁전이며 대로에 감탄했다면, 프랑스 일간지 『르 마르탱Le Martin』 기자는 '파리에 온 러시아 농민들'[120]이라는 제목의 머리 기사에서 이들의 순진함에 감탄을 표했다. "이들이 파리에서 보고 놀란 것은 복잡한 도시나 멋진 기념물이 아니었다. 그들을 정말 놀라게 한 건 프랑스에 황제가 없다는 사실이었다!"

백신 치료에도 불구하고 늑대에 물린 열아홉 명 중 세 명에게서 뚜렷한 광견병 증상이 발현되었고, 상태가 점차 악화되더니 결국 시립병

---

120) 『르 마르탱(Le Martin)』, 1886년 3월 15일, 1.

원에서 숨을 거두었다. 파스퇴르의 반대자들은 이를 백신의 위험성이 드러난 사례로 보았다. 그러나 파스퇴르는 이것은 늑대에게 물린 상처가 개에게 물린 상처보다 더욱 치명적인 영향을 준 특수한 경우이며 백신을 더 일찍 맞았어야 했다고 주장했다.

이후 파스퇴르는 해외에서도 백신 접종 기관을 설립할 수 있도록 돕기로 결심했다. 오데사 연구소에도 후한 인심을 발휘하여 광견병 바이러스에 감염된 토끼 세 마리를 선물로 보냈다. 우리 안에서 배춧잎을 야금야금 갉아먹느라 여념이 없던 이 토끼들은 자신들에게 국제적인 임무가 주어졌다는 사실을 전혀 알지 못했으리라. 프랑스산 광견병 바이러스는 이들의 뇌와 척수에 담겨 그렇게 러시아로 향했다.

12. 동양의 동화

1886년 6월, 오데사의 쭉 뻗은 도시 중심가 한쪽에 세균학 연구소가 문을 열었다. 건물 정면은 조화가 돋보이는 전통적인 형태로 꾸며졌다. 이 연구소는 파리 외 전 세계 어디에서도 투여된 적 없는 파스퇴르의 광견병 예방 백신을 취급하게 된 세계 최초의 기관이자 러시아 최초의 기관이었다. 일간지 『오데사 소식Odesskii Listok』은 "완전히 새로운 이 일에 관한 정확한 상황을 전하자면, 아직은 회의적인 미소를 짓는 사람들이 많다"[121]라고 보도했다.

예상대로 연구소 대표로는 메치니코프가 지명됐다. 올가가 얻는 수

---

121) 『오데사 소식지(Odesskii Listok)』, 1886년 6월 13일, 2.

익이 있었기에, 메치니코프는 보수를 받지 않겠다는 참 어울리는 결정을 밝히고 한 해 3,600루블로 책정된 적지 않은 급여를 연구소의 빈약한 예산에 보태기로 했다. 그리고 연구소에 제대로 된 장비를 갖추기 위해 심혈을 기울였다. 오데사를 샅샅이 뒤져 가스의 양을 정확하게 조절할 수 있는 난방기를 물색했다. 백신에 사용될 토끼 뇌를 건조하는 '뇌 건조실'을 일정한 온도로 유지하려면 꼭 필요한 장비였기 때문이다. 메치니코프 자신은 의학 대학을 나오지 않았으므로 백신을 투여하는 일은 그의 제자인 두 의사에게 맡겼다.

그리 오랜 시간이 지나지 않아 러시아 곳곳은 물론 터키와 루마니아에서도 광견병에 걸린 개, 고양이, 늑대에 물린 사람들이 오데사로 모여들었다. 모두 메치니코프의 특별 요청으로 남서부 철도청이 발행한 무료승차권을 이용할 수 있었다.[122) 다들 병든 동물에 물렸을 때 못지않게 잔뜩 겁먹은 얼굴로 백신을 투여받기 위해 배를 드러내고 누웠다.

"믿기 어렵겠지만, 명색이 군인이고 절대 겁쟁이가 아닌 나도 정말 무서웠다."[123)

환자 중 한 명은 『오데사 소식』에 첫 접종의 소감을 이렇게 밝혔다.

"창피당할까 봐 꾹 참았기에 망정이지, 하마터면 고골의 소설 『결혼 Marriage』에 나오는 신랑처럼 도망칠 뻔했다. 열려 있는 창문을 보면서 진지하게 고민했다."

연구소는 대체로 들뜬 분위기가 가득했지만, 곧 심각한 문제에 봉착했다. 파스퇴르가 가장 두려워하던 일이 현실로 드러난 듯했다. 오데사에서 백신을 접종받은 사람들 가운데 적지만 무시할 수 없는 숫자가 광

---

122) EM, "비테의 기억(Vospominaniia o Vitte)", 『러시아의 말(Russkoe Slovo)』, 1916년 2월 28일, 3.

123) 『오데사 소식지(Odesskii Listok)』, 1886년 6월 21일, 2.

견병에 걸려 목숨을 잃은 것이다. 물론 접종을 받지 않았다면 더 많은 사람이 사망했을지도 모른다. 그러나 처음 백신을 투여한 백 명 중에 일곱 명이 숨을 거둔 것은 무언가가 단단히 잘못됐다는 의미였다.

이 소식을 전해 들은 수도 상트페테르부르크의 의사들이 침통한 심정으로 "파스퇴르의 방식은 과학적인 근거가 부족하니 그만둘 것"[124] 을 제안했다고 러시아의 가장 유명한 신문 『노보에 브레미아Novoe Vremia』 가 전했다. 이들은 물린 부위를 지지는 전통적인 치료법이 더 안전하며 최소한 도움은 된다고 덧붙이며, 파스퇴르가 성공을 거둔 것은 "방대한 경험" 덕분이니 "미숙한 사람의 손에서는 백신이 치명적인 결과를 가져올 수 있다"라는 견해를 밝혔다.

메치니코프는 회의가 열리는 곳마다 열심히 찾아다니면서 연구소 의사들은 광견병 백신을 충분히 주사해 본 사람들이라 안전하다고 강조하며 연구소의 입장을 옹호했다. 그러나 그 허세 뒤로는 스스로도 걱정으로 괴로워했다. 메치니코프는 시립병원에서 환자가 광견병으로 죽어 간다는 소식을 들을 때마다 잔뜩 초조해하며 연구소 의사 중 한 명을 병원에 보내고 그가 돌아오기만을 기다렸다.

"환자가 백신을 접종받은 사람인지 아닌지, 내 걸음걸이로 추측하려고 했다."[125]

메치니코프가 데리고 일하던 한 의사는 몇 년 후에 쓴 회고록에서 당시 일을 이렇게 회상했다.

"내가 자신 있게 힘찬 걸음걸이로 계단을 올라가면, 메치니코프는 환자가 우리 연구소에서 치료받은 사람이 아니라 짐작하고 안심했다.

---

124) 『오데사 소식지(Odesskii Listok)』에 실린 영인본, 1886년 10월 20일, 3.

125) 바르닥(Bardakh), "일리야 일리치(Il'ia Il'ich)", 1199.

그러나 내 빠른 걸음걸이에서 긴장감이 느껴질 때면 그가 금세 문을 열고 층계참으로 나와 내게 질문을 쏟아 냈다."

얼마 후 연구소가 초기에 겪은 실패의 원인이 일부 밝혀져 모두를 놀라게 했다. 문제는 파리와 오데사 사람들이 먹는 음식의 차이에 있었다. 토끼 요리가 별미로 여겨지는 프랑스에서는 집토끼를 야생토끼와 함께 길러서 토끼의 크기가 러시아 토끼보다 컸다. 하지만 오데사의 토끼는 몸집이 작은 만큼 뇌도 더 작아서, 백신 재료를 마련할 때 프랑스 토끼의 뇌보다 더 빨리 건조되고 활성도 더 빨리 약화됐다. 여기에 오데사의 높은 기온까지 더해져 백신의 활성이 한층 더 약화되었던 것이다. 연구소가 활성이 더 강한 백신으로 대체하여 접종을 시작하자 결과가 즉각 나타났다. 더 강력한 백신이 투여된 100명 중에 사망자는 단한 명도 나오지 않았다.

그러나 새로운 통계 결과도 비판적인 눈길을 확신으로 돌리지는 못했다. 메치니코프는 크게 힘들어했다. 1886년 11월에 열린 오데사 의사 협회 토론은 "파스퇴르의 백신이 건강한 사람에게 광견병을 일으킬 수 있는가?"라는 질문으로 시작됐다.[126] 메치니코프는 이러한 의문이 절대 순수한 우려에서 나온 것이 아니라고 보았다. 이를 자신을 향한 공격으로 받아들인 그는 협회 측의 태도를 "진정한 박해"[127]로 여겼다. 협회의 한 회의에서는 그가 회의론자들을 향해 어찌나 거세게 비난을 퍼부었던지 의장이 회의록을 인쇄 자료로 만들 수 없다는 결정까지 내

126) "오데사 의학협회 회의록(Protokol zasedaniia Obshchestva odesskikh vrachei)" no. 3, 1886년 11월 1일. 『회의록 모음(Oglavlenie Protokolov)』 God VII, 1886–87, 10에 수록됨. (오데사: Russkaia Tipografiia Isakovicha, 1888)
127) SV, 84.

릴 정도였다.[128)

  엎친 데 덮친 격으로, 광견병과 무관한 일까지 그를 막다른 길로 모
는 바람에 메치니코프는 한층 더 큰 고통에 시달려야 했다. 연구소에
서 지역 의사들에게 제공하는 세균학 수업은 널리 큰 인기를 얻고 있
었지만, 그의 지휘로 야심차게 마련한 연구소 사업들은 시작하는 족족
반대에 부딪혔다. 개인 병원에서 진료하는 의사들은 감염질환 진단 서
비스를 제공하려던 연구소의 계획에 대해 자신들의 고유 영역을 침범
한 것이라고 불만을 토로했다. 또 연구소가 식수 조사를 시작하여 티
푸스균을 검출했는데도 시 의사들은 이 위험천만한 병이 수도관을 통
해 전파될 수 있다는 사실을 인정하지 않으려 했다.

  메치니코프가 진행하던 연구도 사방에서 막히며 상황은 최악으
로 치달았다. 그때는 다른 사람도 아닌 파스퇴르의 협력을 얻어 농가
에 재앙이나 다름없던 우역(접촉 감염으로 소와 양에게 발생하는 바이러스 질환. – 옮긴이) 실험
에 활용할 농장까지 부여받아 이 소 질병을 물리칠 백신 개발에 착수
할 참이었다. 그런데 하필 그 시점에 오데사 의료관리 당국이 보낸 편
지 한 통이 그에게 엄청난 충격을 안겼다. 그가 농장 인근에 우역을 퍼
뜨리고 있다는 내용이었다. 메치니코프가 진행 중이던 유럽 땅다람쥐
개체 수 감소 사업에 대한 스캔들까지 연이어 터졌다. 수슬리키Sousliki
라 불리는 이 땅다람쥐는 러시아 남부 지역에서 곡식을 망가뜨리는 설
치류 동물이다. 메치니코프는 가금류 콜레라균을 이용하여 이 다람쥐
의 개체 수를 줄이는 방안을 제시했는데, 오데사 의료 당국은 과학적
인 근거도 없이 문제의 콜레라가 인체 콜레라로 바뀔까 우려된다며 그

---

128) 레즈니크(Reznik), 『메치니코프(Mechnikov)』, 222.

에게 모든 실험을 중단하라고 지시한 것이다.

1887년 봄, 곤충학자들이 모인 오데사의 한 회의에 참석한 메치니코프는 잔뜩 격앙된 음성으로 "온갖 무식한 자들"이 연구소에 관한 "터무니없는 소리를 퍼뜨리고 다닌다"라고 주장했다. 그의 연설은 절박한 호소로 마무리됐다.

"평화롭게 연구할 수 있다는 확신은커녕, 실험동물이 당장 내일이라도 폐기 처리되고 그간의 모든 연구가 무너질지도 모르며 심지어 전염병을 퍼뜨린다는 의혹을 받는 상황에서 어느 누가 과학으로 성과를 거둘 수 있겠습니까!"[129]

메치니코프에게 가장 고통스러웠던 일은 연구소 설립을 통해 쟁취하려던 자신의 주된 목표, 즉 인류 전체에 도움이 되리라 확신한 식세포 이론을 방어하는 일마저 심각한 위기에 처했다는 사실이었다. 충분한 가치가 있는 연구일지언정 그가 생각했던 실험 중 몇 가지만을 가까스로 수행한 것이 전부였다.

한번은 지역의 한 병원에서 '성 안토니오의 불'로도 불리는 급성 피부염 환자의 피부 조직 검체를 얻은 일이 있었다. 메치니코프는 이것을 검사한 후 식세포 상당수가 내부에 감염을 일으킨 연쇄구균으로 가득 차 있는 것을 확인하고 기뻐했다. 1887년 『피르호 기록』에 보고한 이 연구에서 메치니코프는 처음으로 식세포를 두 가지로 분류했다. 이것들은 지금은 둘 다 인체가 적절히 기능하기 위해 반드시 필요한 세포들로 알려져 있다.

메치니코프가 크기가 더 큰 식세포에 '대식가'의 의미로 붙인 '대식

129) "오데사 세균학연구소 활동(Deiatel'nost' Odesskoi bakteriologicheskoi stantsii)", 『케르손스카야 정부 간행물(Sbornik Khersonskago Zemstva)』 20, no. 3 (1887년 5–6월), 78.

세포macrophage'라는 명칭은 지금도 그대로 사용된다. 다양한 장기 조직 속에 파묻혀 있는 이 대식 세포에 관한 연구는 현대에 들어 수만 건이 실시되었다.

"크기가 크고 움직임이 덜한 식세포는 활성이 약화되었거나 죽은 물질을 먹어 치우는 중요한 역할을 담당한다."[130]

메치니코프는 이처럼 정확하게 밝히고 대식 세포가 감염에 맞서 싸우는 기능과 함께 생체 조직을 유지하는 일도 한다고 설명했다. 이보다 크기가 작고 움직임이 더 많은 식세포에는 '소식가'라는 의미로 '소식 세포microphage'라는 이름이 붙여졌다. 소식 세포가 백혈구에 속하는 한 종류라고 밝힌 메치니코프의 설명 또한 정확하다. 이 세포들은 주로 혈액에 존재하며 감염이나 상처가 발생하면 다량이 즉각 그 부위로 이동한다. 소식 세포가 사멸한 후에는 고름이 형성된다.

대식 세포는 자신보다 크기가 작은 세포나 그 잔해를 삼킨 후 더 크게 부풀어 오른다. 백혈구도 이처럼 작은 세포나 잔해를 삼키는 기능을 똑같이 수행할 수 있지만, '부풀어 오르는' 대식 세포는 백혈구 수백 개가 처리하는 분량을 수십 개만으로 해결한다. 메치니코프는 염료를 사용하여 이 두 가지 식세포의 내부 구조를 또렷하게 확인했다. 당시에 사용되던 광학 현미경은 성능이 오늘날 사용되는 것과 거의 흡사한 수준이라 최대 1,000배까지 확대된 세포 구조를 고품질 이미지로 관찰할 수 있었다.

유럽의 저명한 과학 학술지에 이 연구 결과가 실리자 격렬한 논쟁이 일어났다. 면역학이라는 새로 떠오른 분야의 기본 개념을 정립한 메치

---

130) EM, "단독 구균에 맞서는 세포: 식세포 이론의 등장(Über den Kampfder Zellen gegen Erysipelkokken: Ein Betrag zur Phagocytenlehre)", 「피르호 기록(Virchow's Archive)」 107, no. 2 (1887): 209–49, repr., ASS, vol. 6, 72.

니코프가 한쪽에 있었다면, 반대쪽에는 자신들의 영역을 침입자로부터 지키러 나선 병리학자들이 버티고 서 있었다.

여기에 대립각을 세우던 정치인들까지 나서서 갈등은 진흙탕 싸움 수준으로 번지고 논란은 급속히 악화됐다. 메치니코프의 행동도 부분적으로는 그 싸움에 기름을 끼얹었다. 메치니코프는 쏟아지는 비난에 한층 더 마음이 상했다. 비판자들이 평소 자신이 존경해 마지않던 과학자들이었기 때문이다. 하지만 그는 권위 있는 사람들의 의견이라고 해서 무조건 대우를 하지는 않았다. 한번은 『피르호 기록』을 통해 독일 병리학계의 충실한 학자 바움가르텐이 무능력하다고 비난한 적도 있었다. "바움가르텐의 기술이 온전하지 않다는 견해는 예전에도 밝힌 바 있다. 그럼에도 바움가르텐이 여전히 실수를 하는 이유는, 그가 혈액의 백혈구에 대해 제대로 알지 못하기 때문이다"[131]라고 한 것이다.

적개심으로 들끓던 병리학자들이 일제히 응수하고 나섰다. 메치니코프의 견해는 놀라울 만큼 정확해서 그냥 무시해 버릴 수가 없었고, 결국 그의 해석이 안하무인격이라는 문제를 제기했다. 바움가르텐은 학술지 『임상의학저널Zeitschrift für klinische Medicin』에 게재한 장문의 평론에서 "백혈구의 기능에 관한 메치니코프의 설명은 객관적인 관찰보다는 그의 풍부한 상상력에서 나왔다"[132]라고 밝혔다.

독일 병리학계의 또 다른 한 축은 튀빙겐 출신의 학자 에른스트 치글러Ernst Ziegler가 차지하고 있었다. 치글러는 병리해부학 분야에서 가장 권위 있는 자료로 꼽히는 교과서의 저자인데, 그 역시 이 교과서의 다

---

131) EM, "결핵 결절에서 식세포의 역할(Über die phagocytäre rolle der Tuberkelriesenzellen)", 『피르호 기록(Virchow's Archive)』 113, no. 1 (1888): 63–94, repr., ASS, vol. 6, 130.

132) 바움가르텐(Baumgarten), 『임상의학저널(Zeitschrift für klinische Medicin)』 15, no. 1 (1888): 1. EM, 『면역 (Nevospriimchivost)』(635)에 인용됨.

섯 번째 개정판에서 메치니코프를 의학계의 문맹이라고 비난했다.

"메치니코프의 연구로 새로 밝혀진 내용은 없다. 그의 식세포 이론은 그가 병리학의 기초적인 지식을 얼마나 갖추지 못했는지 드러낸 가설에 불과하다."[133]

하지만 그중에서도 가장 날선 비난은 프랑스의 저명한 의사 쥘 로샤르Jules Rochard가 던진 말이었다. 그는 식세포 이론에 대해 이렇게 설명했다.

"카자흐스탄 사람의 머리에서 나온 동양의 동화다."[134]

현 시점에서 보면 메치니코프의 이론이 왜 이토록 엄청난 분노를 일으켰는지 의아하게 생각될 수도 있다. 그러나 그의 이론은 생기론, 즉 말로 설명할 수 없는 '생명력'이 모든 생명체에게 생명을 불어넣는다는 이론이 깊은 무덤에서 되살아났다는 인상을 풍겼다. 이 점을 감안하면 당시의 분노를 더 쉽게 이해할 수 있을 것이다. 먼 옛날에 등장한 생기론은 이미 오래전부터 신빙성을 잃고 과학과 양립할 수 없다는 평가를 받고 있었다. 메치니코프와 동시대를 살았던 학자들은 의학이 참된 과학이라는 사실을 자랑스럽게 여기고 있었기에 생기론의 낌새가 조금이라도 풍기는 주장은 위협으로 느꼈다. 심지어 과학 수준의 면에서 변방에 해당되는 나라의 학자가 불쾌한 주장을 내세워 자신들이 차지한 분야에 불명예를 안겨 줄 수 있다고 본 것이다. 당시 의학계는 면역을 생리적, 화학적인 개념으로 설명하기 위해 애쓰고 있었는데 메치니코프와 그가 제시한 먹성 좋은 세포들은 이들이 그토록 꺼리던 생기론을 떠올리게 만들었다. 게다가 병리학 전문가도 아닌 사람이, 심지어 러

---

133) 치글러(Ziegler), 『일반 병리학 교과서(Lehrbuch der allgemeinen pathologischen)』, 341.

134) EM, "이야기(Geschichte)" 124, repr., ASS, vol. 7, 504.

시아인이!

메치니코프는 독일에서 줄기차게 들려오는 비난에 도저히 응수할 수 없다고 느꼈다. 인류를 위한 지식은 프로메테우스가 품고 있던 불과 같은 것이고, 메치니코프 자신은 벽돌과 모르타르로 빚어진 오데사 연구소에 쇠고랑이 채워진 듯이 붙잡혀 있다는 생각이 들었다. 연구소 대표직을 맡은 지 이제 겨우 1년이 되어 가지만 자신은 할 만큼 했다는 결론이 내려졌다. 이번에는 오데사를 떠나기만 해서 될 일이 아니었다. 그가 괴로운 심경을 담아 밝힌 것처럼, 러시아에서 연구해 보려 애쓴 노력들은 "위에서, 밑에서, 양옆에서 던져진 장애물"[135] 때문에 모두 좌절로 돌아왔다. 메치니코프는 자신의 면역 이론에 수백만 명의 건강이 달려 있다고 확신했기에 보다 적합한 무대로 옮겨 가야만 하는 필요성을 절감했다.

메치니코프는 감정이 고스란히 담긴 에세이 「내가 다른 나라에 정착한 이유Why I Settled Abroad」에서 어린 시절 과학을 동경했던 일과 과학계에 뛰어든 초창기의 일, 노보로시야 대학교에서 느낀 비통함과 함께 세균학 연구소의 대표로 일하면서 겪은 문제를 낱낱이 밝혔다. "연구소 후원자들은 실질적인 성과를 요구하지만 그러한 성과를 이룩하려고 노력해 봐야 끝없는 장애물에 부딪힐 뿐이었다"[136]라고 설명하면서, 마지막 순간에 상트페테르부르크 세균학 연구소에서 제시한 대표직까지 거절해야 했던 이유를 설명했다.

"오데사에서 겪은 일들에서 충분히 교훈을 얻기도 했고 사방에서 터져 나오는 불합리한 반대와 맞서 싸우는 일이 얼마나 힘든지도 잘 알

---

135) EM, "이야기(Rasskaz o tom)", repr., SV, 86.
136) 위와 동일, 84.

앉기에, 나는 조용히 지낼 수 있는 외국을 도피처 삼아 내 연구를 하는
편이 낫겠다고 생각했다."

13. 운명적인 우회로

메치니코프가 도피처를 찾아 연구를 이어 갈 절호의 기회는 1887년 9
월, 올가와 함께 찾은 비엔나의 한 행사에서 나타나는 듯했다. 오늘날
공중보건으로 불리는 영역이 처음으로 다루어진 이 의학계의 협의회
는, 당시 '제6차 국제 위생 · 인구통계학 회의International Congress for Hygiene
and Demography'[137]라는 다소 어색한 명칭이 붙여졌다. 『영국 의학 저널British
Medical Journal』은 이 회의에 관한 기사에서 "위생의 중요성에 대한 굳건한
믿음이 인정받았다"[138]라고 전했다. 회의에 참석한 사람들은 하수를 위
생적으로 폐기하는 방법과 음용수가 세균에 오염되지 않도록 지키는 법
등 수천 명의 생명을 보존하는 데 일조한 여러 전략과 함께 "사회 전 계
층에 위생의 원칙을 확산시키는 방안"[139]을 논의했다.

메치니코프는 오데사에서 800여 명의 환자들을 광견병 백신으로 치
료한 결과를 보고하기로 되어 있었다. 하지만 이 회의에 당시 급성장
세를 타고 있던 세균학 전문가들이 초대된 덕분에 그 분야의 핵심 인
물들과 만날 기회를 얻었다는 사실이 그에게는 더 큰 의미가 있었다.

---

137) 국제 위생 · 인구통계학 회의의 영문 명칭은 International Congress for Hygiene and Demography였으나, 7
차 회의부터는 'for'가 'of'로 변경됐다.

138) "국제 위생 · 인구통계학 회의", 『영국 의학 저널(British Medical Journal)』 2, no. 1396 (1887): 739.

139) 위와 동일.

의학계에서는 여전히 아웃사이더에 지나지 않았던 시절이라 면역학에 뛰어든 초기에 제시한 이론들은 언급하지 않았다.

회의에서 무수히 많은 학자들과 만난 후, 메치니코프는 자신을 받아 줄 연구소가 있으리란 희망을 품고 독일로 향했다. "대학교가 있는 한적하고 조그마한 마을이라면 과학 연구를 이어 가기에는 가장 좋은 환경일 것"[140]이라는 생각도 있었다. 독일은 그가 어릴 때부터 우러러본 과학의 초강대국이었으니, 연구를 꽃피울 비옥한 토양으로 독일을 택한 것은 자연스러운 일이었다. 그러나 당시 정치적인 상황에서는 독일을 선택한 것 자체가 상당히 불길한 출발일 수밖에 없었다.

1871년은 프로이센과 프랑스 사이에 벌어진 전쟁이 끝난 지도 벌써 15년 넘는 세월이 흐른 뒤였지만, 전 세계 세균학을 주도하던 두 나라 사이에는 여전히 팽팽한 긴장감이 남아 있었다. 독일에는 굴복을 모르는 꼿꼿한 인물, 로베르트 코흐가 베를린에 버티고 있었고 프랑스 파리에는 화려한 성과를 자랑하는 루이 파스퇴르가 있었다. 양쪽이 서로의 연구를 가차 없이 헐뜯는 형국은 비난을 넘어 모욕의 수준에 가까웠다. 파스퇴르가 개발한 광견병 백신에 전 세계가 열광할 때 독일 의학계는 '고맙지만vielen dank 그런 치료법은 필요 없다'는 입장을 표했다. 그리고 나름의 방식으로 광견병 발생률을 크게 줄였다. 개에게 입마개를 씌워야 한다는 엄격한 법을 마련한 것이다.

이런 상황이었으니, 파스퇴르의 백신 생산이 주요 기능이던 연구소에서 공식 대표를 맡았던 메치니코프가 독일에 있는 대학에 자리를 얻는 일은 적진에 들어가 자리를 잡는 것이나 다름없었다. 게다가 그는

---

140) ZIIM, 106.

독일 의학계의 최고 지성인 중 일부가 반대하고 나서는 등 이미 평이 그리 좋지 않았던 면역 이론을 주창한 주인공이기도 했다. 독일 학계의 입장에서는 자국의 저명한 학자들이 이룩한 업적이 틀렸다고 주장하며 화를 돋우는 외국인을 흔쾌히 받아들여야 할 이유가 없었다. 결국 독일에서 조용히 연구할 만한 곳을 찾으려던 노력은 완전한 실패로 끝이 났다.

그러나 이 여행에서 메치니코프는 한 가지 큰 성과를 거두었다. 오데사 연구소의 과학적인 아버지이자 그동안 서신을 주고받으며 언젠가 꼭 만날 수 있기를 고대했던 파스퇴르를 보러 파리로 간 덕분에 얻은 결과였다. 메치니코프에게 파스퇴르는 프랑스의 전설적인 과학자이자 존경하는 인물일 뿐만 아니라 희망을 안겨 준 고마운 존재였다. 몇 개월 전, 파스퇴르는 처음 발행을 시작한 학술지 『파스퇴르 연구소 연보 Annales de l'Institut Pasteur』 창간호에서 식세포 이론을 언급하며 "상당히 기발하고 창의적"[141]이라고 호평했다.

파스퇴르는 독일로부터 격렬히 공격을 받고 있는 연구의 주인공이 자신을 찾아온다는 소식에 기뻐하며 반갑게 그를 맞이했다. 독일이 파리를 점령했던 일이나 프로이센이 프랑스에 그토록 치욕스러운 패배를 안겨 준 일을 그는 결코 용서하지 못했다. 프로이센·프랑스 전쟁이 끝난 후 독일 본 대학University of Bonn이 수여한 명예박사학위를 되돌려 준 일도 아주 유명한 일화다. 당시 파스퇴르는 학위를 반납하는 이유에 대해, 독일의 국가 원수 이름 옆에 자신의 이름이 적힌 "그 두툼한

---

141) 루이 파스퇴르(Louis Pasteur), "광견병에 관한 파스퇴르의 서신(Lettre de M. Pasteur sur la rage)", 『연보』1, no. 1 (1887): 10.

학위증을 보기만 해도 역겹다"[142]라고 밝혔다.

이와 함께 파스퇴르는 전쟁 이후 인정사정없는 "복수의 맥주"[143] 프로젝트를 시작했다. 전 세계 양조 산업의 선두에 선 독일을 끌어내리기 위한 발효 연구에 착수한 것이다. 1876년에 발표한 『맥주에 관한 연구Études sur la bière』라는 저서도 독일어로 번역되지 못하도록 했다. 파스퇴르에게 프로이센·프랑스 전쟁에 군의관으로 자원입대한 로베르트 코흐는 프랑스에 죄를 지은 사람이나 다름없었다. 공세에 시달리던 메치니코프가 독일에서 찾던 것을 얻지 못하고 마침내 파리에 찾아온다고 하니, 파스퇴르가 전투에 나갔던 명예로운 군인이 돌아온 듯 그를 반긴 것은 당연한 일이었다.

나이가 60대 중반에 접어든 파스퇴르는 심각한 뇌졸중으로 몸이 허약해져서 연구실에서 일할 수 있는 상태가 아니었다. 대신 새 연구소의 설립 과정을 총괄하고, 고등사범학교에 있던 자신의 연구소에서 그리 멀지 않은 파리 라탱 지구에 급히 마련된 비좁은 시설에서 광견병 백신이 제작되는 과정을 면밀히 지켜보느라 분주한 나날을 보냈다.

광견병 치료시설에서 '존경하는 선생님cher maître'과 처음 마주한 메치니코프는 의외로 기력이 없는 그의 모습에 깜짝 놀랐다.

"내 눈에 들어온 사람은 체구가 자그마하고 힘이 없는 노인이었다. 몸 왼편은 반쯤 마비된 상태였지만 잿빛 눈은 사뭇 날카로웠다. 코와 턱에 덮인 수염도 모두 잿빛이었다. 짧은 머리카락 위에 까만색 작은 모자를 쓰고 재킷 위로는 풍성한 망토를 두르고 있었다."[144]

---

142) 실버스타인(Silverstein), 『면역의 역사(A History of Immunology)』, 31.

143) 벡스터(Baxter), "루이 파스퇴르의 맥주(Louis Pasteur's Beer)"

144) EM, 『개척자들(Osnovateli)』, 208.

그로부터 30여 년 후, 메치니코프는 저서『현대 의학의 창시자: 파스퇴르, 리스터, 코흐Founders of Modern Medicine: Pasteur, Lister, Koch』에서 당시를 이렇게 회상했다.

"병색이 완연한 창백한 안색과 지친 모습을 보니, 앞으로 살날이 고작 몇 년, 심하면 몇 개월 정도뿐일 것 같다는 착각마저 들었다."

두 사람은 보자마자 서로에게 호감을 느꼈다. 파스퇴르는 화학자 출신이지만 백신으로, 메치니코프는 동물학자지만 면역에 관한 이론으로, 의학계에 급진적인 아이디어를 제시하고 파란을 일으킨 아웃사이더라는 큰 공통점도 있었다. 욱하는 성미도 마찬가지였다.

파스퇴르가 메치니코프와 만나 처음 꺼낸 이야기는 마치 전쟁에서 다친 상처를 어루만지는 연고와 같은 효과를 발휘했다.

"내 주변의 젊은 동료들은 자네의 이론에 아주 회의적인 모양인데, 나는 대번에 자네 편이 되었다네. 나도 현미경으로 수많은 생물들이 서로 치열하게 싸우는 광경을 보면서 오래전부터 상당히 깊은 관심을 느꼈거든."[145]

그리고 파스퇴르는 이렇게 덧붙였다.

"나는 자네가 제대로 짚었다고 생각해."

영광스럽게도 파스퇴르는 몸소 그를 데리고 다니며 연구소 곳곳을 보여 주고 연구원들이 광견병 백신을 주사하는 모습도 볼 수 있게 해 주었다. 파스퇴르도 메치니코프처럼 의학 학위가 없어서 주사를 직접 놓을 수는 없었다.

다음 날, 파스퇴르는 고등사범학교 교정에 마련된 호화로운 아파트

---

145) EM, 『개척자들(Osnovateli)』, 208.

로 메치니코프와 올가를 초대해 저녁 식사를 함께했다. 파스퇴르가 워낙 허물없는 태도로 대한 데다 파리인들의 '나긋나긋한 말투'에 담긴 복잡한 의미에 익숙하지 않았기 때문에, 메치니코프는 그토록 우아한 파티가 기다리고 있을 줄은 생각도 하지 못하고 검정색 수수한 프록코트 차림으로 나타났다. 그는 당시 상황을 이렇게 회상했다.

"계단을 다 오르자 너무나 부끄러운 상황이 펼쳐졌다. 내가 고급스러운 이브닝드레스 차림의 여성들과 연미복 차림의 신사들 사이에 들어선 것이다."[146]

메치니코프는 얼른 호텔로 돌아가 비엔나에서 입었던 연미복으로 갈아입고 오려 했다. 그런데 파스퇴르가 장차 메치니코프가 자신이 거느리는 무리의 일원이 될 것임을 암시라도 하듯, 금세 방으로 들어가더니 프록코트로 갈아입고 나왔다.

화기애애한 환대와 파스퇴르가 파리 외곽에 한창 준비 중이던 새로운 연구소에 마음을 빼앗긴 메치니코프는 파스퇴르에게 충동적으로, 혹시 곧 완공될 연구소에서 무급 연구원 자리를 얻을 수 있는지 물어보았다. 파스퇴르는 이 요청을 단번에 수락한 것은 물론 메치니코프에게 한 연구실의 책임자 자리도 주겠다고 했다.

그러나 이처럼 평화로운 만남과 솔깃한 제안에도 불구하고 메치니코프는 독일에 대한 환상을 완전히 버릴 수 없었다. 소중하게 간직해 온 계획을 단숨에 포기하는 일과는 거리가 먼 사람이었기 때문이다. 그는 올가와 함께 기차에 올라, 우호적이지 않은 곳을 다시 찾아갔다. 독일의 세균학 연구소 몇 곳을 더 돌아보기로 한 것이다.

---

146) EM, 『개척자들(Osnovateli)』, 211.

"스트라스부르와 프랑크푸르트, 브레슬라우로 돌아다녔지만 가는 곳마다 상황은 여의치 않았다."[147]

올가는 당시의 상황을 에둘러 전했다. 그러나 아직 놀랄 일이 남아 있었다. 상처나 감염의 중심 부위를 향해 식세포가 돌진하듯, 메치니코프 부부는 적진의 본거지로 곧장 향했다. 바로 로베르트 코흐의 베를린 연구소였다.

14. 작별

1887년 비엔나에서 열린 학회에서 메치니코프는 코흐의 수석 연구보조와 만났다. 그는 메치니코프에게 베를린의 그 과학계 거물이 생체 표본이 담긴 슬라이드를 받아 보고 싶어 한다고 전했다. 메치니코프가 당시 재귀열을 연구하면서 관찰한 얇은 조직이 염색된 상태로 유리 플레이트에 고정되어 있었는데, 그것을 얻고 싶다는 이야기였다. 메치니코프는 슬라이드를 가지고 직접 찾아가겠다고 했다.

뮌헨에서 온 여러 미생물학자들은 두 사람 사이에 오가는 대화를 듣더니 메치니코프를 만류했다.

"사람들은 내가 스스로 웃음거리가 되기를 자처한다고 확신했다."[148]

나중에 메치니코프는 이렇게 썼다. 코흐가 식세포 이론에 전적으로 반대한다는 사실을 모르는 사람은 없었다. 세균은 식세포에 먹히기는

---

147) ZIIM, 107.

148) EM, 『개척자들(Osnovateli)』, 227.

커녕 반대로 세포 내부로 뚫고 들어가서 서식지로 삼아 증식할 수 있다는 것이 코흐의 생각이었다. 뮌헨의 학자들은 코흐가 식세포 이론을 반박할 만한 증거를 찾는 것이라고 경고했다. 식세포 이론은 개인적인 관찰에 근거하고 있을 뿐이므로 틀렸다고 선언하려는 것이 코흐의 목적이라는 이야기였다. 그러나 메치니코프는 "당연히 그 경고를 흘려들었다. 그리고 얼마 후 베를린으로 향했다."[149]

메치니코프다운 반응이었다. 용기와 순진함, 고집이 뒤엉킨 이런 모습이야말로 그의 전형적인 특징이었다. 열여덟 살에 처음으로 진지하게 연구를 진행하고 저명한 학자와 티격태격할 만큼 배짱 좋은 그가 아닌가. 그런 면이 있었기에 보편적인 생각과 정면으로 부딪히는 이론을 수립할 수 있었다. 그리고 그 성미는 이제 반대 의견에 굴복하지 않고 면역학이라는 새로운 분야를 겁 없이 창시한 인물로 그를 바꾸어 놓고 있었다.

그러나 꼭 굳센 투지와 대담함이 전부는 아니었다. 메치니코프는 마음속 영웅과 만날 기회를 놓치고 싶지 않았다. 탄저균 연구로 질병에 관한 세균 이론을 뒷받침한 중요한 증거를 발견하고 구불구불한 미생물이 결핵균이라는 사실을 밝힌 코흐의 업적에 메치니코프는 이미 10년 넘게 매료되어 있었다. 나중에 회고록에서도 그 사실을 밝혔다.

"결핵균에 관한 코흐의 첫 번째 논문을 읽은 후, 그를 향한 크나큰 존경심은 참된 숭배로 바뀌었다."[150]

메치니코프가 찾아간 시기에 코흐는 걸출한 경력의 정점에 오른 상태였다. 시골 의사 출신인 사람이 세균학의 창시자로서 대대적인 추앙

---

149) EM, 「개척자들(Osnovateli)」, 227.
150) 위와 동일.

을 받는 존재로 변모하여, 코흐의 전기를 쓴 저술가의 말을 빌리자면 그는 "아주 까다롭고 독선적인 폭군"[151]이 되어 있었다. 당시 메치니코프보다 고작 두 살 더 많은 40대 중반의 나이였지만 의학계의 중추 기관이던 베를린 대학교에서 핵심 보직까지 맡았다. 새로 설립된 위생연구소의 대표로 지명된 것이다. 황제 빌헬름 1세의 고문으로 임명된 후부터는 각하exellenz로 칭해진 그의 가르침을 얻기 위해 세계 곳곳의 과학자와 의사들이 서둘러 베를린으로 모여들었다.

메치니코프는 너무나 충격적인 기억으로 남았던 '각하'와의 만남을 아주 세세한 부분까지 잊지 않았다. 그는 이렇게 회상했다.

"현미경 앞에 앉아 있는 사람이 보였다. 나이가 있어 보였지만 그렇다고 늙어 보이지는 않던 그는 머리가 넓게 벗겨진 모습에, 얼굴에는 희끗한 기미가 없는 두툼한 턱수염이 넓게 덮여 있었다. 준수한 용모에서 풍기는 권위적인 분위기가 거의 오만함에 가까운 수준이었다. 연구보조가 쭈뼛대며 다가가, "말씀하신 대로 슬라이드를 보여 드리려고 찾아왔다"라고 알렸다. "무슨 슬라이드 말인가?" 코흐가 신경질적으로 대답했다. "오늘 강의 준비 제대로 챙기라고 내가 말하지 않나? 빠진 게 있는 것 같더군." 보조는 얌전히 죄송하다고 말하고는 다시 내가 서 있는 쪽을 가리켰다. 코흐는 내게 악수조차 청하지 않고, 시간에 쫓기던 참이라 표본을 그리 오래 볼 수가 없다고 단언했다."[152]

메치니코프는 보라색으로 염색된 비장 조직이 담긴 슬라이드를 코흐에게 보여 주었다. 수많은 세균 중 대다수가 식세포의 내부에 들어가 있는 모습을 확인할 수 있는 자료였다. 코흐는 냉담한 태도로 힐끗

151) 브록(Brock), 「로베르트 코흐(Robert Koch)」, 4.

152) EM, 「개척자들(Osnovateli)」, 228.

들여다보더니, 면역에 관한 어떠한 이론에 대한 근거도 될 수 없다고 말했다.

"코흐의 반응, 그리고 전체적인 그의 태도에 나는 머리끝까지 부아가 치밀었다."[153]

나중에 메치니코프는 이렇게 밝혔다. 베를린을 방문하려고 준비할 때까지만 해도 코흐가 이 정도로 차가운 태도를 보일 줄은 상상도 하지 못했다.

이 만남이 비극으로 바뀌었다는 사실을 절감한 메치니코프는 '존경하는 교수님께서Herr Professor Doktor' 겨우 몇 분만 보셔서 슬라이드에 담긴 진짜 의미를 인지하지 못하신 것 같다고 주장했다. 그리고 겨우 용기를 끌어모아, 좀 더 긴 시간이 주어지면 식세포가 세균을 품고 있는 모습을 조금 더 자세히 볼 수 있지 않겠냐고 이야기했다. 그리하여 다음 날 다시 만나기로 약속을 잡았지만 별로 달라진 건 없었다. 코흐는 예의 바른 태도를 간신히 유지하며 가만히 현미경을 들여다본 후 이렇게 선언했을 뿐이었다.

"저기, 나는 미세 해부학 전문가는 아닙니다. 위생학자지요. 이 나선균이 세포 안에 있든 바깥에 있든 제 눈에는 별로 다를 것이 없어 보이는군요."[154]

메치니코프가 다른 사람들의 만류에 귀를 기울였다면 충분히 예상할 수 있었던 일이었다. 러시아 출신의 동물학자가 희한한 생각을 가지고 위계질서가 엄격한 코흐의 세계에 벌컥 들이닥칠 때부터 이런 무시는 정해진 결과였다. 게다가 메치니코프는 미처 알지 못했지만, 권

---

153) EM, 「개척자들(Osnovateli)」, 228.
154) 위와 동일.

력 다툼이 과학계를 흔들어 놓는 일은 비단 러시아만의 사정은 아니었다. 정치적으로 보수 세력이던 코흐는 급진파이자 수년 전 자신의 탄저균 연구의 가치를 일축한 세포 분야의 대부 피르호와 맞서며 한층 치열한 논쟁을 벌이고 있었다.[155] 그러니 세포에 관한 이야기라면 뭐가 됐든 코흐의 심기를 건드렸다. 피르호를 떠올리게 했기 때문이다.

코흐와 대면하고 나서야 메치니코프는 그토록 오랫동안 키워 온 꿈, 독일에서 성공하겠다는 열망이 한낱 몽상이었다는 사실을 받아들이기 시작했다. 가지고 온 물건을 챙겨서 일어선 메치니코프는 쓰디쓴 실망감을 안고 집으로 돌아갔다. 그럼에도 이 뒤에도 코흐를 과학자로서 존경하고 노벨상의 첫 수상자로 추천하기까지 한 것을 보면,[156] 그가 얼마나 관대한 성정을 지닌 사람인지 알 수 있다. 메치니코프는 코흐가 파리에 왔을 때 정중하게 대접하기도 하고, 코흐가 세상을 떠난 뒤에 자신이 베를린을 방문했을 때는 그의 묘에 들러 화환을 놓고 가기도 했다. 반면 코흐는 메치니코프와의 첫 대면 후 동료들에게 쓴 편지에서 그를 있는 힘껏 모욕했다. 그 편지는 지금 사라지고 없지만, 언젠가 그것을 읽은 적이 있다는 한 과학 역사가는 코흐의 태도가 거의 인신공격 수준이었다고 전했다.[157]

독일에서 자리를 잡을 수 있으리란 희망이 전부 사라진 이상, 파스퇴르는 메치니코프가 손잡을 수 있는 유일한 협력자였다. 올가는 당시

---

155) 브록(Brock), 『로베르트 코흐(Robert Koch)』, 83; 아커크네히트(Ackerknecht), 『루돌프 피르호(Rudolf Virchow)』, 106~108.

156) 후보자 데이터베이스(Nobelprize.org). 2015년 7월 16일 접속(www.nobelprize.org/nomination/archive/). 메치니코프는 코흐가 노벨상을 수상할 때까지 다른 후보자를 지지하지 않았다. [EM, 편지(pis'ma), 188]

157) 아커크네히트(Ackerknecht)는 코흐가 카를 플뢰게(Carl Fluegge)에게 쓴 미발표 서신들을 토대로 '인신공격'이라는 표현을 사용했다(『루돌프 피르호(Rudolf Virchow)』, 115). 이 서신들은 존스홉킨스 대학교 의학사연구소 자료로 보관되어 있다가 현재는 사라졌다. 해당 기관의 기록보관 담당자들은 서신이 어디에 있는지 찾지 못한 상태다.

상황을 이렇게 정리했다.

"우리가 파리와 독일에서 느낀 차이는 실로 엄청났다. 일리야 일리치는 더 이상 주저하지 않았다. 이제 결정은 내려졌다."[158]

독일에서 낭패를 겪은 후 오데사로 돌아간 메치니코프는 오데사 세균학 연구소의 대표직을 후임자에게 넘겨줄 준비를 하기 시작했다. 비엔나 방문 뒤 몇 달 후, 그는 연구소에 휴가를 내고 올가와 함께 그녀 가족이 소유한 키예프 인근의 포포브카 별장으로 떠났다. 마침내 좀 쉬게 된 것이다. 이제 그의 머릿속은 파리처럼 큰 도시에서 과연 제대로 연구를 할 수 있을까 하는 염려로 채워졌다.

러시아를 완전히 떠나기에 앞서 마지막으로 정리를 하고 있을 때 또다시 재난이 닥쳤다. 1888년 8월의 어느 날, 오데사에서 긴급 전보 한 통이 전해졌다. 연구소에서 만든 탄저균 백신을 맞고 양 수천 마리가 급사했다는 소식이었다.

오데사 연구소의 의사들은 지난 몇 달간 파스퇴르의 방식대로 만든 탄저균 백신을 1만 5,000마리에 가까운 양에게 성공적으로 주사했다. 그러나 판케예프라는 한 부유한 지주가 자신의 가축들에게 백신을 접종해 달라고 요청했을 때부터 그 운은 불운으로 바뀌었다. 원래 백신을 대규모로 주사하기 전에 먼저 양 몇 마리에게 맞춰 보는 점검 단계를 거쳐야 하는데, 앞선 성공으로 담이 커진 연구소 의사들은 이 과정을 건너뛰고 곧바로 양떼 전체에게 주사를 놓았다. 그러나 이 백신에는 치명적인 독성이 남아 있었다. 결국 3,500마리가 넘는 양이 즉각 폐사했다.

---

158) ZIIM, 108.

"백신을 주사하고 나흘째 되는 날, 드넓은 초원에 끔찍한 광경이 펼쳐졌다. 서 있는 양은 병든 녀석들을 포함해 200마리 남짓이 전부고, 나머지는 전부 죽은 채 쓰러져 있거나 맹렬히 타오르는 태양 아래서 썩어 가고 있었다."[159]

『모스크바 통보Moskovskie Vedomosti』 신문은 이렇게 보도했다.

"고역스러운 악취가 바람을 타고 수베르스타verster(러시아의 옛 거리 단위로, 1베르스타는 1,067미터이다. – 옮긴이)까지 퍼져 갔다. 지켜보던 이들 중 일부가 울음을 터뜨리며 충격과 불안감이 고조됐다. 양치기들은 이 재앙을 일으킨 의사들을 두들겨 패려고 달려들었다."

판케예프가 이웃들을 찾아가 탄저균 확산을 막으려면 죽은 양 수천 마리를 얼른 묻어야 하니 좀 도와 달라고 간청하는 사이, 메치니코프와 연구소의 조수들은 이 사태의 원인을 미친듯이 찾아 나섰다. 의사들은 총 2회에 걸쳐 백신을 주사했다. 먼저 활성이 약한 것을 놓고, 탄저균에 대한 저항력이 생기도록 두 번째 백신은 그보다 활성이 강한 것으로 주사했다. 아직 준비가 안 된 양에게 활성이 강한 백신을 잘못 주사한 것일까? 아니면 보관하는 동안 백신의 활성이 알 수 없는 이유로 더 강력해진 걸까? 중간에 누가 부정한 짓이라도 저질렀을까?

이 사건을 조사한 수의사[160]는 문제가 된 백신이 파상풍균에 오염되었을 가능성을 제시했지만, 정확한 원인은 끝내 밝혀지지 않았다. 판케예프 사건이라 이름 붙여진 이 일은 여전히 수수께끼로 남아 있다.

---

159) "오데사, 탄저병 백신 접종 실패(Odessa, Podrobnosti neudachnoi privivki sibirskoi iazvy)", 『모스크바 통보(Moskovskie Vedomosti)』, 1888년 9월 1일, 5.

160) 비아체스라프 A. 쿠즈네초프(Vyacheslav A. Kuznetsov), "야코프 율리에비치 바르닥 교수(1857–1929): 러시아와 우크라이나 미생물학의 연구의 선구자((Professor Yakov Yulievich Bardakh, 1857-1929): Pioneer of Bacteriological Research in Russia and Ukraine", 『의학 전기 저널(Journal of Medical Biography)』 22, no. 3 (2014): 137.

메치니코프는 아직 공식적으로 연구소 대표였지만 제대로 된 조사를 진행하지는 못했다. 그럼에도 연구소 일에 더 이상 책임감을 느끼지도 않았다. 그저 얼른 이 비통한 현실에서 벗어나 순수 과학에 몰두하고 싶을 뿐이었다.

내무부는 즉각 이 사태에 대한 조치를 내놓았다. 러시아에서 탄저균 백신 접종을 중단한다는 결정이었다. 판케예프 사건은 러시아에서의 삶이 불길하다는 사실을 또다시 증명하며 결국 메치니코프가 러시아에서의 삶에 종지부를 찍게 만든 계기가 되었다. 고국을 떠나는 데 대한 일말의 갈등마저 싹 없애 준 것이다. 올가의 말을 빌리자면 다음과 같았다. "이 괴로운 사건은 잔에 찰랑찰랑하게 담긴 물을 흘러넘치게 만든 마지막 한 방울이었다. 우리는 프랑스로 떠나기로 마음을 확고히 정했다."[161]

파스퇴르 연구소는 약속의 땅처럼 먼 곳에서 그를 향해 손짓했다. 그러나 그곳에 발을 들인 것은 살벌한 전쟁터에 스스로 몸을 던진 것이나 다름없는 일이었다.

---

[161] ZIIM, 108.

Ⅲ. 면역 전쟁[1]

15. 뒤토 거리에 세워진 성전

메치니코프가 꿈꾸던 '한적하고 자그마한 대학가 마을'과 19세기 말 파리만큼 큰 격차를 보이는 곳을 찾기도 힘들 것이다.[2] 1888년에 파리로 거처를 옮긴 그와 올가는 온몸에 전율을 느꼈다. 식민지를 만들며 제국으로 급격히 성장 중이던 나라의 수도답게, 파리는 몇몇 도시들과 더불어 세계 최초로 거리 곳곳이 전기 불빛으로 꾸며져 있었다. 인구는 200만을 넘어서서 런던보다는 적었지만 오데사에 비하면 무려 열 배나 많았다. 그러니 더 소란스러운 것도 당연한 일이었다. 모터엔진으로 움직이는 트램이 세상에 첫선을 보여, 승객들을 이리저리 휙휙 싣고 다니며 옆에서 마차를 끌던 말들을 깜짝 놀라게 만들었다. 파리 시민들은 어디

---

1) 메치니코프가 치른 '면역 전쟁'에 관한 이야기는 아서 실버스타인(Arthur Silverstein)이 쓴 "세포 면역 vs. 체액 면역"을 참고하여 조사한 내용을 토대로 한 것이다[실버스타인의 저서 『면역의 역사(A History of Immunology)』, 25–45]. 해당 자료는 프랑스와 독일의 역사적 관계에서 면역학 초기에 불거진 논쟁을 다루고 있다. 이 논란에 관한 분석은 타우버(Tauber)와 체르냐크(Chernyak)의 "면역학의 탄생(The Birth of Immunology)"(447–473)과 두 저자의 저서 『메치니코프와 면역학의 기원(Metchnikoff and the Origins of Immunology)』(154–174)에서 확인할 수 있다.

2) 벤자민(Benjamin), 『파리, 19세기의 수도(Paris, Capital of the Nineteenth)』(146–62); 존스(Jones), 『한 도시의 전기: 1870년 이후(Biography of a City)』; 소워린(Sowerine), 『1870년 이후 프랑스(France since 1870)』; 스즈키(Suzuki), 『툴루즈 로트레크의 파리(The Paris of Toulouse-Lautrec)』(18–25) 등 참고.

서든 목만 쭉 빼면 세계에서 가장 높은 건축물을 볼 수 있었다. 1889년 만국박람회를 맞이해 제작된, 예술가들과 작가들의 "아무 쓸모도 없고 괴물 같다"[3]라는 반대에도 불구하고 파리에 세워진 철로 만든 영문자 A 모양 구조물, 에펠탑이었다.

나중에 사람들은 평화롭고 상대적으로 번성했던 이 시기를 그리워하며 '벨 에포크Belle Epoque' 즉, '아름다운 시절'이라 칭했다. 실제로 당시 파리는 그 이름에 꼭 맞는 모습이었다. 프랑스 공화당 정부는 몇 년 앞서 7월 14일을 국경일로 지정하고 「라 마르세예즈La Marseillaise」를 다시 국가로 지정하는 한편 언론의 자유와 집회의 권리 등 자유를 수호하는 법률을 연이어 통과시켰다. 파리는 창의력이 그야말로 폭발하는 곳이었다. 메치니코프가 이사를 간 그해에 드가는 「스트레칭하는 무용수들Dancers at the Bar」을, 르누아르는 「목욕 후에After the Bath」를 그렸다. 또 로댕이 「입맞춤The Kiss」이라는 작품으로 완성될 대리석을 열심히 깎는 동안 에밀 졸라는 「인간 야수La Bête Humaine」를 쓰고 쥘 베른은 「북극 구매The Purchase of the North Pole」를 쓰느라 여념이 없었다. 경찰의 허가를 받지 않아도 문을 열 수 있게 된 카페들도 속속 생겨나 번창했다. 게다가 파티의 도시라는 세계적인 명성에 걸맞게, 파리에서는 국립극장 코메디 프랑세즈에서 사라 베르나르가 주인공을 맡아 선보이는 몰리에르Molière와 라신의 고전적인 연극부터, 밤늦은 시각에 즐길 수 있는 새로운 명소가 된 카페 콩세르의 가볍고 대체로 야릇한 분위기의 뮤지컬 공연까지 누구든 취향대로 즐길 수 있는 갖가지 오락거리를 찾을 수 있었다.

10월 15일에 파리에 도착한 메치니코프와 올가는 파스퇴르의 옛 연

---

3) "예술가들, 매일 에펠탑 설립 반대(Au jour le jour. Les artistes contre la tour Eiffel)", 『르 텅(Le Temps)』, 1887년 2월 14일, 2.

구소가 위치한 뭘름 거리 근처 라탱 지구의 작은 호텔에 방을 얻었다. 조금만 걸어가면 판테온을 볼 수 있는 곳이었다. 날씨도 맑고 화창해서, 두 번 다시 방어벽으로 갑갑하게 막힐 일이 없도록 이후로도 수십 년에 걸쳐 계속 확장된 파리의 거리와 대로를 거닐기에 딱 좋은 날이었다. 산뜻하게 새로 만들어진 보도는 환한 불빛 아래 코르셋으로 조인 드레스 차림의 점잖은 여성들과 매력적인 한량들, 즉 여유로운 산책가들을 향해 활짝 열려 있었다. 잡지 『파리 일뤼스트레Paris Illustré』는 이미 전형적인 파리 시민으로 여겨지던, 다소 심드렁한 도시인 중에서도 가장 멋진 이들을 '패션계의 나폴레옹'으로 지칭했다. 인파로 가득한 드넓은 거리를 거닐던 파리의 멋쟁이들은 한껏 멋을 부리고 나온 아마추어들을 안경 너머로 바라보며 "무명 재봉사가 만든 시시한 옷을 걸치고, 수염은 전혀 단정하지 않을뿐더러 장갑 낀 손도 그다지 말쑥하지 않은 데다 시가 연기를 우아하게 뱉을 줄도 모르는 자들"[4]이라며 조롱 가득한 눈빛을 던졌다.

유행에 뒤떨어지는 정장을 걸치고 단호한 분위기를 물씬 풍기는 메치니코프는 그런 한량들과는 정반대되는 모습이었다. 파리를 가득 메운 활발한 분위기도 그와는 상관없는 일일 뿐이었다. 신화의 느낌이 가득한 생 미셸 거리를 거닐 때나, 조만간 강의 요청이 쇄도할 러시아 출신 파리 시민들의 문화 센터 또는 투르게네프 러시아 공립도서관에 잠시 들를 때나, 메치니코프의 머릿속은 온통 하얀 쥐 생각으로 가득했다. 그는 파리로 오기 직전에 독일 연구진이 발표한 어느 놀랄 만한 논문에 등장한 이 동물로 도리어 그들의 주장에 반박할 수 있는 연구

---

4) 조안(Joanne), 『파리의 모습(Paris illustré)』, 64.

에 뛰어들고 싶었다.

새로운 파스퇴르 연구소는 북적대는 도심 한복판에서 멀찍이 떨어진 파리 남쪽 끝에 세워졌다. 메치니코프에게는 즐거운 일이었지만 파스퇴르는 정든 라탱 지구를 떠나야 할 때가 다가오자 사뭇 아쉬워했다. 초창기 연구소는 한때 채소밭이 즐비하던 전원 마을의 뒤토 거리에 세워진 H 모양의 건물 한 채였다.

과학 연구소 중에 그토록 열광적인 호응 속에 설립된 곳은 아마 없을 것이다. 건축비를 충당하기 위해 전 세계적으로 진행된 기금 모금으로 무려 250만 프랑이라는 어마어마한 금액이 마련됐다.[5] 이것만으로도 파스퇴르의 광견병 백신에 세계가 얼마나 들떠 있었는지 알 수 있다. 이에 대해 런던의 『타임스』는 특유의 냉소적인 예측을 내놓았다.

"온 세상에 의지한 덕분인지 기부금을 거두는 데 어려움은 전혀 없었다. 대부분은 순수한 감사의 마음일 것이지만, 훌륭한 성과로 돌아오리라는 강렬한 느낌에서 싹튼 감사의 마음이 그처럼 이례적인 형태로 표현된 것이라 할 수 있다."[6]

1888년 11월 14일, 메치니코프는 새로 문을 연 파스퇴르 연구소에 도착해 중앙 출입구로 이어진 반원형 계단을 홀로 올라갔다. 장소가 협소하다는 이유로 여성들은 초대받지 못한 바람에 올가는 대동하지 못하고 웅대한 개소식에 참석하러 온 길이었다. 경찰이 거리를 통제하기도 전에 유명인사들을 보고파 하는 시민들은 이미 연구소 인근 건물의 꼭대기에 올라가 있었다. 공학자 출신으로 프랑스 제3공화국 대

---

5) 자크 메리(Jacques Mery), 『파스퇴르 연구소에 남겨진 유산의 역사(Histoire des legs à L'Institut Pasteur)』, 파스퇴르 연구소 안내자료(Pasteur Institute brochure).

6) 『타임스(Times)』(런던), 1886년 11월 24일.

통령에 오른 마리 프랑수아 사디 카르노Marie François Sadi Carnot가 도착하자 연구소 정원에 자리 잡은 밴드가 「라 마르세예즈」를 연주하며 맞이했다. 정부 각료들, 의원들, 금융계 거물들을 비롯한 걸출한 초대 손님 600여 명이 참석한 개소식은 연구소에 부속된, 큰 기둥이 늘어선 휘황찬란한 도서관에서 열렸다. 이날 행사는 파스퇴르가 광견병만 물리친 것이 아니라, 그를 돌팔이라 비난하던 모든 이들에게서 승리를 거두었음을 증명하는 자리와도 같았다. 메치니코프는 멀찍이 서서 낯선 이방인의 눈으로 이 화려한 행사를 지켜보았다.

"몇몇이 나와 파스퇴르를 칭송하는 유창한 연설을 한 뒤, 레지옹 도뇌르 훈장이 차례로 수여됐다."[7]

나중에 메치니코프는 유독 훈장에 열의를 보이던 프랑스인들의 모습이 재미있게 느껴졌다고 전했다.

그날 메치니코프 자신은 물론 애국적인 열정을 담아 새로운 연구소의 탄생을 격찬하던 참석자 그 누구도 외국인인 그가, 언젠가 파스퇴르의 어깨에 둘러진 '의학계의 명성'이라는 망토를 잠시 물려받아 이 연구소에서 가장 유명한 연구자가 되리라는 사실을 짐작하지 못했을 것이다. 메치니코프가 이제 그 공간에 영원히 머물게 되리란 사실 또한 전혀 예상하지 못했을 것이다. 훗날 다른 곳에서 함께 일하자는 제안을 받은 메치니코프는 파스퇴르 연구소를 떠나서 갈 수 있는 곳은 오직 한 군데뿐이라는 답변을 보냈다. 바로 가까이에 있는 몽파르나스 묘지였다. 심지어 실제로는 그만큼도 가지 못했다. 메치니코프의 유골은 그의 요청에 따라 가느다란 붉은색 줄무늬가 가득한 대리석 유골함

7) SV, 108.

에 담겨 개소식이 열린 바로 그 도서관의 책장 유리문 뒤에 놓았다.

연구소 건물을 둘러싼 철제 울타리를 장식하며 자랑스레 펄럭이던 삼색기처럼 총 다섯 팀으로 이루어진 연구부[8]마다 각기 다른 명칭이 붙여졌다. 파스퇴르는 10년 전 한 프랑스의 외과의사가 만들어 낸 '미생물microbie'이라는 표현을 채택하여, (같은 뜻을 가진 'Bacteriology'라는 표현도 있었지만, 애국자인 파스퇴르는 이 단어가 독일어 느낌이 너무 강하다고 느꼈다.) 각 연구부에 이 미생물의 여러 특징을 나타내는 이름을 붙였다. 메치니코프가 소속된 곳의 명칭은 미생물 형태학Microbie morphologique 연구부였다. 형태학은 메치니코프가 동물학자답게 초반에 큰 관심을 기울였던 분야이기도 했지만, 형태 연구는 곧 진화를 이해하는 열쇠로 여겨지기도 했다.[9] 오늘날에는 면역 기능에서 세포의 역할을 연구하는 분야에 세포면역학Cellular Immunology이라는 더 적합한 이름이 붙여졌지만, 당시 메치니코프는 수십 년이나 앞서 있었다. 세포면역학이라는 용어는 1970년이 되어서야 과학 논문에 맨 처음 등장했으니 말이다.

새로운 연구소에 맨 처음 자리를 잡은 사람은 메치니코프였다. 그는 이곳이야말로 과학자의 천국임을 깨달았다. 지금은 파스퇴르 박물관이 된 이 3층짜리 건물도 이제 이곳이 과학의 성지가 될 것임을 선언하는 듯한 모습이었다. 건물 바깥쪽으로는 돌로 된 모서리와 정문이 우아하게 장식되어 있고, 역시나 인상적인 현관에 들어서면 환하게 밝혀진 으리으리한 실험실이 이어졌다.

메치니코프는 새로운 과학 분야를 창조했지만 공세에 시달리는 중

---

8) 들로네(Delaunay), 『파스퇴르 연구소(L'Institut Pasteur)』, 51–60.

9) 메치니코프가 1976년에 쓴 『종의 기원을 둘러싼 의문에 관한 에세이(Essay on the Question of the Origin of Species)』 중 "형태는 생물계의 계통을 가장 먼저 좌우하는 요소" [EM, "질문의 개요(Ocherk voprosa)", repr., ASS, vol. 4, 326].

이라 많은 지원군이 필요했다. 그러나 그 많던 모금액은 연구소 건설 비용으로 거의 소진되어 인력을 구할 돈은 그리 넉넉지 않았다. 다행히 메치니코프는 자신의 날개 밑에 사람을 보듬고 키우는 일을 무척이나 좋아하는 사람이었다. 곧 세계 여러 나라에서 모집된 연구생들이 그의 지시를 받으며 현미경과 시험관을 만지작거리기 시작하더니, 얼마 지나지 않아 그가 작은 제자 군단을 거느리게 되었다. 메치니코프의 임무이자 연구생들에게 주어진 임무는 인체를 세포 수준까지 샅샅이 파고들어 식세포가 인간의 생존을 책임지는 치유력의 주인공임을 한 치의 의혹도 없이 증명하는 일이었다.

처음 메치니코프에게 할당된 공간은 협소한 편이었다. 이후 그의 공간은 계속해서 넓어지다가 결국에는 연구소 건물 남쪽 별관의 맨 위층 전체를 차지했다. 지금 그곳은 복도를 사이에 두고 길게 늘어선 열두 개의 사무실과 실험실로 나뉘어 유두종 바이러스를 관리하는 프랑스 국가 연구센터와 다른 시설들이 자리 잡고 있다. 게시판 위에 걸린 '메치니코프의 연구실Laboratoire de Metchnikoff, 1889-1916'이라 적힌 금속판으로만 이곳이 어떤 역사를 가진 곳인지 확인할 수 있다. 그러나 메치니코프가 일하던 당시에는 그가 개인적으로 사용한 방 두 개를 제외하고 전체가 하나의 거대한 홀로 이루어져 있었다. 높다란 지붕 아래 붉은색, 하얀색 타일로 산뜻하게 꾸며진 바닥, 푸르른 잔디 너머로 지평선을 바라볼 수 있는 높은 창문이 자리한 커다란 공간에는 벽면과 한가운데 에나멜 싱크대가 딸린 긴 테이블이 설치되어 있고, 그 위에는 현미경이며 증기 멸균기, 염색에 사용하는 물질, 세균 배양에 사용하는 플라스크가 놓여 있었다. 오데사의 수수한 연구소와는 차원이 다른 시설이었다.

그러나 메치니코프가 오데사와의 차이를 가장 절실하게 체감한 부분은 씩씩대며 잔뜩 고함쳐야 할 간부 회의도 없고 구해 줘야 할 학생들도 없다는 사실이었다.

"순수 과학의 연구라는 나의 목표는 마침내 파리에서, 정치적 활동이나 공무가 전혀 끼어들지 않은 상태로 실현되었다."[10]

해외에 정착한 이유를 설명한 에세이에서 메치니코프는 이렇게 전했다. 러시아에서 메치니코프의 고질적인 성격 결함으로 여겨지던 특유의 초조함은 모두 사라지고 강력한 활기가 그 자리를 채웠다. 오랜 시간을 돌아 이곳 파스퇴르 연구소에서, 메치니코프는 과학의 집을 찾았다.

이렇게 새로운 집도 찾고 연구도 새로 시작하면서 나중에 메치니코프의 트레이드마크가 된 특유의 낙관론도 싹트기 시작했다. 긍정적인 생각을 있는 힘껏 끌어내야만 하는 상황이 점점 다가오고 있었으니 아주 시기적절한 변화이기도 했다.

프랑스에서 과학의 요새와 같은 이곳에 들어와 연구하게 되자 홀로 싸우는 전사였을 때보다 훨씬 더 유리한 점이 많았다. 드디어 제대로 된 연구 시설을 사용하며 그 혜택을 누릴 수 있게 되었을 뿐만 아니라, 세계에서 위대한 과학자로 손꼽히는 인물의 이름이 내걸린 국제적 명성의 연구소를 배경으로 두게 된 것이다. 메치니코프는 연구소의 아주 든든한 포병대도 십분 활용했다. 바로 매월 출간되던 일류 학술지『파스퇴르 연구소 연보』였다. 그러나 뒤토 거리에 평온하게 자리한 이 연구소에는 불안감이 감춰져 있었다. 메치니코프의 새로운 본거지는 유

---

10) EM, "이야기(Rasskaz o tom)", repr., SV, 86.

럽을 지배하기 위해 엎치락뒤치락 부딪히던 두 강력한 적대국, 프랑스와 독일[11])의 대립에 상당히 큰 몫을 담당했다. 두 나라의 이 격렬한 대립은 결국 두 차례의 세계대전을 점화시킨 불꽃이 되었다. 1871년 프랑스가 프로이센에 패한 '대참사la catastrophe'가 벌어진 지도 거의 20년이 지났지만 패배의 고통은 여전히 프랑스인들에게 쓰라림을 안겨 주었다. 일상생활에도 그 분노가 스며들어, 아침에 크루아상을 커피에 살짝 담가 한 입 무는 순간에조차 치욕이 되살아났다. 사실 전쟁을 먼저 선포한 쪽은 프랑스였다. 인접한 프로이센을 그대로 놔두었다간 가장 넓은 영토를 빼앗기고 프로이센이 세계에서 가장 강력한 국가가 될 수도 있다는 염려에서 시작된 일이었다. 그러나 전쟁은 한마디로 불발탄이 되고 말았다. 프랑스는 너무나 단시간에 치욕스러운 패배를 당하고 알자스로렌 지역을 빼앗긴 반면, 승리를 거머쥔 독일은 프로이센의 왕 빌헬름 1세와 오토 폰 비스마르크 수상이 이끄는 제국으로 통일됐다. 이 전쟁에서 패한 후 수십 년간 독일을 대하는 프랑스의 태도는 강렬한 복수심으로 가득 채워졌다.

독일의 입장에서는 군사적인 성공은 거두었지만 프랑스가 여전히 강력한 힘을 잃지 않았다는 사실에 불안감을 느꼈다. 예술계에서나 생활 방식에서 전 세계의 흐름을 좌우하는 프랑스의 입지가 전혀 흔들리지 않았다는 사실도 상당히 거슬리는 일이었다. 독일인들은 잘사는 사람이나 성공한 사람에 대해 질투심을 깔고 이야기할 때 "비 고트 인 프

---

11) 베인빌(Bainville), 『두 인물의 역사(Histoire de deux peuples)』; 비노쉬(Binoche), 『프랑스—독일 관계의 역사(Histoire des relations franco-allemandes)』; 하워드(Howard), 『프랑스—프로이센 전쟁(The Franco-Prussian War)』; 푸아드뱅(Poidevin), 바리에티(Bariety), 『프랑스와 독일의 관계(Les relations franco-allemandes)』; 터크먼(Tuchman), 『8월의 총성(The Guns of August)』; 와우로(Wawro), 『프랑스—프로이센 전쟁(The Franco-Prussian War)』 등 참고.

랑크라이히wie Gott in Frankreich" 즉 "프랑스에서 신처럼 산다"[12]라고 표현했다. 민족주의의 강렬한 야망이 짙게 깔린 이 같은 분위기에서, 독일은 과학과 의학에서 자신들의 우위를 분명히 입증하여 유럽의 진짜 리더는 바로 독일이라는 사실을 만천하에 보여 줘야만 했다.

메치니코프는 오랜 세월 아웃사이더로 살았음에도 불구하고 '파스퇴르 쪽 사람'이 된 순간부터 이 민족주의 갈등에 끌려 들어갈 수밖에 없었다. [13] 심지어 실제 전쟁의 북소리가 메아리가 되어 어렴풋이 들려오는 면역 전쟁의 중심을 향해 직접 나아가야 할 운명이었다. 그러므로 메치니코프의 이론에 가장 목청 높여 반대하는 목소리가 프로이센의 애국자들 사이에서 나온 건[14] 결코 우연이 아니었다. 함부르크의 한 미생물학자는 식세포가 면역에서 담당하는 역할에 관한 글을 쓰면서 "우리 독일에서는 별로 동의하지 않는다"[15]라는 표현으로 그러한 편견을 노골적으로 드러냈다. 메치니코프는 이 말에서 얻은 충격이 몇 년 뒤에도 가시지 않았던지, 면역에 관한 저서에서 이렇게 항변했다.

"과학적인 사안을 민족주의적인 시각으로 보는 것은 큰 실수다."[16]

올가의 글에서도 비탄이 그대로 느껴진다.

"폭풍이 몰아칠 때 시커먼 구름이 쏜살같이 흘러가며 서로 부딪히듯, 또 파도가 일고 다급히 또 하나가 일듯 그의 이론을 향한 공격과 반대 의견도 연이어 쏟아져 나왔다. 기나긴 고난이 시작됐다."[17]

---

12) 터크먼(Tuchman), 『8월의 총성(The Guns of August)』, 31.

13) 아서 실버스타인은 『면역의 역사(A History of Immunology)』(32)에서 다음과 같이 설명했다. "19세기 후반의 국제 사회의 정치적 상황이 달랐더라도 이 논쟁이 이만큼 독설로 가득하고 장기간 질질 끌었을지 궁금할 따름이다."

14) 아서 실버스타인, 『면역의 역사(A History of Immunology)』, 30.

15) 루돌프 아벨(Rudolf Abel), 『세균학 중앙저널(Centralblatt für Bakteriologie)』, 20 (1896년 11월 15일): 766.

16) EM, 『면역(Nevospriimchivost)』, 652.

17) ZIIM, 120.

16. 손전등으로 비춰 본 엔진

흰쥐가 메치니코프의 머릿속을 차지한 데에는 다 이유가 있었다. 1888년 9월, 그가 오데사에서 떠날 준비를 하던 즈음 독일의 학술지『임상의학 소식지Centralblatt für klinische Medicin』에 실린 이 동물들을 이용한 연구 결과가 그를 충격에 빠뜨린 것이다. 탄저균에 대한 면역은 식세포와 아무런 관련이 없다는 주장으로 시작된 이 논문은 메치니코프에게 대놓고 싸우자고 덤비는 결투 신청이나 다름없었다.

"현재 (면역과 관련하여) 가장 많이 논의되는 것은 메치니코프의 식세포 이론이다. 본 연구진은 순수하게 화학적인 관점에서 집중 조명한 실험을 통해 면역을 설명해 보고자 한다."[18]

이 논문을 쓴 사람은 독일의 유능한 의사 에밀 베링Emil Behring이었다. 나중에 베를린의 코흐 연구소에 들어가 그 유명한 선배까지 능가하는 엄청난 일을 해낸 이 대단한 인물은 메치니코프를 설득해 친구 사이가 되는 역시나 엄청난 일을 해냈다.

베링은 실험동물들 중에서도 튼튼하기로 유명한 흰쥐의 혈액을 뽑아냈다. 그리고 혈액에서 세포를 제거한 뒤 투명한 혈청에 죽은 탄저균 포자가 고정되어 있는 명주실을 집어넣었다. 소를 포함하여 탄저병에 잘 걸리는 다른 동물들의 혈청에 이와 같은 실을 넣으면 포자가 잔뜩 자라나 마치 땋아 놓은 밧줄처럼 실을 따라 주렁주렁 매달린다. 그러나 베링이 탄저균에 자연적으로 면역력이 있다고 밝힌 흰쥐의 혈청에 집어넣은 실에서는 포자가 전혀 자라지 않았다. 이에 베링은 유청

---

18) 베링(Behring), "면역의 이유(On the Cause of the Immunity)", 443.

과 외관이 비슷한, 쥐의 무세포 혈청이 지닌 화학적인 특성에서 면역력이 나온다는 결론을 내렸다. 면역이 세포 기능에서 나온다는 주장에 제대로 한 방 먹인 것이다.

베링의 연구 결과는 메치니코프와 경쟁을 벌인 독일 학자들의 면역 이론 가운데 가장 두드러지는 이론이자 새로운 기조였다. 드디어 혈액이 본격적으로 등장한 것이다. 이들은 아직 밝혀지지 않았지만 자연적으로 인체를 보호하는 물질이 혈액과 그 외의 체액에 존재한다고 주장했다. 이 새로운 이론은 먼 옛날 인체의 생명을 유지하는 액체를 가리켰던 '휴머humor'라는 표현을 그대로 사용하여 '휴머럴humoral 면역'으로 불렸다.

어느새 면역을 연구하는 진영이 지리적으로 두 군데에 자리를 잡았다. 그리고 당분간은 이 둘 사이에 평화가 찾아올 가능성이 전혀 없어 보였다. 파리에 본거지를 둔 메치니코프는 이리저리 돌아다니는 먹성 좋은 세포가 인체를 보호한다고 보았다. 반면 체액 면역에 진지하게 무게를 둔 사람들, 즉 주로 독일 학자들로서 베를린에서 로베르트 코흐를 따르는 사람들은 인체가 세균을 없앨 수 있는 액체로 채워져 있다고 보았다.

메치니코프가 6년째 애지중지 키워 온 이론은 치명적인 위기에 처했다. 첫 공격은 병리학자들로부터 시작되었다. 그들은 메치니코프의 이론을 거부하거나 심지어 조롱하기도 했지만 어떤 대안을 내놓지는 못했다. 그런데 이제 세균학계에서 가공할 만한 위력을 지닌 새로운 적이 등장한 것이다.

"이들은 식세포 이론을 망가뜨리는 것에만 만족하지 않고, 그 잔해를 밟고 올라서서 면역 현상을 좀 더 명확하게 설명할 수 있는 새 이론을 찾아 나섰다."[19)

메치니코프는『감염성 질환과 면역』에서 이렇게 밝히면서도 특유의 관대함을 드러냈다.

"이 공격은 병리학자들이 가해 온 공격보다 훨씬 대단했다는 사실을 꼭 이야기하고 싶다. 지극히 중요한 발견이었다."

그러나 이 솔직한 평가는 세월이 한참 지난 뒤에야 나온 것이다. 사실 당시에는 메치니코프도 크게 당황하여 어찌할 바를 몰랐다. 자존심이 없는 사람도 아닌지라, 자신이 옳기를 바란 것은 물론이고 몇 년간 이어 온 연구가 그대로 하수구에 처박히는 일도 원치 않았다. 무엇보다 식세포 이론은 그에게 인류 전체의 삶에 큰 공헌을 하고 싶다는 어릴 적 꿈을 실현할 기회였다. 이 목표를 위해 메치니코프는 자신이 가진 모든 것을 걸었다. 그러니 싸워 보지도 않고 포기할 생각은 추호도 없었다.

새로운 공격은 이번에도 여지없이 메치니코프에게 에너지를 불어넣었다. 새로 터를 잡은 파리의 연구소에서 맨 처음 시작한 일들 중 하나가 바로 베링의 대담한 도전을 받아들인 것이었다. 어차피 루브르 박물관이든 몽마르트 인근에 줄지어 자리한 카바레든 다 그에게는 관심 밖에 있는 일이었다. 메치니코프는 파리에 도착하고 첫 한 달을 흰쥐와 익숙해지는 데 쏟았다. 정말 혈청이 쥐가 탄저균에 대해 보이는 면역력의 원천일까? 루브르에서도 충분히 즐거운 시간을 즐길 수 있었을 올가가 옆에서 열심히 도와준 덕분에 메치니코프는 마침내 흰쥐에 맹독성 탄저균을 주사할 수 있었다.

---

19) EM, 『면역(Nevospriimchivost)』, 638.

건물의 절반 정도는 아직 비어 있던 파스퇴르 연구소 곳곳에 메치니코프의 초조한 심정이 전해졌다. 그 어느 때보다 연구에 든든한 지원을 받을 수 있게 된 그는 실험실에서 '국제 흰쥐 선발대회'라도 열 작정인 것 같았다. 키예프, 취리히, 심지어 베를린에서도 그가 실험에 사용할 흰쥐가 공수됐다. 그리고 베링의 주장과 달리 모든 쥐가 탄저균에 똑같이 면역력을 보이지는 않는다는 사실을 확인했다. 균이 주사된 쥐들은 대부분 쓰러졌고, 베를린에서 온 쥐 몇 마리만 우리 안을 총총대며 돌아다녔다. 게다가 메치니코프의 연구에서는 동물이 나타내는 면역력과 시험관에 담긴 혈액의 탄저균 포자의 작용 사이에서 직접적인 연계성이 나타나지 않았다. 그는『파스퇴르 연구소 연보』를 통해 적에게 강력히 충고했다.

"내가 실시한 실험 결과로 볼 때, 체액을 통해 얻은 결과를 생물 전체에서 일어나는 일로 확정하는 건 상당히 위험한 일이다."[20]

그러나 체액을 통한 면역의 가능성을 아예 무시한 것은 메치니코프가 젊은 시절 굳게 따랐던 니힐리스트의 철학을 크게 저버린 일이었다. 어떠한 권위에도 따르지 않던 과학자가 강요에 의해서도 아니고 자진해서 권위적인 사람이 된 것이다. 혈청이 때로는 탄저균의 생장을 분명히 저해한다는 점은 과학적으로 충분히 의심해 볼 만한 일이었다. 그럼에도 메치니코프는 이 문제를 별로 깊이 고민하지 않았다. 당장 눈앞에 닥친 싸움을 해결하느라 바쁠 뿐이었다.

1889년 여름이 되자 파리는 프랑스 곳곳에서 모인 사람들과 외국인들로 가득 채워졌다. 프랑스 혁명 100주년을 기념하며 개최된 만국 박

---

20) EM, "흰쥐의 탄저병(Le Charbon des Rats Blancs)", 『연보』 4, no. 4 (1890): 200.

람회[21]에는 무려 3000만 명이 넘는 인파가 몰렸다. 프랑스 공화국이 얼마나 발전했는지 보여 준 이 행사의 상징이 된 에펠탑에서는 거대한 유압식 엘리베이터가 관광객들을 파리 상공으로 높이 실어 올렸다. 호기심이라면 누구에게도 뒤지지 않는 메치니코프도 적어도 한 번쯤은 현미경에서 눈을 떼고 일어나 트램을 타고 마르스 광장으로 향했을 것이다. 그곳에서 북적대는 사람들 틈에 끼어 드넓은 기계 전시관에서 토머스 에디슨의 경이로운 발명품인 축음기를 구경하기도 하고, 전화기 전시관에서 이어폰을 귀에 꽂고 라이브로 전해지는 오페라에 귀를 기울일 수 있었으리라. 집에 돌아오는 길에는 올가와 함께 전시장 바로 근처에 있는 카페 볼피니에 들러 고갱과 만났을지도 모른다. 박람회의 전시 행사는 '프랑스 미술의 공식적인 역행'이라 주장하며, 고갱이 이에 대항하여 다른 예술가들과 함께 카페에 과감히 내걸었던 아방가르드 작품[22]을 볼 수도 있었을 것이다.

그러나 거의 대부분의 시간은 메치니코프의 몸도 마음도 모두 실험실에 머물러 있었다. 독일에서 날아온 화살은 그를 초조함과 흥분이 가시지 않는 상태로 만들었다. 뮌헨 출신의 한 미생물학자는 식세포가 "균을 퍼뜨린다"면서 "자연의 실수[23]"라고 말했다. 세균학 분야의 영향력 있는 교과서인 『기초 세균학Grundriss der Bakterienkunde』도 새로운 개정판에서 다시 한 번 생기론을 거론했다.

21) "파리의 위대한 쇼(The Great French Show)", 『뉴욕타임스(New York Times)』, 1889년 5월 19일; 안네그레이트 파우저(Annegret Fauser), 『1889년 파리 만국박람회에서 만난 음악(Musical Encounters at the 1889 Paris World's Fair)』 (Rochester, NY: University of Rochester Press, 2005); 게이야르(Gaillard), 『파리: 박람회(Paris: Les Expositions)』, 46–69.

22) 톰슨(Thomson), 『후기 인상파(The Post-Impressionists)』, 37–48.

23) 에머리히(Emmerich)가 "회의에서 논의된 식세포 이론(La Théorie des Phagocytes au Congrès)"(537)에 밝힌 견해를 메치니코프가 인용한 것이다.

"식세포 이론에서는 백혈구가 실제로 감정을 느끼고 생각이 있고 행동을 하는 데다, 일종의 초자연적인 기능을 하는 등 경이로운 특징이 있다고 여긴다."[24]

비판적인 의견이 제기되면 늘 확대하여 해석하곤 했던 메치니코프는 이번에도 자신의 연구가 충분히 진지하게 받아들여지지 못하고 있으며, 이제 과학자로서의 삶은 끝났다는 성급한 결론을 내렸다. 메치니코프는 과학계에서 존경받고 싶은 마음도 컸지만 그에 못지않게 면역에 관한 과학적 지식이 전 세계 사람들에게 도움이 되기를 희망했다. 그래도 다행히 그는 항복과는 거리가 먼 사람이었다. 절망에 더 깊이 곤두박질칠수록 새로운 에너지를 얻어 전보다 더 높이 도약했다. 메치니코프는 독일에서 발표되는 중요한 면역 연구들을 일일이 살펴보며, 자신의 연구를 점검하고 반박 연구에 대응하며 비판자에게 반격하는 일을 계속해 나갔다. 이런 일은 파리에서 보낸 첫해인 1889년에만 열두 차례가 넘을 정도였다.

한번은 그동안 해 온 연구들 중에서도 실험 기법이 가장 뛰어난 사례로 꼽히는 성과마저 서둘러 방어해야 하는 일이 발생했다. 오데사에서 탄저균에 태생적으로 면역력이 있는 개구리로 실시한 실험이었다. 이 실험에서 메치니코프는 갈대 속껍질로 만든 작은 주머니에 탄저균 포자를 넣고 개구리의 몸속에 집어넣었다. 개구리의 체액은 내부로 들어올 수 있지만 식세포는 들어올 수 없도록 고안된 주머니였다. 그러자 주머니 안에 있던 포자는 풍성한 가닥을 이루며 늘어났다. 체액이 탄저균의 생장을 막지 못했다는 의미였다. 그러나 메치니코프가 탄저

24) 카를 브랭클(Carl Fränkel), 『미생물학 기초(Grundriss der Bakterienkunde)』 3rd ed. (베를린: Hirschwald, 1890), 203. ASS, vol. 5, 211에서 인용됨.

균에 감염된 생체 조직을 식세포가 자유롭게 접근할 수 있는 개구리의 피부와 닿도록 두자 탄저균이 식세포에게 먹힌 것을 확인할 수 있었다. 메치니코프는 자신의 승리를 선언하고, 탄저균에 대한 면역에 "식세포가 적극적으로 중요한 역할을 하며 이 세포의 기능을 더 이상 부인할 수 없다"[25]라고 밝혔다.

그러나 독일의 개구리들은 이와는 전혀 다른 이야기를 내놓아 메치니코프를 절망하게 만들었다. 쾨니히스베르크(칼리닌그라드의 옛 독일어 명칭 - 옮긴이)에서 메치니코프의 열렬한 반대자인 바움가르텐의 제자들이 탄저균 포자의 생장은 갈대 주머니 안에 있느냐 밖에 있느냐보다는 주변 기온에 훨씬 더 많은 영향을 받는다고 밝힌 것이다. 바움가르텐은 학술지 『병리해부학 의견Beiträge zur pathologischen Anatomie』에서 메치니코프의 개구리 연구를 '중대한 실험'이라고 조롱하듯 언급하며 개구리에게서 관찰되는 탄저균의 면역력은 체온이 낮은 특성에서 기인한 것이며 개구리의 경우 체내 환경이 "생화학적으로 탄저균이 자라기에 적합하지 않다"[26]라고 주장했다.

이렇게 논문 한 장 한 장에 적힌 글로 신랄한 평가가 오가는 전쟁터 같은 분위기 속에서, 면역학이라는 새로운 과학이 세상에 뿌리를 내리고 있었다. 서로 간의 경쟁은 연구에 박차를 가하게 만든 것은 물론 평가 기준을 최대치로 끌어올린 자극제였다. 양쪽 모두가 상대방이 자신의 연구를 샅샅이 뜯어보고 분석할 것이란 사실을 잘 알고 있었다. 메치니코프는 타고난 관찰력을 십분 발휘하여 상대가 반박할 수 없을 만

---

25) EM, "미생물 침입 시 유기체의 세포가 벌이는 고투(Sur la lutte des cellules de l'organisme contre l'invasion des microbes)", 『연보』 1, no. 7 (1887): 327.

26) 바움가르텐(Baumgarten), "'위기에 처한 실험'에 대하여(Über das 'Experimentum crusis')", 9.

큰 정확한 실험 결과를 내놓았다. 그러나 얼마 지나지 않아 일종의 패턴이 생겨났다. 메치니코프와 라이벌들이 전부 똑같은 실험을 하고도 정반대되는 결과를 내놓기 시작한 것이다. 당연히 양쪽 모두 자신이 믿는 면역 이론을 뒷받침하는 증거를 찾아냈다고 주장했다.

두 진영에서 격렬히 오간 논쟁의 중심에는 과연 식세포가 실제로 균을 죽이느냐, 그러지 않느냐 하는 문제가 놓여 있었다. 로베르트 코흐의 친구이자 저명한 미생물학자인 카를 플뤼게Carl Flügge는 『위생지 Zeitschrift für Hygiene』에 쓴 글에서 세포를 '청소부' 또는 '장의사'에 비유하면서 죽은 균을 치우는 역할을 한다고 설명했다.

"세균이 계속 전진하며 승리를 이어 가는 존재라면 식세포는 세균에게 아직 잡히지 않은 희생양이다. 또한 전투가 끝나고 전장 곳곳에 흩어진 무덤으로 발견된다."[27]

그러니 식세포가 세균을 죽일 수 있다는 사실을 증명하려면 우선 살아 있는 균을 삼킬 수 있다는 것부터 입증해야 했다. 메치니코프는 아주 가느다란 유리관을 이용해 탄저균에 감염된 비둘기에게서 균을 잔뜩 집어삼킨 식세포를 뽑아냈다. 그리고 식세포를 사멸시키는 용액을 준비하여 뽑아낸 세포들을 넣고 자신의 황동 라이츠 현미경으로 들여다보았다. 한 시간이 넘도록 몇 분마다 끈질기게 렌즈를 들여다보던 중, 메치니코프는 마침내 흐뭇한 광경을 목격했다. 식세포의 내부에 있던 탄저균이 자라나, 이미 생명력을 잃고 푸르스름한 스파게티 면처럼 퍼진 식세포와 뚜렷이 구분할 수 있었다.

"지극히 단순하고 명쾌한 이 방법을 통해, 나는 비둘기 다섯 마리에

---

27) 『위생학회지(Zeitschrift für Hygiene)』 4 (1888): 227. EM, 『면역(Nevospriimchivost)』(639)에서 인용됨.

게서 식세포가 살아 있는 균을 포획한다는 사실을 밝혔다. "[28]

메치니코프는 의기양양한 투로 『파스퇴르 연구소 연보』를 통해 이렇게 전했다. 또한 탄저균이 그저 살아 있기만 한 것이 아니라 맹독성도 남아 있다는 사실을 보여 주기 위해 같은 방법으로 분리해 낸 균을 다시 흰쥐 한 마리와 기니피그 다섯 마리, 토끼 여섯 마리에게 주사했다. 그러자 한 마리를 제외한 모든 동물이 숨을 거두었다. 비둘기 몸속에서 식세포가 무시무시한 탄저균을 꿀꺽 삼켰다는 사실을 이보다 더 확실하게 증명할 수 있을까? 메치니코프는 균의 맹독성에 관한 내용까지 주저 없이 논문에 포함시키고, "독일의 연구진들이 미흡한 관찰 결과를 내놓고 있으며, 이는 연구 방법의 결함에서 비롯된 것으로 보인다"[29]라며 비난했다.

메치니코프는 체액이 균을 사멸할 수도 있다는 견해에는 전혀 신경 쓰지 않았고 그 입장을 바꿀 마음이 전혀 없었다. 사다리로 치면, 한 칸만 더 올라가면 한층 더 과학적으로 위대한 존재가 될 수도 있었던 순간에 그 기회를 놓친 것이다. 과도한 집착을 버리지 못한 그에게는 막중한 대가가 따라왔다. 그러나 이런 집착이야말로 메치니코프를 움직이게 하는 핵심 연료였다. 과도한 면이 없었다면 새로운 분야의 창시자가 될 수 있었을까? 메치니코프뿐만 아니라 라이벌들도 각자의 야망에 눈이 멀었던 것은 아닐까?

우리는 메치니코프와 그의 상대 진영이 면역계를 구성하는 두 부분, 각기 다르지만 똑같이 중요한 구성 요소를 발견했다는 사실을 잘 알고 있다. 이 면역계는 우리의 생명을 지키기 위해 위험천만한 일을 해내

---

28) EM, "비둘기의 탄저병(Le charbon des pigeons)", 『연보』 4, no. 2 (1890): 80.

29) 위와 동일, 75.

야 하고, 식세포와 체액 모두 끊임없이 지속되는 이 방어 기전에 참여한다. 메치니코프든 그를 비방했던 학자들이든 잠시 한발 물러나서 밝혀진 근거를 공정한 시선으로 살펴보았다면 이 사실을 깨달았을지도 모른다. 하지만 어느 쪽도 물러나지 않았다.

당시는 면역학이 막 세상에 등장한 시기라 아직 스스로를 면역학자라고 밝힌 사람은 없었다. 하지만 이 초기 면역학자들은 흡사 캄캄한 어둠 속에서 거대한 엔진을 들여다보며 작동 원리를 찾아내려는 자동차 정비공과 같았다. 양쪽 다 작은 손전등 하나를 들고 엔진의 한 부분을 비춰 보고는 면역의 비밀을 풀었다고 고래고래 소리치는 격이었다. 메치니코프나 반대편 어느 쪽도 이 작은 부분이 전부 합쳐진 모습이 있으리라곤 아예 생각조차 하지 않았다.

면역이 워낙 복잡한 메커니즘이다 보니, 양쪽 모두 가끔은 모순적인 결과와 마주하는 일이 생길 수밖에 없었다. 한 예로, 독일의 미생물학자들은 프랑스어로 '루제rouget'라 불리던 '단독'이라는 돼지 질병의 원인균을 이 병에 걸리지 않는다고 알려진 토끼에게 주사하자 토끼의 몸속에서 이 균이 단 15분 만에 사라졌다고 밝혔다. 그리고 식세포가 균을 포획하기에는 너무 짧은 시간임을 감안할 때 균이 체액에 의해 제거되었다는 사실이 입증되었다고 선언했다. 그러나 메치니코프가 파리의 실험실에서 맹독성이 각기 다른 균을 이용하여 동일한 실험을 실시한 결과, 주사 후 몇 시간이 지나도록 균이 토끼의 몸속에 살아 있는 상태로 남아 있었다. 하지만 이는 또 식세포가 제 역할을 하기에 충분한 시간이었다.

안타깝게도 일은 이미 시작부터 메치니코프에게 불리하게 돌아가고 있었다. 사람들이 받아들이기에, 그가 내놓은 면역 이론은 아주 기이한 구석이 있었다. 균을 먹어 치우는 세포가 감염이 일어난 곳으로 달려가서 우리 몸을 지켜 준다? 사람들이 쉽사리 믿으려 하지 않은 것은 당연한 일이었다. 반면 체액 면역은 살균의 개념과 함께 제시되어 훨씬 쉽게 이해할 수 있었다. 다쳐서 피가 날 때 바르는 아이오딘 용액이 상처를 깨끗하게 소독해 주듯 체액이 몸속에서 비슷한 역할을 한다고 받아들여진 것이다.

게다가 메치니코프가 소개한 세포는 의학계에 낯선 존재였다. 질병에 관한 세포 이론이 세상에 나온 지 겨우 30년 정도가 흘렀을 뿐이다. 그러니 메치니코프의 입지는 이래저래 불리할 수밖에 없었다. 의학계에 갓 발을 들인 사람이 전혀 새로운 의학적 개념을 주장하고 옹호하는 상황도 마찬가지였다. 메치니코프는 자신의 생각이 틀릴 수 있다고는 거의 생각하지 않았지만, 혹시라도 그렇다면 인체에 치유력이 내재되어 있다는 생각 전체가 허물어질 판이었다. 이 시기에 그가 그 어느 때보다 편히 잠들지 못하고 신경이 내내 곤두서 있었던 것도 충분히 이해할 만하다.

17. 소중한 친구

파스퇴르의 광견병 연구를 도운 핵심 조력자 에밀 루Émile Roux는 애초에 식세포 이론을 반대했다. 그러나 마른 체형에 짧게 깎은 머리, 턱에는 염소수염을 기르고 강렬한 짙은 색 눈동자를 가진 의사인[30] 그는 식세

---

30) 크레삭(Cressac), 『루 박사(Le Docteur Roux)』; 라그랑주(Lagrange), 『무슈 루(Monsieur Roux)』; 페로(Perrot)와 슈와르츠(Schwartz), 『파스퇴르와 부하들(Pasteur et ses lieutenants)』(84~95) 등을 참고 자료로 활용했다.

포의 대변자를 직접 만나 그 카리스마 넘치는 모습과 마주한 후, 몸속을 돌아다니는 별난 세포의 특징에 관한 글을 읽었을 때와는 사뭇 다른 인상을 받았다. 메치니코프는 생기가 넘치고 손을 쉼 없이 흔들어 가며 입담을 과시했고, 얼마간 남아 있던 러시아 억양으로 인해 프랑스인이 듣기에 "R이 빗발치는 느낌"[31]으로 말을 했다. 하지만 이와 동시에 그는 푸근한 성품과 어마어마한 박식함으로 무장하여 넘치는 매력을 내뿜었다. 게다가 식세포에 대해, 인류가 병에 저항할 수 있도록 함으로써 고통을 없애기 위해 만들어진 세포라고 마치 예언자와 같이 확신하며 그 기능을 극찬했다. 어느 누가 이런 통찰력에 반대할 수 있을까? 결국 루는 식세포에 대한 생각을 바꾸기로 마음을 정했다. 그리고 루의 동의는 메치니코프에게 무엇보다 귀중한 힘이 되었다.

파스퇴르 연구소에서 다른 부서를 이끌고 있는 동료이자 나중에 연구소장이 될 루는 메치니코프보다 여덟 살 어렸지만, 메치니코프에게 새로운 고향이 된 파리에서 가장 가까운 친구가 되었다. 사실 루는 여러 가지 면에서 메치니코프와는 정반대인 사람이었다. 말수도 적고 까다로운 사람이라 주변에서 그가 웃는 모습을 본 사람이 아무도 없을 정도였다. 반면 메치니코프는 할 말을 거침없이 하고 유머 감각도 넘쳤다. 또 루는 의학적으로 활용할 수 있는 실질적인 연구를 택한 반면 메치니코프는 허황된 아이디어에 열중하곤 했다. 파스퇴르의 조수로 연구를 시작한 루는 언제 끝이 날지 모르는 견습생 생활의 쓴맛을 톡

---

31) 아주 절묘하게 묘사한 이 표현은 루이 페르디낭 셀린(Louis-Ferdinand Céline)의 저서 『밤의 끝으로의 여행(Journey to the End of the Night)』[랄프 맨하임(Ralph Manheim) 번역, 뉴욕: New Directions Books, 2006, 243]에 나온 것으로 메치니코프뿐만 아니라 러시아 억양이 남아 있는 모든 사람에게 적용된다. 메치니코프가 세상을 떠난 후 잠시 파스퇴르 연구소에 몸담았던 저자는 자신의 소설에 러시아 출신의 사악한 과학자 세르쥬 파라핀(Serge Parapine)이라는 인물을 등장시켰다. 이 인물은 분명 희미하게나마 메치니코프의 이야기에서 영감을 받은 것으로 보이지만, 두 과학자는 억양만 비슷할 뿐 진지하게 비교하는 것 자체가 터무니없을 정도로 다르다.

톡히 보았지만, 메치니코프는 파스퇴르라는 위대한 존재 옆에서도 기가 죽지 않았고 그저 살아 있는 전설의 곁에서 자신의 이론을 발전시키는 것에 만족했다.

손도 야무지고 통찰력도 빈틈없이 예리한 루는 메치니코프가 벌이는 창의적인 실험을 언제든 발 벗고 도와주었고, 몇 가지 연구를 공동으로 진행하기도 했다. (루의 입장에서는 득보다 실이 많은 일이었으리라.) 메치니코프는 프랑스어로 쓴 글을 다듬어 달라고 루에게 부탁하고 보답으로 독일 학술지에 실릴 루의 논문을 직접 번역했다. 두 사람이 친구가 되고 4년여가 흐른 어느 날, 메치니코프는 가족들을 만나러 러시아에 간 올가에게 쓴 편지에서 이렇게 밝혔다.

"루는 내가 즐거운 마음으로 아주 긴 대화를 나눌 수 있는, 사실상 유일한 사람이오."[32]

메치니코프와 루가 똑같이 열정을 보인 대상은 과학만이 아니었다. 두 사람이 막 친해지기 시작할 때부터, 당시 갓 서른을 넘기고 파리의 흥미진진한 분위기 속에서 한창 활기차게 지내던 올가는 두 친구를 잇는 중요한 연결 고리가 되었다. 파리에 정착한 초창기 시절 사진에 담긴 올가의 모습은 감탄을 자아낸다. 양쪽으로 곱게 빗어 내린 금빛 머리카락, 곧게 뻗은 등과 곡선미가 두드러지는 몸매, 스커트 뒤로 풍성한 주름이 잡히고 앞부분에 단추가 줄줄이 달린 드레스를 차려입은 당당한 모습은 사뭇 돋보인다. 루의 전기를 쓴 에밀 라그랑주Émile Lagrange의 표현을 빌자면, 루는 "슬라브인의 우아함과 예술적인 재능, 루 자신에게는 없는 문학적 소양을 지닌 이 젊고 아름다운 여성 과학자의 매

---

32) 메치니코프가 올가에게 쓴 편지, 1893년 5월 9일, 편지 1, 164.

력에 곧장 빠져들었다. "[33]

당시 여느 러시아 상류 계급의 여성들처럼 올가도 유럽에서 사용되는 여러 언어에 능했다. (프랑스어는 물론 영어도 메치니코프보다 더 잘했다.) 그리고 사람들 사이에서 화제가 되던 소설들을 꾸준히 읽었다. 남편과 달리 조용한 편이었던 올가는 19세기라는 시대적 분위기를 감안한다 해도 아주 이례적일 정도로 남편의 연구를 적극 보필했다. 자신의 꿈인 예술을 일단 제쳐 두고, 과학 자료에 들어갈 그림을 그리고 실험실에서도 메치니코프를 도왔다.

메치니코프와 올가 부부는 루를 가족으로 받아들였다. 라그랑주는 다음과 같이 표현했다.[34]

"메치니코프 부부는 심적으로나 지식적인 측면 모두에서, 이 둔감한 총각[35]이 평생 유일하게 집이라는 느낌을 받게 해 준 사람들이다."

세 사람은 지극정성으로 서로를 챙기고 돌보았다. 루가 만성 결핵으로 걸핏하면 기관지염이 악화되어 괴로워하는 것을 알고 올가와 메치니코프는 그의 건강을 계속해서 염려했다. 올가는 뭘 먹어야 한다, 충분히 쉬어야 한다고 이야기해 주고, 검은색 재킷이 뜯어졌을 때는 직접 수선도 해 주었다. 메치니코프 역시 루의 목 건강에 도움이 되길 바라는 마음으로 오후만 되면 우유를 가져다주는 등 무한한 애정으로 그를 챙겼다. 루는 메치니코프와 외식을 할 때면 한사코 자신이 돈을 내겠다고 고집을 부리고 그가 밤늦도록 깨어 있으면 건강을 챙기라며 잔

---

33) 라그랑주(Lagrange), 『무슈 루(Monsieur Roux)』, 179.

34) 위와 동일.

35) 루는 영국에서 젊은 시절에 결혼을 한 적이 있었지만 가족들도 이 사실을 몰랐던 것 같다. 매킨타이어(McIntyre), "결혼(The Marriage)" 참고.

소리를 했다. 메치니코프의 생이 얼마 남지 않은 무렵에 쓴 편지에는 '사랑하는 내 아버지 메치니코프' 또는 간략히 '내 사랑하는 아빠'[36]라고 부를 정도였다.

올가가 멀리 다녀와야 할 일이 생기면 메치니코프가 올가의 삶에 가장 큰 부분을 차지하는 두 남자의 안부를 전하곤 했다. 한번은 여름에 루와 시골에서 즐거운 한때를 보내고 온 날, 올가에게 그날 느낀 심정을 알리기도 했다.

"날씨가 얼마나 아름다웠던지, 공기도 향긋하고 초목은 유난히 푸르렀소. 우리 둘 다 당신이 곁에 없다는 사실이 얼마나 안타까웠는지 모르오."[37]

메치니코프가 올가에게 자신은 루더러 편지를 쓰라고 구슬린 적이 없다고 설명하는 편지도 있다.

"'세상에, 여보. 루 좀 내버려 두세요'라는 당신의 말은, 그야말로 풍부한 상상력에서 나온 말이오. 맹세컨대 나는 당신한테 편지를 쓰라고 어떤 식으로도 루에게 이야기한 적이 없소. 두 번 다 그가 먼저 내게 종이를 달라고 하더니 편지를 쓴 거라니까. 게다가 매일 당신 안부를 묻고 있소."[38]

메치니코프는 과하게 세심한 매니저라도 된 것처럼 루가 자신의 앞으로 온 편지를 보고 어떤 반응을 보였는지까지 일일이 전하며 올가의 마음을 달래려고 했다.

"봉투에 적힌 당신의 글씨를 보자마자 루는 전보를 내려놓고 그 편

---

36) 루가 메치니코프에게 보낸 편지(1910년 11월 27일), 루의 편지(Roux, Pis'ma), 148 등에서 확인할 수 있다.

37) 메치니코프가 올가에게 쓴 편지, 1891년 6월 30일, 편지 1, 113.

38) 메치니코프가 올가에게 쓴 편지, 1892년 7월 19일, 편지 1, 147.

지부터 읽기 시작했소. 얼굴에는 감출 수 없는 기쁨이 가득했다오."[39]

올가와 루가 육체적으로도 친밀한 관계였는지는 분명치 않다. 그렇다고 가정한다 해도, 언제부터 그러한 관계가 시작되었는지도 알 수 없다. 루의 전기 작가도 이 부분을 애매하게 언급했다. 분명한 사실, 그리고 다소 놀라운 사실은 메치니코프가 두 사람의 로맨틱한 우정 내지는 친구 같은 로맨스를 전혀 개의치 않았다는 점이다. 오히려 그런 사이가 되도록 독려하는 듯한 인상마저 풍겼다. 한번은 메치니코프가 여름마다 찾아가는 휴가지에 같이 가자고 루를 설득하다가 실패하자, 올가에게 편지로 이렇게 말했다.

"당신이 돌아오면 루를 설득하기가 더 쉬울 것 같소."[40]

올가의 남편인 메치니코프가 루와 아내의 로맨틱한 관계를 갈망한 것까지는 아니라도 그에 만족스러워한 것이 사실이라면, 그 뿌리는 젊은 시절부터 자리 잡힌 생각에서 찾을 수 있다. 1860년대 러시아의 니힐리스트들 사이에서는 여성들을 '구출'하기 위한 수단으로 허위 결혼이 성행했고 여러 사람을 동시에 만나는 일도 흔했다. 니힐리스트들은 교회에서 올리는 결혼식을 극도로 경멸했으며 가짜 결혼을 통해 '해방된' 여성 니힐리스트들은 자유로운 연애를 즐겼다. 때로는 가짜 남편과 실제 연인 모두와 오랫동안 관계를 유지하기도 했다.

메치니코프의 친구들과 주변 지인들은 세 사람이 결혼 생활을 함께하는 이런 상황을 상당히 오랫동안 지켜보았다. 메치니코프의 청년 시절에 러시아에서 큰 인기를 끌었던 (니콜라이 체르니셰프스키Nikolai Chernyshevsky가 자신이 생각한 유토피아를 그린) 소설 『무엇을 할 것인가?』What Is to Be Done?』에서도 사회 변

---

39) 메치니코프가 올가에게 쓴 편지, 1893년 5월 13일, 편지 1, 167.
40) 메치니코프가 올가에게 쓴 편지, 1891년 6월 30일, 편지 1, 113.

화를 가져올 '새로운 사람들'의 도래를 예고하는데, 그 이야기는 사랑의 삼각관계를 중심으로 그려진다. 여주인공과 반쯤 형식적인 혼인관계를 맺은 남편은 아내가 자신의 가장 친한 친구와 연락을 주고받아도 그냥 내버려 두면서 자신의 질투심을 담대하게 이겨 낸다. 그런 감정은 다른 인간을 소유하려는 것이므로 납득할 수 없다는 것이 그의 판단이다.

"아내가 열정적인 사랑을 바랄 뿐만 아니라 실제로 열정적인 사랑에 빠졌다고 느껴질 때, 그 감정이 전적으로 그럴 만한 가치가 있고 나를 대신할 수 있다고 생각되는 사람에게로 향한다면, 더불어 상대방 역시 아내를 열정적으로 사랑한다면 나는 더없이 기쁠 따름이다."[41]

여주인공의 고매한 남편 드미트리 세르게이치 로푸호프는 이렇게 선언한다.

메치니코프가 질투심을 '이겨 내기 위해' 일부러 애를 쓰지는 않았지만, 올가가 다른 남자와 그토록 친밀하게 지내도 신경 쓰지 않은 것을 보면 젊은 시절 목격했던 개방적인 결혼 생활의 영향이 남아 있었던 것이 분명하다. 게다가 그의 개방적인 성향은 결코 자기만족에서 나온 것이 아니었다. 올가에게 쓴 편지들 중에는 루와의 관계가 죄책감을 덜어 준다는 속내를 넌지시 비친 글을 찾을 수 있다.

"당신이 루에 대해 이야기할 때면 나는 정말 기쁘다오. 내가 당신에게 진 큰 빚이 어느 정도 벌충되는 느낌이 들기 때문이오."[42]

그러나 때로는 모든 삼각관계에서 예상할 수 있는 위태로운 순간이 찾아오기도 했다.

41) 체르니셰프스키(Nikolai Chernyshevsky), 「무엇을 할 것인가?(What Is to Be Done?)」, 320.
42) 메치니코프가 올가에게 쓴 편지, 1892년 7월 9일, 편지 1, 138.

"일리야 일리치는 가끔씩 내 행복이 다른 곳에 있다고 믿었다. 그리고 그 행복을 찾아 누릴 자격이 있다는 사실을 내게 증명하려고 애썼다."[43]

올가가 메치니코프의 전기에 쓴 이 글은 분명 루와의 관계를 언급한 것으로 보인다. 그러나 올가는 부부의 결혼 생활이 탄탄했다는 사실을 연이어 강조했다.

"우리에게도 시련은 있었다. 하지만 그 시련은 늘 우리 부부의 우정과 애정을 더 깊게 만들었다."

올가가 이야기한 튼튼한 관계는 메치니코프가 긴 세월 동안 올가와 루 두 사람 모두와 끈끈한 관계를 유지한 것으로 증명해 보였다. 노벨상의 영예를 안은 사람에게는 다른 과학자를 수상 후보로 추천할 수 있는 특권이 단 한 차례 주어지는데, 메치니코프는 이 기회를 루를 지명하는 데 활용했다.[44](뜻대로 되지는 않았다.) 그가 병마에 시달려 죽을 날이 얼마 남지 않았던 시기에는 루가 매일같이 찾아왔고, 그러면 그는 눈물이 가득 고인 눈으로 올가를 바라보며 같은 말을 반복했다.

"루가 친절한 사람이고 진정한 친구라는 건 늘 알고 있었지만, 이제야 그가 얼마나 놀라운 친구인지 알 것 같소."[45]

루와 우정을 쌓기 시작한 지 거의 30년 만에 나온 말이었다. 두 사람의 우정이 이토록 돈독하게 유지될 수 있었던 것은 이 우정이 메치니코프가 인생에서 가장 소중하게 여긴 관계에 전혀 해가 되지 않았기

---

43) ZIIM, 77.

44) 1909년 후보자 데이터베이스(Nobelprize.org). 확인 날짜는 2015년 7월 17일이다(www.nobelprize.org/nomination/archive/).

45) ZIIM, 206 .

때문인지도 모른다. 바로 과학과의 사랑이었다. 메치니코프가 파리에서 처음 몇 해를 보내며 일생일대의 고투를 벌이는 동안, 아내와 그의 제일 친한 친구 루는 가장 끈끈한 전우애로 그의 곁을 지켜 주었다.

18. 판결

40대 중반에 접어든 메치니코프는 중년의 위기와는 정반대로 나아가고 있었다. 그리고 건강과 결혼 생활까지 뒤로 제쳐 두고 그의 삶에서 가장 큰 규모로 벌어진 전투에 서둘러 뛰어들어 모든 것을 바쳤다.

"과학자로서, 그리고 투사로서 그이가 가진 모든 에너지가 한곳을 향했다. 아마도 이때가 그의 생애에서 가장 치열하고 파란만장한 시기였으리라."[46]

올가는 직접 쓴 메치니코프의 전기에서 이렇게 설명하면서 가슴 아팠던 심경을 전했다.

"그이와 절친한 사람들만이 그 고투가 얼마나 많은 생명력을 앗아 갔는지 알 수 있었다."[47]

이 시기에 메치니코프는 파스퇴르 연구소와 길 하나를 사이에 둔 뒤토가 18번지의 아파트에 살고 있었다. 집에 돌아가도 몸을 이리저리 뒤척이며 잠 못 드는 밤들이 이어졌다. 하지만 메치니코프는 평생을 따라다닌 불면증을 더 기발한 실험을 계획하는 기회로 적극 활용했다. 파리 시민들 대다수가 아직 깨어나지도 않은 시간에 메치니코프는 서

---

46) ZIIM, 117.
47) 위와 동일, 120.

둘러 연구소로 향했다. 광견병 백신 접종을 받으러 온 사람들이 건물 바깥에 줄을 서기도 전에 그는 이미 실험실에 앉아 있었다. 저녁에도 늦게까지 남아 있는 날이 많았고 쉬는 시간이라곤 ('황금빛 미생물'이라는 도발적인 이름이 붙은) 연구소 식당에서 30분 정도 보내는 것이 전부였다. 그리고 밤 10시면 침대에 쓰러지듯 몸을 누였다. 일요일도 예외가 아니었다.

"우리가 파리에 도착한 이후부터 실험실 일이 쉴 틈 없이 돌아가는 바람에 한시도 편히 지내지 못하고 있다네."[48]

메치니코프는 모스크바의 한 동료에게 보낸 편지에서 이렇게 썼다.

반짝이는 단추가 돋보이는 유니폼을 입은 우편배달원이 적진에서 건너온 소식을 파스퇴르 연구소에 배달하는 날이면, 그 독일 학술지들에 '유해물질' 라벨이라도 붙여야 할 판이었다. 파스퇴르는 프랑스 애국자다운 태도로 이 우편물들을 대했다.

"독일 서적이나 안내 책자가 파스퇴르 앞으로 도착하면, 그는 양손 중 한 손으로, 그것도 두 손가락만 사용해서 그걸 집어 들어 내게 건네거나 상당히 역겹다는 듯이 옆으로 던져 버렸다."[49]

메치니코프는 파스퇴르를 회고하며 이렇게 설명했다.

파스퇴르와는 반대로, 메치니코프는 독일에서 온 인쇄물이 연구소 문턱 너머로 들어오면 즉시 하나도 빠짐없이 몰입해서 읽었다. 학술지가 담긴 봉투를 사정없이 찢어 버리고는 초조한 눈길로 목차를 쭉 훑어보고 관심 있는 내용이 나오면 온 신경을 집중시켰다.[50] 때로는 연구소 현관 바로 옆, 커다란 창 옆에 선 채로 한 권을 다 읽기도 했다. 자

---

48) 메치니코프가 가브리체브스키(G. N. Gabrichevskii)에게 쓴 편지, 1893년 12월 21일, EM, 편지(Pis'ma), 138.

49) EM, 『개척자들(Osnovateli)』, 217.

50) 베스레드카(Besredka), 『기억(Vospominaniia)』, 40.

신의 연구실로 가지고 올라가서 방금 읽은 논문에 대해 몇 가지를 메모하고 나서 도서관에 가져다 놓는 걸 깜박하는 일도 비일비재하여 연구소 도서관 사서를 질리게 만들었다. 도서관에 없는 자료는 십중팔구 메치니코프의 책상 위나 연구소 소파에 놓여 있다는 사실을 파스퇴르 연구소 사람치고 모르는 이가 없을 정도였다.

메치니코프는 1890년 8월에 베를린에서 개최될 예정이던 제10차 국제의학 학술대회International Medical Congress도 그만큼 오매불망 기다렸다. 하지만 파스퇴르 중대에 속한 사람들은 이 중요한 행사를 무시하기로 결정했다. 메치니코프 역시 불참으로 자신의 위치에 맞는 태도를 취했다. 어쩌면 그는 자신을 반대하는 자들을 적진에서 마주 보지 않아도 된다는 사실에 안도했는지도 모른다. 3년 전, 불행하게 끝났던 코흐와의 만남은 여전히 그의 마음속에 생생한 기억으로 살아 있었다. 그리하여 메치니코프는 베를린으로 향하는 대신 아내와 러시아로 건너가서 키예프 근처에 사는 아내 친척 집에서 여름을 보내기로 했다. 하지만 시골에서 편안히 휴식을 취할 수가 없었다. 나중에 스스로 "세계 각국의 판사들이 내린 평결"[51]이라 칭한 베를린 행사의 평가가 궁금해서 못 견딜 지경이었기 때문이다.[52]

마침 파스퇴르가 학회가 시작되기 직전, 이 행사에 참여하지 않는 대신 연구원 중 한 사람인 발데마르 하프킨Waldemar Haffkine을 베를린에 급

---

51) EM, "학회에서 발표한 식세포 이론(La théorie des phagocytes au Congrès)," 534.

52) 메치니코프의 저서 『면역(Immunity)』의 영어 번역서에는 메치니코프가 자신의 이론을 베를린에서 직접 발표했다고 나와 있으나, 이것은 프랑스어 원서에 비인칭 대명사를 사용하여 쓴 글을 잘못 해석한 것이다. 원문에는 이렇게 나와 있다: "1890년 베를린에서 개최된 국제의학 학술회의는 면역학의 새로운 이론들이 공개석상에서 처음으로 언급된 행사였다(Le Congrès international de Médicine, réuni à Berlin en 1890, a été le premier où l'on ait parlé publiquement des nouvelles theories de l'immunité)."

파하여 흥미로운 내용이 있는지 알아보기로 했다.[53] 이 소식을 접한 메치니코프는 오데사에서 자신의 제자였던 하프킨에게 편지를 보내 베를린의 상황을 자신에게도 알려 달라고 간청했다.[54] 또 무덥고 먼지 많은 오데사로 향하는 길에는 비엔나 일간지 『신 자유 신문Neue Freie Presse』을 구해다가 혹시나 회의 소식이 실렸나 샅샅이 살피기도 했다.[55]

『영국 의학저널』은 의학계 사상 유례 없는 초대형 행사로 치러진 제10차 국제의학 학술대회에 6,000명이 넘는 "의학계 인사들"이 참석했다고 전했다.[56] (주최 측은 선구적인 '여성 의사들'도 총 열여덟 명이 초대되었다고 알리고, 여성들의 참석을 "도의적인 차원에서 마음대로 거부할 수 없었다"[57]라는 설명을 덧붙여 이 행사가 시대를 훌쩍 앞서가는 행보를 디뎠다는 사실을 자랑스레 내비쳤다.) 19세기에 개최된 여느 국제의학 학술회의처럼 이 행사도 주최국의 능력을 과시할 수 있는 절호의 기회로 여겨졌다. 오늘날 올림픽이나 월드컵 개최국으로 선정되는 국가의 반응과 비슷한 수준이었다. 베를린시는 이 행사를 맞이해 곳곳을 풍성하게 장식하고, 대형 강연장이 포함된 거대한 원형 건물과 서커스 렌츠Circus Renz로 이어지는 거리에 깃발과 화환, 월계수 잎이 장식된 기다란 줄을 가득 걸었다.

"강연장에 들어서면 눈부신 광경이 펼쳐졌다. 햇빛은 거의 완벽하게 차단되고 전등이 그 방대한 원형 강당 내부를 환하게 비추었다. 줄지은 좌석마다 빼곡하게 자리한 숙녀와 신사는 대부분 이브닝드레스를 차려입거나 유니폼 차림으로 참석했다. 몇몇은 학자다운 차림이었다.

---

53) 루가 메치니코프에게 보낸 편지, 1890년 7월 8일, 루의 편지(Roux, Pis'ma), 37.

54) 올가가 하프킨에게 쓴 편지, 1890년 7월 8일. 월러 자료모음집, 웁살라 대학교 도서관, 2015년 10월 8일 접속 (www.theeuropeanlibrary.org/tel4/collection/a1059?id=a1059).

55) 메치니코프가 올가에게 쓴 편지, 1890년 7월 30일, 편지 1, 105.

56) "제10차 국제의학 학술회의(Tenth International Medical Congress)", 『영국 의학 저널』 2, no. 1545 (1890): 358.

57) 위와 동일, 2, no. 1546 (1890): 415.

천장까지 빽빽이 장식된 장미꽃 아래, 유럽 각지를 비롯해 전 대륙에서 활동하는 최정예 학자들이 모여 있었다."[58]

하프킨은 화려한 군중들 사이에 수수한 차림으로 앉아 연단에서 흘러나오는 모든 말에 집중했다. 그로부터 몇 년 뒤, 하프킨은 메치니코프의 제자들 가운데 가장 유명한 인물이 되었다. 콜레라와 흑사병을 물리칠 수 있는 백신을 개발하고, 그 두 가지 질병이 맹위를 떨치던 인도로 건너가서 사람들을 치료하여 국가적인 영웅의 자리에 오른 것이다. 지금도 인도 뭄바이에는 일류 연구소로 일컬어지는 하프킨 연구소가 그대로 남아 좀처럼 끝이 보이지 않는 콜레라균과의 전쟁을 이어가고 있다. 그러나 베를린 학술대회가 열리던 시기만 해도 하프킨은 아직 파스퇴르 연구소의 스파이로서 적진에서 저명한 학자들의 강연 내용을 꼼꼼히 기록하며 자신의 역할을 충실히 수행하고 있었다.

단상에 올라선 사람들 뒤로는 황금 왕좌에 앉은 의약과 의술의 신 아이스쿨라피우스의 조각상이 사뭇 장엄한 배경을 만들었다. 8월의 더위조차 행사의 시작을 알리는 대대적인 개회식에 아무런 방해가 되지 못했다. 개회식에 나선 루돌프 피르호는 가슴팍에 별과 십자훈장을 가득 달고 나와, 대다수의 생각과 달리 독일은 "평화의 진실한 지지자"[59]임을 관중들에게 분명히 밝혔다. 초조한 마음으로 휴가를 보내던 메치니코프가 참석했더라면 숨죽이고 기다렸을 순서가 이어졌다.

면역학은 아직 특별한 순서를 따로 할당받을 만큼 충분히 밝혀진 내용이 없던 시기였지만, 첫 두 건의 강연은 인체에 내재된 방어 기능을

---

58) "제10차 국제의학 학술회의(Tenth International Medical Congress)", 『영국 의학 저널』 2, no. 1545 (1890): 356.

59) "제 10차 국제의학 학술회의 개회식 연설(Rede zur Eröffnung des X internationalen medicinischen Congresses)", 『베를린 임상 주간지(Berliner klinische Wochenschrift)』 32 (1890년 8월 11일): 724.

밝혀내기 위한 시도 가운데 의학자들의 마음을 가장 많이 사로잡은 내용들을 발표하는 순서로 구성됐다. 발표는 그날 모인 참석자 전체를 대표할 수 있을 만한 의학계의 거물 두 사람이 맡았다.

한참 동안 쏟아진 박수갈채 속에서 아이스쿨라피우스가 지켜보는 연단에 맨 처음 오른 사람은 영국의 저명한 외과의사 조지프 리스터 Joseph Lister 경이었다. 그는 빅토리아 시대 사람다운 구레나룻을 양쪽에 길게 기르고 큰 키에 귀족적인 용모를 하고 있었다. 그는 나중에 제1대 라임 남작으로도 불리게 된 인물로, 20여 년 전 수술 도구를 살균하고 상처 부위를 무균 상태로 유지해야 한다고 주장하여 외과 수술을 암흑기에서 구해 낸 장본인이었다. 파스퇴르는 세균과 질병의 관계를 분명히 증명해 보인 연구에 몇 년 앞서서 발효 실험을 진행했는데, 리스터는 바로 이 실험에서 영감을 얻어 그와 같은 성과를 거두었다.

리스터는 그때와 똑같은 선견지명을 발휘하여 메치니코프의 식세포 이론도 세상에 처음 소개된 직후부터 열렬히 지지했다. 메치니코프가 파스퇴르 연구소로 합류한 이후에도 그 확고한 생각은 변하지 않았다. 개인적으로 프랑스를 퍽 좋아했고 파스퇴르를 존경하는 인물이자 친구로 여기기도 했다. 이날 학술대회에 참석하기 전부터, 심지어 잉글랜드 남부 화이트클리프를 뒤로 하고 유럽 대륙으로 향하기도 전에, 리스터는 자신이 메치니코프의 이론을 전폭적으로 지지한다는 입장을 공개적으로 밝혀야 할까 고민했다. 그는 나중에 남동생에게도 이에 관한 글을 남겼다.

"독일로 출발하고 며칠 동안 메치니코프의 식세포 이론에 관한 논문을 몇 편 읽지 않고는 제대로 쉴 수가 없었어. 내 연설에서 핵심이 될 이론인데 혹여 잘못 이야기하면 안 된다는 생각이 들었거든."[60]

마지막 순간까지 고민을 거듭한 끝에, 리스터는 베를린으로 향하는 열차 안에서 마침내 연설문을 완성했다.

하지만 행사 당일 강연에서는 그런 주저함을 전혀 느낄 수 없었다. '무균 수술 현황 발표'라는, 내용과 다소 어울리지 않는 제목으로 시작된 강연에서 리스터는 국제회의에서는 사상 처음으로 식세포 이론을 소개했다. 그는 이 이론으로 인체가 감염과 어떻게 싸우는지 설명할 수 있다고 주장하고 몇 가지 수술을 예로 들었다.

"(특정한) 상처 부위에 세균이 자라는 데에는 살아 있는 생체 조직이 강력한 영향력을 발휘한다는 사실이 오래전에 명백히 확인되었습니다. 과연 이 영향력의 본질은 무엇일까요? 수수께끼로 여겨지던 이 문제는, 상처가 생긴 직후 림프로 모여드는 식세포의 작용으로 자연스럽게 설명할 수 있게 되었습니다."[61]

행사 첫째 날 오후에 접어들어 두 번째로 발표를 맡은 사람은 메치니코프의 강력한 적, 로베르트 코흐였다. 목소리는 가늘고 높은 편에 '움um'과 '에르er'가 쉴 새 없이 이어지긴 했지만, 그의 입에서 나오는 모든 말에는 누구와도 비할 수 없는 권위가 묻어 있었다. 코흐의 전기 작가는 그가 의학계의 신화와 같은 존재였다고 표현했다.

"위대한 코흐는 틀릴 리가 없는 존재였다. 위대한 코흐가 하는 말은 모두 진실이었다."[62]

---

60) 조지프 리스터가 남동생에게 쓴 편지, 1890년 8월 23일 [고들(Godlee), 『리스터 경(Lord Lister)』, 511]. 이 편지에서 리스터는 자신의 연설에 대해서도 다음과 같이 언급했다. "관중들은 너그러운 사람들이더구나. 내 연설이 해가 되지 않고 도움이 되기를 바랄 뿐이다."

61) 리스터, "현황 발표(An Address on the Present Position)," 378.

62) 브록(Brock), 『로베르트 코흐(Robert Koch)』, 292.

코흐는 단 몇 마디 말로 새로운 이론을 만들 수도 있고 무너뜨릴 수도 있는 힘이 있었다.

강연의 절반가량을 세균학 연구의 현황을 설명하는 데 할애한 후, 코흐는 메치니코프가 가장 두려워하던 일을 현실로 만들어 버렸다.

"면역의 본질을 밝히기 위해 수많은 과학자가 크나큰 열정을 쏟았습니다. 사실 아직은 정확한 결론을 내릴 수 없지만, 우리 몸에 침입한 기생충을 게걸스러운 식세포가 처리한다고 보는 견해는 점차 그 근거를 잃고 있습니다."[63]

마지막으로 코흐는 냉혹한 판결을 내렸다.

"면역에서는 화학적인 과정이 핵심 역할을 할 가능성이 가장 크다고 생각합니다."

그만큼 높은 권위를 가진 사람이 그토록 인상적인 분위기와 환경 속에서 어떤 강연을 했는지 하프킨의 편지로 접한 메치니코프는 걱정에 휩싸인 것은 물론 깊은 상처를 받았다. 루도 프랑스에서 편지를 보내 위로하려 했지만,[64] 코흐의 발언이 세균학계에서는 복음서와 다름없다는 사실을 그 역시 잘 알고 있었다. 메치니코프는 자신의 이론이 완전히 묻혀 버릴지도 모른다는 두려움에 몸을 떨었다. 코흐가 자신이 증명하려 애써 온 이론을 그렇게 쉽사리 일축해 버렸다는 사실도 견디기 힘들었다. 메치니코프는 말년에 이르러서 코흐와 평화로운 관계를 유지하게 되지만 그때의 상처는 평생 지워지지 않았다.

그런데 제10차 학술대회에서 코흐가 했던 강연은 메치니코프의 이

---

63) 코흐, "세균학 연구에 관한 연설(An Address on Bacteriological Research)," 382.

64) 루는 1890년 9월 4일에 메치니코프에게 쓴 편지에서 이렇게 밝혔다. "코흐가 식세포 이론에 대해 평가한 것을 두고 굉장히 염려하고 심란하신 것 같습니다. 하지만 코흐는 이 문제에 관한 한 전적으로 무지한 사람입니다." [루의 편지(Roux, Pis'ma, 39)]

론을 꺾어 버린 일과는 상관없이 의학의 역사에서도 손꼽히는 큰 실수로 남게 되었다. 그날 코흐는 자신의 연구소가 머잖아 결핵 치료법을 발표할 예정이라고 전했다. 결핵은 당시 모두에게 엄청나게 두려운 질병이었으니, 이 소식은 즉각 전 세계에 헤드라인 뉴스로 전해졌다. 오늘날로 치면 어느 저명한 암 연구소가 암 치료법을 찾아냈다고 선언했을 때 나올 법한 반응이 이어졌다. 『뉴욕타임스』도 '코흐의 위대한 승리'라는 제목으로 제1면에 그 소식을 전했다.[65]

문제는 이것이 평상시에 신중했던 코흐가 정치적인 압박 때문에 너무 성급히 내놓은 결과였다는 사실이다.[66] (세균학이 세상에 등장한 지 얼마 안 된 학문임에도 불구하고 세간에서 큰 관심을 얻고 있었지만, 당시 연구에서 얻어낸 실질적인 성과는 파스퇴르의 백신뿐이었다.) 독일 문화장관과 왕실은 의학 분야에서 프랑스보다 앞서 있음을 보여 줘야 한다는 생각으로 코흐에게 압박을 가했다. '투베르쿨린tuberculin'으로 이름 붙여진 그의 치료법[67]을 학술대회에서 발표하여, 지금 의학계의 진짜 일인자가 누구인지 전 세계에 보여 주라고 촉구한 것이다.

코흐의 발표가 있은 직후 베를린에는 치유의 기적을 갈망하는 환자들이 가득 몰려들어 성경 속 장면 같은 광경을 자아냈다. 유럽 전역에서 수천 명에 달하는 결핵 환자들이 몇몇은 주치의까지 대동하고 '코흐의 수액'을 맞기 위해 찾아왔다. 수요가 딸리자 투베르쿨린이 암시장에서 거래되는 일까지 벌어졌다. 스코틀랜드 출신의 한 젊은 의사도 이들뜬 분위기를 체험하러 황급히 베를린으로 달려갔다. 전례 없이 영민한 탐정 주인공이 등장하는 소설을 두 편 발표한 작가로도 활동 중이

---

65) 『뉴욕타임스(New York Times)』, 1890년 11월 16일.

66) 실버스타인(Silverstein), 『파울 에를리히의 수용체 면역학(Paul Ehrlich's Receptor Immunology)』, 10.

67) 투베르쿨린에 관한 이야기는 괴츠(Goetz)의 저서 『치료법(The Remedy)』을 참고하기 바란다.

던 이 의사는 바로 아서 코난 도일Arthur Conan Doyle이었다. 그는 영국에 돌아가 『런던 데일리 텔레그라프London Daily Telegraph』와 나눈 인터뷰에서 다음과 같은 평가로 자신이 쓴 소설 속 주인공 못지않은 놀라운 기민함을 드러냈다.

"전부 실험 단계이고 완전하지 않은 방법이다."[68]

한동안 실체가 베일에 싸여 있던 투베르쿨린은, 결국 결핵을 일으키는 균을 추출하여 글리세린에 담근 것에 지나지 않는다는 사실이 드러났다. 결핵 진단에는 유용하지만 치료제로서는 아무 효과가 없고 오히려 해가 될 수도 있다는 사실도 밝혀졌다. 당연히 코흐의 명성에도 금이 갔지만, 이런 내막이 밝혀지고도 최소 몇 달간은 투베르쿨린의 인기가 지속됐다.

열풍이 얼마나 대단했는지, 학술대회가 끝나고 석 달여가 지난 1890년 가을에 조지프 리스터도 자신의 조카딸을 코흐의 새 치료법으로 치료하려고 직접 베를린에 데리고 왔지만 코흐를 만나기까지 일주일이 걸릴 정도였다. 리스터는 코흐 연구소를 방문한 그 주에 그곳 연구원으로 합류한 에밀 베링에게 깜짝 놀랄 만한 새 연구 결과를 전해 들었다. 하지만 투베르쿨린과 달리 의학계에 획기적 사건으로 남게 된 이 결과가 메치니코프에게 엄청난 실패감을 선사하는 원인이 될 줄은 누구도 예상하지 못했다.

---

68) 『런던 데일리 텔레그라프(London Daily Telegraph)』, 1890년 11월 20일, 3. 마르켈(Markel)의 저서 『의학의 탐정들(The Medical Detectives)』(2427)에 인용됨.

19. 염증의 핵심

조지프 리스터는 베를린에서 런던으로 돌아가는 길에 '존경하는 선생님' 파스퇴르를 만나러 파리에 들렀다가 이 폭탄 같은 소식을 던졌다. 베링이 동료 연구자들과 함께 혈청 주사로 파상풍에 대한 면역력을 발생시키는 방법을 연구 중이라고 친절히 알려 준 것이다. 베링 연구진이 면역력이 생긴 토끼의 혈청을 쥐에게 주사했고, 이 방식으로 새로이 면역력이 생긴 쥐는 파상풍균 주사를 치사 수준보다 무려 300배나 높은 농도로 맞고도 철제 우리 안에서 신나게 돌아다닌다는 소식도 함께 전해졌다. 그런데 훨씬 더 놀라운 일은 따로 있었다. 원래 쥐가 파상풍균에 감염되면 다리가 마비되어 몇 시간 안에 숨을 거두는데, 이런 상태일 때 면역력을 발생시키는 혈청을 주사했더니 다리가 완전히 회복된 것이다. 다른 질병인 디프테리아로 동일한 실험을 한 결과 파상풍 못지않게 놀라운 효과가 나타났다. 연구진은 무슨 일이든 괴테의 말을 인용하는 독일인들의 멋진 전통을 어김없이 발휘하여, 보고서 결론 부분에『파우스트』의 한 구절을 인용했다.

"피는 아주 특별한 액체다.Blut ist ein ganz besonderer Saft."[69]

혈청이 활용되었다는 사실은 연구가 백신에서 한 걸음 더 나아간 것을 의미했다. 백신은 병을 예방할 수 있지만 치료하지는 못했다. 활성이 약해진 균이나 죽은 균으로 백신을 만들어 인체에 접종하면 병에 대한 저항력이 생기는 것이 전부였다. 반면 베링이 찾아낸 혈청은 동물이 파상풍과 디프테리아에 걸리지 않도록 보호하는 기능은 물론 병을 치

---

69) 베링(Behring)과 기타사토(Kitasato),『형성에 대하여(Über das Zustandekommen)』, 454.

유하는 기능까지 발휘했다. 심지어 이 효과를 다른 동물에게도 전달할 수 있는 것으로 나타나 혈청 자체에 치유력이 있다고 볼 수 있었다.

얼마 지나지 않아, 과학계는 베링이 발견한 것이 바로 항체라는 사실을 알아냈다.[70] 처음에 '항독소antitoxins'라고 불린 이 알파벳 Y 모양의 단백질 분자가 체액 면역의 핵심 열쇠였다. 체액 면역을 연구해 온 과학자들이 체액에 존재하리라 생각했던, 인체에 내재된 신기한 물질이 발견된 것이다. 백신과 마찬가지로 항체는 인체가 균에 노출되면 만들어지기 시작하며 작용 방식이 놀랍도록 정교하다. (과학자들의 표현을 빌자면 '특이적이다.') 가령 파상풍 항체는 디프테리아균에는 아무런 힘도 쓰지 못한다. 또 특정 질병에 면역력이 생긴 동물의 혈청에는 그 병에 대한 항체가 포함되어 있으므로, 아직 면역력이 없는 동물에게 이 혈청을 제공하면 면역력이 생긴다.

리스터가 베링의 연구 소식을 파스퇴르 연구소 사람들에게 신나게 전해 줄 때만 해도 이런 세부적인 사실들이 아직 다 밝혀지지는 않은 상태였다. 런던으로 돌아간 리스터는 킹스칼리지 병원에서 열린 강연에서도 이렇게 선언했다.

"이 사실이 공개되면 몇 주 안에 세상이 깜짝 놀랄 것입니다. 이러한 방법을 사람에게 적용할 수 있다면, 이 연구가 얼마나 유익한지 모든 나라가 알아보겠지요."[71]

디프테리아 치료법을 찾는 데 골몰하던 에밀 루와 파스퇴르 연구소만큼 그 연구의 가치를 제대로 알아본 곳은 없을 것이다. 리스터가 다

---

70) '항체(antibody)'라는 표현은 파울 에를리히(Paul Ehrlich)가 1891년에 최초로 사용했지만, 이후 몇 년이 지나서야 널리 알려졌다. 린덴만(Lindenmann)의 "용어의 기원(Origin of the Terms)"에서 관련 내용을 확인할 수 있다.

71) 리스터(Lister), "코흐의 치료에 관한 강연(Lecture on Koch's Treatment)", 1259.

녀가고 얼마 지나지 않아, 충격에 빠진 연구소 사람들은 독일에서 매주 발행되던 일류 의학 전문지 『독일 주간 의학 소식Deutsche Medizinische Wochenschrift』 헤드라인 기사를 통해 베를린에서 나온 연구 결과를 접하게 되었다.

"1890년 12월 4일에 우리는 그 내용을 확인했다. 그야말로 굉장한 발견이었고, 우리가 생각했던 것 이상이었다."[72]

메치니코프와 루는 25년여가 흐른 뒤, 베링의 60번째 생일을 맞아 같은 주간지에 게재된 글에서 이렇게 밝혔다.

베링의 연구 결과는 메치니코프에게 놀라움과 충격을 동시에 안겨주었다. 식세포 이론과 상반되는 내용이었기 때문이다. 세포가 없는 혈청을 통해 면역력이 전달될 수 있다는 것은 세포와 면역력의 전달 사이에 아무런 관계가 없다는 의미였다. 그럼에도 메치니코프는 타고난 성격상 단 한 순간도 이것을 자신의 패배라고 여기지 않았다. 그리고 자신만의 방식, 즉 방어에 총력을 기하기로 마음먹었다. 그렇다고 식세포로 병을 치료해 보겠다는 시도는 할 수 없었다. 그로부터 수십 년이 흐른 뒤에야 식세포 연구가 사람의 생명을 구하기 시작했고, 체외 환경에서 세포를 배양하는 기술도 반세기가 더 지난 후에야 개발되었기 때문이다. 이런 한계에도 불구하고 메치니코프는 면역을 새로운 시각에서 바라보기 시작했다.

베링의 발견은 화학 반응에 투입되어 변화를 가속하는 촉매제와 같은 역할을 했다. 베링의 결과가 발표되고 몇 개월 후, 메치니코프는 질병이 치료되는 과정의 가장 상징적인 특징이자 면역력과도 밀접한 관

---

72) 메치니코프와 에밀 루가 해당 학술지 편집부에 보낸 편지(프랑스어). 「독일 주간 의학소식(Deutsche Medizinische Wochenschrift)」, no. 11, 1914년 5월 12일, repr., ASS, vol. 14, 135.

계가 있는 현상을 설명하는 새로운 이론을 수립했다. 염증이 생기면 피부가 붉어지고, 열이 나고, 붓고, 통증이 느껴지는 변화가 반드시 따라온다는 것은 이미 오래전부터 잘 알려진 사실이었다. 이러한 염증 반응이 생물학적으로 어떻게 나타나는지 알기 쉽게 설명할 수 있다면 엄청난 업적이 될 수밖에 없었다. 바로 그 일을 메치니코프가 해낸 것이다. 1891년 4월부터 5월에 걸쳐 파스퇴르 연구소에서 열두 차례 진행된 강연에서 메치니코프는 야심차게 준비한 '염증에 관한 생물학적 이론Biological Theory of Inflammation'[73]을 발표했다.

이 강연에 크게 열광한 청중 중에는 파스퇴르도 포함되어 있었다. 짙은 색 재킷과 트레이드마크나 다름없던 나비넥타이를 어김없이 매고 찾아온 파스퇴르는 늘 가장 먼저 박수갈채를 쏟아 냈다. 이 강연에서 메치니코프는 단세포생물부터 인간을 망라하는 '염증의 계통도 Genealogical Tree of Inflammation'[74]를 확립했다. 식세포는 이 계통도에 속한 모든 생물의 몸속에서 생물이든 무생물이든 몸을 자극하는 모든 물질을 먹어 치운다는 것이 그의 주장이었다. 고등생물의 경우 혈관이 존재하므로 식세포가 다른 백혈구와 함께 목표 지점으로 보다 빠르게 이동할 수 있다는 설명도 이어졌다.

"이러한 생물들은 혈류를 통해 언제 어느 때고 위협이 발생한 곳에 상당량의 백혈구를 급파하여 침입자를 물리칠 수 있습니다."[75]

메치니코프는 병리학자들이 주장하듯 이 세포들은 단순히 손상된 혈관에서 나오는 것이 아니라고 언급했다. 그리고 오히려 정반대로

---

73) EM, 「병리학 수업(Leçons sur la pathologie)」, X.
74) 위와 동일, 121.
75) 위와 동일, 220.

"백혈구는 혈관 벽을 통해 수동적으로 여과되어 나오는 것이 아니라 손상된 부위를 향해 직접 이동한다"[76]라고 주장했다.

이어 메치니코프는 이 이론이 "진화의 법칙을 토대로 한 것"[77]이라고 당당하게 설명했다. 하등동물 중에서도 이동 세포가 있는 동물은 침입자가 생겨도 그 세포가 침입자를 둥글게 에워싸고 파괴하므로 살아남을 수 있지만, 식세포가 그러한 기능을 발휘하지 않는 동물은 침입이 발생하면 죽게 된다고도 설명했다. 영어로 작성한 강연록의 서문에서 그는 다음과 같이 선언했다.

"내가 염증 반응에 관한 새로운 이론을 과감히 주장하게 된 유일한 이유는, 다윈이 남긴 위대한 개념이 이 이론의 탄탄한 기반이라고 생각했기 때문이다."[78]

메치니코프는 이 강연을 통해 염증 반응의 핵심을 짚었다.

실제 강연이 끝나고 얼마 후에 출간된 메치니코프의 저서 『염증의 비교병리론에 관한 강연Lectures on the Comparative Pathology of Inflammation』은 지금도 고전으로 널리 인정받고 있다. 과학 역사가인 아서 실버스타인Arthur Silverstein은 재출간된 강연록의 서문에서, 메치니코프의 연구는 "염증 반응의 특성과 의미를 현대적으로 해석하는 토대가 되었다"[79]라고 밝혔다. 현대의 관점에서는 염증 반응에 관한 견해가 과도하게 단순화된 부분이 있지만 염증이 능동적인 치유의 과정이라는 사실은 올바르게 포착했다. 이는 의학계가 수많은 염증 질환을 이해하고 치료하는 데

---

76) EM, 『병리학 수업(Leçons sur la pathologie)』, 219.

77) 위와 동일, 230.

78) EM, 『염증의 비교병리론에 관한 강연(Lectures on the Comparative)』, xv.

79) 상기 도서 vi에 실린 실버스타인(Silverstein)의 "도버 에디션 머리말(Introduction to the Dover Edition)"

중추적인 정보가 되었다.

염증 반응이 그토록 유익한 것이라면, 왜 염증 때문에 괴로워하는 일이 빈번할까? 염증이 발생하면 생물 전체에 막대한 피해가 발생하는 일도 종종 발생하는데, 왜 그럴까? 몸을 지키는 경찰이 평화를 수호하는 대신 직접 반동을 일으키는 격이다. 지금은 염증이 몸에서 발생하는 사실상 거의 대부분의 질병에 영향을 주며, 염증성 물질을 분비하는 세포들로 인해 촉발된다는 사실이 잘 알려져 있다. 또 이 세포들 중에는 '메치니코프의 경찰관'[80]이라는 별명이 붙은 식세포도 포함되어 있다. 몸을 치유하는 과정이 어떻게 이만큼 몸에 해를 일으킬 수 있다는 것일까?

진화 과정에서 염증 반응은 생물의 생존을 위해 정확성보다는 속도가 더 중시된 것으로 보인다. 그로 인해 염증 반응을 조절하는 기전, 즉 중단 시점을 알려 주는 과정이 염증 반응이 시작되는 과정만큼 정확하게 작동하지 않는 일도 발생할 수 있다. 염증의 전형적인 증상 중 하나인 통증을 예로 들어 보자. 통증은 장기가 손상되었으니 쉬게 내버려 두라는 신호 역할을 하므로 치유에 반드시 필요한 현상이다. 하지만 통증 자체에 대한 통제가 적절히 이루어지지 않아 더 이상 그런 신호가 필요하지 않은 상태에서도 통증이 지속될 수 있고, 실제로 그러한 일이 자주 벌어진다.

"병적 상태는 정상 상태의 연장선상에 있다."[81] 현대 과학철학자 알프레드 타우버Alfred Tauber에 따르면, 이러한 생각은 처음 등장했을 때 19세기 병리학에 뿌리를 둔 새로운 개념으로 여겨졌다. 메치니코프의 염

---

80) 스테페이터(Stefater) 외, "메치니코프의 경찰관(Metchnikoff's Policemen)"
81) 타우버(Tauber), "면역학의 탄생 Ⅲ(The Birth of Immunology Ⅲ)", 508–10.

증 이론도 동일한 맥락이다. 질병에 걸린 상태와 건강한 상태는 정도의 차이만 있을 뿐이라고 본 것이다.

"이와 같이 메치니코프는 건강에 관한 새로운 개념을 만들었다."

타우버는 「면역학의 탄생」이라는 제목의 논문에서 이렇게 설명했다. 전통적으로 건강은 안정적인 상태, 균형이 잡힌 상태로 여겨졌다. 그러나 메치니코프는 더욱 동적인 시각으로 접근하여, 염증을 건강을 회복하는 과정으로 보았다. 이 회복의 과정이 도를 넘어서면 병이 될 수 있다고 본 것이다. 타우버는 메치니코프가 "건강은 주어지는 것이 아니라 능동적으로 성취하는 것"으로 여겼다고 설명했다.

염증에 관한 강연에서, 메치니코프는 건강을 능동적으로 얻을 수 있는 방법도 설명했다.

"염증 반응이 핵심이 되는 자연적인 치유력은 아직까지 원래 정해진 목표에 완전히 도달하지 못했습니다."[82]

메치니코프는 마지막 강연에서 이렇게 밝혔다.

"식세포가 작용하는 메커니즘은 아직 발달 중이며 최고 단계에 이르지 못했습니다. 자연적인 치유력이 이처럼 불완전하므로, 인간의 적극적인 개입이 반드시 필요합니다."

이 연속 강연이 끝나자 곧 합당한 결실이 돌아왔다. 1891년 6월, 메치니코프는 미국 필라델피아 자연과학회와 영국 케임브리지 철학회의 회원으로 인정받은 데 이어, 케임브리지 대학교에서 명예박사학위를 수여받았다.

학위 수여식의 라틴어 연설문에는 메치니코프가 "인류의 건강을 위

---

82) EM, 「병리학 수업(Leçons sur la pathologie)」, 231.

한 새로운 발전을 수없이 이룩했다"[83]라는 극찬이 담겨 있다.

그러나 메치니코프가 영어로 작성된 강연록 서문에서 한탄한 것처럼, 독일에서는 메치니코프의 염증 이론까지 "반대에 부딪히는 상황이 다시 벌어졌다."[84] 튀빙겐에서 활동하던 저명한 병리학자 에른스트 치글러는 새로 출간된 의학 백과사전에서, 염증을 식세포와 균의 전투로 본 메치니코프의 견해는 "시적인 개념으로도 받아들일 수 없다"[85]라고 언급했다.

20. 머리 위에 드리워진 다모클레스의 검

"나는 꽤나 긴장했소. 하지만 말은 비교적 많이 하지 않았다오."[86]

1891년 8월, 루와 함께 런던에 도착한 메치니코프는 올가에게 편지를 보내 이렇게 털어놓았다. 두 사람은 제7차 국제 위생·인구통계학 회의에 참석하러 온 길이었다. 지난해에 베를린에서 열린 회의보다 다루는 주제는 비교적 한정적이었지만 그래도 역시 그 나름대로 중대한 행사였다.

영국의 한 기자는 빅토리아 여왕의 후원으로 열린 이 행사에 "전 세계 모든 중요한 국가들과 영국의 여러 식민지 국가에서"[87] 3,000명이

---

83) 『케임브리지 유니버시티 리포터(Cambridge University Reporter)』(1891년 6월 23일): 1104.

84) EM, 『염증의 비교병리론에 관한 강연(Lectures on the Comparative)』, xv.

85) "염증(Entzündung)"을 리뷰한 에른스트 치글러(Ernst Ziegler)의 자료: 『치유 전 과정의 실제에 관한 백과사전 (Real-encyclopädie der gesammten Heilkunde)』, 3rd ed. (비엔나: Urban und Schwarzenberg, 1896), 『영국 의학 저널』 1, no. 1846 (1896): 1209.

86) 메치니코프가 올가에게 쓴 편지, 1891년 8월 11일, 편지 1, 126.

87) "국제 위생·인구통계학 회의(Congress of Hygiene and Demography)", 『영국 의학 저널』 2, no. 1598 (1891): 387.

넘는 대표가 참석했다고 전했다. 왕실의 여름 휴양지인 잉글랜드 와이트섬에서 여왕이 직접 초청한 외국 대표단 명단에는 루도 포함되어 있었다. 런던의 주요 콘서트홀 중 하나인 세인트제임스 홀에서 개최된 개막식에서 메치니코프 박사와 루 박사는 런던 시장, 그리고 여러 저명한 의사들과 나란히 특별 좌석에 앉게 되었다. 고개만 돌리면 강렬한 색채로 장식된 18미터 높이의 천장 전체를 한눈에 볼 수 있는 자리였다.

수많은 인구로 북적대던 런던만큼 위생에 관한 회의를 개최하기에 더 적절한 곳은 없었다. 의학계는 이미 인구가 밀집된 도심 지역에서 병이 시작된다는 사실을 인지하고 있었다. 이미 사회 문제가 된 도시의 각종 질병과 관련해 열악한 위생 상태가 뜨거운 논쟁거리로 떠올랐다. 550만 명을 돌파한 런던의 인구는 파리, 베를린, 로마, 비엔나의 인구를 모두 합친 것보다도 많아 도시 인구 면에서 세계 최대 수준에 이르렀고 시민들은 오염된 공기에 괴로워해야 했다. 시커먼 공기로 인한 사망자 수가 콜레라 환자에 맞먹을 정도였다. 시 정부는 깨끗한 물을 공급하고 하수를 효과적으로 처리하는 방법을 찾느라 골머리를 앓고 있었다. 회의에 참석한 존 구드 경Sir John Goode은 기술 관리를 주제로 한 강연에서 "시에서 나온 하수는 지금까지 나온 정화 기술 중에 가장 효과가 크다고 알려진 방법, 즉 토지를 통해 여과하는 과정을 거쳐야 한다. 지금처럼 템스강 어느 유역에라도 흘려보낼 수 있게 내버려 두는 한 런던의 건강은 보장할 수 없다"라고 밝혔다.[88]

"메치니코프는 반대 세력에게 중대한 사실을 지적할 작정이었기에, 이 행사가 자신에게 적대적인 독일이 아닌 영국에서 개최된 것을 기쁘

---

88) "위생법 현황에 관한 대표자 연설(Presidential Address on Recent Progress in Sanitary Legislation)", 「란셋(Lancet)」 138, no. 3546 (1891): 338.

게 생각했다."[89]

올가는 이렇게 전했다. 불과 두 달 전에 케임브리지 대학교가 수여한 학위를 받으러 영국을 다녀온 메치니코프는 영국인들 사이에서 인기가 대단했고, 그가 제시한 이론도 유독 영국에서 엄청난 호응을 얻었다. 무엇보다 영국의 대표적인 유명인사인 리스터가 그를 지지한다는 사실이 큰 영향을 준 듯하다.

'도시 성장과 질병 예방', '공공건물의 환기 강화'와 같은 주제도 이번 회의에서 중요한 안건으로 다루어졌지만, 세균학 행사의 핵심이자 절정은 공개적인 자리에서 처음으로 이루어진 '면역'에 대한 과학적인 논의였다. 토의는 8월 12일, 피카딜리가에 위치한 영국 왕립협회의 거대한 대저택 건물에서 조지프 리스터의 주도로 진행됐다. 물론 아직 한창 성장기에 있던 학문이라 토론도 그 수준에 머물렀고 그에 대한 논란도 제기되었지만, 면역학이 다른 분야의 틈새에 끼어드는 대신 마침내 따로 마련된 시간을 부여받은 것이다.

"현재 세균학에 몸담은 학자들은 입장이 서로 반대인 두 부류로 나뉜다. 그래도 이들이 경쟁하는 모습은 다정한 편이다."[90]

『영국 의학 저널』은 상황을 완곡하게 표현했다. 모두가 예상할 수 있겠지만 이 '다정한 경쟁자'들은 사용하는 언어부터 달랐다. 토론의 문을 연 루는 세포 면역에 관한 중요한 사실을 이야기했다. (메치니코프는 주요 강연자로 나서지 않았다. 언어적인 재능이 아주 뛰어난 사람이었지만 아직 자신의 프랑스어 실력에 확신이 없었기 때문이었으리라 생각된다. 예전에 비하면 많이 녹슬었을지언정 프랑스어보다는 독일어 실력이 더 나은 시기였지만, 파스퇴르 연구

89) ZIIM, 122. 원래는 상트페테르부르크에서 개최될 예정이었으나, 『란셋(Lancet)』(1887년 10월 1일, 683)에 따르면 "너무 멀고 비용이 많이 드는 데다, 시베리아 출신의 일부 대표들이 너무 자유분방하게 말할 가능성도 무시할 수 없었다."

90) "위생 회의 중 세균학(Bacteriology at the Congress of Hygiene)", 『영국 의학 저널』 2, no. 1599 (1891): 436.

체액 면역 쪽에서는 뮌헨의 미생물학자 한스 부흐너Hans Buchner를 비롯해 독일의 몇몇 과학자들이 나섰다.

메치니코프도 연단에 올랐다. 늘 그렇듯이 처음 몇 분간은 긴장한 기색이 역력했지만 응원하는 목소리들이 그를 맞이했다. 조금씩 떨림이 가라앉고 흥이 오른 그는 손짓을 열심히 섞어 가며 체액 면역을 대표하는 경쟁자들을 공격하고, 특히 베를린 위생연구소에서 수행한 연구를 거론하며 조각조각 박살냈다. 결국 참석자들의 동의를 얻어 처음 할당된 15분을 훌쩍 넘기고 프랑스어로 한 시간 가까이 설명을 했다. [91)]

"구체적인 예를 살펴보면서 면역 이론 가운데 어느 쪽이 가장 적합한지 생각해 봅시다."[92)]

이 말을 시작으로 메치니코프는 비브리오 메치니코비Vibrio metschnikovii 라는 균을 가지고 베를린 연구진이 실시한 실험 결과를 소개했다. 연구진은 이 균에 면역력이 생긴 기니피그의 혈청을 이용하면 균을 사멸시킬 수 있다고 밝혔다. (이 균의 이름이 메치니코비인 이유는 메치니코프의 오데사 제자가 스승의 이름으로 그 명칭을 지었기 때문이다.) 그러나 메치니코프는 이번 회의를 준비하면서 이와는 다른 결과를 확인했다고 전했다. 독일의 과학자들은 실험용 배양 접시에서 자란 미생물을 가지고 실험한 반면, 그는 애초에 사용했던 균을 살아 있는 기니피그의 피부 아래에 주사했다. 그러자 주사한 부위가 붉게 변하더니 체온이 높아지고 부어올랐다. 또한 백혈구가 주입된 균을 집어삼키는 것으로 나타났다. 이날 메치니코프는 그 결과를 세세한 부분까지 설명한 후, 승리에 찬 목소리로 결론 내렸다.

---

91) 바르닥(Bardakh), "일리야 일리치(Il'ia Il'ich)", 1200.

92) 「제7차 국제회의 회의록(Transactions of the Seventh International Congress)」, vol. 2, 179.

"면역에 관한 서로 다른 이론이 상충되고 있으나, 식세포 이론에 가장 불리하다고 볼 수 있는 이 실험을 살펴보면 사실상 식세포 이론이 면역력이 생긴 동물에서 관찰되는 현상을 가장 잘 설명한다는 사실을 알 수 있습니다."[93]

면역학 토론 시간이 끝나자 회의 참석자들은 메치니코프를 빙 둘러싸고 질문을 던졌다. 루는 호텔로 돌아와 파리에 있는 올가에게 보낼 편지를 썼다.

"메치니코프는 준비해 온 내용을 발표하느라 바쁩니다. 이곳에서 얼마나 대단한 성공을 거두었는지 당신께는 이야기하지 않을 테지요. 모두의 마음을 사로잡을 만큼 아주 열정적인 발표였습니다. 오늘 밤, 식세포 이론에 동조하는 친구들이 한층 더 많아지리라 믿습니다."[94]

리스터도 같은 생각이었다. 자신의 동생에게 쓴 편지에서 리스터는 메치니코프의 발표가 "수많은 청중의 마음을 거의 완전히 움직였고 모두가 열띤 박수를 보냈다"[95]라고 설명했다.

다음 날 저녁, 메치니코프는 일부 런던 시민들이 명예 학위보다도 더 높게 생각하는 영예를 누렸다. 런던에서 사람들이 가장 끼고 싶어 하는 저녁 파티에 초청된 것이다. 나폴레옹 3세의 방광에서 결석을 제거한 일로 크게 이름을 떨친 비뇨기 외과의사, 헨리 톰슨 경Sir Henry Thompson의 집에서 열리는 파티였다.

톰슨은 직접 '옥타브'[96]라 이름 붙이고 30년 넘게 이어 온 이 파티에

93) 『제7차 국제회의 회의록(Transactions of the Seventh International Congress)』, vol. 2, 182.
94) ZIIM, 122.
95) 구들리(Godlee), 『리스터 경(Lord Lister)』, 515.
96) 콥(Cope), 『빅토리아 시대의 다재다능한 인물들(The Versatile Victorian)』

매번 여덟 명의 손님을 초대하여 여덟 가지 메뉴로 구성된 식사를 함께했다. 이 파티는 톰슨이 참석자를 메뉴만큼이나 심혈을 기울여 선정하는 것으로 특히 유명했다. 사교계 여성들의 항의에도 불구하고 오직 남성들로만 구성된 초청자 명단에는 왕자와 예술계 인사를 비롯해 윌리엄 새커리William Thackeray, 찰스 디킨스Charles Dickens, 아서 코난 도일 등의 작가들도 포함되어 있었다. 그날 메치니코프는 영국의 여러 의사들과 함께 옥타브에 참석했다. 빅토리아 여왕의 주치의이자, 톰슨과 더불어 화장火葬의 필요성을 널리 알린 인물인 스펜서 웰스 경Sir Spencer Wells도 함께했다.

저녁 8시가 되자, 톰슨의 집사가 로렌스 앨머 타디머Lawrence Alma-Tadema의 고전적인 회화 작품들로 장식된 식당의 둥근 테이블에 둘러앉은 사람들에게 집주인의 수집품으로 잘 알려진 희고 푸른 중국제 도자기 식기에 담긴 음식들을 내오기 시작했다. 메뉴는 평소대로 굴과 거북이 스프, 초록색 세번 소스Severn sauce, 블랙 포레스트 베니슨Black Forest venison, 브루고뉴Bourgogne산 와인을 넣고 푹 삶은 돼지고기, 가금류 고기를 잘게 갈아서 트뤼플 버섯을 곁들인 탱발timbales(고기, 생선을 다져서 틀에 넣고 구운 뒤 과일과 아이스크림 등을 올린 음식 – 옮긴이), 아르장퇴유산 아스파라거스, 도요새 구이, 럼바바(럼주를 첨가해서 만드는 작은 발효 케이크 – 옮긴이), 철갑상어 알 등으로 구성됐다. 술도 샤블리, 셰리주, 독일 라인 지방의 백포도주, 손잡이 달린 주전자에 담긴 샴페인, 클라레, 포트와인, 마데이라 와인, 그리고 식후에 나온 브랜디까지 총 여덟 가지가 준비되어 있었다.

평소 방탕한 생활을 극히 못마땅하게 여기던 메치니코프는 (금시계도 거부할 정도였다.) 초대받은 사실에 우쭐해하기는커녕 이렇게까지 식도락을 즐기는 모임에 심한 거부감을 느꼈다. 어릴 적 그토록 혐오하던 아버지의 나태한 향락주의가 떠올랐기 때문인지도 모른다.

"음식 하나하나, 와인 하나하나가 화두였다. 와인은 반드시 향을 먼저 맡아야 입에 댈 수 있었다."[97]

메치니코프는 탐탁잖은 심정으로 그날의 일을 회상했다.

"리스터의 초대를 받았을 때와는 차원이 달랐다."[98]

메치니코프는 이렇게 덧붙이며 가식이나 허세가 없는 리스터의 성격을 칭찬했다. 자신 역시 리스터 못지않게 허세라고는 찾아볼 수 없는 사람이었다.

"리스터는 런던에서 활동하는 다른 대부분의 동료 학자들과 달리 부를 과시하지 않는다."[99]

메치니코프와 리스터의 다정한 관계는 위생 회의를 계기로 한층 더 깊어졌다.

"선생님을 알게 된 건 인생에서 가장 행복한 일 중 하나입니다."[100]

그로부터 몇 년 뒤에 메치니코프는 리스터에게 쓴 편지에서 이렇게 밝혔다. 리스터도 메치니코프에게 편지를 쓸 때면 말미에 항상 "당신을 진심으로 존경하는 사람으로부터"[101]라고 서명을 하곤 했다.

런던에서의 토론은 성공리에 마쳤지만, 메치니코프는 싸움이 끝나려면 아직 한참 멀었다는 사실을 잘 알고 있었다. 독일의 경쟁자들은 포기할 기미가 전혀 보이지 않았다. 베링의 연구도 극복해야 했다.

---

97) SV, 115.

98) 위와 동일.

99) 위와 동일, 114.

100) 메치니코프가 리스터에게 쓴 편지, 1895년 12월 16일. R. I. 벨킨(R. I. Belkin), "메치니코프와 독일 과학자들 사이에 오간 서신(Iz perepiski Mechnikova s angliiskimi uchenymi)", 『과학 · 기술의 역사에 관한 궁금증(Voprosy Istorii Estestvoznaniia i Tekhniki)』 1 (1956): 274.

101) 리스터가 메치니코프에게 쓴 편지, 1897년 2월 18일. ARAN 584.4.165.

"런던 회의 이후 몇 년간 면역에 관한 식세포 이론은 입지를 확고하게 굳힌 것 같았다."[102]

올가는 남편의 전기에서 이렇게 설명했다.

"하지만 항독소를 발견한 베링의 연구가 다모클레스의 검처럼 그의 머리 위에 드리워져 있었다." 항독소, 즉 항체는 체액 면역을 책임지는 요소로 추정되었지만 여전히 수수께끼에 싸여 제대로 밝혀진 내용이 거의 없었다.

21. 생명의 법칙

면역 전쟁이 한창 뜨겁던 시기에도 메치니코프는 과학의 사명이 더 나은 세상을 만드는 것임을 결코 잊지 않았다. 그리고 러시아에서 그러한 성과가 나타나기를 가장 간절하게 염원했다. 고향을 향한 이 깊은 애착은 헌신과 두려움이 뒤섞인 다소 특이한 감정이었다.

메치니코프가 옮겨온 시기 파리에는 유럽 다른 국가들의 중심지만큼 러시아인의 수가 많지 않았다.[103] (여러 해가 지나 러시아 혁명으로 인해 파리에도 다른 유럽 대도시 못지않게 러시아인이 모여들게 되기는 한다.) 하지만 이미 그때도 유학생들, 정치적인 이유로 망명한 사람들, 집단 학살을 피해 도주한 유대인들 중에 꽤 많은 수가 파리에 머물고 있었다. 러시아인들이 프랑스에서 지내기에 가장 좋은 시기이기도 했다. 메치니코프가 파리에 도착하기 한 달

---

102) ZIIM, 122.

103) 러시아인들의 성공적인 프랑스 이민에 관한 이야기는 포쉬코(Foshko)의 저서 『러시아인이 프랑스에서 맞이한 순간(France's Russian Moment)』을 참고하기 바란다.

전, 『르 피가로Le Figaro』지 제1면에는 '러시아의 정신'이라는 시적인 제목의 기사가 실렸다. '러시아의 대유행'[104]을 주장하는 기사였다. 톨스토이와 도스토옙스키의 소설을 비롯해 멋진 백작과 백작부인, 심지어 러시아인 특유의 억양까지 러시아와 관련된 모든 것이 프랑스인들에게 큰 인기를 끌었다. 1893년 노불동맹 체결을 앞두고 양국의 관계는 더욱 훈훈해지던 중이었지만, 사실 이 협약은 흥겨운 분위기가 가득하던 프랑스를 정치적으로 고립시킨 원인이 되었다. 그럼에도 동맹이 체결된 후 러시아를 향한 프랑스인들의 애정은 광풍으로 발전했다. 러시아 황제와 황후의 사진이 프랑스 가정의 아이 방에 걸리고,[105] 파리의 상점에는 네바강The Neva의 풍경이 담긴 지갑과 황후가 사용한다는 향수가 즐비했으며, 각종 식료품 포장에는 유빙 위에 앉은 북극곰의 모습처럼 러시아의 분위기가 물씬 느껴지는 그림들이 등장했다.

구소련 국가보안위원회KGB의 황실 버전이라 할 수 있는 황제의 비밀경찰도 프랑스의 환대만큼이나 현격히 늘어났다. 이들은 프랑스 경찰의 지원을 받아 프랑스에서 활동하는 러시아 스파이들을 추적했다.

러시아연방 국가 기록관리원의 자료에는 메치니코프가 영구 감시 대상에 포함되어 있지 않지만, 러시아에서 추방된 반역자들과 때때로 연락을 하고 지낸다는 이유로 파리에서 활동하던 비밀경찰의 의심을 산 적이 있는 것으로 나와 있다. 1894년에는 실제로 파리에서 입수한 정보를 토대로, 비밀경찰 한 명이 러시아로 여행을 떠난 메치니코프의 뒤를 밟고[106] 일거수일투족을 상세히 보고서로 작성해 암호화된 전보

---

104) 『르 피가로(Le Figaro)』, 1888년 9월 17일, 1.

105) 엑스타인스(Eksteins), 『봄의 의식(Rites of Spring)』, 49.

106) 『공공기록 Ⅲ (Spravka III-go Deloproizvodstva)』, 1894년 6월 14일. GARF 102.92.1129, 8 and 8-over.

로 상트페테르부르크의 경찰국에 보고한 일도 있었다. 파리에서 작성된 또 다른 기밀 보고서[107]에는 메치니코프가 정치적인 이유로 추방된 사람들이 러시아로 돌아갈 수 있게끔 자금을 마련하는 일을 도왔다고 러시아 내무부에 알리는 내용이 적혀 있다. 메치니코프는 혁명을 지원하지도 않았고 정치에 직접적으로 관여하지도 않았지만, 파리로 온 러시아 반체제 인사들이 의지할 수 있는 버팀목 역할을 자처했다.

메치니코프는 특히 러시아 과학자들을 구제하는 일에는 발 벗고 나섰다. 돈이 필요하면 빌려 주고 파리에서 머물 곳과 일자리를 찾을 수 있도록 도와주었다. 콜레라와 흑사병 백신을 개발한 발데마르 하프킨도 그의 도움을 받고 나중에 저명인사가 된 인물들 중 한 명이다. 메치니코프의 제자인 하프킨은 베를린에서 열린 제10차 국제의학 학술대회에 참석하여 소식을 알려 준 바로 그 사람이다. 그는 러시아에서 개종을 거부한 유대인이자 테러리스트 단체인 '인민의지당'을 위해 한 장군의 위치 추적을 도왔던 오데사 학생[108]이었기에 과학자로는 아무런 꿈을 꿀 수가 없는 처지였다. (나중에 그 장군은 암살당했다.) 결국 절박한 심경으로 파리에 도착했을 때, 메치니코프는 파스퇴르 연구소에 그가 합류할 만한 실험실 자리가 나타날 때까지 도서관 보조 사서로 일할 수 있게끔 손을 써 주었다.

러시아에서 온갖 차별을 견디지 못해 탈출해야 했던 수많은 유대인 과학자들이 파리에 둥지를 튼 메치니코프의 연구소를 피난처로 삼았다. 이들을 기꺼이 보듬었던 행동이 늘 약자를 옹호하던 메치니코프

---

107) 「경찰국장 확인용 보고서(Doklad Ego Prevoskhoditel'stvu Gospodinu Direktoru Politsii)」, 1894년 4월 6일/18일, GARF 102.318.1, 198-over.

108) 포포브스키(Popovskii), 「발데마르 하프킨(Vladimir Khavkin)」, 26-8.

의 타고난 성향에서 나온 것인지, 아니면 어머니를 떠올리게 하는 유대인들에게 특별한 감정을 느껴서인지 정확히 알 수 없다. 메치니코프는 부모님이 두 분 다 개종을 했음에도 불구하고 항상 어머니가 '유대인[109]'이라고 말하곤 했다. 실제로 유대교에서는 개종 여부와 상관없이 한번 유대인은 영원히 유대인이라고 생각하고 모계혈통으로 유지된다고 본다. 메치니코프의 경우 부모님이 개종했으므로 러시아나 다른 곳에서 유대인에게 가해지던 공식적인 제약으로부터 벗어날 수 있었다. 그러나 태생이 이처럼 복합적이라는 사실이 그가 개인적인 삶에서나 과학계에서 모두 아웃사이더로 머무를 수 있었던 토대가 되었을 가능성이 매우 크다. 메치니코프는 스스로도 유대인 혈통이라는 사실을 기쁘게 여겼다. 노벨상을 수상한 뒤 『뉴욕타임스』와의 인터뷰에서 그는 이렇게 밝히기도 했다.

"과학에 대한 사랑은 유대 혈통의 고유한 특징을 물려받은 덕분이라고 생각합니다."[110]

메치니코프는 러시아의 반유대주의 정책을 너무나 안타깝게 생각했다. 국가적인 손해라는 것이 그 이유 중 하나였다. 기자에게 이렇게 이야기한 적도 있었다.

"러시아는 유대인을 박해함으로써 재능이 우수한 수많은 인물들을 잃고 있습니다."[111]

한번은 어느 잡지와의 인터뷰에서 프랑스에서 다시 러시아로 돌아

---

109) 포포브스키(Popovskii), 『발데마르 하프킨(Vladimir Khavkin)』; EM의 자전적 에세이, 『1908년 노벨 상(Les Prix Nobel en 1908)』, 59. repr., ASS, vol.16, 297.

110) 번스타인(Bernstein), "메치니코프 – 주창자(Metchnikoff-The Apostle)"

111) 위와 동일.

와 연구소 소장을 맡아 달라는 요청을 거절한 이유를 설명하면서, 데리고 있는 학생들 가운데 가장 헌신적으로 연구하는 두 학생이 "유대인이라서 그 연구소가 받아 주지 않을 것"[112]이라고 판단했기 때문이었다고 밝히기도 했다.

여러 해에 걸쳐 100여 명에 달하는 러시아 출신 학생과 학자, 의사가 메치니코프의 보호 아래 파스퇴르 연구소 곳곳에서 다양한 기간 동안 일을 했다. [113] 일부는 그가 루와 함께 연구원들을 대상으로 진행하던 세균학 수업에 참석했고, 그중 다수가 러시아로 돌아가 지식을 확산시키는 데 일조했다. 사실상 러시아의 1세대 미생물학자 전원이 메치니코프의 가르침을 받았다고 볼 수 있다. 아직까지 대학교에 세균학을 전문적으로 연구하는 학과도 생기지 않았을 정도로[114] 과학적으로 낙후된 고국에 메치니코프가 선사한 일종의 선물이었다.

메치니코프가 다른 사람들을 대하는 방식은 가히 감탄스러웠다. 어린아이건 길에서 물건을 파는 사람이건, 유명한 동료 학자건 모두를 똑같이 존중하며 대하고 이야기를 나눌 때에도 똑같은 열성을 보였다. 분노를 표출하는 데 있어서도 그와 같은 평등주의가 적용됐다. 과학에 죄를 짓는다고 판단된 사람에게는 지위 고하를 막론하고 불쾌감을 드러내며 한탄했다. 한번은 러시아의 왕자인 페테르 아르고틴스키 돌고로코프Peter Argoutinsky-Dolgoroukoff에게 방을 비우라고 명령한 적도 있었다. 러시아 왕족 계급 출신의 내과의사인 그는 파스퇴르 연구소에서 연구

---

112) "유럽 통보 관계자와의 대화(Beseda s sotrudnikami zhurnala)", 「유럽 통보(Vestnik Evropy)」, no. 6 (1913): 382 – 85, repr., SV, 166.

113) 페트로이(Petrov)와 울얀키나(Ulyankina), "죽는 편이 낫다(Luchshe umeret)," 432.

114) 오멜리안스키(Omelianskii), "자연과학의 발전(Razvitie estestvoznaniia)", 132.

를 시작했지만 파리의 여러 유혹을 이겨 내지 못한 것이 문제였다. 왕자가 다시 연구소로 돌아와 항의를 하려고 하자, 메치니코프는 그를 내쫓아 버렸다.

"내게 고함치며 아주 거친 말을 쏟아 냈소."[115]

왕자는 파스퇴르에게 서신을 보내 이렇게 불만을 표시하고 양국 외교에 크나큰 위기가 발생할 수도 있다는 암시까지 주었다. 메치니코프는 이 일로 노불동맹이 흔들리지는 않는다며, 근심하는 파스퇴르를 재차 안심시켜야 했다.[116]

자유에 대한 폭압적인 제한이 조국 러시아의 과학 발전을 저해한다는 사실은 메치니코프를 절망시켰다. 그러나 아무리 큰 실망을 안겨 준 조국일지언정 나라를 생각하는 그의 마음은 변치 않았다. 사랑하면 상대를 굳게 믿듯이, 그도 당면한 상황만 보는 대신 그 너머의 가능성에 집중했다. 한번은 러시아의 방대함을 언급하며 친구들에게 이렇게 말하기도 했다.

"나라 전체가 충분히 교육을 받게 된다면 과학과 인류 문명에 얼마나 큰 공헌을 하게 될지 생각해 보게!"[117]

파리로 건너온 뒤에도 메치니코프에게 프랑스는 오랫동안 '외국'이었다. 러시아 신문을 구독하고 상트페테르부르크에서 책을 사다가 읽었으며, 프랑스에 30년 가까이 살고도 시민권을 취득할 생각조차 하지 않았다. 드레퓌스 사건(유대인 출신의 프랑스군 고위 장교 알프레드 드레퓌스가 독일 스파이로 오인을 받아 유죄가 선고된 사건)이라 불리는 정치 스캔들이 터져도 그는 프랑스 정치에

---

115) 페테르 아르곤틴스키(Peter Argoutinsky)가 루이 파스퇴르에게 쓴 글, 1891년 11월 7일. AIP, DR.COR. 1.

116) SV, 98.

117) 버넷(Burnet), 「유럽인(Un Européen)」, 24.

별로 관심을 갖지 않았다. 이 사건으로 프랑스 사회는 드레퓌스 파와 반드레퓌스 파로 분열됐는데, 파스퇴르 연구소에서 메치니코프와 함께 일하던 루를 비롯한 가까운 친구들 대부분이 열렬한 드레퓌스 파였다. 평소 정의에 있어서는 워낙 칼같이 정확한 사람이던 메치니코프는 드레퓌스 파의 입장에 공감했지만 먼저 나서서 드레퓌스를 옹호하지는 않았다. 스스로를 프랑스에 머무는 러시아인으로 여긴 마음이 평생 변하지 않았던 것이다.

메치니코프의 생각은 항상 러시아로 향해 있었다. 1891년, 런던 위생 회의를 준비하느라 정신없이 바쁜 와중에도 상트페테르부르크의 진보주의 잡지 『유럽 통보Vestnik Evropy』에 30쪽 분량의 에세이 「생명의 법칙Law of Life[118]」을 기고할 정도였다. 어릴 때 용돈벌이로 과학 관련 에세이를 쓰기 시작했는데, 그즈음에는 저작 활동이 제2의 직업이나 다름없는 위치에 올라 있었다. 메치니코프는 글을 통해 과소평가된 과학의 중요성을 널리 알리고픈 열망을 실현할 수 있었다. 이 에세이를 쓰게 된 계기도 마음 깊이 존경해 마지않던 소설가 레오 톨스토이Leo Tolstoy가 밝힌 과학에 대한 견해에 시급히 반박해야 한다는 필요성 때문이었다.

당시 러시아에서 황제를 제외하고 톨스토이만큼 존경받는 인물은 없었다. 그는 인류 보편적인 지혜를 지닌 인물로 추앙받았고 그의 비폭력, 간소한 삶, 예수의 가르침에 대한 굳건한 믿음은 1880년대 러시아에서 등장한 사회 운동인 '톨스토이즘'의 기반이 되었다. 톨스토이는 사람들에게 어떻게 살아야 하는가를 이야기하는 데 그치지 않고, 직접 신발을 만들어 신고 땅을 경작하는 등 스스로 삶을 통해 모범을 보였다.

---

118) EM, 『생명의 법칙(Zakon zhizni)』 repr., ASS, vol. 13, 133–58.

메치니코프에게 걱정을 안겨 준 부분은, 톨스토이의 지혜가 과학과 맞서는 쪽으로 향할 때가 많다는 점이었다. 한번은 톨스토이가 이런 말을 했다.

"과학자가 무익한 것에서 유익한 지식을 밝혀낼 수는 없다. 이들이 아메바의 생식기 같은 주제를 연구하는 이유는 오로지 군주 대접을 받을 수 있기 때문이다. 과학이 다루는 것은 우리가 알아야 하는 것, 즉 '어떻게 살아야 하는가'라는 질문과는 아무런 관계가 없다."[119]

메치니코프는 톨스토이의 영향력이 불러올 결과를 생각하며 두려운 마음을 에세이에 담았다.

"진리를 추구하는 사람들은 톨스토이의 글을 열심히 읽는 것에 그치지 않고 그의 가르침을 실행에 옮기려고 하며, 이런 사람들이 특별한 사회를 형성해 왔다."[120]

그리고 톨스토이의 견해에 경종을 울렸다.

"하지만 톨스토이의 가르침으로 인해 젊은 연구자들이 과학을 포기하고 논문을 불태우고 육체노동에만 절대적으로 의존하는 새로운 삶을 시작하겠다고 공동 생활체에 합류하는 일이 생기기도 했다."

자연과의 조화에 관한 톨스토이의 독특한 주장도 메치니코프의 신경을 건드렸다. 톨스토이는 살아 있는 모든 생명체는 동물이든 인간이든 '생명의 법칙'을 따라야 한다, 즉 이는 각자의 해부학적 특징을 통해 이미 정해져 있는 '타고난' 운명을 따라야 한다는 모순된 주장을 여러 차례에 걸쳐 설파했다. 조류로 태어났으면 하늘을 날아야 행복을 느끼고, 마찬가지로 사람은 반드시 몸을 쓰는 일을 해야 하며, '이상적인 여

---

119) 바신스키(Basinskii), 『레프 톨스토이(Lev Tolstoi)』, 292.

120) ASS, vol. 13, 134.

성'이라면 자식을 최대한 많이 낳아야 한다는 것이 톨스토이의 주장이
었다. (자녀를 열셋이나 낳은 그의 아내는 분명 이 이상적인 여성에 근접한 존재로 여겨졌으리라.)

메치니코프는 이런 동물학적인 주장에 반박했다.

"굳이 동물학자가 아니라도 타조, 화식조, 펭귄처럼 날지 못하는 새
가 있다는 사실은 누구나 알 수 있다."[121]

그는 이렇게 설명하며 남미 지역에는 날개가 완벽하게 발달되어 있
는데도 물 위에서 뱅뱅 돌기만 하는 오리도 있다고 덧붙여 전했다. 그
리고 열렬한 반다윈주의자인 톨스토이가 결사적으로 반대하는 이야기
를 꺼냈다. 자연은 끊임없이 진화하므로 '타고난'이라는 표현도 유동적
이라는 내용이었다. 이어 그는 사람들에게 종종 불쾌감을 자아내곤 했
던, 특유의 퉁명스러운 조소까지 여지없이 드러냈다.

"(톨스토이는) 근육을 과도하게 사용하느라 바쁜 나머지, 늘 가혹한 태도
로 일관하지만 전적으로 틀린 평가를 내린 수많은 과학적인 문제들에
관심을 가질 여력이 없었던 것이 분명하다."[122]

메치니코프는 이미 수년 전부터 자연과 조화를 이루려는 시도는 착
각이라고 주장해 왔다. 이 에세이에서 그는 고대 그리스인들이 추종하
던 조화로운 신체에 이의를 제기하는 한편, "조물주의 손을 떠날 때는
무엇이든 선하지만 인간의 손이 닿으면 모두 타락한다"[123]라고 하던 장
자크 루소Jean-Jacques Rousseau와 '자연으로 돌아가라'고 주장한 다른 계몽
주의 철학자들에게도 반박했다.

이전에 발표한 에세이에서도 메치니코프는 인간에게는 무수한 부

---

121) ASS, vol.13, 138.

122) 위와 동일, 147.

123) 루소(Rousseau), 『에밀(Emile)』, 37.

조화가 내재되어 있다는 견해를 밝혔다. 안타깝게도 그 부조화의 많은 부분이 인간을 고통스럽게 하는 원인이 되는 것으로 보인다는 설명도 이어졌다. 다른 동물들의 새끼에 비해 성숙한 개체가 되기까지 아주 긴 시간이 걸리기 때문에 어린아이들은 주변 환경에 극도로 민감하다는 점, 결혼을 하기에 적절한 나이가 되기 한참 전부터 성적인 욕구를 강렬하게 느낀다는 점, 독자적으로 생활하거나 작은 무리를 이루고 사는 동물에서 진화했지만 사회를 관리해야 하는 의무를 지게 되었다는 점 등을 예로 들었다. 메치니코프는 톨스토이에 반박하는 이 에세이에서 나중에 노화 이론의 핵심이 되는 '부조화disharmony'를 언급한 것이다. 그리고 인간의 몸에는 맹장을 비롯해 '무익한' 신체기관이 많다는 점도 짚었다.

메치니코프는 자연을 숭배하는 대신 인간 스스로 발전해 나가야 한다고 밝혔다. 젊은 시절 언젠가는 노트에 이렇게 적은 적도 있었다.

"인간을 제외한 모든 생명체는 완성을 향해 무의식적으로 나아간다. 하지만 인간은 과학의 도움을 받아, 완성되기 위해 의식적으로 직접 노력해야 한다."[124]

올가는 그가 자신을 '진보적 진화론자'[125]로 칭했다고 전하면서 "그는 의식적으로 이루어지는 내적 발전만이 참된 진보로 이어질 수 있다고 믿었다"라고 설명했다. 말년에 메치니코프의 이와 같은 세계관은 인간은 자연을 변화시킬 수 있다는 낙관론으로 발전한다.

톨스토이를 염두에 두고 쓴 에세이에서 메치니코프는 이처럼 꿈같은 목표를 내세운 이유가 무엇인지 설명했다.

---

124) EM의 노트, 1868년 9월 19일. ARAN 584.1.4.116.

125) ZIIM, 81.

"중추적인 문제는 모두 극명한 대립을 통해 방향이 결정된다. 한쪽에는 인간의 선조였던 동물에서 내려온 부정적인 특징들이 남아 있고, 다른 한쪽에는 이상적인 삶, 더 나은 미래를 위한 강력하고 끈질긴 노력이 존재한다. …… 이러한 노력과 지칠 줄 모르는 과학적인 노력이 결합한다면 반드시 풍성한 결실을 거둘 수 있으리라."[126]

22. 공중누각

그즈음 독일에서는 에밀 베링이, 프랑스에서는 에밀 루가 아이들의 목숨을 구하기 위해 디프테리아와 싸움을 벌였다.

디프테리아는 유독 아주 어린 생명을 앗아 가는 악명 높은 질병이었다. 처음에는 그저 목이 따가운 증상이 전부인 것처럼 감쪽같이 자신을 감춘 채 나타나지만 곧 보이지 않는 손이 목을 조르듯 희생양을 질식시키는 무서운 병이었다. 디프테리아에 걸린 아이들의 목구멍에는 가죽처럼 막이 덮여 있어서 디프테리아라는 이름 대신 '아이들을 목 졸라 죽이는 천사'라는 별칭으로 불릴 정도였다. 달리 손쓸 방도를 찾지 못한 의사들이 어린 환자들의 숨통이 막히지 않도록 목을 외부에서 절개하고 기관에 은으로 된 호흡관을 끼워 넣기도 했다. 그러나 디프테리아에 걸린 아이들 중 절반 이상이 병원에서 다시는 집으로 돌아가지 못하는 운명을 맞이했다. 디프테리아 병동에 근무하던 간호사들은 비통함을 견디지 못하고 다른 일터로 옮기는 경우가 빈번했다.

---

126) ASS, vol.13, 155.

루는 디프테리아 연구는 물론 모든 연구를 진행하는 데 있어 면역 전쟁과는 거리를 두었다. 런던 위생 회의에서처럼 어쩌다 면역 논쟁에 관여할 경우는 전부 메치니코프를 돕는 것이 목적이었다. 반면 베링은 체액 면역의 중심 주자였지만, 나중에 메치니코프와 가장 뜻밖의 친구가 된 인물이다.

베링과 메치니코프는 런던 행사에서 처음 만났을 것으로 추정된다. 에밀 아돌프 베링Emil Adolf Behring은 의학계에서 단연 돋보이는 위치에 오른 사람에 걸맞게 키가 훤칠하게 큰 편이었다. 프로이센 군대에서 군의관을 지낸 그는 골똘히 생각에 잠겨 있다가도 어느 순간 주변을 좌지우지하는 위세와 불같은 성미를 드러냈다. 극심한 우울증으로 여러 번 입원 치료를 받기도 했던 것으로 보아 조울증이라고도 불리는 양극성 장애를 앓았으리라 추측되기도 한다.[127] 매일 새벽 4시면 일어나서 아침 식사로 큼직한 슈니첼schnitzel(튀긴 쇠고기)을 먹고, 스스로 '내적 멸균'이라 부른 방법을 찾는 데 몇 년간 집중했다. 화학 물질을 통해 몸을 감염으로부터 보호하는 이 방법에 대해 베링은 "햄을 훈연하면 고기를 부패시키는 균의 영향을 받지 않고 보존할 수 있는 것과 같은 맥락"[128]이라고 설명했다. 런던 회의에서 그는 면역에 관한 토론이 진행되고 나서 이틀 뒤, '살아 있는 몸과 멸균'이라는 제목으로 강연을 했다.

메치니코프도 베링의 헌신적인 노력에 대해서는 분명 인상 깊게 생각했으리라. 하지만 소책자에서 식세포 이론은 '형이상학적인 추측'[129]

127) 린튼(Linton), 『에밀 폰 베링(Emil von Behring)』, 14.

128) 보이믈러(Bäumler), 『파울 에를리히(Paul Ehrlich)』, 42.

129) 에밀 베링(Emil Behring), 『혈청 치료의 실용적 목적(Die praktische Ziele der Blutserumtherapie)』(Leipzig, 1892), 66. A. E. 가이시노비치(A. E. Gaisinovich)와 A. K 판필로바(A. K. Panfilova)의 "메치니코프의 편지 유산(Epistoliarnoe nasledie I. I. Mechnikova)"에 인용됨. [EM, 편지(Pis'ma), 28]

이라고 언급한 것으로도 모자라, "살아 있는 세포의 신비한 힘에 의존한 이론"[130]이며 "환자 치료에 방해가 된다"[131]라고 단언한 사람과 어떻게 친구까지 될 수 있었을까?

우선 베링은 면역 이론끼리 맞선 전쟁에서 일부러 멀찌감치 발을 빼고 있었다. 양쪽의 완고한 주장을 모두 비난하던 그는 베를린의 한 강연에서는 이렇게 설명한 적도 있다.

"부흐너와 메치니코프처럼 타고난 이론가들은 통제 불가능할 정도로 낙관적이라 새로운 사실이 발견되더라도 자신이 너무나 아끼는 이론에 합칠 방법부터 찾는다."[132]

베링은 가장 중요한 것은 "(그 새로운) 사실을 활용해서 병든 인류를 돕는 일"이라고 공언했다. 그런데 1891년 10월에 있었던 런던 행사 이후, 베링이 메치니코프에게 편지를 보내 친근감을 표현했다.

"저는 병든 사람들을 돕기 위해 꾸준히 노력하고 있으며 이론적인 문제와는 멀리 떨어져 있는 사람입니다. 제게는 치료에 도움이 되고 면역학적으로 효과적인 방법을 찾는 일이, 그러한 효과가 어떻게 발휘되는지 명확히 밝히는 일보다 훨씬 중요합니다."[133]

이렇게 베링은 현실적인 문제를 해결하는 일에 모든 에너지를 쏟으며 면역 전쟁에서 사실상 스스로 물러났다. 그러니 적이지만 메치니코프가 충분히 애정을 느낄 만한 대상이 된 것이다. "굉장한 발견을 하셨

---

130) EM, "회의에 소개된 식세포 이론(La théorie des phagocytes au Congrès)," 541.

131) 위와 동일, 540.

132) 베를린 자선협회(Charité Society)에서 베링이 실시한 1893년 강연. 린튼(Linton), 『에밀 폰 베링(Emil von Behring)』(89)에 인용됨.

133) 베링이 EM에게 쓴 편지, 1891년 10월 7일. ARAN 584.4.70.

다고 저는 확신합니다."[134] 이런 메치니코프의 답장에서도 다정함과 너그러움이 느껴진다. 더불어 메치니코프는 그에게서 상당히 찾아보기 힘든, 상대방의 생각에 수긍하는 태도까지 드러냈다.

"우리 두 사람은 나란히 평화롭게 연구할 수 있을 것 같군요. 식세포와 항독소처럼, 우리도 서로 도울 수 있습니다."

베링에게도 메치니코프와의 우정은 특별한 의미가 있었다. 베링은 독일 민족주의자이면서도 프랑스를 향한 애착을 노골적으로 드러내는 모순된 면을 가진 사람이었다. 서재에 비스마르크와 프리드리히 2세의 사진과 파스퇴르의 사진을 나란히 걸어 놓을 정도였다. 그가 메치니코프에게 관심을 가지게 된 연유 중에는 파스퇴르가 이끄는 연구소에서 메치니코프가 높은 직위를 맡고 있었다는 점도 분명히 있다. 하지만 더 중요한 이유가 있었다. 그는 메치니코프를 통해서, 디프테리아를 물리칠 수 있는 강력한 혈청을 만들어 내는 연구에 빠른 진척을 보이던 루와 가까워지고 싶었던 것이다.

프랑스와 독일이 서로에게 내뿜는 적개심을 비웃기라도 하듯이 디프테리아 정복을 위한 여정에서는 양국이 거의 평행선상을 달리고 있었다. 먼저 1880년대 초반 독일 과학자들이 가느다란 원통 모양의 디프테리아균을 처음 발견하고, 여러 개의 균이 모여서 꼭 중국의 한자 같은 모양이 나타날 때도 있다는 사실을 알아냈다.

그리고 루를 과학자로서의 삶에서 절정기에 오르게 한 발견이 이어졌다. 1888년, 루는 동료 연구진들과 함께 디프테리아균은 간접적인 방식으로, 즉 독소를 분비함으로써 환자의 몸을 헤집어 놓는다는 사실

---

134) EM이 베링에게 쓴 편지, 1891년 11월 29일. EM, 편지(Pis'ma), 132.

을 확인했다. 이후 연구진은 이 독소에 대한 면역력을 발생시키는 방법을 찾고자 실험동물을 점진적으로 많은 양의 독소에 노출시키는 실험을 했지만 모두 실패로 돌아갔다.

루의 전기를 쓴 작가 중 한 사람은 루가 그다음에 택한 길을 치명적인 실수로 표현했다.

"연구진은 면역력이 혈액을 통해 전달될 것이라 추측했다. 그러나 식균 작용에만 몰입하던 메치니코프가 말리는 바람에 혈액을 활용해보려던 시도를 포기했다."[135]

이러한 주장은 이미 일이 다 끝난 뒤에 나왔다는 점에서 아무 소용 없는 소리에 가깝지만, 이 작가의 말이 사실이라면 루는 메치니코프와의 우정을 감안해 큰 대가를 치른 셈이다.

어느 쪽이 사실이건, 그다음에 벌어진 일 중에 확실한 것은 디프테리아 퇴치를 향한 다음 단계는 독일의 에밀이 구축했다는 것이다. 베링은 1890년에 중대한 연구 결과를 발표하여 리스터에게 깊은 감명을 주고, 메치니코프와 루를 깜짝 놀라게 했다. 디프테리아에 면역이 생긴 동물의 혈청을 면역이 없는 동물에게 주사한 뒤 병에 걸리게 하는 방식으로 독소가 중화될 수 있다는 사실을 밝혀낸 것이다.

하지만 혈청이 대체 어떤 작용을 한 것일까? 파스퇴르가 개발한 백신처럼 활성이 약해진 균이 존재하는 것도 아닌데 분명 독소의 영향은 약화됐다. 혼란스러워진 미생물학자들은 다양한 가능성을 제시했다. 혈청에 '생명력을 가진 잔여물'이라든가 '방어 능력이 있는 단백질', 즉 보호 기능을 하는 '알렉신alexin'('방어하다'라는 뜻의 그리스어에서 온 말로, 혈청 중 살균성 단백질을 가리킨다.

---

135) 라그랑주(Lagrange), 『무슈 루(Monsieur Roux)』, 153.

'보체'라고도 한다.)이 있다는 주장을 펴기도 했다. 베링은 처음에 항독소의 활성을 신중하게 언급하며 특정 물질에서 나온 결과로는 보지 않았다. 순수한 면역 물질을 분리할 수 있다는 생각은 라인산 와인에서 핵심 성분만 농축하려는 것만큼이나 말도 안 되는 소리라며 비아냥거리기도 했다. 그러나 바로 그 생물학적인 천연 물질, 즉 항체의 존재가 밝혀지고 이후 수십 년 동안 항체가 모든 면역 이론을 지배하는 시대가 열렸다.

디프테리아를 물리치기 위한 마지막 단계, 즉 혈청을 효과적인 치료법으로 만드는 일은 프랑스와 독일 양쪽 진영에서 동등하게 이루어졌다. 아이들에게 접종하려면 혈청이 대량으로 필요했으므로 토끼나 기니피그로는 감당할 수 없었다. 프랑스에서는 루가 말을 이용하여 효능이 매우 강력한 혈청을 생산해 냈다. 먼저 말에게 병을 일으키지는 않지만 면역력은 발생시킬 만큼 디프테리아균을 주사한 뒤, 혈액을 채취하여 항체가 존재하는 맑은 혈청만 분리하는 방식이었다. 이렇게 해서 껑충대며 뛰어다니는 혈청 '공장' 한 마리에서 한 달에 3리터의 혈청을 생산할 수 있었다.[136] 그 정도면 수요를 충족하기에 충분했다. 이 성과는 이후 수십 년 동안 면역학 연구 시설에 늘 말똥 냄새가 나게 되는 계기가 되었다.

그러나 이것은 대량 생산을 하기에는 무리가 있는 방법이었다. 혈청의 효능을 충분히 강력한 수준으로 유지해야 한다는 문제도 있었다. 독일에서는 베링과 협력하던 뛰어난 연구자 파울 에를리히Paul Ehrlich가 '면역성의 수준Immunitätsgraden'이 미리 정해진, 표준화된 혈청을 만들어 내는 방법을 개발했다. 동물의 몸에서 충분한 농도의 항독소가 생산될

---

136) 라그랑주(Lagrange), 「무슈 루(Monsieur Roux)」

수 있도록, 동물에게 주사하는 디프테리아 독소의 양을 주기적으로 늘린 결과였다. 마침내 혈청을 대량 생산할 수 있는 길이 열린 것이다. 개발자인 에를리히는 공익과 사리가 충돌하지 않도록 혈청에 대한 권리를 포기하라는 요청을 받았고, 이를 받아들이는 조건으로 국가 기금으로 운영되는 기관의 대표직을 맡아 상업적으로 판매되는 혈청의 품질을 관리했다. 에를리히의 전기를 쓴 작가에 따르면, 그는 베링이 이러한 협약을 체결하도록 유도하여 자신이 혈청으로 발생한 수익을 얻지 못하게 만들었다고 생각했다.[137] 결국 베링과의 협력 관계는 끝났지만, 에를리히의 면역에 대한 관심은 사라지지 않았고 그는 얼마 후 메치니코프의 강력한 적수로 떠올랐다.

혈청이 넉넉하게 생산되자 병원 주사기마다 생명을 구해 줄 노란색 액체가 채워지기 시작했다. 사람의 몸에서 만들어진 물질이 아니다 보니, 때로는 혈청을 맞은 환자들이 발진 등 원치 않는 반응을 보였다. 항상 효능이 있는 것도 아니었다. 그러나 제대로 작용하면 의사와 간호사는 눈앞에 나타난 결과를 보고도 믿지 못할 정도로 너무 놀라 두 눈에 기쁨의 눈물을 보였다. 새파랗게 변한 얼굴로 숨을 제대로 못 쉬던 아기들에게 혈청을 주사하고 몇 시간이 지나면 열이 가라앉고 목 안을 조이던 끈끈한 물질도 사라졌다.

곧이어 상트페테르부르크부터 시애틀까지 세계 각지에서 의사들이 말에서 얻은 혈청을 디프테리아 환자들에게 주사하기 시작했다. 3분의 2에 가깝던 디프테리아의 치사율은 불과 몇 년 만에 절반 가까이로 줄

---

137) 보이믈러(Bäumler), 「파울 에를리히(Paul Ehrlich)」, 56–60; 린튼(Linton), 「에밀 폰 베링(Emil von Behring)」, 169–172; 마쿼트(Marquardt), 「파울 에를리히(Paul Ehrlich)」, 30–33; 실버스타인(Silverstein), 「폴 에를리히의 수용체 면역학(Paul Ehrlich's Receptor Immunology)」, 50–51.

고,[138] 다시 3분의 1로 줄더니 1910년에는 사망자가 환자 열 명당 한 명 꼴로 줄었다. 혈청이 사용되기 시작한 시점부터 20년 동안 전 세계에서 약 25만 명의 생명이 구제를 받은 것으로 추정된다.[139]

그러나 다른 대부분의 감염질환에서는 혈청 치료가 소용없는 것으로 입증됐다. 파상풍의 경우에도 쥐 실험에서는 놀라운 효과가 나타났지만, 병을 예방하는 백신으로만 뛰어난 효능이 발휘되는 것으로 확인됐다. 그럼에도 이미 애초에 예견된 것처럼, 혈청 치료는 인류에 어마어마한 성취감을 안겨 주었다. 역사상 최초로 의사가 감염질환을 치료할 수 있게 된 것이다. 항생제가 워낙 많이 쓰이다 보니 감염질환을 성공적으로 치료한 최초의 성과를 항생제로 잘못 알고 있는 사람들도 많지만[140] 혈청 치료는 항생제가 개발된 때로부터 반세기 전에 이룩한 결과였다.

혈청을 이용한 치료에 똑같이 성공한 베링과 루의 운명은 큰 차이를 보이며 전개됐다. 베링은 이 치료 덕분에 코흐의 그늘에 가려진 무명 의사에서 세계에서 가장 존경받는 의사이자 막대한 부를 거머쥔 의사로 올라섰다. 수많은 명예도 줄을 이어 1901년 최초로 수여된 노벨상의 생리·의학상을 수상하는 영광도 얻었다.

프랑스에서는 혈청 치료가 기적적이긴 하지만 파스퇴르가 이끄는 연구소에서 당연히 나올 법한 성과로 여겨졌다. 그래도 덕분에 기부금이 쇄도하여 연구소는 재정난에서 벗어날 수 있었다. 연구소 건너편, 현재 닥터 루 거리로 불리는 곳에는 '파스퇴르 연구소 병원'이 건립되

---

138) 그룬바샤(Grundbacher), "베링의 발견(Behring's Discovery)," 188.

139) 파제트(Paget), 『파스퇴르, 그리고 파스퇴르 이후(Pasteur and after Pasteur)』, 100.

140) 린튼(Linton), 『에밀 폰 베링(Emil von Behring)』, 7.

고 프랑스 정부는 전 국민이 혈청 치료를 받을 수 있도록 100마리가 넘는 말을 키우고 관리할 수 있는 보조금을 지급했다.

루가 혈청 치료 덕에 개인적으로 금전적인 이익을 얻을 만한 기회는 전혀 없었다. 무엇보다 프랑스에서는 특허 소지자가 약으로 이윤을 얻는 것이 법으로 금지되어 있었다.[141] 광견병 주사가 무료로 제공된 이유도 그런 이유에서였다. 물론 법의 허점을 교묘하게 이용하는 방법도 있었지만, 프랑스 국민들 사이에서는 의학적인 연구 결과로 돈을 벌어들이는 것을 '예의에 어긋나는 일mauvais ton'로 여기는 분위기가 팽배했다. 그러니 파스퇴르가 의학으로 재벌이 된 독일인들을 경멸하는 것도 당연한 일이었다. 루 역시 워낙 금욕적인 성격이라 혈청으로 수익을 얻었다 한들 분명 다 기부했을 것이다. (한번은 메치니코프의 제자 중 한 명이 루가 파스퇴르 연구소의 실험 도구를 자신의 월급으로 충당하는 것을 알고 깜짝 놀란 일이 있었다. 왜 그렇게 하냐고 묻자, 루는 이렇게 대답했다고 한다. "자네는 젊어서 돈이 필요하겠지만, 난 나이가 많은 사람이라 필요 없어."[142] 하지만 당시 루의 나이는 겨우 서른다섯이었다.)

노벨상 수상자로 거론되기는 했지만, 스웨덴의 한 과학 역사가의 표현을 빌자면 루는 "확실한 자격 요건을 갖추고도 탈락한 자"[143]가 되었다. 노벨상 위원회는 루가 디프테리아 독소를 분리해 낸 성과보다 베링이 면역성을 전달하는 방법을 발견한 일이 더 중요하다고 판단했다. 실제로 병원에서 베링의 성과가 미미하다는 것은 중시되지 않았다.

그래도 혈청 치료로 인해 루는 프랑스 국민들에게는 유명인사가 되는, 별로 원치 않았던 성과를 얻었다. 애국심이 강한 프랑스 언론은 그

141) 하게(Hage)와 모트(Mote), "변화하는 조직(Transformational Organizations)," 20.

142) 치스토비치(Chistovich), "기록 모음(Iz zapisok)"

143) 루텐베르거(Luttenberger), "우수성, 그리고 기회(Excellence and Chance)," 225–38.

를 혈청 치료를 발명한 장본인이라 칭하며 열광적인 찬사를 보냈다. 『르 피가로』는 제1면에 '파스퇴르 연구소, 아이들 기침병을 치유하다' 라는 제목의 기사를 내걸고 혈청 치료는 루가 발견한 독소에서 비롯된 것이며, 따라서 "전적으로 프랑스에서 이루어진 일"[144]이라고 자랑스레 알렸다. 지극히 양심적인 루로서는 모든 영광이 자신에게 쏟아지는 것을 몇 번이고 거절하며 프랑스에서 주어진 중요한 상이나 명예를 모두 베링과 함께 나누겠다고 고집을 피웠다. 그럼에도 프랑스에서는 혈청 치료제가 '루의 혈청'이라는 이름으로 불렸다.

베링의 전기를 쓴 작가 중 한 사람은 "언어적인 재능을 타고난 러시아인"[145] 메치니코프가 독일어를 할 줄 모르는 루와 베링 사이에 "다리"를 연결했다고 전했다. (베링 역시 프랑스를 친근하게 생각하면서도 프랑스어를 유창하게 구사하지는 못한 것으로 보인다.) 이 다리는 베링이 자신의 아들들의 대부를 선택하는 순간에도 중대한 영향을 끼쳤다. 자식이 세례를 받을 때 대부를 지정하는 것은 직업적으로나 사회적인 관계에서 더 끈끈한 관계를 맺기 위한 기회로 여겨졌고, 베링에게는 그런 인연을 맺을 기회가 여섯 번 있었다. 장남 프리츠의 대부가 되는 영광은 루에게 돌아갔다.[146] 메치니코프는 다섯째 아들인 에밀의 대부가 되었고[147] 막내아들의 대부는 당시 전통

---

144) "파스퇴르 연구소, 아이들 기침병을 치료하다(La guérison du croup à l'Institut Pasteur)", 『르 피가로(Le Figaro)』, 1894년 9월 6일, 1.

145) 차이스(Zeiss)와 비엘링(Bieling), 『베링(Behring)』, 114. 메치니코프는 독일어와 프랑스어는 자유자재로 구사할 수 있었고 영어, 이탈리아어, 포르투갈어는 제한적으로 할 줄 알았다. 다윈의 『종의 기원』은 독일어 번역서로 읽었다. 버넷(Burnet)은 메치니코프에 대해 이렇게 쓴 적이 있다[『유럽인(Un Européen)』, 18]. "열정 가득한 눈빛으로 긴 머리카락이 흔들릴 만큼 신이 나서 열정적으로 프랑스어, 러시아어, 독일어로 이야기했다. 그 밖에 말을 할 수는 없어도 몇 가지 언어를 이해했는데, 이에 대한 반응은 언제나 가르치고 예언하는 것으로 나타났다. 그야말로 과학계의 악마다운 모습이었다."

146) 린튼(Linton), 『에밀 폰 베링(Emil von Behring)』, 199.

147) 위와 동일; "노트(Primechaniia)" EM, 편지(Pis'ma), 264.

에 따라 황제가 맡았다.[148]

메치니코프와 베링은 여러 해에 걸쳐 수십 통의 편지를 주고받으며 연구에서도 협력했다. 메치니코프는 독일로 가서 베링을 만나기도 했는데, 한번은 결핵 연구를 함께 진행하기 위해 면역력이 생긴 기니피그를 가지고 파리로 돌아온 일도 있었다. 베링도 프랑스에 올 일이 있을 때마다 빠짐없이 파스퇴르 연구소에 들러 메치니코프와 루를 만났다. 제1차 세계대전이 발발한 후에도 국경 너머 파리의 두 친구와 연락을 유지하고, 자신은 메치니코프와 단절하고 지낼 생각이 전혀 없다고 공언했다. 심지어 1915년에는 메치니코프 앞으로 자신이 모아 둔 논문 뭉치를 보내고는 "일 합시다"[149]라는 따끔한 잔소리를 동봉했다.

처음에는 메치니코프도 실험동물 간에 면역성이 전달될 수 있게 한 베링의 성과에 위협을 느꼈지만, 인간 대상의 혈청 치료법이 발전해 가는 일에 대해서는 별로 동요하지 않았다.

"체외 환경에서 혈청이 균을 사멸시킬 수 있다는 사실은 충분히 입증되었으나, 이는 면역력과 아무 상관이 없습니다."[150]

메치니코프는 한 의학계 회의에서 이렇게 밝혔다. 그리고 혈청이 면역에 영향을 준다 하더라도 세포의 작용에서 나온 결과라고 주장했다.

"항독소는 직접 균의 독소를 파괴하기보다는 세포의 저항력을 자극할 가능성이 훨씬 더 높다."[151]

---

148) 린튼(Linton), 「에밀 폰 베링(Emil von Behring)」, 199.

149) 위와 동일, 381.

150) EM, "면역 이론에 대하여(Zur Immunitätlehre)", 「독일 내과학회 토론: 제11차 라이프치히 회의(Verhandlungen der Deutsche Gesellschaft für innere Medicin: XI Kongress in Leipzig)」(뮌헨, 1892), 282–89, repr., ASS, vol. 6, 273.

151) EM, "혈청 치료의 기본 요약 정리(Ocherk osnov ucheniia o seroterapii)", 「러시아 병리학 · 임상의학 · 세균학 기록지(Russkii Arkhiv Patologii, Klinicheskoi Meditsiny i Bakteriologii)」 2, no. 1 (1896): 111–19, repr., ASS, vol. 7, 165.

이런 글을 남기기도 했다. 디프테리아와 파상풍은 예외적인 경우이며, 더 나아가 질병에 혈청이 특이적으로 작용을 한다는 사실로 면역력을 설명할 수는 없다는 주장을 굽히지 않았다. 그는 이 '특이성'이 면역 반응의 가장 놀라운 특성 중 하나이며, 인체에 위협이 찾아올 때 각각의 경우마다 그 위협에 대한 맞춤식 대응 수단을 마련하는 능력임을 알지 못했다. 그리고 이렇게 혈청 치료를 일축함으로써 자신의 식세포 이론이 점차 시대에 뒤처진 이야기가 되고 있다는 사실 또한 깨닫지 못했다.

그러나 한편으로 메치니코프는 뛰어난 선견지명을 발휘했다. 언젠가 세상이 질병을 물리치게 된다면 인체의 저항 능력을 강화한 결과임이 분명하리라고 주장한 것이다.

"그러므로 생명체가 지닌 치유력에 대해 더 자세히 밝혀야 합니다. 그래야 인공적인 방법을 통해 이 치유력의 이로운 작용을 강화할 수 있습니다."[152]

아주 야심만만한 계획이었다. 메치니코프는 즉각적인 치료에 과도하게 몰두하는 것보다는 순수 과학을 추구할 때 인류의 질병을 없앨 가능성이 더 크다고 보았다.

"순수 과학이 실질적인 적용 방안을 염려하지 않고, 오직 진실을 추구한다는 것은 널리 알려진 사실이다."[153]

그는 한 리뷰 논문에서 자랑스레 이러한 결론을 내렸다. 메치니코프에게 혈청 치료는 이 방대한 비전과 맞지 않았다. 베링이 혈청으로 벌

---

152) EM, "감염질환 치료의 최근 동향에 관한 에세이(Ocherk sovremennykh napravlenii v terapii infektsionnykh boleznei)", 『남부 러시아 의학신문(Yuzhno-Russkaia Meditsinskaia Gazeta)』 1 (1892): 3–5, repr., ASS, vol. 9, 82.

153) EM, "회의에 소개된 식세포 이론(La Théorie des Phagocytes au Congrès)," 540.

어들인 수익으로 독일 마르부르크 지역과 가까운 곳에서 성채 같은 빌라를 지을 때, 메치니코프는 허공에 자신만의 성채를 짓느라 분주했다.

23. 과학계의 악마

메치니코프는 베링의 디프테리아 연구 결과를 받아들이기 위해 애쓰는 과정에서 무수히 많은 생명을 살리고 인류 전체에 공헌할 수 있는 과학 연구에 뛰어들 기회를 얻었다. 오데사 연구소에서 일하던 시절부터 그에게 친숙한 질병이던 콜레라가 1890년대 초, 전 세계 인구를 위협하며 시급히 해결되어야 할 문제로 대두되었다. 콜레라는 19세기에만 다섯 번째로 전 세계를 휩쓸며 끔찍한 위용을 떨치고 있는 중이었다. 콜레라 균은 발원지인 인도에서 증기선과 기차에 오른 순례자와 상인, 여행자를 통해 슬쩍 빠져나와 이집트로, 유럽 남부 항구 지역으로 번지더니 페르시아를 거쳐 러시아까지 옮겨 왔다.

콜레라는 빈곤과 기아에 허덕이던 러시아에 대대적으로 퍼져 무시무시한 규모로 생명을 빼앗았다. 1892년 여름에만 러시아 77개 지역에서 무려 30만 명에 달하는 사람들이 콜레라로 목숨을 잃었다.[154] 콜레라가 무언가를 감추기 위한 눈속임이라는 소문까지 맹렬히 퍼져 나갔다. 의사들이 사람들에게 독을 먹이고 산 채로 매장한다는 것이었다. 러시아 일부 도시에서는 이 소문을 믿고 분노한 시민들이 병원을 습격해 약탈하거나 불을 지르는 일까지 벌어지고, '독살자'로 몰린 한 의사

---

154) 포포브스키(Popovskii), 「발데마르 하프킨(Vladimir Khavkin)」, 139.

가 사람들에게 잔혹하게 폭행당하는 사건도 발생했다. 같은 해, 콜레라는 유럽 곳곳으로 번져 함부르크에서도 8,000명 이상이 목숨을 잃었다.[155] 유럽 대륙은 얼마 후 위생 수준이 개선되면서 콜레라도 통제되었으므로 유럽 전역에 콜레라가 대대적으로 번진 것은 이때가 마지막이었다. 하지만 사람들이 그 사실을 내다볼 수는 없었으니 공포와 혼란은 확산됐다. 대다수가 여행 계획을 바꾸거나 취소했고, 우편물을 주고받는 일에도 차질이 빚어졌다.

당시 유럽 여러 나라의 여러 학자들과 마찬가지로 메치니코프도 콜레라 연구에 뛰어들 수밖에 없었다. 그리고 자신을 지극히 헌신적으로 따르는 연구생들과 더불어 위험천만한 연구를 감행했다. 콜레라균이 섞인 물을 직접 들이켠 것이다. 센강에서 떠 온 물, 환자의 변소에서 떠 온 물과 베르사유 궁전 주변의 광장 한 곳에 설치된 분수에서 떠 온 물까지 마셨다.

"오물이란 오물은 다 삼켰습니다."[156]

메치니코프는 한 의학계 회의에서 놀란 청중들에게 이렇게 밝히기도 했다.

10여 년 전, 재귀열을 연구하면서 자기 몸에 실험을 하고도 운 좋게 살아남았던 경험이 이런 위험까지 무릅쓴 대담한 시도에 분명 영향을 주었을 것이다. 오늘날에는 다른 사람은 물론 자기 자신에게 이런 짓을 하는 것도 범죄 행위로 간주하지만, 인체 실험을 금지하는 법 제정은 메치니코프를 추종하던 제자들이 콜레라균이 섞인 물을 마시던 시절로부터 아직 수십 년은 더 지나야 이루어지는 일이었다. 오히려 당

---

155) 『영국 의학 저널(British Medical Journal)』 1, no. 1678 (1893): 429.
156) "콜레라의 특성과 원인(The Nature and Causes of Cholera)", 『란셋(Lancet)』 144, no. 3709 (1894): 761.

시 사회는 자가 실험을 하는 학자들을 영웅으로 여겼다. 게다가 메치니코프가 먼저 선봉에 섰으니 더 말할 것도 없었다. 죽을 줄 알면서 돌진하는 자살 특공대처럼, 그는 이 위태로운 일에 자진해서 뛰어들겠다는 이들이 나타나면 기꺼이 함께했다.

메치니코프의 목표는 콜레라의 근원을 찾는 일이었다. 코흐가 분리해 낸, 꼭 쉼표처럼 생긴 콜레라균이 정말 이 병을 일으킬까? 무엇보다 혼란스러운 것은 '코흐의 쉼표'라 불리는 이 균이 때로는 건강한 사람들의 대변에서도 발견된다는 사실이었다. 파리에 아직 콜레라 환자가 발생하기도 전에 메치니코프의 제자들이 센강에서 떠 온 물에서 콜레라균이 발견된 적도 있었다. 뮌헨에서도 당시 매우 저명한 과학자였던 막스 폰 페텐코퍼Max von Pettenkofer가 쉼표처럼 생긴 균이 콜레라의 원인이라는 사실을 믿지 못하고 균을 배양하여 수백 마리를 한입에 꿀꺽 삼켰다. 그가 가르치는 학생들도 같은 도전을 했는데, 아무도 콜레라에 걸리지 않았다.

메치니코프는 콜레라균과 콜레라의 관계를 명확히 밝히기로 결심했다. 그리고 프랑스 전역의 의사들에게 연락을 취해, 콜레라 환자의 혈액과 대변 표본을 연구소로 보내 달라고 요청했다.

"나는 계속해서 콜레라의 뒤를 쫓고 있소."[157]

그는 1893년 올가에게 쓴 편지에서 이렇게 알렸다. 브르타뉴 지방에서 콜레라가 발생했다는 소식을 듣고 서둘러 달려가고, 파리의 한 보트 주인이 센강에서 떠 온 물을 매일 2리터씩 마시다가 극심한 설사 증세로 병원에 입원했다고 하자 그의 대변 표본을 얻으러 찾아가기도 했

---

157) 메치니코프가 올가에게 쓴 편지, 1893년 6월 5일, 편지 1, 191.

다. 때때로 치즈를 먹고 병에 걸리는 사람들이 있다는 사실을 깨달은 뒤에는 파리 동쪽의 브리로 달려가 그 지역에서 난 치즈에 혹시라도 쉼표처럼 생긴 균이 있나 살펴보았다.

그러다 결국 일이 터졌다. 실험실에서 일을 돕던 청년이 콜레라균을 삼킨 후 콜레라에 단단히 걸려 쓰러진 것이다. 메치니코프는 이 젊은 이가 혹시라도 목숨을 잃으면 어쩌나 고민하며 불안해했다. 다행히 그는 회복되었고, 메치니코프는 다음 실험을 계획했다.

"그이 스스로 나중에 '정신병'이라 칭한 행위가 반복됐다. 그토록 불안한 시간을 보내고도 사람에게 또 실험을 하기로 결심한 것이다."[158]

올가는 당시 일을 이렇게 썼다.

이 결심은 끔찍한 결과로 이어졌다. 평소 간질을 앓던 열아홉 살짜리 연구원이 자진해서 균을 삼킨 뒤 콜레라에 걸렸고, 잠시 회복되는가 싶더니 며칠 후 알 수 없는 이유로 숨을 거두었다. 콜레라균이 그의 죽음을 앞당겼을지도 모른다고 생각한 메치니코프는 그제야 두 번 다시 사람을 대상으로 실험하지 않으리라 다짐했다. 하지만 이 맹세는 콜레라 연구에서는 지켜졌지만, 다른 질병에는 적용되지 않았다.

이런 아슬아슬한 연구를 이어 가면서 메치니코프는 수많은 결과를 얻었다. 코흐가 밝힌 내용이 사실이라는 것도 확인했다. 즉 쉼표처럼 생긴 균이 실제로 인체에 콜레라를 일으킨다는 사실을 확인한 것이다. 이것만으로도 엄청난 성과였지만, 향후 연구에 상당히 중요한 영향을 주는 계기도 함께 얻게 되었다. 콜레라 연구를 진행하면서 장의 미생물에 관심을 기울이게 된 것이다. 메치니코프는 콜레라균에 감염된 사

---

158) ZIIM, 126.

람이 병에 걸릴 것인지 무탈하게 넘어갈 것인지 결정하는 것은 바로 이 장내 미생물이라는 가설을 세웠다. 배양된 장내 미생물을 이용한 실험에서 실제로 미생물이 콜레라균의 생장을 촉진하거나 차단할 수 있는 것으로 나타나 이 같은 가설을 뒷받침했다.

"위장 안에서도 이와 같은 일이 벌어질지도 모른다."

메치니코프는 이렇게 생각했다.

"사람의 위에 존재하는 미생물에 관한 연구는 거의 이루어지지 않았고, 장의 미생물에 관한 연구 수준은 그보다도 훨씬 더 낮은 상황이다."[159]

1894년에 발표한 콜레라 연구 논문에서 그는 이와 같이 설명했다. 곧 런던에서 『타임스』지가 그의 가설을 보도했다.

"메치니코프가 호기심을 자극하는 동시에 오싹하고 가능성이 풍부한 새 이론을 제시했다. 콜레라균은 사람의 내부에 태생적으로 존재하는 균, 특히 위와 장에 사는 균이, 그의 멋스러운 표현을 빌리자면 '균의 생장에 호의적인' 경우에만 악의적인 영향력을 발휘한다는 것이다."[160]

대대적으로 확산되던 콜레라가 잠잠해지자, 프랑스에 또 다른 위협이 슬슬 모습을 드러내기 시작했다. 정치적인 사회 운동이 별안간 폭력적인 양상으로 바뀐 것이다.[161] 노동절에 벌어진 시위를 경찰이 폭력으로 진압한 데 분노한 과격 무정부주의자 단체가 그대로 되갚아 줘야

---

159) EM, "콜레라에 대한 면역성과 체내 수용성(Sur l'immunité et la réceptivité vis-à-vis du cholera intestinal)", 『연보』 8, no. 8 (1894): 586.

160) "국제 위생 회의(The International Congress of Hygiene)", 『타임(Times)』(런던), 1894년 9월 14일.

161) 메트롱(Maitron), 『무정부주의자 운동(Le movement anarchiste)』, 257.

212   Ⅲ. 면역 전쟁

한다며 파리 곳곳에서 다이너마이트를 연쇄적으로 폭파시켰다. 급격히 타오른 폭력의 열기는 극에 다달아 1894년 6월, 프랑스 국민들에게 큰 사랑을 받았던 사디 카르노Sadi Carnot 대통령이 이탈리아 무정부주의자가 휘두른 칼을 맞고 숨지는 일까지 벌어졌다.

그러나 메치니코프를 충격에 빠뜨린 뉴스는 따로 있었다. 1894년 봄부터 초여름까지, 그 못지않게 콜레라를 물리치겠다는 굳은 목표로 다급히 연구에 뛰어든 독일의 라이벌들이 불길한 성과를 내놓은 것이다.

"식균 작용에 관한 이론이 겨우 시민권을 획득했나 싶을 무렵, 새로운 사실이 발견되면서 상황은 완전히 역전됐다."[162]

메치니코프는 몇 년 후, 지난 세월을 돌아보며 이렇게 설명했다.

그 성과는 체액 면역의 본거지에서 나왔다. 베를린 코흐 연구소 산하 감염질환 연구소에는 과학부 총책임자를 맡고 있던 리처드 파이퍼Richard Pfeiffer라는 인물이 있었는데, 나폴레옹 3세처럼 끝이 꼬부라진 특이한 콧수염을 기른 이 학자가 기니피그에 콜레라균의 면역력을 성공적으로 발생시킨 것이다. 파이퍼는 살아 있는 콜레라균을 면역력이 생긴 기니피그의 복부에 주사하고 몇 분 단위로 복수를 소량 채취하여 현미경으로 들여다보았다. 그러자 콜레라균이 활동성과 함께 쉼표와 비슷한 형태도 잃더니, 20분 내에 마치 설탕이 물에 녹듯 아예 사라진다는 사실을 확인했다. 파이퍼는 이 일로 불멸의 명예를 얻었다. 오늘날에도 이처럼 균이 녹는 용균 현상을 '파이퍼 효과'라고 부른다. 복강에서 채취한 액체에는 세포가 거의 존재하지 않으므로 파이퍼가 얻은 성과는 곧 체액 면역을 주장하던 쪽의 승리와 다름없었다.

---

162) EM, 「면역(Nevospriimchivost)」, 648.

"기니피그를 이용한 콜레라 감염 연구로 볼 때 메치니코프의 식세포 이론은 명확히 틀린 내용으로 간주되어야 마땅하다."[163]

파이퍼는 『위생·감염질환지Zeitschrift für Hygiene und Infektionskrankheiten』에 낸 논문에서 이렇게 주장했다.

이 결과는 메치니코프가 제시해 온 모든 방어 논리를 한 방에 날려 버렸다. 디프테리아와 파상풍은 특수한 경우이고 다른 질병과는 연관 성이 없다는 것이 메치니코프의 주장이었다. 그런데 콜레라 역시 '특수한' 경우로 확인된 것이다. 가장 심각한 문제는 그동안 메치니코프는 시험관에서 관찰된 체액의 특성이 살아 있는 생명체의 면역력과 아무 관련이 없다고 주장해 왔으나, 파이퍼 현상은 세포가 거의 존재하지 않는 살아 있는 동물의 체액에서 관찰되었다는 사실이었다.

메치니코프는 파이퍼 현상으로 자살 충동을 느꼈다고 시인했다.

"나는 삶을 포기할 채비를 마쳤다."[164]

다행히 나이가 들면서 메치니코프도 자살 충동을 유리하게 이용하는 법을 자연스레 터득했다. 장기간 우울함에 젖어 허우적대는 대신, 밀려오는 절망감을 또 다른 활동을 위한 도약대로 활용한 것이다. 불안정한 심정으로 연구를 거듭하고 기니피그에 콜레라균을 주사한 끝에, 그는 마침내 11년째 끌고 온 자신의 이론을 구해 낼 길을 찾았다. 파이퍼 현상을 설명할 '해답'으로, 콜레라균을 사멸시킨 체액의 물질이 다름 아닌 식세포에서 분비되었다고 선언한 것이다.

"비상한 머리를 가진 메치니코프는 측은하게도 자연의 숨겨진 비밀을 풀기보다 늘 자신의 생각을 방어하기 위한 실험을 하느라 아까운

---

163) 파이퍼(Pfeiffer), "추가 연구(Weitere Untersuchungen)", 4.

164) ZIIM, 187.

삶을 허비해야 했다."[165]

폴 드 크루이프Paul de Kruif는 저서 『미생물 사냥꾼들Microbe Hunters』에서 이렇게 혹평했다. '삶을 허비했다'는 표현은 과장된 면이 있지만, 전반적으로는 틀린 말이 아니다. 메치니코프는 파이퍼 현상을 큰 그림을 파악하고 면역이 인체의 세포와 체액이 함께 작용한 결과라는 사실을 깨닫는 기회로 활용하지 못하고 오로지 자신의 식세포만을 바라보았다. 메치니코프가 과학계에 계속해서 몸담을 수 있게 했던 무모함이 이번에는 버려야 할 생각을 버리지 못하게 만들고, 결국 그를 최악의 추락으로 이끌고 말았다. 염증의 치유 과정에서 해로운 영향이 따르기도 하듯이 메치니코프의 추락도 그의 강점에서 나온 셈이다.

메치니코프가 파이퍼 현상을 이겨 내느라 낑낑거리던 즈음, 1894년 9월 부다페스트에서 개최된 제8차 국제 위생·인구통계학 회의에서 면역 전쟁은 그 절정에 이르렀다. 회의의 여러 분야 중 '감염질환의 병인학' 토론을 이끌 명예 대표로 지명된 메치니코프는 헝가리에 도착해 고급 호텔에 짐을 풀었다. ("믿기 힘들 정도로 너무나 화려해서, 역겨운 마음이 들 정도라오."[166] 그는 올가에게 쓴 편지에서 이렇게 설명했다.) 회의가 열리고 연단에 오른 메치니코프는 파이퍼 현상을 둘러싼 논란에 대해 입을 열었다. 균이 용해되는 현상 자체에 대해서는 의문을 제기하지 않았지만 식세포의 이론에 맞춰 새롭게 해석한 설명이었다. 연설은 승리를 확신한 말로 마무리됐다.

"지금까지 살펴본 내용으로 볼 때, 우리는 면역에 관한 세포 이론이 승리를 거두었으며 체액으로 설명하려는 시도가 패배했다는 사실을 이

---

165) 드 크루이프(de Kruif), 「미생물 사냥꾼들(Microbe Hunters)」, 218.
166) 메치니코프가 올가에게 쓴 편지, 1894년 9월 3일, 편지 1, 194.

제 인정해야 한다고 결론 내릴 수 있습니다."[167]

연설이 끝나고, 메치니코프는 올가에게 쓴 편지에서 겸손하게 설명했다.

"청중들이 큰 박수를 보낸 것으로 보면 내 이야기를 분명 기꺼이 받아들인 듯하지만, 이런 반응은 내 앞 순서였던 부흐너가 모두를 최면 상태로 만들어 놓은 상태에서 내가 큰 목소리로 생기발랄하게 이야기했기 때문에 나왔다고 생각되오."[168]

세월이 지나 메치니코프의 일흔 번째 생일을 축하하는 자리에서 루는 이날 부다페스트에서 친구가 얼마나 활기차게 연설을 했는지 시적으로 표현했다.

"지금도 1894년 부다페스트에서 메치니코프가 자신과 맞선 자들에게 이의를 제기하며 연설하던 장면이 생생합니다. 이글거리는 표정과 반짝이는 눈, 부스스하게 헝클어진 머리카락 때문에 마치 과학계의 악마 같은 모습이었지만, 그의 입에서 나온 말과 거부하기 힘든 주장은 청중의 박수를 이끌어 냈지요."[169]

루는 사실 그 행사에서 모든 청중을 사로잡은 사람이 바로 자신이라는 점은 언급하지 않았다. 베링이 참석을 하지 못한 바람에, 디프테리아에 걸린 아이들에게서 혈청이 보인 놀라운 성과를 최초로 공개하는 일이 루의 몫으로 떨어졌던 것이다. 행사에 앞서 몇 달간 루가 파리에서 실시한 대규모 실험을 통해 혈청으로 디프테리아 사망률을 절반까

---

167) EM, "면역의 의문에 대한 현 상황(L'état actuel de la question de l'immunité)", 『연보』 8, no. 10 (1894): 720.

168) 메치니코프가 올가에게 쓴 편지, 1894년 9월 3일, 편지 1, 193.

169) 에밀 루(Émile Roux), "M. E. 루의 편지: 옐리 메치니코프 교수의 생일 기념(Lettre de M. É. Roux: Jubilé du Professeur Élie Metchnikoff)", 『연보』 29, no. 8 (1915): 360.

지 줄일 수 있다는 사실이 밝혀졌다는 소식도 그때 함께 전해졌다. 청중은 완전히 압도됐다. 그날 회의에 참석했던 한 미국인 의사는 당시 분위기를 이렇게 묘사했다.

"사람들이 던져 올린 모자가 천장까지 닿고, 점잖게 앉아 있던 과학자들이 자리에서 일어나 박수갈채를 보내며 문명 세계에서 나올 수 있는 모든 언어로 환호했다. 그 이전이나 이후 지금까지, 과학을 하는 사람들이 그때처럼 감정을 다 드러내는 모습은 본 적이 없다."[170]

24. 맞설수록 더해 가는 고통

부다페스트 회의가 끝나고 메치니코프가 쉰 살이 된 해부터, 유난히 천장이 높은 그의 실험실에 그간의 열띤 긴장을 가라앉히는 바람이 불기 시작했다. 진정세에 접어든 면역 전쟁만큼 메치니코프의 전투적인 성향도 차츰 줄고 있었다. 1895년 6월에 그는 『파스퇴르 연구소 연보』에 화해의 분위기가 물씬 느껴지는, 『유기체에서 균의 세포 외 파괴 작용 Extracellular Destruction of Bacteria in the Organism』[171]이라는 제목의 논문을 발표했다.

같은 해 9월에는 파스퇴르가 또 한 차례 뇌졸중을 겪은 후 결국 세상을 떠났다. 메치니코프는 그가 숨을 거두기 몇 달 전부터 수시로 찾아가 얼굴을 마주했다. (파스퇴르는 메치니코프를 '무슈 멘쉬코프Monsieur Menshikoff'[172]라고 불렀다.

---

170) 에블린 막신 해먼즈(Evelyn Maxine Hammonds), 『아동기의 치명적인 폐결핵: 1880–1930년 뉴욕의 디프테리아 통제 캠페인(Childhood's Deadly Scourge: The Campaign to Control Diphtheria in New York City, 1880–1930)』(볼티모어 Johns Hopkins University Press, 1999), 92. 린튼(Linton), 『에밀 폰 베링(Emil von Behring)』(182)에 인용됨.

171) 『연보』 9, no. 6 (1895): 433–61.

172) 발데마르 하프킨(Waldemar Haffkine), 『메노라(Menorah)』(1922년 12월 20일)에 포함된 파스퇴르 관련 기록. 발데마르 모데카이 하프킨 개인 기록(Waldemar Mordechai Haffkine personal archive), 이스라엘 국립도서관. ARC. Ms.

멘쉬코프는 러시아에서 좀 더 흔한 성이다.) 파스퇴르를 만나고 온 날이면 메치니코프의 기분은 어김없이 우울해졌다. 그때부터 이미 자신의 노화가 걱정되기 시작했는지도 모른다.

"이토록 서서히 꺼져 가는 모습을 지켜보는 건 너무 힘든 일이오."[173]

메치니코프는 매주 파스퇴르를 찾아가던 시기에 올가에게 쓴 편지에서 이렇게 털어놓았다. 그리고 자신에게 더할 나위 없이 큰 선의를 베풀어 준 위대한 과학자가 세상을 떠나게 되었다는 슬픔 속에서 과학계에서 파스퇴르가 이미 수년 전부터 자취를 감추었다는 사실을 떠올렸다.

그간 지속해 온 면역 전쟁에 대한 열의가 누그러진 징후는 1897년 『생물학 연보L'Année Biologique』에 발표한 논문에서도 나타난다. 그는 「노년기의 퇴행에 관한 연구 자료 리뷰A Review of Several Works on Senile Segeneration」[174] 라는 제목의 논문에서 이후 남은 생애 동안 그의 머릿속을 잠식한 새로운 주제를 다루었다. 노화와 질병에 대한 두려움이 시작된 것이다. 이듬해 쉰셋이 된 메치니코프는 신장에 문제가 느껴지기 시작하자 자신이 불치병에 걸렸다고 생각했다. 그리하여 불과 얼마 전까지만 해도 과학이라는 이름으로 치명적인 균도 집어삼키던 과학자가 균이 조금이라도 묻어 있을 것 같은 음식은 절대 먹지 않는 무균 식단을 지키기 시작했다. 건강을 지키려는 그의 과도한 집착은 건강 염려증 환자에 비할 수 있을 정도였다.

Var. 325,84.

173) 메치니코프가 올가에게 쓴 편지, 1893년 5월 9일, 편지 1, 165.

174) EM, "몇 가지 연구에 관한 리뷰(Revue de quelques travaux)"

"섬뜩한 생각들이 그를 따라다녔다."[175]

올가는 당시 남편의 상태에 대해 이렇게 설명했다. 독일의 신장 전문가로부터 위험한 단계는 지났다는 말을 듣고 나서야 메치니코프의 과민한 반응은 겨우 진정됐다.

메치니코프가 한창 면역 전쟁에 집중할 때 그의 곁을 내내 지켰던 올가는 이제 여유 시간의 일부만 남편을 돕는 일에 쓰기 시작했다. 프랑스에 정착한 지 10년이 지난 1898년에 메치니코프는 파리 서쪽에 위치한, 부부가 여름이면 즐겨 찾던 작은 마을 세브르에 집을 장만했다. 두 사람은 뒷마당에 올가의 작업실을 짓기로 계획했다. 마흔 살이 다 되어 가는 나이에, 올가도 마침내 진짜 꿈을 찾게 된 것이다. 본격적으로 그림을 그리기 시작한 올가는 부드럽고 시적인 자신의 분위기가 그대로 녹아 있는 풍경화와 초상화를 완성했다. 파스텔로 남편의 초상화도 그렸다. 그녀는 파리 서쪽에 새로 지어진 미라도 다리에 설치될 거대한 청동상 네 개를 만든 유명한 조각가 장 앙투안 앙잘베르Jean-Antoine Injalbert가 가르치는 조각 수업에도 참여했다.[176]

그러나 평화가 찾아와도 메치니코프의 실험실은 늘 정신없이 바쁘게 돌아갔다.

"파리에서 오페라를 볼 수 있다는 사실조차 몰랐지 뭡니까."[177]

러시아에서 찾아온 사람에게 그는 이런 말을 했다. 지금껏 얼마나 많은 것을 참고 살아왔는지 보여 주는 전형적인 이야기였다.

---

175) ZIIM, 146.

176) 베네지(Bénézit), 『비평 사전(Dictionnaire critique)』, 81; 『해외에서 활동한 러시아 예술가들(Khudozhniki russkogo zarubezh'ia)』, s.v. "Mechnikova."

177) 『오늘의 뉴스와 주식시장(Novosti i Birzhevaia Gazeta)』, no. 249, 1899년 9월 10일, 2.

바로 그때, 식세포 이론을 향해 마지막 대포 두 발이 발사됐다. 심지어 그중 한 발은 아군에서 나왔다.

메치니코프 자신이 이례적으로 유능하다고 판단하여 식세포를 지키는 요새에 들인 존재가 알고 보니 트로이의 목마로 밝혀진 격이었다. 파이퍼 현상으로 위기가 닥친 지 얼마 되지 않았을 때였다. 물처럼 투명한 푸른 눈에 모나리자를 닮은 미소를 지녔지만 사람들 앞에 나서는 것을 별로 좋아하지 않는 벨기에의 젊은 의사, 쥘 보르데Jules Bordet가 메치니코프의 실험실로 찾아왔다. 그는 노련한 실험가였고, 메치니코프와는 달리 위대한 이론을 탄생시키는 일에 별 관심을 보이지 않았다.[178] 보르데는 먼발치에서 메치니코프를 오랫동안 존경하고 동경해왔지만, 일단 그의 실험실로 들어오자 자신의 논문에서 '친애하고 존경하는 선생님'[179]이라 칭한 사람의 면전에서 식세포 이론을 조용히 묻어버렸다.

보르데는 체액 이론의 핵심 개념을 전체적으로 뒷받침하는 사실들을 발견하고, 이 이론이 널리 수용되지 못하는 걸림돌이 되었던 부분들까지 싹 제거했다. 무엇보다 큰 성과는 면역력을 발휘하는 혈청이 균을 사멸시키는 것은 두 가지 물질의 복합적인 작용에서 나온 결과라는 사실을 발견한 일이다. 한 가지는 베링이 발견한 항체이고, 다른 한 가지는 '보체complement'이다. 항체가 균과 정확히 결합한다면, 보체는 혈액에 항상 존재하면서 보다 광범위한 기능을 수행한다. 이 결과는 나중에 매독을 비롯한 여러 질병에 대한 혈액 검사법의 개발로 이어진다.

---

178) 뵈머르(Beumer), "쥘 보르데(Jules Bordet)"; 슈말스틱(Schmalstieg)과 골드먼(Goldman), "쥘 보르데(Jules Bordet)"; 들로네(Delaunay), "쥘 보르데(Jules Bordet)" 등 참고.

179) 쥘 보르데(Jules Bordet), "백혈구와 혈청 백신의 활성 특성(Les leucocytes et les propriétés actives du serum chez les vaccinés)", 「연보」 9, no. 6 (1895): 506.

그런데 보르데는 보체를 발견해 식균 작용의 성지를 모독한 것으로는 충분치 않다고 느끼기라도 한 사람처럼, 면역성이 나타나는 체액으로 균은 물론 종이 다른 동물에서 채취한 적혈구 세포와 같은 외래 물질까지 파괴된다는 사실까지 밝혀냈다. 이로써 체액 면역은 승리의 왕관을 획득하고, 균을 없애는 것에 국한되지 않는 보편적인 현상의 하나로 올라섰다. 이를 이용해 범죄 현장에서 사람의 혈액과 동물의 피를 구분하는 법의학 검사법까지 개발됐다.

보르데가 라이벌에게 유리한 연구를 진행했다는 사실에 당연히 메치니코프가 크게 분개했으리라 생각할 것이다. 실제로 그는 체액 면역에 관심을 갖는 학생들을 배신자로 취급했다. 한번은 갓 연구실에 들어온 연구생이 학술지『의학 소식La Presse Médicale』에 체액 면역에 관한 논문을 발표하자 잔뜩 화를 내며 나무라기도 했다.[180] 그런데 이런 메치니코프가 도저히 불가능해 보이는 반응을 보였다. 보르데를 적으로 여기지 않은 것이다. 나중에 보르데가 벨기에로 돌아간 뒤에도 계속해서 연락을 하고 지낼 정도였다. 메치니코프가 몇 년만 더 살았다면 보르데가 '면역에 관한 발견'을 업적으로 인정받아 1919년 노벨 생리 · 의학상을 수상하는 모습도 자랑스레 지켜볼 수 있었을 것이다. 그의 업적은 대부분 메치니코프의 실험실에서 일군 성과였다.

두 사람이 친근한 관계를 유지할 수 있었던 주된 이유는, 보르데가 충성심인지 진정한 확신에서 나온 것인지 구분할 수는 없지만 늘 식세포 이론에 찬사를 보내고 자신의 연구 결과를 해석하는 데 있어서도 메치니코프의 적진으로 건너가는 일이 결코 없었기 때문이다. 게다가

---

180) 레바디티(Levaditi), "100세 인생(Centenaire)"

메치니코프가 맞닥뜨린 독일의 무시무시한 적수에 보르데가 개별적으로 맞서 싸웠다는 사실도 그의 신뢰와 사랑을 한층 두텁게 만든 바탕이 된 것으로 보인다.

보르데가 싸운 대상은 메치니코프보다 열 살 어린, 금발의 풍채가 꽤 좋은 파울 에를리히였다.[181] '똑똑한 괴짜'[182]로 불리던 인물답게 그는 깨어 있는 시간에는 독한 아바나 시가를 늘 뻐끔뻐끔 피워 대며 과학사에 신기원을 이룰 만한 아이디어를 끊임없이 뱉어 냈다. 겉으로 드러나지는 않았지만 사실 그와 메치니코프에게는 공통점이 있었다. 두 사람 다 조부가 일반 대중들 속에 섞여서 지낸 유대인 지식인층이었다는 사실이다. 폴란드 태생인 메치니코프의 조부 라이바 네바코비치Leiba Nevakhovich는 반유대주의가 확산되자 러시아 동부로 가는 대신 보다 일반적인 도주로였던 서쪽으로 발길을 돌렸다. 프로이센과 인접한 실레시아 지역에서, 동시대를 살았던 파울 에를리히의 조부 하이만 에를리히Heymann Ehrlich와 함께 이동했을 가능성도 배제할 수 없다.

젊은 나이에 의사가 된 파울 에를리히는 화학에 푹 빠져 살았고, 특히 염료를 무척이나 좋아해서 형형색색 염료로 물든 손가락으로 여기저기 웃는 얼굴 모양을 그려 넣곤 했다. 그 웃음은 그의 현실이 되었다. 코흐가 채택한 방식보다 결핵균을 더 선명하게 볼 수 있는 방법을 발견하고, 이 염색법이 다양한 균과 세포를 염색하는 용도로 광범위하게 사용되는 일도 보게 된 것이다. 그러나 에를리히를 명사 대열에 올

181) 보이믈러(Bäumler), 『파울 에를리히(Paul Ehrlich)』; 마쿼트(Marquardt), 『파울 에를리히(Paul Ehrlich)』; 실버스타인(Silverstein), 『폴 에를리히의 수용체 면역학(Paul Ehrlich's Receptor Immunology)』 등 참고.

182) S. 플렉스너(S. Flexner)와 J. T. 플렉스너(J. T. Flexner), 『윌리엄 헨리 웰치와 미국 의학계의 영웅 시대(William Henry Welch and the Heroic Age of American Medicine)』(뉴욕: Viking Press, 1941). 보이믈러(Bäumler), 『파울 에를리히(Paul Ehrlich)』(13)로부터 인용함.

려놓은 성과는 따로 있었다. 표준화된 디프테리아 혈청을 생산해 낸 일이었다. 덕분에 베링도 혈청 치료에서 선두로 나아갈 수 있었다.

수수께끼를 풀어 내는 셜록 홈스의 활약에 열광하던 에를리히는 면역의 수수께끼를 푸는 일에 몰두하기 시작했다. 체액에 존재하면서 인체를 보호하는 미지의 물질이 어떻게 작용하는지 밝혀내기로 결심한 것이다. 그리고 식세포에게는 사형 선고와 다름없는 이 목표를 에를리히는 결국 달성해 낸다.

19세기가 끝나가던 몇 해에 걸쳐 에를리히는 항체가 독소나 균에 대해 갖는 연관성을 설명한 자신만의 면역 이론을 완성했다. 그는 아주 작은 자물쇠를 통해 결합하는 것이 바로 그 비밀이라고 추정했다. 에를리히가 '곁사슬side chain'이라 이름 붙인, 수용체라는 대단히 중요한 개념이 탄생한 것이다. 그는 유기화학에서 사용하는 개념을 도입하여, 자물쇠가 꼭 맞는 열쇠와 맞물리듯이 항체는 특정한 균과 정확하게 결합할 수 있다고 설명했다.

자물쇠와 열쇠의 원리가 만들어 낸 영향력은 어마어마했다. 이 원리는 항체는 물론 면역까지 훌쩍 뛰어넘어 적용 범위를 넓혀 나갔다. 나중에 에를리히는 이 수용체의 개념을 적용하여 스스로 '마법의 탄환'이라 이름 붙인 치료제를 찾는 일에 매진함으로써 현대 제약 산업의 기틀을 마련했다. 그가 사망하고 22년이 지난 1940년에는 할리우드에서 「에를리히 박사의 마법 탄환Dr. Ehrlich's Magic Bullets」이라는 아주 잘 어울리는 제목의 영화까지 만들어졌다. 항체도 몸에서 만들어지는 마법 탄환으로 여겨졌다. 에를리히가 이와 같은 접근법을 확립시키면서 면역학은 화학 쪽으로, 즉 분자와 분자의 결합에 중점을 두는 쪽으로 기울어졌다. 그리고 세포와는 점점 멀어졌다.

에를리히의 곁사슬 이론은 1,000건에 가까운 실험 덕분에 생생한 설명이 가능했다. 이런 노력이 없었다면 그처럼 엄청난 영향력을 발휘할 수 없었을지도 모른다.[183] 수용체를 눈으로 확인할 수 있는 기술이 아직 개발되지 않은 시대였지만 에를리히는 상상력을 발휘해 그 형태를 그려 냈다. 이국적인 식물, 혹은 해양 생물과 닮은 모습의 그림은 보는 사람으로 하여금 아무 의심 없이 수용체의 존재를 믿게 만들었다. 에를리히 자신은 곁사슬을 식충식물인 끈끈이주걱의 촉수에 비유했다. 그는 어디든 틈만 있으면 이 인상적인 그림을 그려 넣었다. 연구실 문과 벽은 물론 저녁 식사에 초대받은 집의 식탁보에도, 이야기를 듣는 사람의 옷소매에도 그렸다. 한번은 코흐에게 곁사슬 이론을 설명하면서, 바닥에 깔려 있던 카펫을 돌돌 말아서 한쪽으로 치우더니 분필 몇 개를 손에 쥐고는 바닥 전체를 수용체와 항체 그림으로 가득 채운 적도 있었다.

대다수의 과학자들이 곁사슬 이론에 열광하며 이를 받아들였지만 쥘 보르데는 그 축에 끼지 않았다. 오히려 에를리히가 밝힌 작용기전에 이의를 제기했다. 특히 그의 그림이 영 마음에 들지 않았던지, 이런 '유치한 그림 설명'[184]은 과학적이지 않다고 지적했다.

그러나 보르데가 에를리히와 대립각을 세운 것이 오히려 체액 면역 진영에 도움이 되고 말았다.[185] 에를리히는 의견 충돌이 있을 때마

---

183) 캄브로시오(Cambrosio), 자코비(Jacobi), 키팅(Keating), "에를리히의 '멋진 그림'(Ehrlich's 'Beautiful Pictures')"

184) 쥘 보르데(Jules Bordet), 『감염질환에서 면역의 역할(Traité de l'immunité dans les maladies infectueues)』(파리: Masson, 1920), 504. 실버스타인(Silverstein), 『폴 에를리히의 수용체 면역학(Paul Ehrlich's Receptor Immunology)』(85)에 인용됨.

185) 에를리히는 저서 『면역 연구(Studies on Immunity)』의 서문(p.vii)에서 다음과 같이 밝혔다. "크게 보면, 보르데를 비롯한 파스퇴르 연구소의 저명한 연구진의 반대가 우리로 하여금 실험에 박차를 가하고 (곁사슬) 이론을 더욱 확고하게 수립할 수 있게 한 동력이 되었다."

다 모든 내용을 정리하고 반박할 전략을 수립하여 '논쟁'이라 이름 붙인 두툼한 서류철에 정리해 두었다.[186] '보르데와의 논쟁'이라는 제목의 서류철에도 일련의 실험 내용을 담아 놓고, 메치니코프나 루를 비롯한 파스퇴르 연구소의 다른 과학자들을 대상으로 한 자료도 따로 마련해 놓았다. 매일 보조 직원들에게 '블록Blöke'이라 불리던 유색 메모지에 군대처럼 지시를 내리는 유명한 습관도 있었다. 메모는 보통 이런 내용이었다. "파스퇴르 쪽에서 유사한 공격을 준비 중인 것으로 보인다. 기선 제압 요망", "2주라는 짧은 시간 안에 해내야 할 일을 정리했다. 1. 반反메치니코프, 2. 반베스레드카(메치니코프 실험실의 알렉상드르 베스레드카Alexandre Besredka를 가리킨다.)", "반메치니코프 활동에 모든 에너지를 쏟는 것이 더 중요하다", "반보르데 작업을 마무리하는 데 주력하라" 등등.

보르데와 달리 메치니코프는 곁사슬 이론을 반증하려고 하기보다는 다른 방식으로 대응해 나가기 위해 노력했다.

"혈액에서 항체의 역할을 밝힌 새 논문이 발표될 때마다 그가 우려와 불안을 느낌을 알 수 있었다."[187]

19세기 말, 파리에서 메치니코프에게 교육을 받았던 한 러시아 의사는 이렇게 밝혔다.

"당시 갓 등장한 에를리히의 체액 면역 이론에 대해 메치니코프는 면역력의 기반으로 주장해 온 자신의 식세포 이론의 완결성을 크게 뒤흔드는 위협이라고 생각했다."

이 러시아 출신의 의사는, 체액 면역을 주장하는 쪽에서 새로운 결과가 발표되면 "메치니코프의 연구실에서 즉각 철저한 검토가 이루어졌고, 메치니코프가 세포 면역의 관점에서 새롭게 해석한 후 어떻게든 식세포가 독점적 위치를 유지할 수 있다는 결론이 내려졌다"라는 목격담도 전했다.

이런 검토 과정에서 메치니코프는 면역에 대한 새로운 통찰을 얻을 수 있었다. 한 예로 염료를 이용한 실험에서는 산성 성분이 때때로 식세포가 삼킨 것을 소화시키는 작용을 촉진하며, 이는 사람의 위에서 산이 음식물의 소화를 돕는 것과 비슷하다는 사실을 알아냈다. (식세포가 균을 사멸시키는 기전을 완전히 밝혀내지는 못했다. 이 복잡한 과정에 대해서는 오늘날까지도 연구가 이어지고 있다.) 또 무척추동물의 몸에서는 항체가 만들어지지 않는다는 사실도 확인했다. 면역력을 키우는 무기인 항체는 진화 단계상 상위에 위치한 포유류에서만 관찰되는 것으로 나타났다. 이와 함께 메치니코프는 항체가 세포에서 만들어진다는 주장을 계속 펼쳐 나갔다. 그러나 중요한 의문이 수수께끼로 남아 있었다. 대체 어떤 세포가 항체를 만들까?

에를리히는 공격을 받은 장기에서 항체가 만들어진다고 주장했다. 예를 들어, 파상풍은 신경계에 영향을 주므로 파상풍균과 맞서는 항체는 신경세포에서 만들어진다고 설명하기도 했다. 메치니코프는 이 생각이 틀렸음을 증명해 보이기로 결심했다. 그러나 이를 밝히기 위해 신경계의 기능을 일시적으로 중단시킬 수는 없었으므로, 대신 신체 부위 중에서 없어도 되는 곳을 대상으로 실험을 진행했다. 정자에 독성 영향을 주는 '정자독소'를 수컷 토끼에게 주사한 것이다. 에를리히의 논리대로라면 토끼 몸에서 해로운 영향이 발생한 세포에서 항체가 만들어져야 하므로, 이 경우에는 정자에서 항체가 만들어져야 했다. 하지만 메치니코프는 생식 기관을 제거하여 정자가 만들어지지 않는 토끼와 멀쩡한 토끼 모두 항체를 만들어 낼 수 있다는 사실을 입증해 보였다. 『파스퇴르 연구소 연보』에 게재한 논문에서 메치니코프는 다음과 같이 결론을 내렸다.

"항抗정자독소는 수컷 토끼의 성세포가 아닌 다른 세포에서 만들어진다. 현 시점에서는 해당 세포의 특성이 가정에 머물러 있다."[188]

이 '다른 세포'로 메치니코프가 무엇을 생각했는지는 추측하기가 그리 어렵지 않다. 하지만 그의 생각이나 에를리히의 주장 모두 틀린 내용이었다. 현재 우리는 식세포도, 공격을 받은 신체기관의 세포도 아닌 'B 림프구'로 불리는 작고 둥근 백혈구에서 항체가 만들어진다는 사실을 알고 있다. 하지만 메치니코프는 당시 다른 과학자들과 마찬가지로 림프구의 존재를 무시했다. 그의 눈에 큼직하고 먹성도 좋은 식세포에 비해 림프구는 시시해 보였으리라. 게다가 메치니코프가 큰 관심을 기울였던 무척추동물에는 림프구가 아예 없었다.

메치니코프의 새 원칙은 자신의 강력한 적수에게 건네는 화해의 메시지가 되었다. 에를리히의 이론과 자신의 이론은 그저 내용이 포괄하는 수준이 다를 뿐이라고 주장하기 시작한 것이다.

"에를리히의 이론이 (식세포 이론과) 완전히 배치된다고 볼 수는 없다. 그의 이론은 세포와 미생물이 상호 작용하는 기전을 보다 심층적으로 분석한 내용일 뿐이다."[189]

전적으로 옳은 해석이었다. 수용체는 분자 수준에서 작용하므로 세포와 비교하면 단위가 훨씬 작다. 세포가 지구만 하다면 그 표면에 위치한 수용체의 크기는 맨해튼 면적 정도에 해당한다.

그러나 너무 늦은 시도였다. 면역력을 둘러싼 두 진영은 각자의 방

---

188) EM, "정자독소와 항정자독소(Sur la spermotoxine et l'antispermotoxine)", 『연보』 14, no. 1 (1900): 8.

189) EM, 『면역(Nevospriimchivost)』, 648.

향으로 너무 멀리 나갔고 간격이 크게 벌어진 상태였다. 게다가 메치니코프와 에를리히는 믿는 종교가 전혀 다른 사이와 같았다. 에를리히의 마음은 화학에 가 있었고, 메치니코프는 에를리히에게 생경하기만 한 진화론을 믿었다. 메치니코프가 양쪽의 이론을 화해시키려고 총력을 가한 이유는 최후의 전투에서 패배할 수도 있다는 두려움 때문이었는지도 모른다.

과학적인 논쟁은 뜨거웠지만 메치니코프와 에를리히는 서로를 정중한 태도로 대했다. 둘은 수년째 의학계 행사에서 서로를 만나 안면이 있는 사이이기도 했다. 그 시작은 두 사람 모두 참석했던 1891년 런던 위생 회의일 것으로 추정된다. 에를리히는 인상적인 말솜씨로 자신의 연구 내용을 설명하며 청중을 압도하는 면모를 보여 경쟁자들이 '닥터 판타지'라는 별명을 붙일 정도였으니, 언변으로나 청중에게 환상을 심어 주는 능력 면에서나 메치니코프와 팽팽하게 대적할 수 있는 몇 안 되는 인물 중 하나였다. 그래서인지 두 사람이 만나면 부글부글 거품이 일듯 활기가 넘쳤다. 한 목격자는 이렇게 전했다.

"두 사람은 모두 유난히 생기가 넘치고, 서로의 생각을 듣자마자 이해했다."[190]

에를리히도 메치니코프의 카리스마를 인정했다. 파리에 갈 때마다 자신을 따뜻하게 맞아 준 일에 대해 깊은 감사를 표한 것을 보면 메치니코프와 함께하는 시간을 즐거워한 듯 보이기도 한다. 그러나 자신의 친구나 동료에게는 가차 없이 속내를 드러냈다. 1899년, 덴마크에 있는 친구에게 보낸 편지에서 어김없이 라틴어 구문을 동원하여 메치

---

190) 바르닥(Bardakh), "일리야 일리치(Il'ia Il'ich)", 1201.

니코프를 파리에서 이루어지는 모든 공격의 '실질적인 주동자real spiritus rector'[191]로 칭하고, "다른 이들의 마음을 사로잡는 면이 있어서 루를 완전히 옭아맸다"라고 평가했다. 그리고 덧붙였다.

"유능한 학자이고 두뇌도 명석한 루 같은 인물이 그런 신비주의와 러시아인의 안개 속에 빠져 있다니, 이 얼마나 끔찍한 일인가!"

에를리히는 이어 이렇게 말했다.

"(메치니코프는) 내가 새로운 아이디어를 내놓는 족족 다 없애 버리려는 노력을 결코 멈추지 않을 것이며, 그 이유는 내 아이디어가 식세포 이론의 급소를 공격하기 때문이다."

비슷한 시기에 덴마크의 다른 동료에게 보낸 편지에서는 "내가 이제 곧 어떤 연구 결과를 발표하면, 메치니코프는 맞설수록 고통만 커진다는 사실을 깨닫게 될 것이고, 나는 정면 공격에 나설 수 있을 것"[192]이라고 이야기했다. 역시 같은 해에 프랑크푸르트의 동료에게 쓴 편지에서도 메치니코프에 대한 이야기를 했다. 눈에 보이지만 실제로 존재하지 않는 허상을 의미하는 '포템킨 빌리지Potemkin Village'를 언급하며, 자신의 연구가 발표되면 "메치니코프의 모든 마을과 궁전이 무너져 내릴 것"[193]이라고 선언한 것이다.

1900년, 에를리히는 런던에서 개최된 명예로운 행사인 크룬 기념 강의Croonian lecture에서 메치니코프에게 극심한 모욕을 안겨 주었다. 잔인하게 과거형을 사용한 문장 한 줄로, 메치니코프가 수년간 성심을 다

191) 에를리히가 카를 살로몸센(Carl Salomomsen)에게 쓴 편지, 1899년 2월 24일. RAC, 파울 에를리히 컬렉션(Paul Ehrlich Collection), 650 Eh 89, copy book III, box 5, p.13(Hirsch translation, box 55, folder 2).

192) 에를리히가 토르발 마드센(Thorvald Madsen)에게 쓴 편지, 날짜 미상(1898년 11월 5일~1899년 2월 21일로 추정). RAC, 650 Eh 89, copy book II, box 80, folder 1 (from box 4), pp.61/ 62 (Hirsch translation, box 55, folder 1).

193) 에를리히가 카를 바이거트(Carl Weigert)에게 쓴 편지, 1899년 2월 16일. RAC, 650 Eh 89, copy book II, box 80, folder 3 (from box 4), pp.473~74(Hirsch translation, box 55, folder 1).

한 연구를 그저 꽤 괜찮은 노력 정도로 일축해 버린 것이다. 자신의 곁 사슬 이론을 설명하기에 앞서 지난 세월 동안 이루어진 성과를 정리하 다가 나온 말이었다.

"메치니코프의 연구와 식균 작용에 관한 이론은 상당히 훌륭했지만, 수많은 학자들이 불충분하다고 여겼다."[194]

25. 로맨틱한 시절

1900년은 메치니코프가 벼랑 끝으로 내몰린 해였다. 한 세기가 끝나고 새로운 세기가 시작되는 첫해에 누구나 느낄 만한 불안감이 그에게도 똑같이 찾아왔다. 옛것과 새로운 것이 맞선 틈에 끼어 버린 것이다. 그 는 자신의 면역 이론을 지켜 나갈 것인지, 아니면 식세포를 새로운 경지 로 끌어 올릴 것인지 결정해야 했다.

프랑스에도 상반된 분위기가 공존했다. 프랑스인들이 '세기 말fin de siècle'[195]이라는 우울한 표현을 사용했던 시기의 분위기가 여전한 가운 데, 희망과 예술계의 새로운 흐름과 기술 혁신이 가져다줄 활기찬 분 위기도 떠올랐다. 사람들은 이미 자가용을 몰고 영화를 보며 즐거운 시간을 보내는 생활에 익숙해져 있었고 비행기가 등장할 날도 얼마 남 지 않은 때였다. 프랑스 정치계도 심각한 불협화음을 내고 있었지만 새로운 세기의 대대적인 변화들로 크게 주목받지는 않았다. 왕정주의 를 주장하는 쪽은 공화주의자들의 주장을 막을 방법을 계속 고민하고,

---

194) 에를리히(Ehrlich), "크룬의 강의(Croonian Lecture)", 425.
195) 웨버(Weber), 『세기 말의 프랑스(France, Fin de Siècle)』

사회주의자들은 가능한 한 파업을 자주 실시해야 한다고 노동자들을 설득했다. 당시 급속히 번지던 민족주의로 인해 반드레퓌스 파도 다시 결집하기 시작했다. 1900년 파리에서 실시된 시의원 선거에서는 처음으로 민족주의자가 당선자의 대다수를 차지하면서, 조만간 외국인을 향한 적대적인 분위기가 확산될 것임을 예고했다.

그해 봄에는 센강 양쪽에서 거대한 규모로 개최될 만국박람회를 준비하느라 정치적 대립이 잠시 수그러들었다. 움직이는 보도를 따라 '전기 요정fée électricité[196]'이 마법처럼 펼쳐지고, 수천 개의 백열전구가 각종 기념물을 환하게 밝혔다. 자칫 시 전체를 공동묘지로 만들 수도 있을 만큼 위험하다는 우려가 높아지면서 '묘지철necropolitain[197]'이라는 별명까지 얻었던 파리의 첫 번째 지하철도 운행을 시작했다. 6개월 동안 5천만 명이 넘는 관람객이 만국박람회를 찾아왔다.[198] 그 인파 사이에는 열아홉 살의 나이에 스페인 전시관에 작품을 전시한 파블로 피카소Pablo Picasso도 끼어 있었다. 샹젤리제 거리에 들어선 그랑 팔레Grand Palais의 유리 천장 아래에는 주로 현대미술에 해당하는 수천 건의 작품이 전시됐다. 아직 프랑스보다 해외에서 더 큰 인기를 얻고 있던 인상주의 작품들도 꽤 큰 비중을 차지했다. 조형 예술 전시실에는 말 탄 사람의 조각상이 하도 많아서 이곳을 찾은 어떤 기자는 말 전시회에 와 있는 착각이 들었다고 밝힐 정도였다.[199] 조소 작품에만 500여 건의 상이 수여됐는데, 동메달을 받은 약 150건의 작품 중 하나는 올가 메치니코프가 만

196) 웨버(Weber), 『세기 말의 프랑스(France, Fin de Siècle)』, 71.

197) 위와 동일, 70.

198) 게이야르(Gaillard), 『파리: 박람회(Paris: Les Expositions)』, 88.

199) 하우서(Hausser), 『파리의 하루하루(Paris au jour le jour)』, 29.

든 것이었다.[200] 올가는 이 행사에 수도승과 여성의 모습을 묘사한 흉상 두 작품을 출품했다.[201]

이 일은 올가가 예술가로 활동하면서 얻은 최고의 영예이자 변화의 계기가 되었다. 필요할 때면 여전히 메치니코프의 실험실에서 남편을 돕고 그가 프랑스어로 쓴 글을 러시아어로 번역하기도 했지만, 이제는 그림을 그리고 조각을 만드는 일에 대부분의 시간을 할애했다. 남편의 식세포 이론이 탄생한 지도 어언 18년째였으니 그만하면 이제 한 이론으로서 외부의 도움이 크게 필요하지 않은 시기이기도 했다.

올가는 러시아 출신 예술가들을 돕는 일에도 적극적으로 동참했다. 친구들과 함께 '몽파르나스Montparnasse'라는 이름의 모임을 결성하고[202] 파리를 찾아온 러시아인들이 예술에 전념할 수 있도록 도왔다. 평소 즐겨 입던 잿빛이 도는 연보라색 수수한 긴 드레스 차림에 고풍스런 장신구로 꾸민 모습으로, 파리에 머물고 있는 러시아 이민자들을 후원하는 여러 자선 활동에도 수년간 참석했다. 도움이 필요한 학생들을 위한 예술품 경매에는 자신의 작품을 기부하고,[203] '금요 무료급식' 행사에도 힘을 보탰다.[204]

올가가 월말에 발표된다고 알려진 만국박람회 수상 소식을 기다리

200) 「1900년 만국 박람회: 전시자에게 배포된 수상작 목록(Exposition Universelle de 1900: Liste des récompenses distribuées aux exposants)」. 1900년 8월 18일 관보 부속문서(Supplément annexe au Journal Officiel du 18 aout 1900), Group II, Classe 1900년 8월 9일. 3기상업 · 산업 · 우편 · 전신부(Ministère de commerce, de l'industrie, des postes et des télégraphes)].

201) 「1900년 만국 박람회: 1889년~1900년 10년간의 회화 작품에 관한 공식 카탈로그(Exposition universelle de 1900: Catalogue officiel illustré de L'Exposition Décennale des Beaux-Arts de 1889 à 1900)」(파리: Imprimeries Lemercier, 1900).

202) 「해외에서 활동한 러시아 예술가들(Khudozhniki russkogo zarubezh'ia)」, s.v. "Mechnikova"; 시베류킨(Severiukhin)과 레이킨드(Leikind), 「러시아를 떠난 예술가들(Khudozhniki russkoi emigratsii)」, 324.

203) 므누킨(Mnukhin), 「해외의 러시아인(Russkoe zarubezh'e)」, vol. 2, 555.

204) 위와 동일, 138.

고 있던 비가 내리던 8월 3일 아침에, 메치니코프는 최후의 면역 전쟁을 준비했다. 한물간 권투 선수가 마지막 결전을 명예롭게 끝내기 위해 채비를 하는 모습 같았다. 그의 싸움이 피날레를 장식할 더없이 적절한 기회가 찾아온 것이다. 제13차 국제의학 학술회의가 이제 메치니코프에게 고향이라 칭해지는 도시, 파리에서 개최될 예정이었다. 더군다나 미생물학 분야의 토론과 발표가 열릴 장소로 집처럼 편안한 파스퇴르 연구소가 지정됐다. 연구소에 새로 건립된 원형극장 내부는 소박한 흰색 벽으로 둘러싸여 있고 줄지어 배치된 기다란 나무 의자들 위로 갓이 씌워진 전등들이 천장부터 아래로 길게 늘어뜨려져 있었다. 메치니코프는 이 회의에서, 평소처럼 열의에 찬 모습으로 항정자독소에 관한 연구 결과를 발표했다. 그가 강연하는 모습을 본 동료는 고대 작품에 등장하는 예언자가 떠올랐다며 "그가 마치 세 발 의자tripod에 앉은 무녀 같았다"[205]라고 묘사했다. (tripod는 고대 그리스 신전에서 제물을 바칠 때 혹은 무녀가 신탁을 전할 때 쓰던 다리 세 개짜리 청동제단을 말한다. ─ 옮긴이) 메치니코프는 다음과 같은 주장을 펼치며 발표를 마쳤다.

"체액 이론으로는 면역의 총체적인 부분 중 특정한 부분만 설명할 수 있습니다. 또한 체액 면역의 특성은 대부분 세포의 특성에서 비롯된 것이라 결론 내릴 수 있습니다."[206]

시골에서 요양 중이던 루도 메치니코프에게 응원을 보냈다.

"기막히게 멋진 승리를 거두셨군요. 적들도 예전과 같은 공격을 펼치지 못하는 것 같습니다. 이제부터 '팍스 메치니코피아나', 당신이 만

---

205) ZIIM, 133.

206) EM, "면역에 대하여(Sur l'immunité)", 『제13차 국제 면역 회의, 1900년 파리 개최 보고서(XIII Congrès Internationale de Médecine, Paris 1900: Comptes rendus)』, vol. 3 (Paris: Masson, 1900), 25.

든 평화가 면역을 둘러싼 의문을 다 정리하게 될 겁니다."[207]

루는 당시에 읽고 있던 로마 고대사의 영향을 받았던지, '팍스 로마나Pax Romana'(로마의 지배에 의한 평화 – 옮긴이)라는 표현까지 활용해 가며 이렇게 이야기했다.

"진심으로 기쁩니다. 지금까지 어떤 과학자도 (자신의 견해를) 그토록 강력하게, 용기 있게 펼치지 못했지요."

그러나 회의가 끝나고 메치니코프는 혼란스러웠다. 그럴 만도 한 것이, 사람들이 자신의 이론을 제대로 이해하지 못했다는 느낌을 받았던 것이다. 진화 과정에서 세포의 특성이 변화한다는 그의 동물학적인 개념은 의학에 몸담은 학자들 대부분에게 생소한 이야기였다. 그럼에도 메치니코프는 순진할 정도로 포기라곤 모르는 성격 탓에, 자신의 생각이 보편적인 지식으로 받아들여질 날이 머지않았다고 믿었다. 다른 과학자들이 식세포에 대해 좀 더 제대로 알게 된다면 가능하다고 생각한 것이다. 그리하여 회의 참석자들을 태운 마차가 덜컹거리며 뒤토 거리를 따라 파스퇴르 연구소에서 아직 멀어지기도 전에, 그는 책상에 앉아 면역학에 관한 필생의 역작을 집필하기 시작했다.

식세포를 대대적으로 예찬한 600쪽 분량의 『감염성 질환과 면역』은 1901년 10월, 프랑스에서 출간됐다. 메치니코프는 이 책을 두 사람에게 헌정했다. 파스퇴르에 이어 연구소 소장을 맡게 된 점잖은 화학자 에밀 뒤클로Émile Duclaux와 '친애하는 친구' 루였다. 두 사람 모두 처음에는 자신의 이론을 반대한 만큼, 독자들도 그들처럼 적에서 친구로 바뀌었으면 좋겠다는 희망이 엿보이는 결정이었다. 메치니코프의 저서

---

207) 루가 메치니코프에게 쓴 편지, 1900년 8월 10일. 루의 편지(Roux, Pis'ma), 101.

는 즉각 독일어로 번역되고 이어 러시아어, 영어로도 번역되었다. 식세포 이론이 면역의 모든 측면을 설명할 수 있다고 주장하긴 했지만, 이 책은 면역에 관한 다른 이론들을 통합하여 '팍스 메치니코피아나'를 유지하려는 그의 고귀한 노력이라 할 수 있다.

『감염성 질환과 면역』에는 인류를 위해 봉사하고자 했던 메치니코프의 염원이 그대로 담겨 있다. 그는 책을 다음과 같은 말로 마무리했다.

"과학이 결정타를 날리려면 아직도 가야 할 길이 멀지만, 이미 이루어진 발전은 질병에 대한 두려움에서 비롯된 비관적인 생각을 없애고 인간이 병에 맞서 고투를 벌여야 하는 힘없는 존재라는 생각을 물리치기에 충분하다."[208]

"(이 책은) 메치니코프에게 식세포 이론이 그저 소중한 아이디어 그 이상이며, 무슨 대가를 치르더라도 지키고픈 대상임을 분명하게 보여 준다."[209]

수십 년이 지나 재출간된 새로운 버전의 서문에 과학 역사가인 거트 브리거Gert Brieger는 이렇게 설명했다.

"그의 이론에는 인류의 건강을 개선시키려는 의지가 담겨 있다."

책이 출판되자마자 곳곳에서 찬사가 쏟아졌다. 『영국 의학 저널』은 "훌륭한 소설처럼 술술 읽힌다. 소설보다 훨씬 더 재미있다고 느끼는 사람들도 있을 것이다"[210]라며 잔뜩 격앙된 반응을 보였다. 전혀 예상치 못한 곳에서도 좋은 평가가 들려왔다. 메치니코프는 보르데에게 편지로 그 놀라움을 전했다.

---

208) EM, 「면역(Nevospriimchivost)」, 690.

209) 브리거(Brieger), 「머리말(Introduction)」, xxvi.

210) "리뷰: 면역 이론(Reviews: Theories of Immunity)", 『영국 의학 저널』 2, no. 2185 (1902): 1595.

"당신이 호의적인 평가를 내리리라는 건 예상했던 일입니다만, 저를 너무나 놀라게 한 건 에를리히 씨가 제 책을 크게 칭찬하는 편지를 보내온 일이지요."[211]

그러나 이런 좋은 반응들은 아무 소용이 없었다. 책에 쏟아진 찬사와 달리 바뀐 건 거의 없었다. 메치니코프가 가장 큰 상처를 입은 일은 책이 반대 의견조차 거의 일으키지 못했다는 점이었다. 20년 가까이 맞서느라 지칠 대로 지쳐 버린 적들은 이제 싸움을 그만두기로 한 것이다. 대적하려는 상대가 없으니 메치니코프도 김이 빠져 버렸다. 적이 끊임없이 도발하는 것도 힘든 일이지만, 최악의 상황은 적이 싸우다가 달아나는 일인지도 모른다.

『감염성 질환과 면역』을 출간한 후, 메치니코프는 면역 연구에서 손을 뗐다.

책이 나오고 약 두 달이 지난 1901년 12월, 스톡홀름에서 첫 번째 노벨상 시상식이 거행됐다. 의학상은 "의사들에게 질병, 죽음과 맞서서 승리를 거머쥘 수 있는 무기를 안겨주었다"라는 평가를 받은 에밀 베링에게 돌아갔다. 메치니코프도 어김없이 즉각 그에게 편지를 써서 "이토록 고귀한 명예를 얻은 것을 온 마음으로, 진심을 다해 축하하며 당신은 충분히 이 상을 받을 자격이 있다고 생각합니다"[212]라고 축하했다. 향후 지식이 나아갈 방향을 밝힌 책이 출간된 시기에 노벨상이 구체적인 성과를 거둔 인물에게 돌아간 일은 메치니코프가 면역 전쟁이 종결되던 시기에 얼마나 홀로 고립되어 있었는지 잘 보여 준다. 그의 주장은 실제적인 성과만 인정하는 경향에 치우친 세상에서 홀로 먼 미

211) 메치니코프가 보르데에게 쓴 편지, 1902년 1월 28일. AIP, BDJ.6.
212) 메치니코프가 베링에게 쓴 편지, 1901년 12월 11일. EM, 편지(Pis'ma), 171.

래를 내다본 고독한 외침에 지나지 않았다.

　그래도 메치니코프는 면역학의 역사에서 자신이 어떤 위치에 서 있는지 정확히 알고 있었다. 그때 그는 인체에는 감염에 저항하는 능력이 내재되어 있다는 현대 면역학의 개념을 정립한 인물로 널리 인정받고 있었다.

　"우리가 메치니코프에게 감사해야 할 일은, 세균의 침입에 인체가 어떻게 저항하는지 처음으로 진지하게 밝히려 했다는 점이다."[213]

　영국의 의학 저널 『란셋Lancet』은 그의 사망 소식을 전하면서 이렇게 설명했다.

　"그는 인체의 능동적인 방어 개념을 수립했다."

　또한 독일의 여러 과학자들과 경쟁했던 내용들은 면역 연구가 순조롭게 이어질 수 있는 비옥한 밑거름이 되었다.[214] 케임브리지 대학교 출판부는 1904년에 면역학에 관한 중요한 자료를 출판하면서 "특별한 재능과 영향력으로 면역에 얽힌 복잡한 문제들 사이에서 진실을 발견하기 위한 연구를 크게 발전시키고 촉진한 파울 에를리히와 엘리 메치니코프에게 바친다"[215]라고 밝혔다. 『감염성 질환과 면역』이 나오기도 전에 메치니코프는 프랑스 대통령이 수여하는 레지옹 도뇌르 '오피시에Officier' 훈장을 받았고 영국 왕립협회Royal Society, 미국 예술과학아카데

213)　"부고: 엘리 메치니코프(Obituary: Elie Metchnikoff)", 『란셋(Lancet)』, 188, no. 4847 (1916): 159.

214)　예를 들어 당시에 다음과 같은 언급이 있었다. "현대 면역학을 구성하는 발견과 이론은 대부분 에를리히와 메치니코프의 연구와 이들이 제공한 영감에서 비롯되었다." ["면역과 혈액의 관련성(Immunity and Blood Affinities)", 『영국 의학 저널(British Medical Journal)』 1904년 4월 16일, 906)]; "(면역학을 설명하는 이론 가운데) 세월이 흘러도 변함없는 것은 세포 이론을 제시한 메치니코프의 견해와 체액 면역을 제시한 에를리히의 견해밖에 없다." [해롤드 C. 에른스트(Harold C. Ernst), 『세균 면역학의 현대 이론(Modern Theories of Bacterial Immunity)』) (보스턴: Publication Office of the Journal of Medical Research, 1903, 10).

215)　조지 누탈(George Nuttall), 『혈액 면역과 혈액의 관계(Blood Immunity and Blood Relationship)』(케임브리지: Cambridge University Press, 1904).

미American Academy of Arts and Sciences, 프랑스 의학협회France's Academy of Medicine의 구성원으로 선출되는 등 유수의 명예로운 지위에 올랐다.

그럼에도 식균 작용을 두고 메치니코프가 벌여 온 고투와 그 결과에 대해서는 해석이 극명하게 엇갈린다. 메치니코프의 추종자를 자칭한 조지프 리스터는 영국 과학진흥협회장에게 보낸 서신에서 애정을 듬뿍 담아 이렇게 표현했다.

"병리학에도 로맨틱한 시절이 존재한다면 그것은 분명 식균 작용에 관한 이야기가 등장한 시기일 것입니다."[216]

리스터가 구체적으로 설명하지는 않았지만 식균 작용을 옹호하기 위한 메치니코프의 노력은 로맨틱하다는 표현이 참 잘 어울린다. 그 속에 담긴 개척 정신, 상상력의 힘에 기댄 것, 그리고 인류를 자연과 절대 분리할 수 없는 일부분으로 본 시각까지 모든 면에서 그러하다. 반면 메치니코프와 사이가 틀어진 오데사의 한 의사는 생물학 교과서에서 그가 싸움에서 패했다고 선언하며 업신여기는 평가를 내놓았다.

"식균 작용은 실패한 이야기가 되었다."[217]

과학적인 견해가 뜨겁게 맞붙는 대부분의 경우와 같이 면역 전쟁에서도 패자는 없었다. 지금도 수많은 학자들이 식균 작용이 면역 기능의 한 부분을 차지하지만 그 역할은 부차적인 수준이라고 여긴다. 무엇보다 식세포에 관한 연구는 질병 치료와 무관한 일로 분류되었고, 실제로 수십 년이 더 지나야 질병 치료에도 도움을 줄 수 있었다. 식세포 이론이 고대부터 존재해 온 동물과 공통분모가 있다는 점은 메치

---

216) 리스터(Lister), "대표자 연설(Presidential Address)", 741.

217) 니콜라이 감말레이야(Nikolai Gamale'ia)의 『일반 생물학 기초(Osnovy obshchei biologii)』(1899), 113. L. A. 질버(L.A. Zil'ber), "I. I. 메치니코프의 식세포 이론(Fagotsitarnaia teoriia I. I. Mechnikova)"과 메치니코프의 저서 『면역의 궁금증(Voprosy immuniteta)』(662)(모스크바: USSR Academy of Sciences, 1951)에 인용됨.

니코프가 가장 자랑스럽게 여긴 점이지만 사실 이 부분이 이론의 가장 큰 약점이 되었다. 빗해파리가 미생물의 공격에 스스로 어떻게 방어하는지 누가 신경 쓴단 말인가? 그런 문제보다 당장 관심을 가져야 할 중요한 일들이 더 많았다. 병원마다 여전히 결핵 환자가 넘쳐났고, 콜레라 때문에 세계 여행은 쉽지 않은 일이었고, 장티푸스도 외부에서 가해지는 어떤 공격보다 인체를 더 많이 괴롭혔다. 그리고 이 모든 문제를 해결해 줄 방법은 체액에 숨어 있다고 여겨졌다.

그리하여 한동안은 체액 면역이 세포 면역을 꺾고 승리를 거둔 것 같았다. 과학자들이 각자의 실험실에 앉아 현미경을 들여다보며 내린 판결이 하나로 모아졌다. 이제 식세포를 연구하는 사람은 파스퇴르 연구소의 메치니코프 제자들이 전부였고 몇몇 영국의 의사들 정도만 두 면역 이론을 화합시키려고 노력했다. 이런 노력을 제외하면, 과학자들을 통해 메치니코프의 식세포 연구가 다시 이어지기까지는 반세기 넘는 세월이 더 흘러야 했다.

메치니코프 스스로는 자신이 생각하는 면역의 진실을 그 어느 때보다 깊이 확신했다. 그를 한없이 우울하게 만들 수도 있었던 일들은 모두 실험실에서 또다시 새로운 연구를 이어 가는 힘으로 전환됐으니, 개인적으로도 참 다행스러운 일이었다. 그리고 그는 이미 새로운 목표에 온통 매료된 상태였다. 바로 노화를 물리치는 연구였다.

Ⅳ. 요구르트가 전부는 아니다

26. 홀리다

나이가 지긋해진 메치니코프의 사진을 보면 반항적인 느낌이 그 어느 때보다 강하다. 신기하게도 40대 중반에 접어들어 머리카락도 수염도 덥수룩하고 희끗해진 모습에서 나이 많은 니힐리스트의 분위기가 역력하다. 젊은 시절에도 차림새로 반항심을 드러낸 일이 전혀 없던 그였다. 하지만 이 시기가 되니 무심하게 헝클어진 모습과 도전적인 느낌이 자리를 잡아, 혹여 진짜 니힐리스트를 감별하는 시험이라도 있다면 여지없이 합격점을 받을 정도였다. 기자들은 이런 외모를 두고 "통제가 안 되는 머리카락은 대부분 납작하게 누워 있고 일부는 폭풍이 지나간 들판의 벼들처럼 마구 엉켜 있다"[1], "그의 큼직한 머리에서 어떤 장애물도 다 들이받겠다는 의지가 느껴진다"[2], "장난꾸러기 같은 작은 눈에서 보기 드문 생동감이 발산된다"[3], "으르렁대듯 낮으면서도 오르락내리락

---

[1] 비앙숑(Bianchon), "엘리 메치니코프(Elie Metchnikoff)"

[2] 마켄나(Mackenna), "메치니코프 박사(Dr. Metchnikoff)"

[3] 바셋(Basset), "인생은 아름다워(Vive la Vie!)"

변화무쌍하고 경쾌한 음성이 강연에 매력을 더한다"[4] 등등의 표현으로 신나게 묘사했다.

메치니코프는 살집도 오르고 걸음걸이도 한결 무거워졌다. 실험실에 도착하면 펠트 천으로 된 낡은 모자를 벗고 (가끔 기분이 좋을 때 모자를 눌러쓰곤 했다.) 우산을 한쪽에 세워 둔 다음, 비가 자주 내리는 날씨 탓에 1년 내내 신고 다니던 오버슈즈를 벗었다. 허름한 정장에 달린 큰 주머니는 늘 책이며 신문, 편지로 불룩해서, 『로스앤젤레스 타임스Los Angeles Times』의 파리 특파원이 "센강 주변에 나타나 책이나 각종 책자를 모으는 보헤미안들과 아주 흡사하다"[5]라고 묘사하기도 했다. 말을 시작할 때는 항상 "그러니까 말인데Donc alors"[6]로 시작하는 버릇도 있었다.

이즈음에 학생들을 비롯해 주변 사람들은 그를 '메치니코프 아저씨' 또는 간단히 줄여서 '메치 아저씨'라고 불렀다. 젊은 시절 '엄마'라는 별명을 가졌던 그가 이제 낙천적이고 너무나 섬세하게 사람들을 돌보는 가장의 모습으로 변모해 있었다. 메치니코프는 도움을 요청하면 반드시 도와주리라는 확신을 주는 사람이었다. 특히 학생들에게 수시로 돈을 빌려 주고 아버지처럼 성심껏 돌봐 주었다.

"그분은 내게 아버지 이상입니다."[7]

과학계에 발을 들이고 초창기를 메치니코프의 실험실에서 보낸 한 사람은 몇 년 후에 이렇게 밝혔다.

메치니코프의 실험실은 누구에게나 열려 있었다. 메치니코프는 의

---

4) 비앙송(Bianchon), "낙관주의 에세이(Les 'Essais optimistes)"

5) 마켄나(Mackenna), "메치니코프 박사(Dr. Metchnikoff)"

6) 데렐(d'Hérelle), 『자서전(Autobiographie)』, 169.

7) 에티엔 버넷(Etienne Burnet)이 레오폴드 네그허(Léopold Nègre)에게 쓴 편지, 1951년 2월 21일. AIP, NGR. 3.

사가 아니었지만 나이 든 사람부터 젊은 사람까지 의학적인 문제를 의논하러 '메치 아저씨'를 찾아왔다. 사실 그는 아주 어릴 때, 어머니가 포기하는 게 어떻겠냐고 말하기 전까지 의사를 꿈꿨다. 그 옛꿈을 뜻밖의 경로로 실현한 셈이다. 메치니코프는 일면식도 없는 사람들까지 포함한 수십 명의 사람들이 필요한 검사를 받고 병을 가장 잘 치료해줄 의사를 찾도록 도와주고 프랑스어를 못하면 통역사로 나섰다.

사람들이 직접 도움을 청하지 않아도 언제든 기회가 될 때마다 먼저 손을 내밀기도 했다. 몽파르나스 전철역에서 신문을 파는 상인이 계속 기침을 해 댄다는 사실을 알아채고는 직접 그의 가래를 받아다가 결핵인지 검사를 했다. 그 근처에 자주 들르던 시계방에서도 어느 날 가게 주인의 아내가 어딘가 건강이 심각하게 좋지 않다는 것을 깨닫고는 자신이 살펴봐도 되겠냐고 이야기하고 서둘러 의사를 호출했다.[8] 덕분에 이 여성은 맹장염 진단을 받고 수술을 받아 목숨을 구할 수 있었다. 메치니코프는 사람들을 대할 때도 연구를 할 때와 똑같이 어린 시절부터 마음속에 자리 잡은 목표, 즉 인류를 위해 봉사하고 싶다는 사명감을 느꼈다. 한번은 친구의 집에서 관리인으로 일하는 사람이 신장 질환으로 괴로워한다는 소식에 상태를 살펴보러 파리 외곽으로 나갔다가, 어느 저명한 예술가의 건강까지 챙겨 보고 온 적도 있었다. 그때 그는 올가에게 자신의 심정을 설명했다.

"남들보다 높은 지위에 앉아 병든 사람들을 보다 보면 지위가 낮은 이들의 사정을 결코 무시할 수가 없소."[9]

여러모로 넉넉해진 중년의 메치니코프는 언제 폭발할지 모르는 싸

---

8) 드 클랩피(de Clap'ie), 『일리야 메치니코프 교수(Professor Il'ia Mechnikov)』, 61–62.

9) 메치니코프가 올가에게 쓴 편지, 1902년 7월 9일. 편지 2, 104

움꾼으로 살았던 지난 세월에 비해 훨씬 더 행복했다. 올가도 같은 생각이었다.

"쉰 살부터 예순다섯 살까지가 그이의 인생에서 가장 행복했던 시절이었다."[10]

그러나 만족감만큼 대가도 따라왔다.

"나이가 들면서 그가 느끼는 감정과 감각의 강도도 크게 약해진 것 같았다."[11]

메치니코프는 자신에 관한 내용이 아닌 것처럼 쓴 자전적 글에서 과학자인 한 '친구'의 상황을 이렇게 묘사하면서 '그'는 무심해졌지만 더할 나위 없이 행복해한다고 설명했다. 날카로운 소음도 더 이상 거슬리지 않았지만 그만큼 음악을 덜 즐기고 고요함을 만끽하게 되었다. 그리고 빵이나 물 같은 소박한 음식을 즐겼다. 또 예전만큼 쉽게 상처받지 않았다.

"결과적으로 다른 사람들과 훨씬 즐겁게 어울리면서 어느 때보다 균형이 잘 잡힌 상태가 되었다."

메치니코프는 자신의 상태를 마치 제삼자의 이야기처럼 전하면서 놀라운 자기 인식 능력을 드러냈다.

그러나 한 가지 근심이 자리를 잡았다. 죽음에 대한 불안감이 스멀스멀 피어나기 시작한 것이다. 50대 초반에 신장이 말썽을 일으켜 건강이 흔들리기 시작한다고 느꼈을 때부터 시작된 우려였다.

"죽음으로 이어질지도 모르는 몇 가지 질병의 징후를 관찰하면서, 그는 상당히 기이한 감정을 느꼈다. 바로 죽음에 대한 본능적인 두려

---

10) ZIIM, 117.

11) EM, 「낙관주의 연구(Etiudy optimizma)」, 221.

움이었다."[12]

메치니코프는 자신을 분명히 드러내지 않은 자전적인 글에서 이렇게 고백했다. 이즈음 메치니코프의 강연이나 논문, 저서에 이 주제가 수시로 거론된 것을 보면 죽음에 대한 공포가 그를 얼마만큼 잠식했는지 알 수 있다. 평생을 무신론자로 살아 온 사람이라 사후 세계를 믿고 위안을 얻는 길은 택하지 않았다. 늘 그랬듯, 그는 과학에서 답을 찾고자 했다.

면역 전쟁에서 벗어난 후 한결 나긋나긋해진 메치니코프에게 독일의 옛 적들 못지않게 강력한 새로운 적이 나타났다. 다름 아닌 노화와 죽음이었다. 이상주의자로서의 기질은 여전히 살아 있었기에 그는 자신은 물론 인류 전체가 이 적들로부터 자유로워질 수 있는 방도를 찾기 시작했다.

과거 수백 년 동안 무수히 많은 노화 이론만큼이나 노화를 늦추거나 역전시키고 수명을 늘리려는 다양한 시도가 있었다는 사실을 메치니코프도 잘 알고 있었다. 고대 로마에서는 죽어 가는 검투사의 피를 마시면 젊어진다는 믿음으로 나이 든 사람들이 너도나도 경기장으로 달려갔다.[13] 어린 동물이나 사람의 피에 생명력이 담겨 있다고 여기던 오랜 전통에서 시작된 믿음이었다. 그로부터 오랜 세월이 지나 17세기 후반에는 루이 14세를 치료하던 의사가 양의 피를 왕에게 수혈했다. 왕에게 젊음을 되찾아 주리란 믿음에서 행한 일이었지만 결과는 참혹했다. 당시 사람들은 이런 수혈 의식을 치르려면 피를 제공해 줄 양, 수혈받는 양, 그리고 수혈 과정을 직접 행하는 (희생)양까지 총 세 마리의 양이

---

12) EM, 『자연 연구(Etiudy o prirode)』, 131.

13) 그르멕(Grmek), 『노화에 관하여(On Ageing)』, 45.

필요하다고 재치 있게 묘사했다.[14]

다윗 왕이 살던 시대부터 현대에 이르기까지 '노인 관리gerokomia'라는 이름으로 의학계에서 행해지는 저급한 방법도 있었다. 메치니코프도 저서에 이 방법을 설명했다.

"성서 시대에는 쇠약해진 노인이 어린 여자와 접촉하면 활력을 얻고 수명이 연장된다고 믿었다.[15] 그러한 생각은 현재까지도 이어지는 것으로 보인다."

프로이센 왕의 주치의였던 크리스토프 후펠란트Cristoph Hufeland는 1796년 『생명 연장의 기술Art of Prolonging Life』이라는 저서에서 장수 식단에 관한 원칙을 소개하여 큰 관심을 얻었다. 그는 이 책에서 "어린 소녀의 숨결에는 가장 순수한 생명의 원리가 담겨 있다"[16]라고 밝혔다.

기나긴 역사를 지나오는 내내 사람들이 불멸의 삶, 영원한 젊음을 떠올릴 때 공통적으로 믿는 내용도 있었다. 원래 인간은 영원히 살 수 있도록 만들어졌지만 죄를 짓는 바람에 그러한 특권을 빼앗겼다는 이야기다. 아담은 에덴동산에서 쫓겨나고도 930세까지 살았고 성경에서 수명이 가장 긴 인물로 유명한 므두셀라는 969세까지 살았다고 전해진다. 노아는 홍수와 맞닥뜨렸을 때 600세였다고 한다. 그러나 세대가 이어질수록 죄가 쌓이고 쌓여, 아브라함은 겨우 175세까지밖에 살지 못했다는 것이다. 17세기 가장 교육 수준이 높았던 사람들은 창세기 내용을 글자 그대로 믿고 생명 연장을 인간이 정확히 알 수 없는 이

---

14) 그르멕(Grmek), 『노화에 관하여(On Ageing)』, 46.

15) EM, 『낙관주의 연구(Etiudy optimizma)』, 133.

16) 상기 자료에 인용, 134.

유로 잃어버린 본래의 수명을 되찾는 것으로 받아들였다.[17]

　이런 생각은 18세기에 전면적으로 바뀌었다.[18] 생명 연장의 비결을 탐구하는 방식이 메치니코프의 믿음에 맞는 방식, 즉 과학의 힘을 빌리는 단계에 진입한 것이다. 제럴드 J. 그루먼Gerald J. Gruman은 저서 『생명 연장에 대한 인식의 역사A History of Ideas about the Prolongation of Life』에서 계몽주의 시대가 열리자 앞으로 나아가는 발전에 관한 인식이 강화되고, 수명 연장도 오래전 잃어버린 이상적인 상태로 돌아가는 것이 아닌, 앞으로 이루어야 할 목표로 생각하기 시작했다고 설명했다. "인류가 자연도 정복했는데, 언젠가는 죽음과의 싸움에서도 승리하지 말라는 법은 없다." 이런 생각이 자리한 것이다. 벤자민 프랭클린Benjamin Franklin도 이 흐름을 한몫 거들면서 언젠가 인간의 수명은 노아가 홍수를 맞이하기 전에 살았던 조상들보다 더 길어질 것이라는 과감한 추측을 내놓았다. 1780년에 그는 한 친구에게 편지로 한탄을 하기도 했다.

　"진정한 과학이 지금 만들어 내고 있는 발전의 속도를 보면, 때때로 나는 너무 일찍 태어난 것 같다는 안타까움을 느낀다네."[19]

　그리고 덧붙였다.

　"천 년 뒤에 세상이 어디까지 발전할지, 인류의 힘이 어디까지 뻗칠지는 도저히 상상할 수가 없어. …… 모든 질병은 예방법이 나오거나 치료가 가능할 것이고, 나이가 들어도 그런 혜택을 예외 없이 받을 수 있을 테지. 인류는 아담부터 노아에 이르는 조상들보다 훨씬 더 오래

---

17) 샤핀(Shapin)과 마틴(Martyn), "영원히 사는 법(How to Live Forever)", 1580.

18) 그루먼(Gruman), 『생명 연장에 대한 인식의 역사』, 74–75.

19) 프랭클린(Franklin)이 조지프 프리스틀리(Joseph Priestley)에게 쓴 글, 1780. 그루먼의 저서 『생명 연장에 대한 인식의 역사』(74)에 인용됨.

살게 될 걸세."

18세기 스코틀랜드에서 위대한 해부학자로 꼽히던 존 헌터John Hunter 가 수천 구의 시체와 셀 수 없이 많은 동물을 대부분 살아 있는 상태에서 해부한 것도[20] 과학 발전을 위해서였다. 그는 해부에 관한 강연에서 인간의 수명을 늘릴 수 있는 방법이 무엇일까 깊이 고민한 끝에 얻은 결론이라며 다소 오싹한 생각을 내놓았다.

"인체를 한대 지역에서 꽁꽁 얼리면 수명을 언제까지든 늘릴 수 있지 않을까 하는 상상을 해 봤습니다. 몸이 다시 녹을 때까지는 인체의 모든 작용과 배설 현상이 중단됩니다. 생애의 마지막 10년을 포기하고 의식과 기능을 일시 중단시키는 이 방법을 택하면 수명을 천 년까지도 늘릴 수 있습니다. 100년마다 몸을 해동시켜 자신이 얼어 있는 동안 무슨 일이 벌어졌는지 확인할 수도 있을 겁니다."[21]

헌터는 실제로 이러한 생각을 확인하기 위해 잉어를 얼렸다가 서서히 녹였다. 그러나 잉어는 되살아나지 못해 그에게 크나큰 실망을 안겨 주었다.

메치니코프가 파스퇴르 연구소의 새 실험실을 정리하느라 분주하던 1889년 6월, 일흔두 살의 저명한 신경학자 샤를 에두아르 브라운 세카르Charles-Édouard Brown-Séquard는 자신이 대표를 맡고 있던 프랑스 생물학회에서 노화를 거스를 수 있는 비결이라며 다소 엉뚱한 방법을 내놓아 학회 회원들을 경악하게 만들었다.[22] 어린 기니피그와 강아지의 고환

---

20) 웬디 무어(Wendy Moore), 『칼잡이(The Knife Man)』(뉴욕: Broadway Books, 2005), 4.

21) 1766년에 실제로 이에 대한 실험이 진행됐다. 존 헌터(John Hunter), 『외과수술의 원리에 관한 강의(Lectures on the Principles of Surgery)』(Philadelphia, 1841), 76. 그루먼의 저서 『생명 연장에 대한 인식의 역사』(84)에 인용됨.

22) 아니노프(Aminoff), 『브라운 세콰르(Brown-Séquard)』, 203-211; 스탬블러(Stambler), 『수명 연장 이론의 역사(A History of Life-Extensionism)』, 28-30.

을 잘게 갈아서 그 추출물을 자신의 몸에 주사했더니 정신적으로 활기가 느껴진 것은 물론 '다른 힘'[23]도 월등히 좋아졌다고 주장한 것이다. 세계 각국의 의사들 수천 명이 언론이 '생명의 묘약'이라 일컬은 그의 처방을 접하자마자 단번에 매료되었고 사기꾼들도 무수히 등장하여 도전했지만 기대했던 그 효과는 확인할 수 없었다. 활력을 얻었다는 브라운 세카르에게도 효력이 그리 오래가지 않았는지 일흔일곱의 나이에 뇌졸중으로 숨을 거두었다. 그러나 터무니없는 그의 실험은 체내 분비물에 대한 연구를 촉진시켰고, 호르몬 대체요법이 탄생하는 계기가 되었다.[24] 그러나 생명력을 되찾을 수 있다고 선언하며 세상을 떠들썩하게 만든 내용들은 하나같이 틀린 것으로 드러나 노화 연구에는 거의 아무런 영향도 주지 못했다.

이렇듯 노화를 늦추기 위해 과학적인 방식은 물론 그리 과학적이지 않은 방식으로도 방대한 시도가 이루어졌음에도 불구하고, 메치니코프가 수명 연구에 초점을 맞추기 시작할 무렵까지 노화 현상을 설명할 수 있는 확실한 과학적 근거는 거의 전무한 상황이었다. 19세기 말에 이르자 노년기 질병에 관한 획기적인 논문이 몇 편 발표됐지만 노화가 진행되는 이유, 즉 우리의 수명이 한정적일 수밖에 없는 이유는 여전히 수수께끼로 남아 있었다.

당시에는 일흔이나 여든을 넘겨 생존하는 사람도 드물고 100세 이상 사는 사람은 그보다 훨씬 적었다. 그리고 수명은 숨겨진 생물학적

---

23) 샤를 에두아르 브라운 세콰르(Charles-Édouard Brown-Séquard), "기니피그와 개의 생 고환 조직에서 추출한 액체의 피하 주사가 인체에 발생시키는 영향(Des effets produits chez l'homme par des injections sous-cutanées d'un liquid retiré des testicules frais de cobaye et de chien)", 『생물학회 회의와 기록에 관한 주간 보고서(Comptes rendus hebdomadaires des séances et mémoirs de la Société de biologie)』 1, series 9 (1889): 418.

24) 스탬블러(Stambler), 『뜻밖의 결과(The Unexpected Outcomes)』

법칙에 좌우되는 것이 분명해 보였지만 노화는 도무지 답을 찾을 수 없는 까다로운 문제였다. 노화도 사춘기처럼 지극히 평범한 생애의 한 과정인가, 아니면 충분히 피할 수 있는 질병인가?

"생물학에서 이처럼 중요한 문제에 대해 지금까지 정확하게 밝혀진 사실이 이토록 적다는 사실이 놀라울 따름이다."[25]

메치니코프는 1897년 노화 관련 연구를 검토하고 그 결과를 밝힌 『생물학 연보』의 논문에서 이렇게 언급했다.

"이 문제에 과학을 적용한다면 상당히 많은 정보를 얻게 되리라고 생각한다."

머지않아 메치니코프는 또다시 중요한 연구 분야를 새로이 개척한다. 바로 노화의 생물학적 특징에 관한 체계적인 연구이다. 지금보다 100년도 더 된 이 시기에는 새로 발굴할 것이 많아서 새로운 분야를 개척하기도 더 쉬웠으리라 생각할지도 모른다. 그러나 미지의 세계는 언제나 방대한 법이며, 오직 두려움을 모르는 사람에게만 비밀을 털어놓는다.

27. 인생은 아름다워![26]

파리 학술회의에서 마지막 면역 전쟁을 치를 날을 몇 개월 앞둔 1899년 12월 말, 메치니코프는 아침에 일어나 자신이 불멸의 삶에 관한 열쇠를 찾았다는 소식을 접했다. 프랑스 일간지 『르 마르탱』의 제1면 기사에 굵

---

25) EM, 『몇 가지 연구에 관한 리뷰(Revue de quelques travaux)』, 261.

26) 바셋(Basset), "인생은 아름다워(Vive la Vie!)"

직한 대문자로 적힌 '삶은 아름다워! – 죽음과 맞선 메치니코프 박사의 사투'라는 헤드라인이 한껏 부풀어 오른 기대감을 요란하게 전했다. 기사에는 파스퇴르 연구소에서 메치니코프가 노화에 관한 새로운 연구를 시작했다는 소식과 함께 제목만큼 자극적인 내용이 담겨 있었다. "뒤토가에 자리한 기적의 연구소에서 연금술사를 만나 보라. 영원한 젊음을 찾아 줄 묘약이 노화를 물리쳤다."

며칠 뒤 같은 신문의 사설란에는 다음 세기의 전망까지 더해졌다.

"2000년을 보지 못할 거라고 낙담했다면 그 생각은 당장 접어야 한다. 우리는 노아 이전의 조상들만큼 오래 살게 될 것이다. 무슈 메치니코프를 물리칠 수 있는 건 오직 운명을 결정짓는 존재뿐이다."[27]

그리 오래 지나지 않아 뒤토가에서 기적이 일어나고 있다는 소식이 전 세계 언론에 전해졌다. 프랑스는 물론 세계 곳곳의 노인들이 제발 죽지 않게 도와 달라고 간청하는 편지가 기겁을 한 메치니코프 앞으로 속속 도착했다.

"메치니코프는 기자들이 자신의 이름을 가지고 떠들어 대는 통에 단단히 화가 난 모양이오."[28]

쥘 보르데는 벨기에에 있는 아내에게 이렇게 알렸다.

"그분 잘못도 있소. 기자들을 좀 더 단호하게 쫓아냈어야 했는데 말이오."

하지만 메치니코프의 성격상 사람을 쫓아내는 건 불가능한 일이었다. 기자들을 과학의 대중화라는 신성한 목표를 위해 함께 걸어가는 동료로 본 메치니코프는 언제든 그들이 자신을 찾아오면 현재 진행 중인

자기 연구나 다른 과학자들의 연구에 대해 허물없이 이야기를 나누었다. 세상을 깜짝 놀라게 만든 이런 기사들이 쏟아졌을 때도 그는 평소보다 더 많은 인터뷰를 하는 것으로 사태를 해결하려고 했다. 1900년 2월에는 『로스앤젤레스 타임스』 기자에게 요청을 하기도 했다.

"성미 급한 기자들에게 그동안 여러 번 당한 적이 있소. 나는 연구자이고 희망을 품고 사는 사람이지만 아무것도 약속할 수는 없소. 정말이지 너무나 유감스럽다고, 내 연구에 관한 그 모든 말들에 대해 내가 무척이나 유감스럽게 생각한다고 써 주시오."[29]

식세포는 메치니코프의 노화 연구에서도 중심에 있었다. 메치니코프는 이 세포들이 생물을 보호하는 역할과 더불어 손상된 조직을 먹어 치우고 생체 조직을 유지하는 역할도 한다는 사실을 알아냈다. 노인의 부검 표본을 연구한 뒤에는 식세포가 뇌와 조직의 일부를 먹어 치웠다는 결론을 내렸다.

놀랍게도 식세포가 조직을 먹어 치운 후에 나타나는 결과가 손상된 신체기관이나 나이 든 사람의 기관에서 동일한 형태로 나타났다. 예를 들어, 메치니코프가 비정상적인 신장 조직을 현미경으로 관찰한 연구에서, 문제의 원인이 미생물에 의한 것인지 알코올 섭취에 따른 결과인지, 혹은 만성 납 중독인지 그저 나이가 들면서 생긴 문제인지 구분할 수가 없었다. 멀쩡한 신장 세포는 이 모든 원인에 의해 손상될 수 있기 때문이다. 골다공증도 마찬가지였다. 대식 세포가 건강하던 골조직을 먹어 치워서 노인의 뼈에서 발생하기도 하지만, 나병이나 결핵을 일으키는 균이 침입한 경우에도 나타났다. 메치니코프는 이러한 사실

---

29) 마켄나(Mackenna), "메치니코프 박사(Dr. Metchnikoff)"

에 주목하고 의문을 품었다. "노화는 미생물이나 독소에 의한 만성 질환인가?" 그리고 자신의 견해를 밝혔다.

"노화는 다른 질병들과 마찬가지로 치료해야 하는 질병이다."[30]

당시 메치니코프는 현미경을 들여다보아도 식균 작용 외에 다른 것은 눈에 들어오지 않았다. 스스로 채운 족쇄 때문에 더 위대한 발견으로 나아가지 못하는 상태였던 것이다. 그래서 그는 인체에 감염이나 중독이 발생할 때 나타나는 대식 세포나 다른 식세포가 노년기에 생체 조직을 손상시킨다는 가설을 세웠다. 면역 이론에서와 마찬가지로 그가 아끼고 사랑하는 식세포가 또다시 주인공의 자리를 꿰찬 것이다. 그러나 놀랍게도 이번에 주어진 역할은 영웅이 아니라 악당이었다. 다원주의자인 메치니코프의 눈에 노화는 강력한 세포와 힘이 약한 세포 간의 갈등으로 비춰졌다.

"노년기의 퇴행 현상은 대식 세포의 활성으로 설명할 수 있다. 이 세포들이 중요한 부분을 파괴하고 인체가 스스로를 방어할 수 없게 만든다."[31]

이제는 노화가 극도로 복잡한 과정이며 수백 개의 유전자가 그에 관여한다는 사실이 밝혀졌다. 식세포는 이 조화로운 심포니를 이루는 주제 중 한 가지일 뿐이다. 식세포의 영향이 누적되면 생애 후반기에 이르러 건강에 해가 되는 것은 사실이지만, 어쨌든 이 세포의 주된 임무는 생체 조직을 질서정연하게 유지하는 일이다. 그럼에도 메치니코프는 자신이 노화라는 문제의 근원을 찾아냈다고 확신하고, 인체를 식세포로부터 보호할 수 있는 전략을 고민하기 시작했다. 백신으로 '영향

---

30) EM, 『자연 연구(Etiudy o prirode)』, 3.

31) EM, "몇 가지 연구에 관한 리뷰(Revue de quelques travaux)", 263.

을 받지 않는' 조직이 생성되도록 자극하면 식세포에 맞설 수 있지 않을까? 혹은 식세포의 활성을 과도하게 만드는 미생물을 백신으로 제거할 수 있지 않을까? 메치니코프는 이 가운데 두 번째 가설을 확인하기 위해, 내장 미생물을 파괴할 수 있는 것으로 알려진 나방 유충과 파리, 쇠똥구리 등 특이한 생물에서 소화액을 분리하여 항균 성분을 추출해보려 했지만 실패로 돌아갔다.

이러한 연구를 진행하는 과정에서 메치니코프는 기자들에게 자신의 생각을 털어놓는 아주 부주의한 행동을 하고 말았다. 젊음의 묘약이 개발됐다는 헤드라인도 바로 그 대화에서 나왔다. 사람들은 노화라면 탄저균과 광견병, 디프테리아를 정복한 파스퇴르의 연구소가 맞설 다음 상대로 아주 적절하다고 여겼다. 기자들은 아직 연구가 진행 중인데 또 다른 기적이 일어난 것처럼 큰 소리로 알려댔다.

메치니코프에게서 젊음의 샘이 있다는 섬을 찾아다니다가 플로리다에 도착한 16세기 탐험가를 떠올린 기자들은 그를 "위대한 폰세 데 레온₋Ponce de León"이라 칭하며 메치니코프의 입에서 나오는 말이라면 한 마디도 놓치지 않고 주목했다. 오늘날의 관점에서 보면 소위 방송 체질이었던 메치니코프는 노화를 완전히 물리치지 못할지언정 최소한 노화가 진행되는 기전만큼은 꼭 밝혀내리라 약속하며 결코 사람들을 실망시키지 않았다. 1900년 파리 학술대회가 끝나고 『감염성 질환과 면역』을 집필하는 일에 몰두하느라 잠시 실험을 손에서 놓았을 때도 서둘러 연구실로 달려가고픈 조바심을 느꼈다. 올가에게 쓴 편지에서도 그런 마음이 드러난다.

"틈날 때마다 내 머릿속은 신체의 위축과 노화에 관한 궁금증으로 채워진다오."[32]

1901년, 『파스퇴르 연구소 연보』에 발표한 노화의 생물학에 관한 첫 번째 논문에서 메치니코프는 "노화는 대단히 흥미로운 문제임에도 불구하고 과학계가 그동안 이를 간과해 왔다"[33]라고 공언했다. 그가 이 논문에서 다룬 주제는 나이가 들면서 가장 두드러지게 나타나는 변화인 머리카락이 하얗게 새는 현상이었다. 연구를 위해 갈기처럼 형클어진 자신의 머리카락은 물론 (그는 늘 해 오던 방식대로 연구에 스스로를 적극 활용했다. 이 연구에서도 머리가 새는 과정을 단계별로 파악하고자 주기적으로 자신의 머리카락을 잘라서 표본으로 삼았다.) 나이 든 그레이트데인의 털과 당시 연구소에서 공동 연구를 진행하던 장 바티스트 샤르코Jean-Baptiste Charcot의 수염도 채취했다. 샤르코는 메치니코프가 파리로 건너오기 직전, 아직 젊은 나이였던 지그문트 프로이트를 가르친 유명한 신경학자의 아들이었다.

메치니코프는 색이 희어진 머리카락과 털 표본에서 색소를 가진 세포들을 관찰하고, 식세포에 속하는 세포가 색소를 먹어 버리면 원래의 색을 잃게 된다는 결론을 도출했다. 그리고 머리가 갑작스레 새어 버리는 수수께끼 같은 현상도 두피에 있는 식세포의 작용이 증가한 것으로 설명할 수 있다고 밝혔다. (현대 과학에서는 머리가 새는 현상이 극히 복잡한 과정이며, 유전자의 발현을 통해 모낭에서 더 이상 색소가 만들어지지 않는 과정이 포함된다고 본다. 메치니코프는 머리카락이 정상적으로 자라나는 생장 주기가 진행되는 도중에 식세포가 색소를 없앤다고 해석했는데, 이것이 완전히 틀린 말은 아니다.)[34]

언론도 적극적인 관심을 보였다. 일간지 『르 텅Le Temps』은 참수형을 앞두고 하룻밤 사이에 머리카락이 하얗게 변해 버린 마리 앙투아네트

---

32) 메치니코프가 올가에게 쓴 편지, 1901년 9월 10일. 편지 2, 62.

33) EM, "모발과 모발의 백화 현상(Sur le blanchiment des cheveux et des poils)", 『연보』 15, no. 12 (1901): 865.

34) 토빈(Tobin)과 파우스(Paus)의 "백화 현상(Graying)" 등에서 확인할 수 있다.

왕비의 유명한 사례를 언급했고,[35] 『르 피가로』지는 메치니코프의 말을 빌려 열이 가해지면 색소를 먹는 세포가 손상될 수 있으므로 여성들이 열을 가하는 기구를 이용해 머리카락을 돌돌 말면 머리가 희어지는 시기를 늦출 수 있다고 보도했다.[36] 또 『르 쁘띠 파리지엔Le Petit Parisien』에는 파리에서 활동하던 저명한 의사가 최근 발견된 엑스선이 열을 가하는 것보다 '색소 먹는 세포'로부터 머리카락을 지키는 데 훨씬 더 도움이 될 수 있다고 주장한 인터뷰 기사가 실렸다.[37]

그동안 메치니코프는 사람이 죽음을 맞이하는 이유를 고민했다. 그리고 얼마 후 인류의 수명 연장을 목표로 하는 노화 이론을 수립했다.

28. 수명의 법칙

1901년 4월, 메치니코프는 평소 같지 않게 잔잔하던 영국 해협을 건너 악명에 걸맞게 비가 지독하게 내리는 맨체스터에 도착했다. 그곳 문학·철학 협회가 수여하는 '와일드 메달Wilde Medal'을 외국인으로서는 처음으로 받는 영광을 얻어 찾아온 것이다. 이 자리에서 그는 갓 정립한 노화 이론을 최초로 공개했다. 행사를 위해 올가가 그린 과학 일러스트가 벽에 걸린 협회 강당은 관중들로 빽빽이 들어찼다. 메치니코프는 '인체의 세균총'이라는 주제로 한 시간 동안 프랑스어로 강연을 했다. 왜 인간이 너무 일찍 노화와 죽음을 맞이하는지에 대한 완전히 새로운 설

---

35) "머리카락은 어떻게 희끗해질까(Comment les cheveux blanchissent)", 『르 텅(Le Temps)』, 1902년 1월 10일, 2.

36)· "결점을 해결하는 법(A travers Paris)", 『르 피가로(Le Figaro)』, 1906년 5월 10일, 1.

37) "과학아카데미 소식(A l'Académie des Sciences)", 『르 쁘띠 파리지엔(Le Petit Parisien)』, 1906년 7월 17일, 2.

명을 제시한 것이다.

강연 주제에서 예상할 수 있듯이 메치니코프는 인체에 존재하는 세균총이 문제의 근원이라고 밝혔다. 현미경으로 볼 수 있는 크기의 이 생명체들은 내부 장기에 서식하며, 특히 인체의 가장 큰 미생물 보관소인 큰창자에 밀집되어 있다. 장에 있는 노폐물이 건강에 해롭다는 생각은 고대 이집트부터 시작되었다. 그리고 19세기 말, 균과 질병이 서로 연관되어 있다는 사실이 알려지자 새롭게 힘을 얻어 의사들 사이에서 한때 뜨거운 관심을 받았지만 그 열기는 오래가지 못했다.[38] 위장을 채운 내용물은 세균의 작용으로 부패하고 독소를 방출한다고 여겨졌는데, 이날 강연에서 메치니코프가 언급한 것처럼 15년쯤 앞서 프랑스의 병리학자 샤를 자크 부샤르Charles-Jacques Bouchard는 이 개념을 '자가 중독'이라는 용어로 설명했다. 의사들은 두통부터 피로감, 심장질환, 간질까지 온갖 문제의 원인으로 자가 중독을 지목하고, 장을 '소독'해야 한다며 환자들에게 숯과 아이오딘, 수은, 나프탈렌이 포함된 혼합물을 마시도록 했다.[39] (자가 중독의 개념은 1920년대에 들어 평판이 나빠지면서 열기가 사그라졌지만 오늘날에도 대체의학의 하나로 전해진다. 또 주류 의학에서도 전혀 다른 형태로 둔갑하여 다시 모습을 드러내기도 한다.)

메치니코프는 장내 세균총이 유익한 작용을 할 수도 있다고 생각한다고 밝히고, 과거 자신이 수행한 콜레라 연구를 언급하며 어떤 사람들은 위장의 미생물 덕분에 콜레라에 걸리지 않았던 것으로 추측된다고 설명했다. 그러나 그는 뒤이어 이 세균총은 대부분 몸에 해로운 영향을 주고 "그로 인해 우리 몸의 조직과 장기가 조기에 노화된다"라고

---

38) 자가 중독의 역사는 달리(Dally)의 저서 『판타지 수술(Fantasy Surgery)』(66–83)에 잘 나와 있다.

39) 렛트거(Rettger)와 채플린(Cheplin), 『장내 세균총 변화에 관한 논문(A Treatise on the Transformation)』, 3.

주장했다.[40)]

또 메치니코프는 결장의 불필요함에 관해 역설하며 그 존재에 대해 신랄한 비난을 쏟아 냈다. 그는 동물학자이자 다윈주의자의 관점에서 이 기관은 인간의 몸에 남겨진 동물의 흔적이라고 설명했다. 그리고 인간에게 자가 중독이 발생하는 이유는 진화의 속도가 너무 느리기 때문이라고 밝혔다. 인간이 현재까지 진화되기 전 단계에서는 결장이 포유동물의 생존을 돕는 기능을 수행했다. 즉 결장이 채소류의 소화를 촉진하는 미생물이 존재하는 곳이자 소화되고 남은 음식물을 보관하는 곳의 역할을 하므로, 포유동물은 먹이를 쫓아가거나 포식자를 피해 달아나야 하는 순간에 배설 때문에 걸음을 멈추지 않아도 된다. 반면 새들은 하늘을 나는 도중에도 배설물을 밖으로 내보낼 수 있으므로 결장이 필요하지 않다. 메치니코프는 사람의 경우 "결장을 가지고 있지만 득을 보는 부분은 없다"[41)]라고 밝혔다. 특히 음식을 익혀서 먹기 시작한 후로는 영양분이 몸에 더 수월하게 흡수되기 때문이다. 결장에서 물과 무기질이 흡수된다는 사실은 이미 밝혀졌지만, 그는 위나 소장에 비해 결장의 필요성은 미약하다고 설명했다. 자연선택이 보다 효과적으로 진행되었다면 결장은 이미 오래전에 우리 몸에서 사라졌을 기관이라고 확신한 것이다.

이러한 생각이 모여 메치니코프가 수립한 수명의 법칙이 탄생했다. 그가 풀고자 한 것은 고대부터 가장 영민한 사람들이 해결하려 했던 수수께끼, 즉 "수명을 결정하는, 숨겨진 자연의 시계가 존재할까?"라는 의문이었다. 아리스토텔레스는 덩치가 큰 동물이 작은 동물보다

---

40) EM, "세균총에 대하여(Sur la flore)," 33.

41) 위와 동일.

더 오래 사는 경향이 있다고 밝혔다.[42] 하지만 이것은 넓은 범위에서는 어느 정도 맞아 떨어지지만 일반 법칙으로 보기에는 예외적인 경우가 너무나 많은 주장이었다. 이후 19세기 과학자들은 생물의 최대 수명과 성장 기간이 비례한다고 제안했다.[43] 프랑스의 한 생물학자는 포유동물의 경우 수명과 성장 기간의 비율이 5 대 1 정도이므로 사람은 약 100년 정도가 최대 수명이라고 주장했다. 그러나 이 비율만으로 수명을 제대로 설명하기에는 너무 엉성한 부분이 많았다. 과도한 낙관론이 전제가 되어 비율을 7 대 1로 보고 인간의 최대 수명이 140세라는 의견까지 등장했다.

메치니코프는 이와 다른 설명을 제시했다.

"저는 거의 일반 규칙에 가까운 사실을 파악했습니다. 바로 대장의 길이가 길수록 수명은 짧아진다는 것입니다."[44]

그는 애완동물로 키울 수 있는 자그마한 동물을 예로 들며, 금붕어나 카나리아는 20년까지 생존하고 거북이는 그보다 훨씬 더 오래 산다고 설명했다. 반면 소형 애완동물 중에서 유일하게 제대로 된 결장을 가진 동물인 쥐는 기껏해야 3~4년을 산다는 점에서 이 주장이 뒷받침된다는 이야기였다. 이 규칙과 맞지 않는 예도 무수히 많았지만 적어도 메치니코프는 별로 개의치 않았다. 코끼리는 결장이 굉장히 길지만 장내 세균총의 독특한 특성 덕분에 오래 살 수 있다고 직접 설명하기도 했다.

강연이 끝나자 흥겨운 분위기 속에서 일곱 가지 코스 요리가 나오는

---

42) 실버타운(Silvertown), 『긴 생애와 짧은 생애(The Long and the Short)』, 킨들(kindle) 에디션, loc. 343.

43) 스탬블러(Stambler), 『생명 연장의 역사(A History of Life-Extensionalism)』, 12–15.

44) EM, "세균총에 대하여(Sur la flore)", 32.

만찬이 이어졌다.

"영국 사람들은 저마다 한참을 이야기하며 유머 감각을 뽐내고 폭소를 유발했소. 나도 다른 이들과 함께 웃기는 했지만, 뭣 때문에 웃는지 사실 거의 알아듣지 못했다오."[45]

메치니코프는 올가에게 이렇게 전했다. 그리고 자신의 강연에 푹 빠져 귀 기울이던 맨체스터의 관중들에게 약속한 대로 파리에 돌아오자마자 노화를 무찌르기 위한 연구에 돌입했다. 연구를 위해서라면 모든 것을 포기하는 태도나 자신의 생각과 배치되는 증거는 모조리 배제하고 오직 자신이 믿는 것에만 몰두하는 편집광적인 집중력 모두 식세포 이론을 지켜 내기 위해 고투를 벌이던 시절과 꼭 같았다.

메치니코프의 실험실은 점차 나이 든 동물들로 채워졌다. 생쥐, 쥐, 거위와 털이 희끗한 열여덟 살짜리 개, 스물세 살이라는 나이에도 생기발랄한 고양이도 합류했다. 특별히 마련된 공간은 『파스퇴르 연구소 연보』에 메치니코프가 두 번째로 발표한 노화의 생물학 논문의 주인공인 앵무새가 차지했다. 그는 앵무새 중에서도 특정한 종은 사람만큼이나 오래 산다고 밝히고, 사라진 북미 원주민 부족에 관한 가슴 아픈 전설을 언급했다. 원주민들이 모두 사라지고 유일한 '생존자'로 나이 든 앵무새 한 마리가 남았는데, 이 새는 원주민들의 말로 계속 이야기했지만 부족 전체가 몰살당하는 바람에 새의 말을 알아듣는 사람이 아무도 없었다는 이야기였다. 앵무새도 다른 조류와 마찬가지로 결장이 거의 남아 있지 않으므로, 이처럼 수명이 긴 특징은 메치니코프의 노화 이론을 뒷받침하는 것으로 여겨졌다. 실험실로 온 아마존 출신의 앵무

---

45) 메치니코프가 올가에게 쓴 편지. 1901년 4월 23일. 편지 2, 49.

새 한 마리는 일흔 살의 나이가 무색하게 깃털이 화려하고 암컷들에게 끊임없이 관심을 보여 "성질이 점점 고약해지는 것 외에 노화와 관련된 변화는 전혀 없다"[46]라는 평가를 받기도 했다. 메치니코프는 여든한 살에 죽은 이 앵무새와 같은 종 암컷의 세포에서 자신의 이론에 맞는 증거를 확인했다. 나이가 더 어린 앵무새들과 달리 뇌세포가 식세포에 먹힌 상태로 발견된 것이다.

그러나 새들보다도 더 강렬하게 메치니코프의 관심을 잡아 끈 것은 나이 든 사람의 몸과 정신이었다. 영안실에서 노인들의 시신을 찾아 조직 검체를 모으고, 유난히 오래 생존한 사람들에 관한 기사가 없는지 신문을 열심히 뒤지고, 어디에서든 노인과 만나면 점차 다가오는 생의 마지막을 어떻게 견디고 있는지 알아보았다.

생애 최후의 시간에 대한 밀접한 연구는 메치니코프를 철학적인 의문으로 몰고 갔다.

"이러다 느닷없이, 나의 노년기에 대한 철학으로 고민이 넘어갈 것 같소."[47]

그는 풍경화 작업을 위해 프랑스 북부 해안에 가 있던 올가에게 이런 편지를 썼다. 그는 유년 시절부터 늘 마음 한 구석을 차지하던 중요한 문제에 집중하기 시작했다. 인간은 어디에서 오는가? 그리고 어디로 가는가? 왜 삶은 죽음으로 끝나는가? 마침내 메치니코프는 이 문제를 정면 돌파할 준비를 마쳤다.

---

46) EM, "앵무새의 노년기에 관한 연구(Recherches sur la vieillesse des perroquets)", 「연보」 16, no. 12 (1902): 913.
47) 메치니코프가 올가에게 쓴 편지, 1900년 8월 25일. 편지 2, 45.

29. 인간의 본성

삶과 죽음을 깊이 고민하던 메치니코프는 자신은 물론 모든 사람에게 해당되리라 생각되는 비극적인 모순을 깨달았다. 생의 끝이 가까워 올수록 살고 싶은 욕구는 더 커진다는 사실이었다. 그는 이로 인해 사람들이 '생의 본능'이 최고조에 이르렀을 때 죽음을 맞이한다고 밝혔다.

"살고자 하는 인간의 강력한 의지는 노년기가 되면 병이 생긴다는 사실이나 인간의 생이 짧다는 사실과 어긋나며, 이것이야말로 인간 본성의 가장 깊은 부조화다."[48]

1903년 봄, 메치니코프는 프랑스에서 발표한 첫 번째 철학서 『인간의 본성: 낙관주의 철학 연구The Nature of Man: Studies in Optimistic Philosophy』[49]에서 이렇게 주장했다.

그는 질병이나 영양 부족, 사고와 같은 방해 요소와 맞닥뜨리지 않고 인간이 '타고난' 수명대로 살 수 있다면 "100년을 훌쩍 넘긴 나이까지"[50] 생존할 것이며, 누구도 죽음을 두려워하지 않을 뿐만 아니라 죽음을 기꺼이 맞이할 것이라고 보았다. 잠을 자고 싶은 욕구처럼 죽음에 대한 '본능'이 발달하게 된다는 것이다.

"이러한 본능은 분명 우리가 경험할 수 있는 그 어떤 감각보다 더 경이로운 느낌을 안겨 줄 것이다. 인간이 간절하게 삶의 목적을 찾는 일은 어쩌면 이런 자연적 죽음의 기대에 대한 어렴풋한 갈망에 불과할지도

---

48) EM, 『자연 연구(Etiudy o prirode)』, 238.

49) P. 찰머스 미첼(P. Chalmers Mitchell)은 이 책의 영문판 "편집자의 머리말(Editor's Introduction)"(런던: William Heinemann, 1903, p.viii)에서 "인간의 구성(프랑스어로 la nature humaine)"이 때로는 사람의 정신적 특성뿐만 아니라 신체 구조에 담긴 의미를 더 명확히 전달한다"라고 밝혔다.

50) EM, 『자연 연구(Etiudy o prirode)』, 260.

모른다. 죽음을 향한 본능은 젊은 처녀가 진정한 사랑을 경험하기 전에 느끼는 꿈같은 감정과 흡사하다."[51]

그러나 메치니코프는 살페트리에르 병원의 호스피스 병동을 수차례 다녀온 후 자신이 가설로 제시한 죽음의 본능이 얼마나 획득하기 힘든 경지인지 인정할 수밖에 없었다. 이 시설은 기념비적인 돔 지붕의 예배당과 나란히 자리한 소박한 석조 건물에 자리 잡고 있었는데, 나이 든 빈곤층 여성들을 위해 마련된 곳으로 늘 환자들로 북적였다. "그곳에서 만난 모두가 더 오래 살기를 갈망했다."[52]

메치니코프는 『인간의 본성』에서 이렇게 밝히고, 절망감을 느끼며 덧붙였다.

"살페트리에르에서 90세 이상의 여성 환자들이 밝힌 가장 큰 소망은 100세까지 사는 것이었다. 살고자 하는 욕구는 너무나 강렬했다."

나이 들어 병까지 있는 사람들조차 죽음은 원치 않았고 그저 몸이 건강해지기만을 바란다는 사실에 그의 실망감은 한층 더 깊어졌다.

메치니코프는 무신론자였지만 구약성서까지 뒤져 가며 죽음의 본능에 관한 '증거'를 찾으려 했다. 그가 주목한 구절은 아브라함을 비롯한 이스라엘 민족의 조상들이 '나이 들어 받은 목숨대로 다 살았다'는 표현이었다. 메치니코프는 이 부분을 다음과 같이 해석했다.

"지금 우리에게는 아주 이상하게 들리는 이 표현은 140세에서 180세까지 건강하게 살고 죽음의 본능이 발달한 노인의 경우를 가리킨다."[53]

---

51) EM, 『자연 연구(Etiudy o prirode)』, 265.
52) 위와 동일, 134.
53) 위와 동일, 263.

메치니코프는 우리가 너무 일찍 생을 마감하는 것은 '인간의 특성'에 해당하는 무수한 부조화 중 하나일 뿐이라고 주장했다. 진화의 핵심 동력인 자연선택이 너무 느리게 진행되는 탓에 인체가 환경 변화에 적응하지 못해서, 인간은 더 이상 쓸모도 없이 거추장스럽기만 한 장기들을 지닌 채 살아야 한다는 것이다. 처녀막, 포피, 꼬리뼈와 같은 무해한 기관부터 결장, 맹장, 사랑니처럼 부정적인 영향을 주는 기관들이 그 대상에 포함됐다. 메치니코프는 쉽게 적응되지 않는 성적인 발달도 중대한 부조화 중 하나라고 설명하며, 나이가 들어도 성적 욕구가 지속되는 것을 그 예로 들었다.

"나이 들어 욕구를 고무시킬 능력이나 만족시킬 능력이 없는 사람이 육체적인 욕망과 채워지지 않는 열정에 잠식당하는 경우가 종종 있다. …… 남성과 여성의 차이에서도 성적 부조화가 나타난다. 남성이 여성보다 조숙한 것이 부부간의 불화로 이어지는 일이 많다."[54]

이어 어릴 때 자위행위를 하면 "건강과 정신적 능력에 해가 되며 심지어 생명에도 해롭다"[55]라는 당시 의사들의 주장을 전하고 다음과 같이 덧붙였다.

"인간의 생식 기능이 너무나 조화롭지 못한 것에 반해, 대부분의 식물들은 생식 기능의 적응 수준이 얼마나 완벽한지 놀라울 정도다!"[56]

메치니코프는 인간의 부조화를 주장할 때도 논쟁을 즐기는 본능에 매우 충실했다. "생존하는 가장 위대한 철학자"[57]라 칭한 사람에게 도

---

54) EM, 「자연 연구(Etiudy o prirode)」, 107.
55) 위와 동일.
56) 위와 동일, 106.
57) 위와 동일, 271.

전장을 내민 것이다. 빅토리아 시대의 지성인으로 꼽히던 허버트 스펜서Herbert Spencer는 진화가 발전을 낳고 동시에 진화 과정 자체를 발전시킨다고 보았다. 그리고 거의 모든 영역에서 생명은 더욱 복잡해지는 쪽으로 나아가며, 복잡할수록 우월하다고 주장했다. 메치니코프는 『인간의 본성』에서 이 의견에 격렬히 반대했다.

"허버트 스펜서는 현대 문명사회에서 생명의 복잡성이 증대한 것을 발전의 증거로 보지만, 나는 그렇지 않다고 본다."[58]

이어 메치니코프는 자연에서는 복잡성이 곧 재앙을 의미할 수 있다고 설명했다. 바퀴벌레와 전갈이 특정 포유동물보다 생존 능력이 뛰어나다는 사실이 그 예로 제시됐다. 즉 이들은 진화가 맨 처음 시작되던 시기부터 지금까지 존재해 왔지만, 유인원에 해당하는 몇몇 종은 거의 인간에 맞먹을 정도로 복잡하게 발달한 동시에 거의 멸종 단계에 이르렀다는 것이다. 메치니코프는 이렇게 밝혔다.

"결과적으로, 자연에는 발전을 향한 맹목적인 고투 같은 건 존재하지 않는다."[59]

그러나 『인간의 본성』의 낙관적인 부제에서도 명백하게 드러나듯이 그는 인류가 과학의 도움으로 최악의 부조화도 이겨 낼 수 있다고 확신하며 자신만만한 주장을 펼쳤다.

"인간의 기질은 변할 수 있고, 인류에게 유리한 쪽으로 바뀔 수 있다.[60] 이를 위해서는 우선 인간의 생이 올바른 방향으로 나아가도록 바로잡으려 노력해야 한다. 즉 부조화를 조화로 바꾸는 '섭생orthobiosis'이

---

58) EM, 「자연 연구(Etiudy o prirode)」, 273.

59) 위와 동일, 38.

60) 위와 동일, 270.

필요하다."

메치니코프는 그리스어에서 '올바르다'를 의미하는 '오르소ortho'와 '삶'을 의미하는 '바이오스bios'를 결합하여 '올바른 삶'을 의미하는 섭생이라는 용어를 만들어 냈다.

'올바른 삶의 방향'이라는 다소 모호한 개념을 토대로 그는 삶의 목적을 정의했다. 어린 시절부터 절박하게 찾아 헤맸지만 아무런 결론도 얻지 못했던 답을 마침내 정리한 것이다.

"인간 존재의 목적은 정상적인 삶의 과정대로 살아감으로써, 생에 대한 본능을 잃고 고통 없는 노년기를 맞이하여 죽음과 화해하는 방향으로 나아가는 것이다."[61]

나중에 쓴 글에서 메치니코프는 "그저 오래 사는 것"[62]으로는 충분치 않다고 분명하게 밝혔다. 그리고 "죽음의 본능이 생겨날 때까지 생에 대한 본능을 꾸준히 발전시켜 나아가는 것"이 목표라고 설명했다.

인간의 적응 수준이 낮다는 생각, 특히 죽음의 본능이라는 개념은 메치니코프보다 약 열 살 어린 지그문트 프로이트의 글을 떠올리게 한다. 프로이트는 20세기 초, 비엔나에서 인간의 정신에 관해 기존과 다른 새로운 관점을 정립했다. 그가 사용한 용어에서도 메치니코프와 비슷한 점이 발견되는데, 특히 여러 논란을 낳은 '토데스트리프Todestrieb'라는 표현은 '죽음 충동death drive'이라는 의미로 해석되며 때로는 '죽음 본능death instinct'으로도 번역된다. 메치니코프의 『인간의 본성』이 세상에 나왔을 때만 해도 아직 프로이트의 연구는 큰 영향력이 없었다. 그리고 프로이트는 메치니코프가 세상을 떠나고 6년이 지난 1920년에야 발표

---

61) EM, 『자연 연구(Etiudy o prirode)』, 22.

62) EM, 『성적 기능에 대하여(Sur la fonction sexuelle)』 중 머리말, repr., ASS, vol. 16, 283.

한 저서 『쾌락 원리를 넘어서Beyond the Pleasure Principle』에서 '죽음 충동'의 의미를 정의했다. 또 메치니코프가 죽음의 본능을 평온함에 도달한 전형적 징후로 본 것과 달리, 프로이트는 죽음 충동을 인간이 스스로와 끊임없이 갈등을 빚는 과정에서 나온 산물로 보았다.

프로이트는 자연사도 시나 일부 (그중에 메치니코프는 포함되지 않았다.) 생물학자의 연구에서나 등장하는 개념으로 보고 의혹을 제기했다. 『쾌락 원리를 넘어서』에서 그는 이렇게 밝혔다.

"죽음이 인간 존재에 내재된 법칙에 따라 불가피하게 발생하는 결과라는 믿음 역시, 인간이 '존재의 무게를 견디기 위해' 스스로 빚어낸 환상에 불과한지도 모른다."[63]

1934년, 프로이트의 동시대인이자 그와 비엔나에서 안면을 튼 스코틀랜드의 의사 알 코크란Al Cochrane은 『국제 정신분석학회지International Journal of Psychoanalysis』에 '엘리 메치니코프와 죽음의 본능에 관한 그의 이론'이라는 제목의 글을 기고했다. 이 글에서 코크란은 프로이트와 메치니코프의 '죽음 본능'에는 "인간의 수명을 좌우하는 '잠재된' 본능에 관한 생각······ 심리학적인 문제를 생물학적 근거로 설명하려는 시도······ 정신의 전반적인 부조화와 이를 과학적인 연구를 통해 해결할 수 있다는 견해" 등 "몇 가지 깜짝 놀랄 수준의 유사성이 있다"[64]라고 지적했다. 코크란은 이와 함께 다른 공통점도 몇 가지 제시하고, 이를 메치니코프와 프로이트가 연구한 시대 지식층에서 나타난 전반적인 동향이 반영된 결과로 추정했다.

---

63) 지그문트 프로이트(Sigmund Freud), 『쾌락 원릴르 넘어서(Beyond the Pleasure Principle)』, C. J. M. 후백(C. J. M. Hubback) 번역, part4 (런던, Vienna: International Psycho-Analytical, 1922), 2015년 5월 11일 접속(www.bartleby.com/276/6. html).

64) 코크란(Cochrane), "엘리 메치니코프와 그의 이론(Elie Metchnikoff and His Theory)", 32–34.

"두 사람 다 종교는 무가치한 것으로 일축하고, 철학을 두 번째로 중요한 영역이라 여겼다. 그리고 정도의 차이는 있지만 둘 다 삶의 모든 영역에서 섹스가 중요하다고 강조했다. 자연이 점차 발전되는 방향으로 나아가는 경향이 존재한다는 견해에 똑같이 반대하고, 지적인 이해를 위해서는 과학만을 지식을 획득하는 도구로 활용해야 한다는 생각에 둘 다 동의했다."

심지어 코크란은 자신의 글에 다음 사실도 전했다.

"나는 실례를 무릅쓰고 프로이트 교수에게 혹시 (메치니코프와) 직접적으로든 간접적으로든 접촉한 적이 있냐고 물었다. 그런 일은 없었다는 대답이 돌아왔다."

2003년, 『국제 역학회지International Journal of Epidemiology』에 코크란의 이 논문이 다시 게재되자 한 현대 심리치료사도 자신의 의견을 전했다.

"프로이트는 과학자가 되고 싶어 했지만 이야기꾼에 머물렀다. 저명한 과학자였던 메치니코프는 노년기를 맞아 사라질 자신의 존재에 위안이 될 만한 이야기를 하고 싶었는지도 모른다."[65]

그러나 메치니코프는 이야기보다 훨씬 더 많은 일을 해냈다. 예순을 목전에 두고 쓴 『인간의 본성』 마지막 장에서, 그는 자신의 실험실에서 이루어진 것과 같은 노년기 연구가 더욱 확대되어야 한다고 주장했다. 그리고 '노인'을 뜻하는 그리스어 '제론geron'과 죽음의 화신으로 여겨지는 '타나토스Thanatos'를 각각 활용하여 오늘날까지도 사용되는 두 가지 새로운 용어를 제시했다.

"노화와 죽음에 관한 과학적인 연구에서 '노년학'과 '죽음학thanatology'

---

65) 마크 아벨린(Mark Aveline), "알 코크란에 관한 논평(Commentary on Cochrane AI)(1934)", 『국제 전염병 저널 (International Journal of Epidemiology)』 32 (2003): 35.

이라는 새로운 두 분야가 인간 생애의 최종 단계에 크나큰 변화를 가져올 것이 분명하다. 노년기를 수월하게 받아들이게 하고 인간의 수명을 연장시킬 수 있다는 기대는 그저 유토피아와 같은 꿈이 아니다."[66]

이어 메치니코프는 누가 봐도 유토피아적 꿈으로 여겨지는 미래의 비전을 제시했다. 생의 목적을 인식하면 사람들이 그 이전보다 훨씬 더 행복해진다는 내용이었다. 몸이 건강하고 활력이 넘치는 노인들이 미숙한 젊은 정치인들을 압도하며 정치를 장악하고 사회를 이끌 것이라고도 했다. 그리고 모든 사람이 생애 주기를 충만하게, 완전히 살아가려는 욕구는 도덕성을 강화하여 "사람들이 서로를 도우려는 마음이 지금보다 더욱 강해질 것이다"[67]라고 밝혔다. 책은 미래 세대에게 남기는 조언으로 끝을 맺었다.

"믿음 없이 살 수 없다는 말이 사실이라면, 지식의 힘을 다른 무엇보다 중시하며 믿고 살아가기 바란다."[68]

『인간의 본성』은 출간 즉시 전 세계 여러 언어로 번역되었고, 메치니코프가 살아 있는 동안에만도 5판까지 나올 정도로 엄청난 인기를 얻었다. 그리고 그 뒤 100년이 넘도록 꾸준히 출판됐다. 책이 처음 나온 당시 런던 동물학회장이자 영어 번역서의 편집장을 맡은 P. 차머스 미첼P. Chalmers Mitchell은 이를 두고 "『종의 기원』 이후 가장 중요한 과학계의 출판물"[69]이라고 극찬했다.

그러나 메치니코프의 책을 가장 열광적으로 반긴 영국에서도 비판

---

66) EM, 『자연 연구(Etiudy o prirode)』, 278.

67) 위와 동일, 280.

68) 위와 동일, 282.

69) "인간의 본성과 메치니코프(Metchnikoff on Human Nature)", 『뉴욕타임스(New York Times)』, 1903년 6월 20일, BR15.

하는 목소리가 크게 일었다.[70]

"메치니코프의 비범한 이론을 뒷받침할 만한 정확한 근거가 희박하다는 사실을 굳이 지적하지는 않겠다. 그러나 그는 지난 몇 년간 죽음에 본능적인 사랑을 느끼는 구슬픈 신사가 된 것 같다."[71]

런던에서 『타임스』지는 이렇게 보도했다.

"생물학자로서 우리에게 메치니코프보다 더 위대한 사람은 없다. 그러나 철학자로서 메치니코프는, 묵상의 자유로움을 즐기기에는 과도하게 무모하고 성급하며 격렬한 감정에 휩싸인 것으로 보인다. …… 가끔씩 그는 유치할 정도로 공격적인 물질주의를 드러내 우리를 놀라게 한다."

영적 존재가 아닌 오직 물질적 존재만이 실재하며, 죽음은 '총체적 소멸'을 가져온다는 메치니코프의 주장에는 실제로 수많은 사람들이 이의를 제기했다.

메치니코프의 인생에서 드러난 것처럼, 이 책은 강점도 너무 과하면 단점이 되어 버린다는 사실을 보여 주었다. 가차 없이 앞으로만 나아가는 성향이 식균 작용을 옹호할 때는 꼭 필요한 요소였는지 몰라도, 철학적 이론을 방어할 때는 어리석은 판단의 경계까지 몰아붙이는 힘으로 작용했다. 성경의 옛 인물들을 연구 대상에 올린 것부터가 그런 작용의 결과였다.

정작 메치니코프 자신은 철학적 견해를 둘러싼 비판에 별로 동요하

---

70) 유명한 팬 중 한 사람이던 H. G. 웰스(H. G. Wells)는 『런던 스피커(London Speaker)』에서 이 저서를 "굉장히 흥미롭다"라고 평가했다. 그는 과학을 믿고 따르는 전문가들에게 인류의 미래를 맡겨야 한다는 생각을 품었던 사람이라 메치니코프가 전한 메시지가 크게 와 닿았을 것으로 보인다.

71) "인간의 본성에 관한 생물학자의 견해(A Naturalist on Human Nature)", 『타임스 리터러리 서플먼트(Times Literary Supplement)』, 159.

지 않았다. 오히려 면역 전쟁을 치르던 시절에 자신을 끊임없이 괴롭혔던, 그보다 훨씬 더 독한 공격을 그리워하는 듯한 태도를 보였다. 한 번은 노화에 관한 글을 쓰면서 첫머리에 독일의 과학자들이 자신의 이론을 '난데없이 하늘에서 뚝 떨어진 이야기auf der Luft gegriffen'[72]라 칭했다는 사실을 인용하기도 했다.

이와 같은 반대 의견들은 면역 전쟁에서처럼 메치니코프를 자극하는 에너지가 되었다. 그는 자신에게 던져진 힐책을 일축할 만한 책을 쓰기로 계획하고, 이론을 뒷받침할 수 있는 새로운 실험을 시작하여 실용적인 이상주의자의 면모를 드러냈다. 메치니코프가 중점을 둔 것은 실천할 수 있는 구체적인 섭생 지침을 제시하는 일이었다. 나중에 출간된 이 책의 개정판 서문에서도 그는 삶의 전 주기를 완전하게 살기 위해서는 목적을 밝히는 것으로는 부족하다고 밝혔다.

"어떻게 해야 이러한 생의 정상 주기를 달성하고 그 과정에서 맞닥뜨리는 모든 장애물을 극복할 수 있는지 밝혀야 한다."[73]

30. 끓여야 먹는 아저씨

점심 시간쯤에 파스퇴르 연구소의 메치니코프 실험실에 들른 사람들은 서재에서 그를 찾을 수 있었다. 그때 보통 메치니코프는 큰 창문 옆에 놓인 거대한 오크나무 책상 근처를 서성댔는데, 그 모습은 마치 허공

---

72) EM, "노년기 퇴화 현상에 맞서다(Bor'ba so starcheskim pererozhdeniem)", 『러시아 통보(Russkie Vedomosti)』, no. 130, 1912년 6월 7일, repr., ASS, vol. 15, 346.

73) EM, 『자연 연구(Etiudy o prirode)』, 22.

을 맴도는 마법사와 같았다. 몇몇은 아예 그를 '파우스트'라 칭하기도 했다. 분센Bunsen 버너로 토스트를 만들거나 나이프, 포크, 숟가락을 가열하여 멸균시키는 모습에 꼭 어울리는 별명이었다. 메치니코프는 유해한 균이 위장에 들어오지 못하도록 위생 수칙을 엄격히 지켰다. 날것은 절대로 먹지 않고 물은 여과하거나 끓인 것만 마셨다. 딸기나 대추 같은 과일도 끓는 물에 몇 분간 데치고 나서야 먹었다. 바나나도 두둑한 껍질을 벗기는 것으로는 균의 오염을 막기에 충분치 않다고 여겼는지 똑같이 데쳐서 먹었다.

이러한 행동은 노화를 늦추고 감염성 질병을 피하려는 목표에서 비롯됐다. 메치니코프가 생각한 질병에는 암도 포함되어 있었으니 다소 과장된 시각에서 보자면 훌륭한 선견지명을 발휘했다고 할 수 있다. (현재 몇 가지 암은 실제로 바이러스나 세균에 의해 발생할 수 있는 것으로 밝혀졌다.) 메치니코프는 자신이 해롭다고 판단한 식재료는 일체 먹지 않았다. 술과 커피를 멀리하고 대신 러시아에서 수입된 여러 가지 차를 연하게 우려서 마셨다. 흡연은 '역겹고 냄새도 고약한 습관[74]'이라 단언했다. 음식은 단순하게, 적당히 먹어야 한다는 것이 그의 생각이었다. 음식을 적당량 먹는다면 부가 보다 평등하게 분배될 수 있어서 사회 전체에도 이롭다고 여겼다. 건강한 삶을 추구하며 질병 예방을 중시한 그의 전반적인 생활 방식은 오늘날의 관점에서도 지극히 현대적이다.

메치니코프는 가는 곳마다 자신의 방식을 다른 사람들에게 열심히 알렸다. 기차에서든 버스에서든 주부들을 보면 음식이 균에 오염되지 않게 하려면 어떻게 해야 하는지 설명했다. 식재료를 파는 상점에서는

---

74) 메치니코프가 올가에게 쓴 편지, 1898년 4월 11일. 편지 1, 215.

주인에게 치즈를 철망으로 덮어서 파리가 꼬이지 않게 하고, 특히 익히지 않고 먹는 식품들은 손 대신 집게로 집도록 해야 한다고 설득했다. 한번은 아이들에게 줄 사탕을 사러 파리의 가장 큰 제과점 중 한 곳에 들른 메치니코프가 경악할 만한 광경을 목격했다.

"완벽하게 잘 차려입은 판매원이 사탕을 손으로 집어서 상자에 넣었다."[75]

미발표된 글 「미생물학적 관점에서 둘러본 파리 여행」에서 그는 당시의 일을 이렇게 전했다.

"사탕을 판매하는 그 여성은 얼굴에 핏기가 없고 우아한 목덜미 아래쪽이 부어 있었다. 그리고 쉴 새 없이 기침을 했는데, 기침할 때 사탕이 없는 쪽으로 고개를 돌리지도 않았다."

메치니코프가 고집을 부린 통에 결국 그 여성은 며칠 후 그의 실험실을 방문했다. 그녀는 가래에서 엄청난 결핵균이 검출되어 입원 치료를 받아야 했다. 그는 이렇게 정리했다.

"가장 간단하고 손쉬운 방법으로 감염 위험을 피할 수 있는 경우가 많다."

이런 행동 때문에 사람들이 분통을 터뜨리거나 조롱 섞인 반응을 보이기도 했다. 메치니코프는 두툼하게 부풀어 오른 페이스트리와 크림이 들어간 프랑스의 정통 디저트 생 오노레 케이크는 익히지 않은 달걀흰자가 들어가니 건강에 위험하다는 주장을 펼쳐 빵집 주인들을 분노하게 만들었다. 또 포도도 먼지가 너무 심하게 덮여 있으므로 포도를 먹는 건 '자살 행위'나 다름없고 포도씨도 맹장염을 일으킬 수 있다

75) ARAN 584.1.30, repr., ASS, vol. 10, 17–19.

고 하는 바람에 프랑스 포도 재배자 협회의 원성을 샀다. 프랑스 일간지 『정의La Justice』지도 이러한 반응에 공감하며, "과일도 먹을 수 없고 끓이지 않은 물은 마실 수 없고 사랑하는 사람에게 키스도 할 수 없다면, 과연 인생이 살아갈 만한 가치가 있을까"라고 전했다.[76] 장을 보는 일도 그에 미숙한 올가에게는 절대로 맡기지 않고 무조건 자신이 처리했다. 메치니코프가 파스퇴르 연구소를 나서면 근처에서 채소를 팔던 여성들이 이렇게 소리치곤 했다.

"교수님, 여기 이 채소 좀 사 가세요. 오늘 아침에 끓는 물을 부었답니다!"[77]

하지만 메치니코프가 멀리 가고 나면 그들은 바로 다른 손님들에게 말했다.

"저분 들으라고 그냥 한 소리예요."

'메치 아저씨'라는 익숙한 별명과 함께 메치니코프 자신은 몰랐던 또 다른 별명이 생겼다. 바로 '끓여야 먹는 아저씨'였다.

실험실에 있을 때면 메치니코프는 온갖 예방 조치에도 불구하고 어떻게 균이 몸속에 침입할 수 있는지 밝혀내고자 노력했다. 과거 파스퇴르는 사람의 위에 존재하는 미생물이 건강에 큰 도움을 주고 소화에 없어서는 안 되는 역할을 한다고 믿었다. 위장의 미생물 연구는 곧 메치니코프 연구실의 중추적인 목표가 되었다. 사람의 몸에서 이러한 미생물이 실제로 어떤 역할을 하는지 연구하기로 한 것이다. 그는 특정 환경, 특히 병이 난 생체 환경에서는 위장의 미생물이 해로운 영향을

---

76) "포도와 와인에 반대하는 캠페인(La campagne contre le raisin et contre le vin)", 『정의(La Justice)』, 1906년 10월 1일, 1.

77) "잡지 『엑셀시어』에 따르면 '펄펄 끓이는 아저씨'라고 한다(A Travers la Presse. D'Excelsior: Le 'père Bouilli.')", 『르 골루아(Le Gaulois)』, 1916년 7월 18일, 3.

줄 수 있으며, 이 현상은 음식이 썩는 과정과 비슷하다는 의미에서 '장내 부패'[78]라 칭했다. 메치니코프의 주장은 논란을 일으켰다. 일부 과학자들은 위에서 그러한 현상이 일어날 리가 없고, 만약 일어나더라도 반드시 해롭다고 볼 수 없다는 입장이었다. 또 다른 학자들은 썩은 음식을 직접 섭취해도 아무런 해가 발생하지 않는다고 주장하며, 그린란드와 폴리네시아 등 부패한 생선과 고기를 즐기는 세계 몇몇 지역 사람들의 희한한 식성을 예로 들었다.

당시 메치니코프의 실험실에는 파리 대학교에서 아픈 신생아와 건강한 신생아의 장내 세균총을 주제로 한 학위논문으로 졸업장을 받은 젊은 의사 앙리 티씨에Henry Tissier가 막 합류해 있었다. 메치니코프는 장내 부패 과정을 상세히 밝히기 위해 티씨에에게 육류의 부패 연구를 맡겼다. 티씨에와 다른 연구자들은 『파스퇴르 연구소 연보』에 썩은 육류가 위의 화학적 특성에 어떤 영향을 주는지 확인하기 위해 부패한 말고기를 직접 먹는 실험도 감행했다고 보고했다.[79] (다행히 이 일로 병이 난 사람은 없었다.) 이러한 과감함은 메치니코프가 자신이 데리고 있는 연구진에게 영웅적인 행위라는 인식을 심어 준 여러 일 중 하나였다.

이어 메치니코프는 티씨에에게 음식에서 발생하는 또 다른 종류의 화학적인 변화를 연구하도록 했다. 즉 우유를 시큼하게 만드는 발효 연구를 맡긴 것이다. 50여 년 앞서 파스퇴르는 발효가 살아 있는 생물의 작용이라는 사실을 발견했다. 이제 파스퇴르 연구소에서는 발효에 관여하는 미생물로 인해 우유가 맛이 시큼해지는 동시에 부패를 일

---

78) 메치니코프는 다음 자료에서 이 문제를 둘러싼 논란을 언급했다: "장내 부패와 미생물(Sur les microbes de la putréfaction intestinale)", 『과학아카데미 주간 보고서(Comptes rendus hebdomadaires des séances de l'Académie des sciences)』 147 (1908): 579–81.

79) 티씨에(Tissier)와 개싱(Gasching), "발효에 관한 연구(Recherches sur la fermentation)", 561.

으키는 해로운 균이 사라지는 이유가 무엇인지 밝히고자 했다. 우유에 함유된 당이나 기타 단백질 성분이 육류보다 더 안정적으로 유지되기 때문일까?

메치니코프 연구진은 그와는 다른 설명과 근거를 제시했다. 미생물이 발효 과정에서 유당을 이용하여 젖산을 만들어 내고, 바로 이 젖산이 신맛이 나는 우유에 안정성을 부여한다는 설명이었다. 젖산은 보존료 역할을 하며, 우유의 맛은 더하고 원치 않는 부패는 방지한다. 그리고 우유를 부패하게 하는 미생물을 사멸시킨다. (그러나 젖산의 농도가 높아지면 젖산을 분비한 미생물까지 사멸될 수 있다.) 연구진은 우유를 부패시키는 균을 우유를 시큼한 맛으로 만드는 균과 같은 배지에서 키우면 생장하지 못하지만, 산을 중화시키는 소다를 첨가하면 부패균이 즉각 증식하기 시작한다는 사실을 발견했다.

"우유에 함유된 미생물은 대량의 젖산을 끊임없이 만들어 내고, 이것이 부패균의 활성을 막는다."[80]

메치니코프는 출간일이 머지않았던 『인간의 본성』에서 이렇게 설명했다.

사실 산성 성분을 활용하여 음식의 부패를 막는 방법은 그에게 익숙한 일이었다. 러시아에서는, 특히 신선한 채소를 얻기 힘든 기나긴 겨울철이 되면 큰 통에 절여 둔 양배추와 오이를 먹곤 했다. 일부 국가에서는 시큼한 우유나 유청에 고기를 담가 보존한다는 사실도 그는 잘 알고 있었다.

우유를 발효시켜 보존하는 방법은 기후가 따뜻한 전 세계 지역에서

---

80) EM, 『자연 연구(Etiudy o prirode)』, 239.

고대부터 행해지던 일이었다. 배양균으로 무엇이 사용되느냐에 따라 최종 결과물이 달라졌고, 효모가 사용된 경우 유당의 일부가 알코올로 바뀌면서 알코올 성분이 섞이기도 했다.

러시아 남동부 스텝 지역에서는 말의 젖을 활용하여 이처럼 소량의 알코올이 포함된 '쿠미스koumiss'를 만들었다.[81] 이집트에서는 물소와 젖소, 염소의 젖으로 젤리와 흡사한 '레벤leben'을 만들어 먹었고, 터키와 발칸 반도 국가들에서는 '야워트yahourt' 또는 '야구흐트yaghourt' 등 이름의 철자가 조금씩 다른 크림 형태의 발효유가 만들어졌다. 카프카스 산맥에 가면 인심 좋은 양치기들이 '케피어kefir'라 불리는 시큼한 발효유를 여행자에게 대접했다. 현지인들이 '알갱이'라 부르는, 균과 효모가 섞인 노르스름한 스펀지 형태의 미생물 덩어리를 넣고 만드는 이 음료는 양치기들 사이에서 알라신의 선물이라 여겨졌다. 케피어는 송아지의 위장을 떼 내 주머니처럼 꿰맨 다음, 속에 우유를 채우고 '알갱이'를 조금 섞어서 해가 잘 드는 길가에 내놓으면 완성됐다. 지나가던 아이들과 행인들은 한 번씩 주머니를 툭 치고 지나가면서 내용물이 골고루 섞이도록 했다.

"시큼한 우유에 적응하지 못하는 사람은 카프카스 산맥에서 적응할 수 없다."[82]

영국의 한 산악인은 1896년에 이 지역의 정보를 담은 책을 발표하면서 이렇게 설명했다.

외국을 여행하는 사람이 드물었던 서유럽과 미국에서는 신맛이 나

---

81) 발효유의 역사는 더글라스(Douglas)의 저서 『바실러스(The Bacillus)』를 참고하기 바란다.

82) 던칸 W. 프레시필드(Duncan W. Freshfield), 『코카서스 산맥 탐험(The Exploration of the Caucasus)』, 1896, 더글라스(Douglas)의 저서 『The Bacillus』(21)에 인용됨.

는 우유는 보통 몸이 아플 때만 섭취했다. 쿠미스나 케피어의 경우 소화를 돕고 빈혈과 결핵, 기타 소모성 질환에 좋다고 여겨졌다. 런던에서 쿠미스를 만들어 판매한 어느 제조업체는 1875년 『타임스』지에 낸 광고에서 "어떤 음식보다 뛰어난 영양을 공급하며, 대구 간유보다 기력 회복과 체중 증가 효과가 월등하다"[83]라고 주장했다.

메치니코프도 러시아에서 살았던 20대에 타타르족으로부터 쿠미스를 구입한 적이 있었다. 그는 쿠미스가 첫 번째 아내였던 루드밀라의 결핵 치료에 도움이 되기를 기대했지만 기적은 일어나지 않았다. 50대 초반인 1898년경부터 메치니코프는 발효유를 규칙적으로 마시기 시작했다.[84] 신장에 문제가 생겨 어쩌면 치명적인 병에 걸렸을지도 모른다는 걱정에 건강을 챙기기 시작한 시기였다. 자신의 실험실에서 발효유 실험을 시작한 무렵에는, 소화를 촉진하고 체내 정화에 도움이 된다는 생각으로 이미 5년 가까이 시큼한 우유를 매일 마시고 있었다.

젖산의 정화 효과에 관한 티씨에의 실험 결과는 메치니코프의 생각을 한층 확고하게 만들었다.

"이 결과는 특정한 경우 젖산의 영향으로 설사가 멎는 이유를 설명해 준다."[85]

그는 『인간의 본성』에서 이렇게 밝혔다. 그리고 발효유가 전반적인 부패 현상을 막는다면 위에서 발생한 독소도 차단할 수 있을 것이라고 추정하고 이렇게 확신했다.

"우리 몸의 유익한 요소가 가진 저항력을 서서히 약화시키는 독소는

83) "진정한 밀크 와인, 쿠미스(Koumiss, a Real Milk Wine)", 『타임(Times)』(런던), 1875년 6월 10일, 15.

84) 메치니코프는 1905년에 만든 발효유 소개 자료에서 자신도 7년간 발효유를 마셨다고 밝혔다.

85) EM, 『자연 연구(Etiudy o prirode)』, 240.

발효유로 억제할 수 있다. 특히 알코올이 함유되지 않은 발효유가 더욱 효과적이다."

바로 그 시기에 제네바 대학교에서 근무하던 목사 출신의 교수 레옹 마솔Leon Massol이 메치니코프에게 불가리아 사람들이 먹는다는 시큼한 우유 표본을 건넸다. 불가리아에서 '야후르스yahourth' 또는 '키셀로 믈레코kisselo mleko'로 불리는 발효유였다. 마솔 교수의 실험실에서 연구하던 불가리아 출신 스터먼 그리고로프Stamen Grigoroff라는 학생이 이 발효유에서 원통 모양의 균을 발견한 것이다. 나중에 바실러스 불가리쿠스bacillus bulgaricus로 명명된 이 균은 우유 1리터당 무려 25그램에 달하는 엄청난 양의 젖산을 만들어 냈다.[86] 그리고로프의 이 발견 못지않게 놀라운 사실은, 불가리아에서 '야후르스'를 일상적으로 마시는 지역에 100세 이상 장수하는 노인들이 유난히 많다는 것이었다.

1800년대 30세 이상이던 인류의 수명은 100년이 지나 1900년대 초반이 되자 서유럽과 북미 지역을 중심으로 50세 전후까지 크게 늘어났다.[87] 그러나 이는 어린이와 청년층의 사망률이 감소한 결과로, 노인층의 평균 사망률은 감소하지 않았거나 극히 적은 감소폭을 보였다.[88] 최대 수명도 거의 변화가 없었다. 100세 이상까지 생존한 사람은 신문 제1면을 장식할 정도로 굉장히 드물었다. 20세기에 접어들면서 100세 이상 생존자의 수는 오히려 감소하는 추세를 보였는데,[89] 이는 실제로 그

---

86) EM, 「낙관주의 연구(Etiudy optimizma)」, 167.

87) 미국의 경우 1800년에 33세였던 평균 수명이 1900년에 49.7세로 증가했다[그르멕(Grmek), 「노화에 관하여(On Ageing)」, 32]. 프랑스는 1740–1745년에 24.7세였지만 1909–1913년에 50.4세로 늘어났다.[발린(Vallin), "유럽의 사망률(Mortality in Europe)", 47]

88) 그르멕(Grmek), 「노화에 관하여(On Ageing)」, 32; Riley, 「Rising Life Expectancy」, 1.

89) 그르멕(Grmek), 「노화에 관하여(On Ageing)」, 37.

러한 사람들이 줄었다기보다 자료 통계 기술이 더욱 정확해지면서 기존의 기록이 조정된 결과였다. 장수에 관한 이야기는 주로 산악 지역의 마을이나, 출생 기록이 정확히 관리되지 않는 다른 지역에서 100세 이상 사는 사람들이 많다는 내용이 대부분이었다.

그러나 노화를 해결하는 방법을 찾고야 말겠다는 의욕에 불타던 메치니코프에게 불가리아의 장수 노인들에 관한 이야기가 믿을 만한 내용인지 아닌지는 별로 중요하지 않았다. 아주 오래전 메시나에서 경험한 순간처럼, 이 이야기를 듣는 순간 그는 모든 것이 환하게 밝혀졌다고 느꼈다. 큰창자에 '해로운' 균이 서식한다는 것을 알았고, 우유를 시큼하게 만드는 균은 그러한 균의 생장을 억제한다는 사실도 알아냈다. 그런데 나이가 들어도 쌩쌩한 불가리아의 노인들이 발효유를 유난히 많이 섭취한다는 것이다. 이에 메치니코프는 발효유를 만드는 균이 노화의 원인인 위장의 해로운 미생물을 억제하는 데 도움이 된다는 가설을 확립했다.

메치니코프는 메시나에서 했던 것처럼, 히포크라테스가 정립한 건강의 개념에 또다시 현대적인 의미를 불어넣게 된다. 즉 식생활을 통해 건강을 성취할 수 있다는 생각에 도달한 것이다. 아직 증거는 없고 생각만 꿈틀대는 단계였다. 그러나 이 생각이 후손들의 식생활에, 그것도 전 세계적으로 혁신적인 바람을 몰고 올 것이라고는 메치니코프 자신은 물론 그 누구도 예상하지 못했다.

31. 발효유 광풍

전 세계적인 식생활 변화가 단일한 사건에서 비롯된 경우는 드물다. 그럼에도 현대 요구르트 산업은 1904년 6월 8일, 프랑스 농업 전문가협회 Society of French Agriculturalists의 강연장에서 시작되었다고 단언할 수 있다. 바로 메치니코프가 '노년기La Vieillesse[90]'라는 제목으로 공공 강연을 펼친 날이다.

그날도 메치니코프는 특유의 열정 어린 연설을 선보였다. 나이가 들수록 강연에서 나타나는 그의 열정은 오히려 더 강렬해졌다.

"지나다가 우연히 강연장에 들른 사람의 눈에는, 불같은 성질에 과격한 언어로 이 사회의 죄악을 맹렬히 비난하는 무정부주의자로 보일 만큼 몸짓은 힘차고 전체적인 행동 하나하나에 생기가 넘쳤다."[91]

한 기자는 60대가 된 메치니코프가 펼친 강연에 참석한 뒤에 이렇게 묘사했다.

"내용을 강조할 때는 책상을 내려치고, 고개를 쉴 새 없이 끄덕이고, 팔을 휘저으며, 보고도 믿기지 않을 만큼 몸을 활기차게 앞뒤로 흔들며 말을 이어 갔다. 동시에 주머니에서 큼직한 손수건을 꺼내 얼굴에 흘러내리는 땀을 연신 닦아 냈다."

한번은 어느 의학계 학술대회에서 메치니코프의 연설이 끝나자 청중 중 한 사람이 만면에 미소를 지으며 이렇게 평했다.

"저 사람, 악마에게 홀렸구먼."[92]

---

90) EM, "노년기(La Vieillesse)", repr., ASS, vol. 15, 34–56.

91) 브랜드리스(Brandreth), "장수한 사람(The Man Who Prolongs)", 583.

92) 위와 동일.

'노년기' 강연에서 메치니코프는 세계 곳곳에서 노인들이 겪고 있는 불행한 상황을 전했다. 남미의 티에라 델 푸에고 제도에서는 기근이 심해지면 개보다도 나이 든 여성을 먼저 잡아먹었다는 설화가 전해지는데, 그 이유가 "개는 물개라도 잡지만 늙은 여자는 그것도 못하기 때문"[93]이라고 했다. 또 서유럽에서는 노년층이 자살률도 높고 살인사건의 희생자가 되는 비율도 다른 인구에 비해 훨씬 더 높다는 사실도 전했다. 이어 메치니코프는 노화가 '만성 감염질환'이며, 대장에 서식하는 해로운 균에서 방출된 독소가 원인이라는 견해를 설파했다. 이 주장을 증명하기 위하여 그는 노화 과정이 확연히 다른 두 가지 동물을 직접 데리고 나와 청중에게 보여 주었다. 불행하게도 큰창자를 가지고 태어나 열일곱 살에 이미 노쇠해진 개와, 큰창자가 없고 70대가 되어도 혈기왕성한 앵무새가 그 주인공이었다.

"이러한 비교가 사뭇 불쾌했는지, 개는 앵무새 쪽으로 잡아먹을 듯한 눈길을 보냈다."[94]

『르 피가로』지는 나중에 이와 같은 기사를 실었다.

이어 메치니코프는 청중에게 날 음식은 가능한 섭취하지 말라고 촉구했다.

"온갖 종류의 해로운 미생물이 존재하기 때문입니다. 딸기, 체리, 상추, 무 같은 생과일과 채소는 씻은 후에도 먼지와 흙, 때로는 분비물까지 남아 있는 경우가 있습니다."[95]

93) EM, "노년기(La Vieillesse)", 37.

94) G. 다브나이(G. Davenay), "메치니코프 박사의 강연(Une conférence du Dr. Metchnikoff)", 『르 피가로(Le Figaro)』, 1904년 6월 9일, 3.

95) EM, "노년기(La Vieillesse)", 54.

메치니코프는 이렇게 설명했다. 그리고 유해한 균을 피하는 것으로 는 충분하지 않다는 이야기를 이어갔다. 불가리아의 발효유에서 분리 된 균처럼 건강에 이로운 균이 장에 충분히 서식하도록 해야 한다는 권고도 잊지 않았다.

"매우 흥미롭게도, 수명이 길기로 유명한 불가리아의 한 지역 사람 들이 많이 마시는 발효유에 이러한 미생물이 존재합니다. 그러므로 불 가리아식 발효유를 섭취하면 장내 세균총의 유해한 영향을 줄일 수도 있을 것입니다."[96]

이날 연설은 다음 날 신문 제1면을 장식하며 파리 곳곳에서 화두 로 떠올랐다. 메치니코프는 자신의 생각이 아직 가설일 뿐이고 발효유 와 수명 사이에 직접적인 연관성이 확인되지는 않았다는 신중한 입장 을 밝혔지만, 그쯤 되면 그도 분명히 알고 있었을 것이다. 이미 기대로 한껏 부풀어 오른 언론이 이런 경고쯤은 모두 잘라 내고 보도하리라는 것을 말이다. 메치니코프의 강연 내용은 파리에서 별도의 소책자로 발 행되고 곧 영어로도 번역되었다. 해상에서 벌어진 러시아군과 일본군 의 전투, 미국 세인트루이스에서 개최된 제3회 올림픽, 그리고 시어도 어 루스벨트Theodore Roosevelt의 미국 대통령 당선 소식 사이에서도 이후 수개월 동안 강연 내용이 프랑스를 비롯한 전 세계에서 꾸준히 헤드라 인을 장식했다.

프랑스 일간지『르 텅』은 '노년기를 없애다'라는 제목의 기사에서 "어 여쁜 숙녀들과 멋진 신사들이 주목할 만한 소식, 늙거나 죽고 싶지 않 은 사람들을 위한 귀중한 해결책이 나타났다. 요구르트를 마시면 된

---

96) EM, "노년기(La Vieillesse)", 53.

다!"[97]라고 선언했다. 영국『폴 몰 매거진Pall Mall Magazine』에는 '노년기가 치료될 수 있을까?'[98]라는 제목으로 발효유와 노화 이론에 관한 메치니코프의 인터뷰 기사가 길게 실렸다. 미국『시카고 데일리 트리뷴Chicago Daily Tribune』은 '발효유가 영약이다'라는 헤드라인 아래 '메치니코프 교수, 장수의 비밀 발견'이라는 부제를 달았다. 이 기사는 다음과 같이 말하고 있다. "노년기를 충만하게 살고픈 사람은 메치니코프 박사의 충고를 따르기 바란다. 장수로 유명한 불가리아 사람들처럼 값도 저렴하고 구하기도 쉬운 발효유를 많이 마시면 된다."[99]

얼마 지나지 않아 파스퇴르 연구소에는 이 새로운 젊음의 묘약에 관한 정보를 문의하는 우편물이 쇄도하기 시작했다. 이 편지에 일일이 답장을 할 수는 없었기에, 메치니코프는 발효유 미생물에 관한 저서에 넣으려고 했던 내용 중 일부를 소책자 형태로 미리 출간하기로 결정했다. 그리하여 1905년 가을『발효유에 관한 몇 가지 의견Quelques Remarques sur le Lait Aigri』이 프랑스에서 처음 발표되었고,[100] 곧 영어로도 몇 가지 버전으로 번역되어 런던과 뉴욕에 소개되었다.[101]

이 자료에서 메치니코프는 노화 이론과 함께 건강에 좋은 발효유를 만드는 방법도 설명했다.[102] 생유에는 유해한 균이 존재할 수 있지만

---

97) "노화를 막는 법(Pour supprimer la vieillesse)", 『르 텅(Le Temps)』, 1905년 2월 10일, 3.

98) 『폴 몰 매거진(Pall Mall Magazine)』, no. 34, 1904, 205–09.

99) 『시카고 데일리 트리뷴(Chicago Daily Tribune)』, 1904년 9월 20일, 1.

100) 프랑스어 버전의 출판은 1905년 11월 11일자 『르 피가로(Le Figaro)』를 통해 발표됐다.

101) Worldcat.org 사이트에서 검색어 '순수 젖산균(Genuine Lacto-Bacilline)'으로 찾은 자료 목록: 『약과 음식(A Medicine and Food)』(뉴욕: Baldwin Hygienic Dairy Products Inc., 1906[?]); 『과학적으로 시큼해진 우유(Scientifically Soured Milk)』(Lacto-Bacilline Co. of New York, May 1907); 『장내 세균 치료에 발효유와 특정 젖산균을 활용하는 방법 (Notes on Soured Milk and Other Methods of Administering Selected Lactic Germs in Intestinal Bacterio-therapy)』(런던: John Bale, Sons & Co., 1909); 『응유에 관한 고찰(Observations on Curdled Milk)』(Cornell University Library, 날짜 미상).

102) 메치니코프는 러시아의 한 친구가 발효유를 만드는 비법이 있냐고 묻자 1907년 1월 27일에 쓴 편지에서 다음과 같이 따끔하게 지적했다. "'특허' 같은 건 존재하지도 않고 존재할 수도 없다는 사실을 자네도 잘 알지 않나."[EM, 편지(Pis'ma), 197]

그렇다고 우유를 너무 오래 끓이면 맛이 이상해질 수 있으므로, 절충안을 제시했다. 우유를 끓이되 몇 분만 가열하고 탈지유를 사용하라는 내용이었다. 이렇게 끓인 우유는 식힌 후, 미리 분리해 둔 유익한 순수 미생물을 넣어 따뜻한 곳에서 몇 시간 동안 두라는 설명이 이어졌다. 메치니코프는 완성된 발효유는 식사에 곁들여도 되고 따로 먹어도 되며, 하루 중 어느 때고 먹을 수 있다는 이야기와 함께 다음과 같이 알렸다.

"하루 500밀리리터 내지 700밀리리터를 마시면 장운동이 활발해지고 소변 배출이 원활해진다."[103]

언론의 자극적인 기사를 방지하기 위한 경고도 잊지 않았다.

"분명한 사실은, 우유의 미생물을 장수의 명약이나 노화를 거스를 수 있는 구제책으로 볼 수는 없다는 것이다. 이 문제는 멀지 않은 미래에 밝혀질 것으로 보인다."[104]

하지만 경고하기에는 이미 늦은 상태였다. 메치니코프가 주의를 주었음에도 불구하고 발효유를 향한 사람들의 솟구치는 갈증은 잠재울 수 없었다. 게다가 그가 이 자료에서 자신이 이미 7년째 발효유를 규칙적으로 섭취해 왔고 "그 결과에 만족하며", 지인들도 많이 따라 해 왔다는 사실을 밝힘으로써 사실상 열광적인 반응을 부채질한 면도 없지 않았다. 파리 언론들은 이 지인들 중에 항디프테리아 혈청에 관한 연구로 전 유럽에서 명성이 자자한 루 박사가 포함되어 있다는 사실을 알아냈다. 루는 우유에 발효균을 넣고 단단히 밀폐하여 밤새 침실 담

---

103) EM, 「발효유에 관한 몇 가지 의견(Quelques Remarques sur le Lait Aigri)」, repr., ASS, vol. 15, 262.
104) 위와 동일, 263.

요 밑에 넣어 두는 방식으로 발효유를 만들어 먹었다.[105]

프랑스 과학계의 저명인사들이 탈지유를 이용한 발효유 섭취를 옹호한다는 사실도 발효유의 인기를 드높였다. 메치니코프가 '노년기' 강연을 실시한 1904년에 프랑스 과학아카데미는 메치니코프를 준회원으로 받아들였고, 파스퇴르 연구소는 당시 연구소장을 맡고 있던 루를 도와줄 부소장으로 그를 임명했다.

무엇보다 발효유는 지난 수세기 동안 사람들이 생명 연장을 위해 시도해 온 그 어떤 방법보다 큰 장점이 있었다. 위험을 감수해야 하는 주사도 아니고, 막대한 비용을 들이지 않아도 누구든 이용할 수 있다는 점이었다.

세계 각국의 의사들이 파스퇴르 연구소로 전보를 보내 발효유를 만들 배양균을 요청하거나 발효유 제조에 대한 의논을 하러 직접 파리까지 찾아왔다. 미국 미시건주 배틀크리크에서 왔다는 덥수룩한 콧수염의 50대 미국인도 그중 한 사람이었다. 채식과 운동, 금욕 생활을 바탕으로 한 자신만의 건강한 생활양식을 주창해 온 의사 존 하비 켈로그John Harvey Kellogg였다. (여성들의 자위행위를 막기 위한 방안으로 순수 석탄산을 활용하기도 했다.)[106] 메치니코프의 견해를 듣고 그의 책상 위에 놓인 커다란 주전자에 담겨 있던 발효유를 보고 큰 감명을 받은 켈로그는 저서『자가 중독Autointoxication』에서 "인간의 장내 세균총이 변화해야 한다는 메치니코프의 발견에 전 세계가 은혜를 입었다"[107]라고 밝혔다. 파스퇴르 연구소

---

105) 루가 메치니코프에게 쓴 편지, 1905년 10월 3일. 루의 편지(Roux, Pis'ma), 144.

106) 존 하비 켈로그(John Harvey Kellogg), 『노화와 젊음에 관한 분명한 사실(Plain Facts for Old and Young)』(배틀 크릭, MI: Good Health Publishing Company, 1910), 326.

107) 켈로그(Kellogg), 『자가 중독(Autointoxication)』, 313.

에서 배양균을 얻어서 미국으로 돌아간 켈로그는 자신을 찾아온 모든 환자들에게 발효유를 제공했다. 그런데 제공된 양의 절반은 마시게 하고 나머지 절반은 "인체를 보호하는 균을 가장 필요로 하는 곳에 정착시켜서 균이 지닌 기능이 가장 우수하게 발휘되도록 해야 한다"면서 관장으로 체내에 주입하도록 했다.[108]

전 세계 의사들이 유아의 설사 증세는 물론 성인에게 나타나는 다양한 소화 문제를 해결하기 위해 '버터밀크', '동양의 응유', '요구르트 yoghourt', 또는 '요구흐트yoghourth', '야구흐뜨yaghour', '요허스yohourth' 등 갖가지 이름으로 불리던 발효유를 처방했다. 통풍, 류머티즘성 관절염, 동맥 경화로 고통받는 환자들에게도 마찬가지였다. 체코의 칼스바트를 비롯한 유럽의 유명한 휴양지에서도 발효유가 치료제로 각광을 받았다. 영국에서는 '일부 만성질환의 치료를 위한 발효유의 활용'[109]이라는 제목으로 발표된 한 의학계 리뷰 논문에 발효유가 소화관을 멸균시키는 역할을 하므로 수술을 앞둔 환자에게 제공하라는 권고가 명시됐다. 영국 글래스고에서는 한 의사가 만성 임질 환자의 질을 유청으로 세척하는 치료를 실시했다.[110] 베를린의 어느 의사는 티푸스 환자에게 메치니코프에게서 받은 배양균으로 응고시킨 우유를 섭취하도록 한 뒤 환자의 대변에서 티푸스균이 사라진 사실을 확인하고 기뻐했다. 그리고 메치니코프에게도 경과를 전했다.

108) "존 하비 켈로그 박사(Dr. John Harvey Kellogg)." 2012년 1월 29일 접속(www.museumofquackery.com/amquacks/kellogg.htm).

109) 허셀(Herschell), "일부 만성질환의 치료를 위한 발효유의 활용(On the Use of Selected)" 『란셋(Lancet)』 172, no. 4432 (1908): 371.

110) 요구르트 섭취와 질염에 관한 현대 연구 결과는 다음 자료를 참고하기 바란다: 데이비드 드루츠(David Drutz), "젖산균을 이용한 칸디다 질염 예방(Lactobacillus Prophylaxis for Candida Vaginitis)", 『내과학연보(Annals of Internal Medicine)』 116, no. 5 (1992): 419–20.

"응고된 우유는 신맛이 대단히 강했지만, 환자들은 몇 개월씩 아무 문제없이 마실 수 있었습니다."[111]

의학 저널 『란셋』은 '발효유 광풍'이라는 제목의 기사에서 "메치니코프가 자신의 연구 내용을 발표하고 버터밀크에 관한 이론이 큰 인기를 끌기 전에 보다 확실한 임상적 근거를 밝혀냈어야 했다"[112]라고 주장했다. 그리고 모든 치료법에 대해 그러하듯이 의사들은 부작용을 경고하기 시작했다.

"발효유 치료를 시도하려는 사람들은 자신이 그 치료를 받기에 적합한 상태인지 확인해야 하므로, 치료를 시작하기 전에 반드시 의학 전문가와 상의를 해야 한다."[113]

『란셋』의 이 같은 경고에 『영국 의학 저널』도 가세했다.

"해로운 영향을 걱정하지 않고 요구르트를 마음껏 활용하기 위해서는 섭취량이 과도하지 않아야 한다. 일반적으로 하루에 1킬로그램 이상 섭취해서는 안 된다."[114]

그러나 대중은 이런 경고는 아랑곳하지 않은 채 우유가 선사한 청춘의 샘에 열광했다. 1905년 3월, 파리에서 가장 많은 인파가 몰리는 장소 중 한 곳인 보드빌 극장 인근의 한 상점에서 '마야 뷜게허Maya Bulgare'라는 제품의 판매가 시작됐다. '마야maya'는 특정 지역 고유의 요구르트 배양균의 이름이었다. 해당 업체는 『르 피가로』지에 실은 광고에서 건

---

111) EM, "젖산균(Les microbes lactiques)", repr., ASS, vol. 15, 273.

112) 메이슨(Mason), "젖산 발효에 관한 의견(Notes on the Lactic Ferments)", 957.

113) R. 태너 휴렛(R. Tanner Hewlett), "발효유(Sour Milk)", 편집자에게 쓴 서신, 『란셋(Lancet)』 175, no. 4514 (1910): 677.

114) "응유와 장내 부패(Curdled Milk and Intestinal Decomposition)", 『영국 의학 저널(British Medical Journal)』 2, no. 2543 (1909): 48.

강을 챙기고픈 파리 시민이라면 누구든 "저명한 메치니코프 교수가 노년기에 찾아오는 처참한 영향을 억제할 수 있는 방안으로 권장한 맛있는 불가리아식 응유를 맛보러 오세요"[115]라고 초대했다. 높이 솟은 모자를 눌러쓴 신사들과 잔뜩 부풀린 드레스를 차려입은 숙녀들은 파리그랑 불바르를 지나는 길에 들러 이 이국적인 음식을 직접 맛보고, 광고에서 제시한 대로 "오후 5시에 챙겨 먹는 요구르트"로 활용하기 위해 몇 개씩 사들고 귀가했다.

나중에 『뉴잉글랜드 의학저널New England Journal of Medicine』로 이름이 바뀐 『보스턴 내과 · 외과학지Boston Medical and Surgical Journal』는 메치니코프의 이론이 "일반인들 사이에서 성황을 이루었다"[116]라고 전하면서 "사람들이 바라던 것, 즉 젊음과 아름다움을 유지하고픈 여성들의 바람과 활기를 유지하고픈 남성들의 바람을 충족시킨 덕분이다. 프랑스 사람이라면 모두가 메치니코프의 발효유를 열광하며 마시고, 과학계의 권위자들도 인기를 촉진시키고 있다"라고 전했다.

메치니코프가 첫 강연을 한 뒤 불과 몇 개월 만에 우유를 시큼하게 만드는 균은 전 세계적인 사업으로 성장했다.[117] 유럽과 미국 전역의 제약업체들이 불가리아산 배양균을 정제, 분말, 배양액의 형태로 만들어 판매하면서 사람들은 균을 그대로 섭취할 수 있게 되었고 가정에서 직접 발효유를 만들기도 했다. 소어린Sauerin, 락토베이터Lactobator, 락토제너레이터Lactogenerator 등 다양한 상품명으로 판매된 특수한 기기도 발

---

115) 『르 피가로(Le Figaro)』, 1905년 3월 17일, 27일.

116) "파리 소식(Letter from Paris)", 『보스턴 내과 · 외과학 저널(Boston Medical and Surgical Journal)』 158, no. 4 (1908): 140.

117) 예를 들어 헤이스팅스(Hastings)와 해머(Hammer)는 "젖산균의 발생과 분포(The Occurrence and Distribution of a Lactic Acid Organism)"에서 다음과 같이 밝혔다: "이 미생물로 발효된 우유가 치료에 어떤 가치가 있는지에 관한 메치니코프의 견해가 발표된 후, 우리나라[미국]는 물론 해외에서도 발효유가 널리 활용되어 왔다."

효에 활용됐다. 또한 불가리아산 발효균이 유당은 물론 일반적인 당에서도 젖산을 만들어 낸다는 사실이 밝혀지자, 식품업체들은 이를 적극 활용하여 초콜릿, 사탕 같은 달콤한 간식에도 발효균을 접목시켰다. 런던에서는 『타임스』지에 '마솔레트Massolette'라는 제품의 광고가 실렸다. 바실러스 불가리쿠스를 맨 처음 발견한 제네바 대학교 실험실의 책임자인 레옹 마솔 교수의 이름을 따온 것이 분명한 이 제품의 광고 문구는 '발효균이 함유된 맛 좋은 초콜릿 크림'[118]이었다.

메치니코프는 자신의 이름이 마구잡이로 사용되지 못하도록 끊임없이 단속을 해야 했다.[119] 1905년 2월, 몽마르트르와 멀지 않은 클리시 거리에 내걸린 대형 광고 포스터에는 '파스퇴르 연구소의 메치니코프 박사가 노화를 늦추고 병을 낫게 한다고 밝힌 발효유'라는 문구가 적혀 있었다. 심지어 메치니코프의 이름은 커다란 대문자로 강조되어 있었다. 그는 이 포스터를 떼어 내도록 하기 위해 소송까지 걸어야 했다.[120] 이후로 수년 동안 그는 '메치니코프의 제자' 또는 '메치니코프 교수 본인'이 직접 보증한 제품을 판다고 주장하는 판매상들과 수없이 싸우며 허위 광고를 철회하라고 설득해야 했다.

메치니코프는 연구로 돈을 벌어들일 생각을 한 번도 해 본 적이 없었다. 파스퇴르 연구소에서 오랫동안 월급조차 받지 않고 일했었다. 그러나 얼마 지나지 않아, 상업적인 일에 가담해야 하는 말 못할 이유가 생기게 되었다.

---

118) "마솔레트와 발효유(Massolettes and Sour Milk)" 광고, 『타임스(Times)』(런던), 1910년 3월 10일, 9.

119) D. N. 아누킨(D. N. Anuchkin)에게 쓴 편지(EM, Pis'ma, 201) 등을 통해 확인할 수 있다.

120) "센 민사법원(Tribunal civil de la Seine)", 『왕실 관보(Gazette du Palais)』, 1905년 3월 4일, 418.

32. 중병

파리에 정착하고 15년이 지난 1903년, 메치니코프는 마침내 작고 평온한 마을에서 사는 꿈을 실현했다. 5년 전, 올가와 함께 여름 별장으로 쓰려고 구입해 두고 자주 찾아가던 집에 눌러살기로 한 것이다. 파리에서 10킬로미터 정도 떨어진 세브르에 위치한 곳이었다.

현재 세브르는 파리 외곽의 유서 깊고 세련되고 조용한 고급 주거지로 자리를 잡았다. 세브르는 18세기부터 이 지역에서 명품 도자기를 만들어 온 유명한 제조업체 이름으로도 알려져서, 해당 업체에서 만들어 내는 독특한 파란색은 '세브르 블루le bleu de Sèvres'로 불렸다. 서쪽으로 길게 뻗은 길은 한때 이곳이 파리에서 베르사유 왕궁으로 향하던 프랑스 귀족들이 잠시 들러 쉬어 가던 장소로 유명했다는 사실을 상기시킨다. 거리 이름에도 발자크, 강베타, 코로, 에펠, 그리고 메치니코프까지 세브르에 머물렀던 유명인사의 자취가 그대로 남아 있다.

메치니코프가 세브르에 살던 시절에는 이미 파리까지 기차 노선이 두 종류나 운행되어 별 어려움 없이 오갈 수 있었다. 파스퇴르 연구소와 가까운 몽파르나스 기차역에서 증기기관차에 오르면 세브르의 상업지역이자 하층민들이 주로 거주하는 곳에 하차하여 집이 있는 부유층 지역으로 이동할 수 있었다. 또 생 라자르 역에서 출발하는 기차를 타면 곧장 세브르 상류층들이 모여 있는 곳까지 닿았다. 이곳에 내리면 자작나무며 단풍나무, 사시나무가 가득한 생 끌루드 공원을 가로질러 집까지 걸어갔다. 이곳은 과거 왕족의 공원이자 카미유 코로Camille Corot 등 프랑스의 풍경 화가들이 즐겨 찾던 곳이기도 했다.

귀에 거리 28번지에 자리한 메치니코프의 좁다란 3층짜리 집은 붉은색 사암 건물에 하얀색 창틀로 꾸며졌다. 600평이 넘는 부지를 둘러싼 철제 격자 울타리를 지나 양쪽으로 갈라진 계단을 오르면, 높은 현관과 외벽을 타고 오르는 덩굴, 집의 북쪽과 인접한 공원의 모습이 눈에 들어왔다. 메치니코프 부부의 집이 있던 부지는 현재 두 소유주에 의해 나뉘는데, 그 가장자리에는 관목과 대나무, 담쟁이덩굴, 그리고 메치니코프가 머물던 시절부터 서 있었을 것으로 추정되는 주목나무 등 여러 나무가 늘어서 있다. 거리 쪽으로 나 있는 맨 위층 창문으로 내다보면 세브르의 멋진 풍경과 주변의 언덕들, 푸르른 식물과 비스듬한 지붕들 사이에 서 있는 원뿔 모양의 석조 망루가 파노라마처럼 펼쳐졌다.

메치니코프 부부의 친구 중 한 사람은 이 집을 "과학과 예술의 자그마한 오아시스"[121]라고 묘사했다. 푸르른 풀과 민트 향으로 가득한 뒤뜰에는 외벽이 덩굴로 둘러싸인 스튜디오가 있었다. 내부에 그림자가지지 않도록 큼직한 창문을 내고 북쪽의 빛이 그대로 통과하도록 한 이곳에서 올가는 그림을 그리고 조각을 했다. 메치니코프는 새벽 5시면 일어나, 파리로 가는 기차에 오르기 전까지 집에서 글을 쓰거나 책을 읽었다. 저녁에는 7시쯤 집에 돌아오자마자 직접 사 온 식료품을 내려놓으러 먼저 주방에 들렀다가 (몇몇 지인들에 따르면 올가는 채식주의자였고 음식을 거의 먹지 않았다고 한다.) 손님을 맞이하거나 올가에게 책을 읽어 주기도 하고, 그녀와 나란히 앉아 자신이 좋아하는 모차르트나 베토벤의 피아노곡을 함께 감상했다. ("내가 과학자가 되지 않았다면 오케스트라 지휘자가 되었을 거요."[122] 메치니코프는 이렇게 말한 적이 있다고 한다.)

---

121)   치스토비치(Chistovich), 「I. I. 메치니코프(I. I. Mechnikov)」, 16.

122)   버넷(Burnet), 「유럽인(Un Européen)」, 26.

"이 맑은 공기와 푸르른 초목! 정말 평화롭기 그지없구려. 파리에서 보낸 시간들이 없었다면, 세브르가 얼마나 아름답고 평온한지 제대로 알지 못했을 거요."[123]

메치니코프는 올가에게 이런 말을 하곤 했다.

『인간의 본성』이 출간된 1903년에 그의 모든 관심은 올가에게 쏠려 있었다. 책이 나올 즈음에 아내에게 미안함을 느꼈던 모양이다. 그러한 감정이 극에 달한 시기에 주고받은 편지에 직접 마음을 고백하기도 했다. 아내에게 선사한 책에 "이 책을 나의 사랑하는 그녀에게, 부디 그녀를 기쁘게 해 줄 수 있기를 바라는 마음으로 바칩니다"[124]라고 쓴 것을 보면, 올가가 그리 즐겁게 지내고 있지 않았음을 알 수 있다. 그리고 책이 출간되고 얼마 지나지 않아, 메치니코프에게는 혼외 자식이 생겼다. 적어도 그는 그렇게 믿었다.

메치니코프는 공식적으로는 파스퇴르 연구소에서 과학 삽화가 겸 사진작가로 일하던 에밀 레미와 그의 아내 마리Marie 사이에서 태어난 아이 릴리의 대부였다. 릴리가 태어나자마자 그 아이에게 마음을 완전히 빼앗겨 버린 메치니코프는 똑같이 대부가 되어 준 다른 동료와 친구의 아이들을 대하는 것과는 비교도 안 될 정도로 릴리를 아꼈다. 올가도 그의 전기에서 이 사실을 언급했다.

"그이는 여러 대녀들 중에서도 꼬마 릴리를 특히 사랑했다. 유난히 순하고 요람에 누워 있을 때부터 그이에게 적극적으로 애정을 보이던 릴리에게 남편은 너무나도 큰 애정을 쏟았다."[125]

---

123) ZIIM, 118.
124) 편지 2, 1090에서 헌정사를 확인할 수 있다.
125) ZIIM, 199.

메치니코프가 릴리를 아낀다는 것은 연구소 전체가 다 아는 사실이었다. 메치니코프를 포함한 다섯 명의 과학자, 철학자, 작가에 관한 저서『현대의 선구적 인물들Major Prophets of Today』을 쓰면서 파스퇴르 연구소를 찾아왔던 미국의 저널리스트 에드윈 슬로슨Edwin Slosson은 메치니코프에 대해 "자식은 없지만 온 마음으로 챙기는 대자녀가 있다"[126]라고 썼다.

릴리가 간직해 온 150통이 넘는 메치니코프의 편지와 파스퇴르 연구소의 기록보관소에 남은 릴리의 미출간 회고록을 보면, 그가 릴리는 물론 릴리의 부모와 얼마나 절친한 사이였는지 확인할 수 있다. 이들의 관계는 1894년 11월[127]에 마리가 빈혈 증상을 의논하러 메치니코프를 찾아오면서 시작됐다. 스물두 살[128]이던 마리는 똑똑하고 활기찬 성격에 깔끔하게 정리한 가르마, 가냘픈 몸매와 큼직한 눈을 가진 표정이 풍부한 젊은 아가씨였다. 그녀는 짬날 때마다 책을 읽는 것이 취미였고, 태어나고 자란 프랑스 중남부의 고산 지역 마시프 상트랄을 떠나 파리에 온 지 얼마 안 된 상태였다. 세계적인 과학자와 만났다는 사실에 분명 경외감을 느꼈을 마리는 자신의 건강을 늘 걱정해 주고 조언해 주던 메치니코프에게 마음 깊이 감사했다.

당시 마흔아홉 살이던 메치니코프는 부다페스트에서 열린 국제 위생·인구통계학 회의에서 막 돌아와 뜨거웠던 면역 전쟁 참전자의 기세가 누그러지기 시작하던 시절이었다. 그는 젊은 시절에는 바람둥이

---

126) 슬로슨(Slosson), 『현대의 선구적 인물들(Major Prophets)』, 158.

127) 메치니코프는 1904년 11월 12일자 편지에서 마리에게 다음과 같이 말했다. "오늘은 그대의 결혼 3주년이자 내가 빈혈을 치료해 준 지 10년째 되는 날이오."

128) 마리 레미(Marie Rémy)는 1872년 10월에 태어나 1964년에 사망했다.

기질이라곤 전혀 없었던 사람이지만, 나이가 들수록 여성의 매력에 영향을 많이 받게 된 것으로 보인다. 과학적인 싸움이 잠잠해지면서 정신적인 여유가 생긴 것인지도 모른다. 그가 "점균류를 가만히 관찰하다 보면 꼭 아름다운 여자를 보고 있는 듯한 착각이 든다"[129]라는 말을 한 적도 있다. 몇 년에 걸쳐『성 기능에 관한 연구Studies of the Sexual Function』라는 책을 집필한 점에서도 나타나듯이 섹스에 대한 흥미도 나이가 들수록 급증한 것 같다.

마리가 큰 키에 짙은 색 머리카락의 두 살 연상[130] 에밀 레미와 만난 장소도 메치니코프의 연구실인 것으로 추정된다. 두 사람이 1901년 11월에 결혼식을 올리자 메치니코프는 금전적인 도움을 주고 건강 문제까지 조언을 아끼지 않았다. 자신이나 레미 부부가 멀리 떠나 있을 때면 수시로 편지를 주고받으며 두 사람을 챙겼다. 1903년 7월에 릴리가 태어난 후에도 이들 가족의 삶에 적극적으로 관여했다. 아이에게 몸에 좋은 음식을 먹여야 한다고 잔소리를 하고, 아기 피부를 조금 절개해서 파상풍 예방 혈청을 뿌리라고 조언하는 등 "사랑하는 꼬마 천사 릴리를 눈에 넣어도 아프지 않은 존재로 여기며 애지중지 아꼈다."[131]

레미 부부가 메치니코프의 집이 있던 귀에 거리의 14번지에 집을 임대해서 세브르로 이사를 온 뒤부터, 메치니코프는 아침마다 파리로 가는 열차에 오르기 전에 그들에게 들르고 저녁에도 가끔 집에 오는 길에 들르곤 했다. 그가 릴리를 무릎에 앉히면 아이가 그의 목을 꼭 끌어안은 채로 몇 시간이고 같이 책을 읽었다. 해외에서 그를 보러 손님이

---

129) 버넷(Burnet), 『유럽인(Un Européen)』, 25.

130) 에밀 레미(Émile Rémy)는 1874년 7월생으로 1944년에 사망했다.

131) 메치니코프가 레미 부부에게 쓴 편지, 1906년 8월 24일. 사다(Saada) 개인 소장품.

찾아올 때마다 마리는 릴리를 데리고 가서 인사를 했다. 메치니코프는 우편으로 보내온 릴리 사진을 파스퇴르 연구소에서 일하던 모든 사람에게 꺼내 보여 주며 꼭 자기 아이를 자랑하고 싶어 하는 부모처럼 행동하기도 했다. 올가가 집을 비울 때면 레미 부부의 집에서 저녁 식사를 해결하고, 아예 그 집에서 얼마간 지내기도 했다.

『인간의 본성』에 이어 완성한 저서 『생명의 연장The Prolongation of Life』은 릴리가 태어나고 4년이 흐른 뒤에 출간됐다. 앞서 몇 차례 언급했듯이 이 저서에서 메치니코프는 '절친한 친구'의 입장에서 관찰한 것처럼 제삼자의 시선으로 자신을 묘사했다. 정체를 숨긴 이 자전적인 글에서 그는 예민하고 큰 고통에 휩싸여 자살 충동을 느끼던 청년이 그러한 감정이 잦아들어 커다란 행복을 느끼는 성숙한 성인으로 변신한 과정을 이야기한다. 이 '친구'의 가장 극적인 변화는 아이를 향한 태도였다. 청년기에는 세상에 어린아이를 탄생시키는 일을 범죄 행위로 여겼지만, 성숙한 어른이 된 후에는 아이가 생기는 것을 세상에서 가장 기쁜 일로 여기게 되었다.

"미소를 짓거나 옹알대는 지극히 단순한 현상은 아이의 첫 번째 언어이고 의사 표명이다. 그리고 그에게 진정한 행복을 안겨 준다."[132]

이 부분은 분명 릴리를 염두에 두고 쓴 것으로 보인다. 하지만 결론 부분에서는 이렇게 썼다.

"늘 비관적이던 나의 친구는 생애 후반기에 접어들며 확신에 찬 긍정주의자로 변했지만, 크나큰 고통이 줄어든 것은 아니었다. 대부분 가까운 사람이 병을 앓거나 슬퍼하는 데서 비롯되는 고통이었다."[133]

---

132) EM, 『낙관주의 연구(Etiudy optimizma)』, 222.

133) 위와 동일, 223.

실제로 메치니코프를 찾아온 행복은 릴리를 향한 끊임없는 염려로 깡그리 사라지곤 했다. 아이가 아파서 괴로워하면 어찌할 바를 몰라했다. 나중에 릴리도 미공개 회고록에서 어릴 때 목이 부어 침대에 누워 지내던 시절에 메치니코프가 어떤 반응을 보였는지 회상했다.

"아저씨는 내 손에 입을 맞추고는 눈물을 흘렸다. 그 모습을 본 나는 너무 속상해서 아저씨 머리를 어루만져 주었다."[134]

올가는 메치니코프의 생애 마지막 몇 년에 대한 글에서 다음과 같이 전했다.

"아이들, 특히 가장 아끼던 대녀에 대한 사랑도 더 이상 그이에게 기쁨을 주지 못할 정도로 아이들을 극히 걱정했다."[135]

메치니코프가 아무 근거도 없이 아이들을 염려한 것은 아니었다. 그 시절에 병으로 자식을 잃은 고통을 겪지 않은 가정이 거의 없었다는 사실을 감안하면 충분히 이해할 수 있다. 그가 쓴 글에도 20세기 초 프랑스에서는 어린이 네 명 중 한 명이 태어난 해에 세상을 떠난다[136]는 내용이 담겨 있다. 그러나 메치니코프의 불안감은 당시의 일반적인 수준보다도 훨씬 과도했다. 레미 가족이 멀리 떠나 있을 때마다 목이 빠져라 편지를 기다리고, 릴리에게 혹시라도 무슨 일이 일어났으면 어쩌나 하는 걱정에 밤잠을 이루지 못했다.

"부탁이니 내게 매일 편지를 써 주게. 자네들 소식을 듣지 못하면 난 병이 나서 아무 일도 못할 거야."

이렇게 애원하기도 했다. 한번은 마리에게 쓴 편지에서 자신이 릴리

---

134) 사다 레미(Saada-Rémy), "릴리의 추억(Souvenirs de Lili)", 20.

135) ZIIM, 199.

136) EM, 「낙관주의 연구(Etiudy optimizma)」, 84.

의 건강을 쉴 새 없이 걱정하고 있다고 전하면서 "릴리를 향한 내 사랑은 진짜 병인 것 같소"[137]라고 스스로도 인정했다.

릴리에게 안정적인 미래를 만들어 주고 싶다는 열망으로 '노년기' 강연이 끝난 직후 소시에테 르 페르망Société Le Ferment이라는 업체의 후원도 맡았다.[138] 프랑스에서는 과학자가 연구로 돈을 벌려 해서는 안 된다는 인식이 보편적이라, 친구들은 그런 위험을 감수하지 말라고 경고했다. 하지만 메치니코프는 당시 겨우 한 살을 갓 넘긴 릴리에게 아주 특별한 기회가 될 것이라는 판단에 결국 포기하지 못했다. 파스퇴르 연구소의 법률 자문과 상의한 후, 메치니코프는 르 페르망이 자신의 이름을 사용할 수 있도록 하고 자신은 아무런 대가도 얻지 않는 대신 한 가지 조건을 내걸었다. 에밀 레미를 회사의 공동 설립자로 인정해 달라는 것이었다.

파스퇴르 연구소에서 그리 멀지 않은 몽파르나스 거리에 자리한 르 페르망은 '메치니코프 교수 독점 계약업체'라는 문구를 어디에서나 자랑스레 내걸고 발효유와 '락토바실린Lactobacilline'이라는 알약을 판매했다. 제품 포장에는 락토바실린으로 "해로운 장내 세균총을 건강에 유익한 세균총으로 바꿀 수 있다"라는 설명과 함께, 이 유익한 균은 "엄격히 선별된 젖산 발효 물질로 구성되며, 발효 물질은 메치니코프 교수가 안전성을 확실히 보장한다"라는 내용이 명시되어 있었다.

이 같은 홍보는 기대했던 결과를 가져왔다. 르 페르망은 큰 성공을 거두고 해외에도 진출했다. 영국에서는 '런던 퓨어 밀크 어소시에이션

137) 메치니코프가 마리 레미에게 쓴 편지, 1911년 3월 9일, 사다(Saada) 개인 소장품.

138) ZIIM, 183–84; "들로네(Delaunay)의 "사다 가족의 이야기(A propos de la famille Saada)"(4) 중 '응유의 역사(L'histoire du lait caillé)'"; 『노보에 브레미아(Novoe Vremia)』(게재 날짜 미상, ARAN 584.1.334, 8)에 실린 메치니코프의 편지 영인본(1904년 12월 6일, 1905년 7월 20일, 르 페르망 수신).

London Pure Milk Association'과 '락토바실린 우유'라는 상품명이 붙은 발효유의 판권 계약을 체결했다. [139] 미국에서는 '퍼먼트 컴퍼니 오브 뉴욕Ferment Company of New York'[140]이라는 자회사를 설립하고 락토바실린 알약, 요구르트 분말 보충제인 '바실락Bacillac', 종기와 상처 감염에 좋은 불가리아산 발효액인 '락토퍼멘타인Lactofermentine'을 판매했다.

몇 년 후 프랑스에 외국인에 대한 혐오 감정이 급증하자 이러한 상업적 성공은 메치니코프에 대한 대중의 분노로 돌아왔다. 그러나 상업 회사에 이름을 사용하도록 허락하기 전에 좀 더 신중을 기하지 그랬느냐는 지인들의 지적에도 메치니코프는 후회가 없다고 밝혔다.

"그이는 가난한 가족이 편안하게 지내는 것과 자신이 소문에 시달리는 것 중에 한 가지를 택했을 뿐이라고 대답했다."[141]

올가는 그의 전기에서 이렇게 썼다.

"자신에게 안 좋은 결과가 찾아올 위험이 있어도 남을 돕는 일에 결코 망설이지 않았다."

남편을 낭만적인 영웅으로 묘사한 올가의 글을 보면, 메치니코프가 릴리에게 마음을 빼앗겨 그녀 자신이 감수해야 했던 고통은 전혀 드러나지 않는다.

139) "발효유의 진실(The Truth about Sour Milk)" 광고, 「타임(Times)」(런던) 1910년 3월 15일, 14.

140) 뉴욕시 124–126 웨스트 31번가에 본사가 들어섰다. 페르망 사 대표가 메치니코프에게 보낸 편지, 1909년 5월 15일, ARAN 584,3,32; 「1907–1916년 퍼먼트 컴퍼니 오브 뉴욕의 기록(Ferment Company of New York: Minute Book, 1907–1916)」, 델라웨어 윌밍턴(Wilmington, DE,) 소재 해글리 박물관&도서관(Hagley Museum & Library)의 온라인 요약 자료에 2015년 8월 31일 접속(http://socialarchive.iath.virginia.edu/ark:/99166/w6jt6724).

141) ZIIM, 184.

33. 지독한 편견

릴리가 학교에서 선생님을 '마드무아젤'이라는 호칭 대신 '마담'이라 불렀다는 이유로 혼이 난 사실을 알고, 메치니코프가 크게 화가 나 학교를 불쑥 찾아가 아이를 데리고 나온 일도 있었다.[142] 릴리의 친부모의 양육 방식에 개입하는 일도 다반사였다. 메치니코프의 이름을 그대로 붙인 릴리의 남동생 엘리나 다른 대자녀에게 보인 관심과는 비교도 할 수 없을 정도였다. 릴리에게 피아노를 가르치던 교사가 하루에 세 시간씩 연습해야 한다고 했을 때도 벌컥 화를 냈다. 마리가 편지로 릴리는 괜찮다고 전했지만 메치니코프는 이렇게 답했다.

"이런 과장된 지시에 항의를 해야겠소.[143] 정말이지 얼마나 놀랐는지 모르오.[144]"

그리고 릴리에게도 편지를 썼다.

"나는 매일 네 생각을 하고, 거의 매일 밤 잠이 들면 꿈속에서 너와 만난단다.[145]"

메치니코프가 이런 글을 쓴 지 한 세기가 지난 지금도 노랗게 변색된 편지들에 부모 같은 그의 진한 감정이 오롯이 담겨 있다. 메치니코프는 엄마를 쏙 빼닮았던 릴리의 친부였을까? 아내와의 사이에서는 자식이 없었으니 쉰여덟의 나이에 대녀에게 이례적인 애정을 느낀 것이 영 이해가 안 가는 일은 아니다. 게다가 메치니코프가 릴리에 대한 마

---

142) 사다 레미(Saada-Rémy), "릴리의 추억(Souvenirs de Lili)", 16.
143) 메치니코프가 마리 레미에게 쓴 편지, 1914년 10월 20일. 사다(Saada) 개인 소장품.
144) 메치니코프가 마리 레미에게 쓴 편지, 1908년 8월 20일. 사다(Saada) 개인 소장품.
145) 메치니코프가 릴리에게 쓴 편지, 1908년 8월 20일. 사다(Saada) 개인 소장품.

음을 에밀에게 들키지 않으려고 노력한 기미는 전혀 엿보이지 않는다. 마리와 에밀을 '친애하는 나의 친구들이여'라고 칭하며 공동 수신자로 보낸 수많은 편지들에 아이를 애지중지하는 감정이 공개적으로 표출되어 있다. 마리 앞으로만 보낸 편지에도 말미에는 "에밀에게 안부 전해 주시오"라든가 "에밀에게 인사 좀 전해 주시오"라는 말이 꼭 담겨 있다. 릴리를 향한 풍성한 애정 표현은 그저 올가에게 쓴 편지에서 익히 보았던 메치니코프의 문체에서 비롯된 것이었는지도 모른다.

그러나 도저히 의혹을 지울 수 없는 편지 한 통이 있다. 단 한 번, 메치니코프가 오로지 마리만을 염두에 두고 썼음이 분명한 편지를 남긴 것이다. 다른 편지들에서는 마리를 칭할 때 다소 거리가 있는 '당신vous'이라는 표현을 사용했지만, 이 편지에서는 더욱 친밀한 '너tu'라는 호칭을 사용하고 매일 사적으로 어떻게 만날 것인지 이야기했다. 심지어 하루에 두 번씩 만나는 계획도 포함되어 있었던 듯하다. 마리는 아침마다 릴리를 학교로 데려다주고 메치니코프는 트램으로 그 뒤를 따른 것으로 보인다. 두 사람 모두에게 익숙한 세브르의 하층민 거주지역을 은신처로 삼은 것이 분명하다. 그리고 이 편지는 에밀에게 안부를 전해 달라는 인사 대신 "내가 온 마음을 다해 사랑하는 마리, 당신에게 키스를 보내오"[146)라는 말로 마무리된다.

메치니코프가 릴리의 생부인지 아닌지 확인할 수 있는 방법은 없지만, 한 가지는 확실하다. 적어도 그에게는 릴리가 친자식일 가능성이 있다고 생각할 만한 충분한 이유가 있었다.

메치니코프와 마리의 애정 관계가 언제부터 시작됐는지는 알 수 없

---

146) 메치니코프가 마리 레미에게 쓴 편지, 1911년 2월 5일. 사다(Saada) 개인 소장품.

다. 그가 마리에게 쓴 것 중 현존하는 최초의 편지는 마리가 결혼한 해인 1901년에 쓴 것이다. 비슷한 시기에 메치니코프의 결혼 생활은 25년을 넘어서서 혼란기에 접어들었다. 면역 전쟁이 열기를 잃은 후 올가는 메치니코프가 더 이상 자신을 필요로 하지 않는다고 느꼈다. 메치니코프는 한사코 그렇지 않다고 주장했지만 소용없었다. 올가가 그림 작업을 위해 파리 서쪽, 숲이 우거진 조용한 지역에 조성된 '라 콜로니la Colonie'[147]에서 보내는 시간이 점차 길어지기 시작한 것도 이 시기였다. 릴리가 태어나기 두 달 전, 메치니코프는 올가에게 쓴 편지에서 그녀를 "사랑하는 나의 도망자여"[148]라고 칭하며 "나는 당신을 매우, 너무나 깊이 사랑한다오. 이 사실을 인정하지 않는 건 당신이 크게 실수하는 거요"[149]라고 썼다. "헤어지다니, 왜 그런 근거 없는 소리를 하는 거요"[150]라고 쓴 편지도 있다.

"그럼 당신과 루가 가까운 건 어떻게 생각하오? 그 점에 대해 나는 어떨 것 같소?"[151]

다른 편지에서는 이렇게 반발했다. 사실 올가가 루에게서 위안을 얻었으리란 사실은 그리 어렵지 않게 예상할 수 있다. 릴리가 아직 어린 아이이던 시절에 찍은 올가의 사진을 보면 50세에 가까운 나이에도 무시당하는 아내의 모습이라곤 조금도 찾아볼 수 없다. 멋지게 부풀린

---

147) 꽁데 슈흐 베스그흐(Condé-sur-Vesgre) 지역에 위치한 라 콜로니는 샤를 푸리에(Charles Fourier)가 제시한 사회주의 공동체의 아이디어를 바탕으로 만들어졌다. 다니엘 두이자보(Danielle Duizabo)에 따르면 올가는 파리의 예술가, 음악가, 작가 등이 찾는 휴식처가 된 이곳에서 1904년부터 1910년까지 활동했다(필자에게 보낸 이메일, 2012년 12월 1일).

148) 메치니코프가 올가에게 쓴 편지, 1901년 9월 17일. 편지 2, 72.

149) 메치니코프가 올가에게 쓴 편지, 1901년 4월 21일. 편지 2, 47.

150) 메치니코프가 올가에게 쓴 편지, 1901년 9월 4일. 편지 2, 52.

151) 메치니코프가 올가에게 쓴 편지, 1906년 7월 26일. 편지 2, 198.

머리 모양과 잘록한 허리, 꼭 끼는 드레스 안에 그대로 유지된 젊은 시절의 몸매에서는 오히려 그 어느 때보다 관능적인 분위기가 물씬 느껴진다.

그럼에도 메치니코프가 올가나 다른 사람들과 주고받은 편지를 보면 그녀가 고통스러워했다는 사실이 그대로 전해진다. 메치니코프의 외도 사실을 알았는지는 알 수 없지만, 올가의 질투는 주로 온통 릴리를 향한 남편의 관심 때문이었다. 다른 여자와는 경쟁할 수 있었지만 꼬마 아이와 싸울 수는 없었다. 자신은 아이를 낳을 수 있는 시기를 이미 오래전에 지났는데, 남편이 느닷없이 진짜인지 상상인지 모를 아버지 노릇을 하느라 완전히 정신이 빠진 모습을 바라보는 건 분명 악몽 같았으리라.

"당신이 과연 반길지 확신할 수도 없이 집에 돌아간다는 건 너무나 힘든 일이에요. 당신의 관심이 나와 이룬 가정보다 다른 가족에게 쏠려 있다는 사실이 몹시 괴로워요."[152]

올가는 릴리가 세 살 때 메치니코프에게 쓴 편지에서 이렇게 말하기도 했다.

"물론 나는 릴리를 아끼고, 그 아이가 조잘조잘 말하는 것을 듣거나 커 가는 모습을 지켜보는 것이 좋소."[153]

메치니코프는 이렇게 항변했다.

"하지만 어떻게 내가 당신보다 그 아이에게 더 관심이 많다고 생각할 수 있소?"

그는 자신이 릴리의 행복을 '엄청나게' 염려한다는 사실을 올가에게

---

152) 메치니코프가 올가에게 쓴 편지, 1906년 7월 26일. 편지 2, 198.

153) 위와 동일.

숨기려 했다. 올가와 결혼을 할 때만 해도 비관적인 철학을 지켜야 한다는 일념으로 아이 낳기를 강하게 거부했었기에 어쩌면 죄책감도 느꼈을 것이다.

메치니코프와 레미 부부 사이에 오간 편지를 보면 에밀은 아내와 메치니코프의 외도를 몰랐거나 모르는 척 행동한 것이 분명하다. 에밀의 결혼 생활에서 불균형의 징후를 확인할 수 있는 유일한 자료는 파스퇴르 연구소의 역사를 기록한 저술가가 남긴 릴리의 미공개 인터뷰 기록 중 다음과 같은 한 문장이 전부다.

"에밀을 향한 마리의 사랑보다는 마리를 향한 에밀의 사랑이 더 컸다."[154)

에밀의 입장에서는 그토록 유명한 사람이 자신의 가족에게 내민 그 모든 도움의 손길에 감사하는 마음이 깊었을 것이다. 그리고 그러한 마음 때문에 자연히 메치니코프에 대한 평가가 혼란스러울 수밖에 없었을 것으로 쉽게 짐작할 수 있다.

가장 놀라운 사실은 적어도 겉으로 드러나는 면에서는 흠 잡을 데가 없을 만큼 완전무결하고 윤리와 도덕을 중시하며 살아 온 메치니코프가 올가와 루, 그리고 마리와 에밀까지 엮인 하나도 아닌 두 개의 삼각관계에 포함되어 있었다는 점이다. 어떻게 그가 인생에서 가장 활발하게 활동할 수 있었던 수십 년의 세월 동안 남편의 성공을 위해 헌신적으로 애쓴 아내를 배신할 수 있었을까? 또 어떻게 자신에 대한 일말의 의심도 없이 오히려 보살핌 받는 것을 자랑스럽게 생각하는 젊은 청년을 속이며 바람을 피우게 되었을까?

---

154) 들로네(Delaunay), 「사다 가족의 이야기(A propos de la famille Saada)」, 3.

그 답은 젊은 시절 메치니코프를 사로잡았던 니힐리즘식 이상주의와 유토피아 철학에서 찾을 수 있을 것이다. 그는 그 시대의 사회적 관습이 불완전하며 일시적인 것이라 여겼다. 그리고 대인관계를 포함한 삶의 모든 영역에서 궁극적으로 과학이 사회 질서를 개선시킬 것이라고 수차례 주장했다. 러시아의 니힐리스트들이 대부분 과격한 성향을 띠었던 것과 달리 메치니코프는 결혼 제도 폐지는 한 번도 주장한 적이 없고, 다만 미래에는 남성과 여성이 보다 적절한 방식으로 연계되는 방법이 생겨나리라 믿었다. 그것이 구체적으로 어떤 방식인지는 설명하지 않았다. 결국 그는 자신은 비도덕적인 행동을 하는 것이 아니라 그저 시대를 앞서갈 뿐이라 믿었거나 최소한 그렇게 믿고 싶어 한 것으로 보인다.

메치니코프는 로베르트 코흐의 전기를 보고, 코흐가 자신의 나이 절반도 안 되는 여배우와 외도한 사실을 작가가 빼고 썼다며 비판한 적이 있다. 작가가 "가정사가 이 위대한 과학자에 대한 우리의 기억을 훼손하기라도 하는 것처럼"[155] 굴었다고 지적한 것이다. (코흐는 외도로 결국 아내와 이혼을 하게 되었다.) 메치니코프는 세상을 떠나기 2년 전 완성한 저서 『현대 의학의 창시자: 파스퇴르, 리스터, 코흐』에서 코흐가 결혼 생활 중 여배우와 만난 이야기를 대놓고 밝히면서 코흐의 외도에 관한 비난은 모두 편견이라고 일축했다. 그리고 "비교적 독립적인 사상을 가진 사람들조차도 사로잡혀 있는 부당한 편견은 앞으로 모두 사라질 것"[156]이라고 내다보았다. 코흐의 애정 행각을 비난한 다른 교수들에 대해서도, 그들의 평가는 "코흐의 과학적인 우월함을 도저히 받아들일 수 없어

---

155) EM, 『개척자들(Osnovateli)』, 226.

156) 위와 동일.

서"[157] 나온 것이라고 지적했다. 그리고 메치니코프 자신에게도 충분히 적용할 수 있는 말로 마무리했다.

"언젠가 결혼으로 맺어진 관계가 지금과는 비할 수 없을 만큼 발전하고 단순화하는 시대가 오면, 코흐도 후손들에게 동시대에 받았던 것보다 훨씬 더 공정한 평가를 받을 수 있을 것이다."[158]

이러한 생각이나 여성에 대한 메치니코프의 견해는 전혀 진보적이지 않다. 오히려 성차별적인 시선이 터무니없을 정도로 가득하다. 천재성은 남성에게만 존재하는 기질이라 확신하고, 한 기자에게 "수염 난 여성도 있듯이"[159] 예외가 존재하긴 하지만 대체로 여성은 절대 과학자가 될 수 없다고 이야기한 적도 있다. 친구의 아내이자 수학자였던 소피아 코발레프스카야Sofia Kovalevskaya, 같은 시기에 파리에서 활동했던 마리 퀴리Marie Curie 등 두 명의 걸출한 여성 과학자와 알고 지내는 사이가 된 후에도 이런 평가는 바뀌지 않았다. 다만 이 두 사람은 그가 말한 '예외'에 해당된다고 언급했다. 남달리 뛰어난 여성이 존재하지 않는다는 생각은 여성 차별과 무관한 일이라 주장하고, 음악이나 요리처럼 전통적으로 여성들이 진입할 수 있는 영역에서 여성이 이룩한 큰 성과가 없다는 것을 그 근거로 들었다.

"저녁 식탁을 제대로 차려야 할 일이 생기면, 나는 남자 요리사를 부릅니다."[160]

메치니코프는 한 기자에게 이렇게 밝혔다. 이미 그가 살던 시대에도

---

157) EM, 『개척자들(Osnovateli)』, 226.

158) 위와 동일.

159) 번스타인(Bernstein), "메치니코프 – 주창자(Metchnikoff—'The Apostle')"

160) 『여성에 관한 톨스토이와 메치니코프의 생각(Tolstoi i Mechnikov o zhenshchinakh)』, 소책자 (상트페테르부르크: Tipografiia Ulei, 1909[?]), 16.

진보적인 사람들은 이를 굉장히 시대착오적인 생각으로 여겼지만, 그 사실도 별로 개의치 않았던 것 같다. 사회 전반적으로는 메치니코프와 같은 생각이 보편적이었다. 그나마 한 가지 다행스러운 점은 그가 여성에게도 교육 기회가 동등하게 주어져야 한다고 믿었다는 사실이다. 이 생각대로 그는 러시아와 프랑스에서 공부하는 여성들에게 많은 도움을 제공했다.

마리와의 외도에 대해, 메치니코프는 자신의 행동을 설명할 수 있는 또 다른 구실이 있었다. 바로 육체적 욕구의 적극적인 추구가 연구를 촉진하는 효과가 있다는 나름의 믿음이었다.

"위대한 인물의 애정 생활에 관한 심층적 정보는 인류의 행복에 매우 중요한 영향을 준다."[161]

러시아 출신의 생리학자에 관한 회고록에서 그는 이렇게 밝혔다. 저서 『생명의 연장』에서는 '괴테와 파우스트'라는 소제목을 붙인 장에서 사랑과 성적 욕구는 창의력과 밀접한 관계가 있다고 주장하며 위인들의 삶에서 그 예를 찾아 제시했다. 빅토르 위고Victor Hugo, 헨릭 입센Henrik Ibsen, 리하르트 바그너Richard Wagner 등 자신처럼 나이가 많은 사람들이 그 사례에 포함됐다. 같은 글에서, 메치니코프는 세계 문학에서 가장 큰 수수께끼로 여겨지는 괴테의 『파우스트』 2부를 이와 같은 맥락에서 독창적으로 해석했다. 2부의 내용은 70대에 열아홉 살이던 어여쁜 소녀 울리케에게 열정적인 사랑을 느낀 괴테 자신의 이야기이며, 그러한 감정이 조롱거리가 될까 두려워 너무나 여러 겹으로 진실을 꽁꽁 감추면서 쓴 바람에 사람들이 이해하기 힘든 작품이 나왔다는 설명이었다.

---

161) EM, "세체노프에 대한 기억(Vospominaniia o Sechenove)", 『유럽 통보(Vestnik Evropy)』, no. 5, (1915), 68–85, repr., SV, 61.

여기서 메치니코프는 분명하게 밝히지는 않았지만 자신의 외도를 암시한 것으로 볼 수 있는 말을 남겼다.

"예술적 창의성은 물론, 다른 형태의 천재성도 성적인 활동과 깊은 관계가 있다.[162] 과학자도 이 법칙에서 예외가 아니다."[163]

그리고 괴테의 파우스트 박사를 적절한 예로 제시했다.

"인류의 모든 지식을 섭렵한 뛰어난 학자인 그는 불만족스러운 삶을 살다가 어린 소녀 마가레테의 아름다움과 사랑스러움에서 위안을 얻고 열정적인 사랑에 빠진다."

메치니코프는 파우스트 박사에 대해 이렇게 묘사하고 이 감정이 파우스트 박사의 연구에, 그리고 그의 연구가 애정 관계에 각각 어떤 식으로 영향을 주었는지 알고 싶어 했다.

"과학적인 실험실 연구가 마가레테와의 관계로 전환되는 데 작용한 심리적 동력을 밝히는 일은 무척이나 흥미로울 작업이 될 것이다."[164]

노화에 관한 저서처럼 『성 기능에 관한 연구』의 집필을 시작한 계기도 마리와의 개인적인 관계였는지는 알 수 없으나, 메치니코프는 자신이 몰두한 주제를 전 인류에 대한 고민으로 확대시켰다. 이 책에서 유일하게 완성된 부분인 서문에서 그는 섹스를 수치스러운 일, 죄악으로 치부하는 전통적인 연결 고리를 과학적인 연구를 통해 끊어 낼 수 있기를 바란다고 밝혔다. 그리고 이러한 고리는 종교에서 비롯되었는데, 그 이유는 "고대부터 사람들의 마음속에 성적인 기능과 성병이 연관되

---

162) EM, 『낙관주의 연구(Etiudy optimizma)』, 241.

163) 위와 동일.

164) 위와 동일, 245.

어 있었기 때문"[165]이라고 주장하면서 과학이 이 연관성을 없앨 수 있다고 확신했다.

"문명화된 현대 사회에서 의학과 위생이 아예 무시되던 시대의 원칙을 그대로 받아들이며 산다는 건 용납할 수 없는 일이다."[166]

34. 정신병의 재발

수치스러운 일이라는 섹스의 오명을 벗기기 위한 저서를 완성하지는 못했지만, 얼마 후 메치니코프는 섹스를 더욱 안전한 행위로 만드는 일에 일조했다. 안전이나 섹스에 관한 연구에서 출발한 결과는 아니었고, 노화의 가장 기본적인 증상이 동일하게 나타난다는 이유로 매독을 연구하다가 얻은 결과였다. 그 공통 증상은 바로 동맥 경화였다. 메치니코프는 '사람은 자신의 혈관만큼 늙는다'는 말을 떠올렸다. 한편, 노화도 매독처럼 미생물 감염질환이라고 믿고, 이에 따라 매독균이 어떻게 동맥을 굳게 만드는지 알아내기로 한 것이다.

매독은 크나큰 불명예로 여겨지던 질병이라 예의 바른 대화가 오가는 상황에서는 병명을 입에 올릴 수도 없었다. 프랑스에서는 '손상'을 의미하는 '아바리avarie'로 불렸고 과거에는 세계 여러 나라가 매독을 인접한 다른 나라의 탓으로 돌렸다.[167] 스페인에서는 '독일인의 병'이라 불렸고 독일에서는 '프랑스의 악마'로, 러시아에서는 '폴란드의 병'으

---

165) EM, 「성적 기능에 대하여(Sur la fonction sexuelle)」, repr., ASS, vol. 16, 286.

166) 위와 동일, 287.

167) 프리스(Frith), "매독(Syphilis)", 50.

로, 일본에서는 '중국 수두'라고 칭했다. 매독에 걸린 환자들에게는 끔찍한 고통이 찾아왔다. 생식기가 따가운 증상으로 시작해 입술과 눈, 이후 온몸에 통증과 역겨운 냄새까지 동반하는 종기가 퍼지고 심한 경우 신체 마비까지 찾아와 사망에 이르기도 했다.

매독은 여기저기 만연한 골치 아픈 질병이었다. 메치니코프의 형제 중 변호사로 일하던 니콜라이도 몇 년 앞서 쉰여섯의 나이에 매독으로 세상을 떠났다. 매독은 단순한 성병이 아닌, 공중보건 전반에 심각한 영향을 끼친 병이었다. 1895년에 상트페테르부르크에서 발행한 소책자에는 시골 사람들의 '시필리자치에sifilizatsiya' 즉 매독 감염 때문에 전체 러시아인이 퇴보할 수도 있다는 러시아 의료 당국의 우려가 담겨 있다.[168] 시골 지역에서는 환자 한 명의 발생이 곧 마을 전체의 감염으로 이어지기도 했기 때문이다. 시골 사람들은 다쳐도 상처를 그대로 방치하고, 같은 그릇에 담긴 음식을 여러 사람이 같이 먹고, 축제 기간에는 서로 입을 맞추고, 자기 아이는 물론 남의 집 아이에게도 어른이 빵을 씹어서 먹이는 일이 다반사라 매독도 그 과정에서 전염될 수 있었다. 치료법은 수은이 유일했지만, 수은 중독이 매독보다 더 낫다고 할 수도 없었다. '비너스와의 하룻밤은 평생을 수은과 함께 살도록 만든다'[169]는 말도 여기에서 비롯됐다. 의학적으로도 진전이 없었다. 매독을 일으키는 균도 밝혀지지 않았을 뿐 아니라, 일반적인 실험동물은 매독에 걸리지 않아 연구를 진행하기도 어려웠다.

메치니코프는 인간과 가장 밀접한 동물들을 매독에 감염시키기로 했다. 원숭이와 유인원을 그 대상으로 정했으나 문제는 돈이었다. 프

---

168) 『러시아의 매독 확산(Rasprostranenie sifilisa v Rossii)』, 2.

169) M. 돕슨(M. Dobson), 『질병(Disease)』(런던: Quercus, 2007), 프리스(Frith), "매독(Syphilis)"(53)에 인용됨.

랑스나 영국 식민지에서 침팬지나 오랑우탄 한 마리를 데려오려면 1,000프랑에서 2,000프랑이라는 거액이 필요했는데,[170] 이 정도면 당시 파스퇴르 연구소의 연구보조가 받는 1년 치 월급의 거의 절반에 해당하는 액수였다.[171] 게다가 운송 과정이 제대로 관리되지 않아 동물이 기후 적응에 실패하고 조기에 목숨을 잃는 일도 많았다. 그런데 이러한 문제들이 프랑스 언론들의 찬사를 받으며 말끔히 해결됐다. 메치니코프가 1903년 마드리드에서 개최된 제14차 국제의학 학술회의에서 수상한 '모스크바 상Moscow Prize'[172](기금의 출처를 반영한 상 이름이다.)의 상금 5,000프랑을 내놓았고 루가 '오시리스 상Osiris Prize'으로 받은 10만 프랑이나 되는 상금을 기부한 것이다. 모스크바의 한 자선사업가도 3만 프랑이라는 큰 금액을 기부했다.

상당히 빠른 시간 내에 성과가 나오기 시작했다. 1903년 7월, 메치니코프와 루는 커다란 상자를 멘 짐꾼과 함께 파리 의학협회 건물에 도착했다. 상자에 담긴 주인공은 콩고의 어느 숲속에서 알 수 없는 병에 걸린 상태로 붙잡힌[173] 어린 암컷 침팬지 에드위지였다. 프랑스 일간지『르 마르탱』은 '유인원에게 발생한 "손상" – 의학협회의 충격적인 발표'라는 제목의 기사에서 에드위지의 측은한 사연을 전했다. 메치니코프는 학회 회원들 앞에서 에드위지의 치골 부위에 심한 궤양이 존재하며, 그 형태가 매독에 걸린 사람의 민감한 부위에 발생하는 궤양과

---

170) 메치니코프가 모스크바에서 활동하던 자선가 V. A. 모로조바(V. A. Morozova)에게 쓴 편지, 1904년 12월 21일 (EM, Pi'sma, 188). 침팬지 암컷 에드위지의 가격만 1,150프랑이었다.

171) 1904년 파스퇴르 연구소 급여 기준, ARAN 584.3.7.

172) 1897년 모스크바 개최 제12차 국제의학 학술회의에서 모인 기부금으로 마련된 상[EM, 편지(Pi'sma), 271].

173) "전염병? 유인원에게 발생한 '손상'(Est-elle transmissible? L'' avarie' chez les singes)", 『르 마르탱(Le Matin)』, 1903년 7월 29일, 2.

동일하다고 자랑스럽게 발표했다. 에드위지를 매독균에 감염시키는 시도가 가까스로 성공한 것이다. (당시 동물의 생체해부 반대운동이 영국을 중심으로 이미 전개되며 동물을 대상으로 한 실험에 비판의 목소리를 높이고 있었다. 메치니코프는 직접 쓴 글을 통해 동물 실험은 "과학이 크게 발전할 수 있는 유일한 방법"[174]이라고 여러 차례에 걸쳐 반박했다.)

그로부터 3년 동안 메치니코프는 50마리가 넘는 침팬지를 매독균에 감염시키는 데 성공했다. 이들 동물에게서 나타나는 질병의 양상이 인간에게서 나타나는 증상과 가장 유사한 것으로 입증되었다. 침팬지는 물론 오랑우탄, 고릴라, 엉덩이에 털이 없는 커다란 기니개코원숭이를 비롯해 붉은털원숭이, 거의 80마리나 되는 여러 종류의 짧은꼬리원숭이까지 영장류 동물 대부분을 대상으로 실험이 진행됐다. 메치니코프는 『파스퇴르 연구소 연보』에 게재한 다섯 편의 논문을 통해 매독의 발병 과정과 병의 다양한 양상을 발표하는 한편, 프랑스 의학협회 회보에도 두 건의 보고서를 제출했다.

영장류 실험은 예기치 않은 혼란을 일으켰다. 메치니코프의 연구실로 기자들은 물론 원숭이를 궁금해하는 파리 시민들이 끝도 없이 몰려든 것이다. 게다가 러시아 출신 중에서 파리의 가장 큰 유명인사가 된 메치니코프가 자진해서 도맡은 일들도 온갖 성가신 문제를 일으켰다.

올가가 지인들과 함께 1903년 설립한 자선단체 몽파르나스 협회 Montparnasse society[175]는 메치니코프가 협회장을 맡으면서 명성이 한층 높아졌다. 러시아의 한 조각가가 전시회에 출품할 작품을 준비하면서 과연 초청작으로 선정이 될지 모르겠다고 불안해하자, 메치니코프는 평

---

174) EM, 『낙관주의 연구(Etiudy optimizma)』, 261.

175) 시베류킨(Severiukhin)과 레이킨드(Leikind), 『러시아를 떠난 예술가들(Khudozhniki russkoi emigratsii)』, 324.

소 알고 지내던 오귀스트 로댕Auguste Rodin에게 직접 도움을 청했다.[176] 혁명주의자였던 젊은 조각가가 여권 문제로 파리에 오기 힘든 상황에 처하자,[177] 그는 러시아 영사관에 연락을 취해 문제가 해결되도록 손을 썼다. 파리에 머무는 러시아 청년 수백 명에게 대학 수준의 교육을 제공한다는 목표로 소르본 대학교와 길 하나를 사이에 두고 러시아 사회과학 고등교육학교[178]가 문을 열었을 때에도 학교 측 요청으로 교장을 맡고 학생들에게 생물학을 가르쳤다.

이 학교에서 근무하던 초빙 교수 중에는 30대 초반에 키가 작고 머리가 벗겨지고 불그스름한 턱수염을 기른 사람이 포함되어 있었다. 어딘가 몽골인의 특징이 느껴지는 외모를 가진 이 교수의 이름은 블라디미르 일리치 울리야노프Vladimir Ilyich Ulyanov였다. 해외에서 러시아 혁명의 시초를 마련하기 위해 유럽 곳곳을 돌아다니던 그는 일린이라는 가명으로[179] 마르크스주의식 농업 경영 수업을 맡았지만, 이미 그 당시부터 자신을 레닌이라 일컫기 시작했다. 그가 우상처럼 존경하던 형, 알렉산더 울리야노프Alexander Ulyanov는 생물학자였지만 '인민 의지당' 소속으로 러시아 황제의 목숨을 빼앗으려다가 처형을 당했다. 그러니 레닌에게는 위대한 생물학자인 메치니코프를 혁명에 동참하도록 유난히 열성적으로 설득할 만한 이유가 있었다. (이런 노력은 결국 실패로 돌아갔다.)

"우리 일리야 메치니코프 동지를 만날 때마다 나는 요구르트를 개발

---

176) 메치니코프는 1908년 9월 13일 로댕에게 쓴 편지에서 안나 고르프키나(Anna Golubkina)가 제작한 대리석 흉상 두 개를 언급했다(AIMR). 1909년 3월 16일에도 로댕에게 편지로 올가가 만든 흉상 세 개가 국립 예술협회 전시회(Salon de la Societé Nationale)에 출품될 수 있도록 해 달라는 요청을 했다. 두 건 모두 요청대로 일이 진행됐다.

177) 지그바트(Zegebart), "기억(Vospominaniia)"

178) 소르본 거리 16번지에 설립된 이 학교에 관한 이야기는 구트노프(Gutnov)의 저서 『러시아인 학교(L'École russe)』를 참고하기 바란다.

179) "1902-1903년도 수업 목록(Perechen' kursov, prochitannykh v 1902-3 akademicheskom godu)", RGASPI 4.1.124, 1–6.

한 것에 감사하다고 이야기하면서 그가 인류의 사회적인 문제에서 물러나 있어서는 안 된다고 책망했네."[180]

레닌은 자신처럼 고국 러시아를 떠나 온 하임 바이츠만Chaim Weizmann에게 이렇게 말한 적도 있다. 유기 화학자이자 나중에 이스라엘의 초대 대통령이 된 바이츠만은 파스퇴르 연구소에서 짧은 기간의 미생물학 수업을 듣고 있었다.

1905년 러시아 혁명이 실패로 돌아간 후 메치니코프를 찾아오는 러시아인들의 수도 급격히 증가했다. '피의 일요일'로 불리는 그해 1월의 혁명에서 수만 명의 공장 노동자들과 종교계 주요 인사들이 「황제를 구하소서God save the Tsar」라는 노래를 부르며 상트페테르부르크의 겨울 궁전 쪽으로 행진했다. 황제를 만나 청원서를 전달하는 것이 이들의 목적이었으나, 황실 근위대가 무장도 하지 않은 군중을 향해 발포하는 바람에 수백 명이 죽거나 다쳤다. 이 일로 노동자들의 파업과 대규모 저항 운동이 러시아 전역으로 확산되고 잔혹한 진압이 이어졌다. 1907년 여름, 혁명이 종료된 시점까지 반란에 가담한 사람 수천 명이 처형되거나 추방됐다. 스스로 러시아를 떠난 사람들도 있었는데, 이들 중 많은 수가 프랑스로 넘어오기 시작하여 곧 프랑스에 도착한 러시아인의 숫자가 약 3만 5,000명에 이르렀다.[181] 그리고 이들 대부분은 파리와 코트다쥐르에 머물렀다.

러시아에서 축출된 사람들은 메치니코프에게 물밀 듯이 찾아와 경제적인 지원과 상담을 청하고, 일자리를 찾게 해 달라고 부탁했다.

---

180) 구리엘(Guriel), "레닌과 바이츠만(Lenin and Weizmann)"

181) 1911년에 나온 자료이다. 포쉬코(Foshko)의 저서 「러시아인이 프랑스에서 맞이한 순간(France's Russian Moment)」에 인용된 내용을 참고했다(니콜라스 로스(Nicolas Ross), 「센 지역의 알렉상드르(Saint-Alexandre-sur-Seine)」, [파리: Le Cerf, 2005, 263]).

"다들 차림새도 형편없고 딱해 보였소. 하지만 내가 이 사람들을 어떻게 전부 챙길 수가 있겠소. 단지 나를 '모르는 사람이 없다'는 이유로 길에서 불쑥 나타나는데 말이오."[182]

메치니코프는 올가에게 보낸 편지에서 이렇게 한탄했다. 다른 편지에서는 다음과 같이 전했다.

"오늘은 러시아에서 온 여러 여성들이 내게 도움을 청하러 찾아왔었소. 한 명은 입안에 염증이 생겼고, 다른 한 명은 머리카락이 빠지는 증상을 호소하고, 또 다른 한 명은 얼굴이 번들거린다는 식이었다오. 지금 상황을 보니, 혁명 이후에 해외로 나온 이런 러시아 군중들 가운데 많은 사람들이 그저 유명한 과학자를 찾아와 얼굴을 멍하니 쳐다보는 것 외에 다른 할 일을 찾지 못하는 것 같다는 느낌이 드오."[183]

수십 명씩 찾아오는 방문객이 전부 러시아인들로만 구성되는 것도 아니었다. 원래 메치니코프의 연구실은 외부 방문객을 오후 시간에 맞이하기로 되어 있었지만, 그는 전 세계의 소식을 듣고 싶은 호기심에 어느 때 찾아오든 사람들을 돌려보내는 법이 없었다.

"식세포를 발견한 당사자는 이제 모든 연구소에 알려진 인물이 되었다. 영국이나 독일에서 온 젊은 화학자들이 파리에 들를 때면, 노년기를 무찌르겠다는 돈키호테 같은 목표를 내걸고 대중의 상상력을 자극한 이 러시아 석학을 가장 먼저 만나고 싶어 한다."[184]

런던에서는 『타임스』지가 이렇게 전했다. 메치니코프보다 나이가 어

---

182) 메치니코프가 올가에게 쓴 편지, 1906년 7월 31일. 편지 2, 205.

183) 메치니코프가 올가에게 쓴 편지, 1906년 7월 10일. 편지 2, 182.

184) "인간의 특성에 관한 생물학자의 견해(A Naturalist on Human Nature)", 『타임스 리터러리 서플먼트(Times Literary Supplement)』, 159.

린 연구소 동료는 당시의 상황을 이렇게 회상했다.

"파스퇴르 연구소에서 그분의 연구실은 새로운 장르가 탄생하는 응접실이자,[185] 과학적인 주제가 오가는 유럽의 여행자 숙소였다. 과학자, 정치가, 예술가, (상당한 수의) 기자, 여배우, 가수, 사교계 여성, 온갖 괴짜, 병든 몸을 이끌고 '젊어지는 물'을 구하러 온 사람, 심적 고통에 시달리다 마음을 털어놓으러 온 사람과 러시아 황제 밑에서 일하던 정부 관료, 정치인, 여행자, 난민, 세련된 차림의 신사, 발랄라이카 balalaika(나무 몸통에 줄 세 개가 달린 러시아의 대표적인 민속악기 – 옮긴이) 연주자, 깡마른 체형에 눈에 열의가 넘치는 학생까지 수없이 많은 러시아인들과 다양한 국적의 '유랑자들'이 모여들었다."

이들의 정신적 지주였던 메치니코프에게는 사람을 끌어모으는 소질이 있었다. 연구소 어디든 사람들이 삼삼오오 모여 있는 곳이면 그 중심에는 반드시 메치니코프가 있었다.[186] 실험실에 있을 때면 늘 무언가를 읽고, 백과사전 못지않은 기억력으로 소문이 자자한 인물답게 동료들과 학생들의 궁금증 해결사 역할도 톡톡히 했다. 사람들이 특별히 간청하지 않아도 찾는 정보가 어디에 있는지 알려 주고, 원하는 기사가 몇 쪽에 있는지도 짚어 주었다. 이름이나 숫자를 외워야 할 일이 있으면 아무 종이에나 휘갈겨 썼다가 바로 구겨서 버렸다. 한번 써 보는 것으로 암기할 수 있었던 덕분이다.

올가에게 쓴 편지에서, 메치니코프는 '방해의 북새통'을 이룬 상황에 대해 여러 번 불만을 토로했다.[187]

---

185) 버넷(Burnet), 「유럽인(Un Européen)」, 17.

186) 베스레드카(Besredka), "기억(Vospominaniia)", 38–42.

187) 메치니코프가 올가에게 쓴 편지, 1906년 7월 20일. 편지 2, 241.

"오늘은 셀 수도 없이 많은 미국인들이 찾아와서는 도무지 알아들을 수 없는 영어로 말을 해 댔소."[188]

자꾸 찾아와서 암을 일으키는 기생충을 "발견"했다고 주장하는 "정신 나간 의사"에 대한 넋두리도 늘어놓았다.

"완전히 외골수인 사람인데, 어찌나 진심으로 애를 쓰는지 안된 마음이 들었다오."[189]

메치니코프는 몇 시간만이라도 조용히 연구하려고 도서관에 틀어박혀 지내곤 했다. 일요일과 공휴일은 아무 방해를 받지 않고 연구할 수 있는 기회였으니 손꼽아 기다렸다. 사정이 이러했으니 사람을 반기는 성격과 모두가 좋아할 만한 성품이 과하게 확장되어 오히려 스스로에게 불리하게 작용한 셈이다.

매독균을 결국 발견하지 못한 것도 이와 같은 상황 때문이었다고 메치니코프는 확신했다. 그의 실험실은 그 원인균을 찾아내려고 노력하던 세계 여러 곳 중 하나였다.[190] 매독균은 표준 염료로는 눈에 보이지 않아 찾기가 힘들었다. 그러다 1905년, 이 국제적인 경쟁의 우승은 독일의 두 과학자의 몫으로 돌아갔다. 구불구불한 가는 선 모양으로 모습을 드러낸 매독균은 연구진이 특별한 염료로 색을 입힌 후에도 겨우 희미하게 보이는 수준이었다.

발견의 당사자들도 과학계에 확실한 증거를 제공하느라 애를 먹었다. (수십 년 전부터 매독균을 '발견'했다고 주장한 사례가 최소한 24번이나 있었기에 설득은 더욱 어려웠다.) 이때

---

188) 메치니코프가 올가에게 쓴 편지, 1906년 9월 14일. 편지 2, 224.

189) 메치니코프가 올가에게 쓴 편지, 1906년 7월 13일. 편지 2, 186.

190) EM, "매독에 관한 미생물학적 연구(Recherches microbiologiques sur la syphilis)", 『Bulletin de l'Académie de médecine』 54 (1905): 468–76, repr., ASS, vol. 10, 262–28.

메치니코프의 영장류들이 구원 투수로 등장했다. 독일에서 이 두 과학자가 보내 온 요청을 받은 메치니코프는 매독균에 감염된 침팬지와 짧은꼬리원숭이에 고부라진 모양의 미생물이 존재한다는 사실을 입증하여 매독과 이 균의 관계를 확실히 밝혀내는 핵심 근거를 제공했다.[191]

메치니코프가 매독균을 직접 발견하지 못해 얼마나 씁쓸해했는지는 올가에게 쓴 편지에서도 확인할 수 있다. 성가신 일들이 끊이지 않았기 때문이라는 설명과 함께 그는 결론을 내렸다.

"그런 상황에서 연구를 했으니 매독균을 찾아내지 못한 것도 놀라운 일은 아닐 거요."[192]

그럼에도 메치니코프는 매독과 관련된 중요한 사실들을 발견했다. 균이 곧장 전신에 확산되는 것은 아니며 감염되고도 활성이 차단될 수 있다고 밝힌 사람도 바로 그였다. 원숭이와 유인원에서는 감염 부위에 칼로멜calomel 성분이 함유된 연고를 바르면 확산을 억제할 수 있는 것으로 나타났다.[193] 수은의 일종인 칼로멜[194]은 당시 프랑스에서 치통부터 결핵까지 다양한 증상을 치료하는 데 널리 사용됐다. 과연 사람에게서도 같은 효과가 나타날까?

이러한 의문이 구체화되자, 젊은이들이 과학의 이름으로 자신의 생식기를 매독균에 노출시켜 보겠다고 즉각 자원하고 나섰다. 콜레라 연구를 하던 당시 메치니코프를 사로잡았던 그 "정신병(그가 사용한 표현이다.)"이 재발한 것이다. 두 번 다시 사람을 대상으로 실험하지 않겠노라 다짐

---

191) EM, "매독에 관한 미생물학적 연구(Recherches microbiologiques sur la syphilis)", 『Bulletin de l'Académie de médecine』 54 (1905): 468–76, repr., ASS, vol. 10, 265–67.

192) 메치니코프가 올가에게 쓴 편지, 1905년 6월 16일, 편지 2, 160.

193) EM, "매독에 관한 실험 연구(Études expérimentales sur la syphilis)", 『연보』 19, no. 11 (1905): 673–98.

194) 염화수은에 해당하는 이 물질은 다른 여러 질병을 비롯해 매독 치료제로 사용됐다.

했던 일도 다 잊고, 메치니코프는 후배들을 아버지처럼 챙기는 존재에서 광적인 원로 학자로 변모했다.

1906년 2월 1일, 세 명의 의사가 참석한 자리에서 메치니코프는 매독 환자의 궤양에서 흘러나온 물질에 메스를 담갔다.[195] 그리고 매독 예방을 학위논문 주제로 정하고 연구 중이던 의대생 폴 메종뇌브Paul Maisonneuve의 포피에 그 메스로 여섯 개의 상처를 냈다. 한 시간 뒤 칼로멜 연고를 상처 부위에 바르고 5분간 두었다. 몇 주간 메종뇌브의 포피에 생긴 고름을 자세히 들여다보면서 메치니코프가 얼마나 괴로워했을지 충분히 짐작할 수 있으리라. 혹시라도 이 젊은 청년이 매독의 희생양이 된다면 궤양 때문에 기형이 생기거나 심하면 목숨도 잃을 수 있었다. 3개월 뒤, 첫 실험에 참석했던 의사들이 메종뇌브를 진찰하고 상처가 모두 나았다고 밝혔다. 매독에 걸리지 않은 것이다.

신문마다 메종뇌브의 사진을 싣고 "과학의 발전을 위해 건강을 해칠 위험도 무릅쓴 영웅"[196]이라며 찬사를 보냈다. 반면 메치니코프에게는 맹비난이 쏟아졌다. 몇몇 의사들은 메치니코프가 자기 몸이 아닌 다른 사람의 신체를 실험 대상으로 삼은 점을 비난했다. 메치니코프는 이미 침팬지 실험에서 치료법의 효과를 확인했으므로 절대적인 확신을 갖고 행한 일이며, 그동안 학자로 살면서 자신도 위험한 실험에 수도 없이 뛰어들었다고 반박했다.

메치니코프가 난잡한 성생활을 부추겼다고 지적하는 의견도 제기됐다. 『메디컬 트리뷴Tribune Médicale』은 "사람들에게 아무런 벌을 받지 않고

---

195) EM, "매독 연구(Recherches sur la syphilis)", 『의학계 뉴스레터(Bulletin de l'Académie de médecine)』(1906): 554–59, repr., ASS, vol. 10, 307–09.

196) "접종의 취지(La Thèse de l'Inoculé)", 『르 마르탱(Le Matin)』, 1906년 7월 21일, 2.

키테라섬(사랑의 여신이 머문 섬)으로 갈 수 있다는 믿음을 심어 준 것은 부도덕한 짓"[197]이며, "방탕한 생활에 젖어서 살 수 있는 방법을 알려 주는 건 적절치 못하다"라고 밝혔다. 메치니코프는 전혀 굴하지 않고 자신은 어떤 상황에서도 도덕을 중시한다고 주장했다.

"가족의 명예가 실추되고, 아이들이 유전성 매독에 걸린 채로 태어나고, 건강이 악화되지 않도록 도울 수 있는 방법이 있는데 알리지 않는 것이야말로 부도덕한 일이 아닙니까?"[198]

『르 마르탱』과의 긴 인터뷰에서 메치니코프는 이렇게 주장했다.

『성 기능에 관한 연구』 서문에서는 "성 기능과 관련된 일이라면 무조건 천하고 수치스럽게 여기며 입에 올리려고도 하지 않는다. 이렇게 숨기려는 분위기는 더 큰 위험으로 이어진다"[199]라고 밝혔다. 학교에서 성교육을 해야 한다는, 당시로서는 상당히 파격적인 주장도 펼쳤다.[200]

"그이는 교육과 결혼에 있어서 극히 혁신적인 의견을 제시했다."[201]

올가는 메치니코프의 전기에서 이렇게 밝혔다. 결혼에 관한 혁신적인 의견이 무엇이었는지 올가가 구체적으로 밝히지는 않았지만, 메치니코프는 매독 예방에 관한 연구로 섹스를 더 이상 죄악으로 여기지 않는 분위기에 한 걸음 더 다가가게 되었다고 생각했다.

그리고 이 모든 논란에도 '메치니코프의 연고'는 곧 수많은 병사와 선원들을 매독의 위험에서 구해 냈다.[202]

---

197) EM, 『낙관주의 연구(Etiudy optimizma)』, 260.

198) "손상을 둘러싼 과학자들의 논쟁(Entre Savants: Controverse sur l'Avarie)", 『르 마르탱(Le Matin)』, 1906년 7월 22일, 1.

199) EM, 『성적 기능에 대하여(Sur la fonction sexuelle)』, repr., ASS, vol. 16, 284.

200) 위와 동일; EM, 『새로운 위생(The New Hygiene)』, 79~80.

201) ZIIM, 199.

202) 메치니코프는 『낙관주의 연구(Etiudy optimizma)』(141)에서 1906년 베를린에서 열린 한 의학계 회의에서 독일인

"군대의 성병 예방에 새로운 시대가 열렸다."[203]

학회지『의학 소식』은 프랑스 국방부 차관이 군의관들에게 전달한 지시가 담긴 새로운 버전의 소책자 내용을 게재하면서 이렇게 밝혔다. 이 안내문에는 매독 예방을 위해 군의관들이 "균에 노출된 피부나 점막에 칼로멜 연고를 바르도록" 군인들을 교육하고, 군 의무실은 작은 나무상자에 연고를 5그램씩 나눠 보관하도록 하라는 것이었다.

그러나 불과 몇 년 만에 칼로멜 연고는 섹스를 안전하게 만드는 방책에서 제외됐다. 1910년, 파울 에를리히가 살바르산Salvarsan을 내놓은 것이다. '마법의 탄환(특효약)'을 만들겠다는 원칙에서 나온 살바르산의 표적은 매독균으로, 일부 환자들에게 큰 효과를 발휘했다. 전 세계적으로 가장 널리 처방되는 약[204]의 자리에 재빨리 오른 살바르산은 페니실린이 개발된 1940년대까지 대표적인 매독 치료법으로 활용됐다. 면역 전쟁에 이어, 에를리히가 또다시 메치니코프를 앞지른 셈이다.

35. 생물학적 로맨스

메치니코프가 매독균을 발견하는 경쟁에서 뒤처지고 있을 무렵, 오래전 발표한 면역 연구의 결과가 새삼스레 주목받기 시작하면서 그의 노벨상

의사가 한 말을 인용했다[『실험적인 매독 연구(Die experimentelle Syphilisforschung)』, Berlin, 1906, 82]: "매독 감염으로 발전할 수 있는 모든 증상에 메치니코프와 루를 통해 확인된 30퍼센트 농도의 칼로멜 연고를 사용하도록 강력히 권고하는 것이 우리 의사들이 해야 할 의무입니다."

203) "군대의 성병 예방법(Prophylaxie des maladies vénériennes dans l'armée)", 『의학 소식(La Presse Médicale)』, 1907년 11월 10일.

204) 아만다 야넬(Amanda Yarnell), "살바르산(Salvarsan)", 『화학 & 공학 뉴스(Chemical & Engineering News)』 83, no.25 (2005년 6월 20일자 기사). 2014년 1월 4일 접속(http://pubs.acs.org/cen/coverstory/83/8325/8325salvarsan.html).

수상을 향한 물꼬를 틔웠다. 늘 학계 안팎의 이목을 집중시키며 영향력을 발휘해 온 영국의 의사 알름로스 라이트 경Sir Almroth Wright[205]은 평소 에를리히와 메치니코프 두 사람 모두를 존경하는 인물로 꼽았다. 그런데 그가 세간에 널리 알려진 에를리히의 항체뿐만 아니라 이제 등한시되던 메치니코프의 식세포에도 기반한 새로운 치료법을 개발한 것이다. (라이트는 세균학자이자 면역학자였다.)

덥수룩한 눈썹과 콧수염 사이에 안경을 걸친 라이트는 메치니코프보다 훨씬 더 호전적이고 성마른 성격이었다. 한 의학회의에서 발언을 마친 그에게 의장이 덧붙일 의견이 있냐고 묻자 다음과 같이 답한 적도 있었다.

"아뇨, 없습니다. 지금까지 이야기한 내용은 다 사실이지만 제 뇌 속을 보여 줄 수는 없으니까요."[206]

적대 관계에 있는 사람들 사이에서 '올모스트 라이트 경(답을 맞힐 뻔한 사람)' 내지는 '올모스트 롱 경(틀릴 뻔한 사람)'이라 불리던 라이트는 세균 감염을 약이 아닌 백신을 이용해 치료하는 방법이 주를 이루고 있으니 언젠가는 의사들이 '백신 접종자'로 불리게 될 거라 주장했다. 그러나 항생제 혁명으로 그의 이러한 추정은 빗나갔다. 이 혁명을 이끈 사람들 중에는 그의 제자이자 페니실린을 발견한 주인공인 알렉산더 플레밍Alexander Fleming도 포함되어 있었다.

라이트가 이룬 위대한 업적 중 하나는 장티푸스 백신 접종 체계를 세워 영국군의 감염을 성공적으로 방지한 일이었다. 그리고 또 한 가

---

205) 라이트에 관한 내용은 다음 자료를 참고했다: 던닐(Dunnill), 『프레드 거리의 플라톤(The Plato of Praed Street)』; 마빈 J. 스톤(Marvin J. Stone), "생명의 보존: 윌리엄 오슬러 vs. 알름로스 라이트(The Reserves of Life: William Osler versus Almroth Wright)", 『의학 전기 저널(Journal of Medical Biography)』 15, supplement 1 (2007): 30.

206) 실버스톤(Silverstein)이 리뷰한 『프레드 거리의 플라톤(The Plato of Praed Street)』, 159.

지 중요한 업적은 식균 작용을 촉진하는 항체를 발견한 일이다. 그는 식세포가 중성 용액보다 혈청에 존재할 때 균을 더 빨리 집어삼킨다는 사실을 알아내고, 세균이나 기타 외인성 세포는 항체가 달라붙고 나면 식세포에게 더 먹히기 쉬운 상태가 된다고 밝혔다. 그는 '맛을 더한다'는 의미의 그리스어 '옵소나인opsonein'을 활용하여 이러한 항체에 '옵소닌opsonin'이라는 이름을 붙였다.

"혈액은 세균을 식세포의 손쉬운 먹이가 되도록 변형시킨다."[207]

라이트는 1903년 논문에서 이렇게 설명했다. 오래전부터 면역 원리를 둘러싼 두 라이벌을 화해시키려는 시도를 해 온 영국의 노력을 반영하듯이, 그의 발견은 체액 면역과 세포 면역의 사이에 구체적인 연결 고리를 마련해 주었다.

이와 같은 결과를 토대로, 라이트는 문제를 일으키는 균을 배양하여 '옵소닌 지수'(환자의 혈액에 옵소닌이 얼마나 존재하는지 나타내는 값)를 파악하고, 이 배양균을 이용해 환자에게 주사할 물질을 마련하는 치료법을 개발했다. 얼마 지나지 않아 이 방법은 전 세계 의사들로부터 큰 호응을 얻었다. 존스홉킨스 대학교의 한 의사는 『뉴욕 트리뷴New York Tribune』에 기고한 글에서, 옵소닌 모니터링을 통해 환자 몸에 있는 식세포가 균을 제대로 물리칠 수 있는지 살펴볼 수 있다고 설명했다. '질병의 종말'이라는 희망찬 제목으로 라이트의 치료법을 서술하는 데 한 페이지 전체를 할애한 이 글에서 그는 다음과 같이 덧붙였다.

"의사들은 옵소닌 지수를 이용하여 환자의 상태를 확실하게 설명할

---

207) A. E. 라이트(A. E. Wright)와 스튜어드 R. 더글라스(Stewart R. Douglas), "식균 작용과 연관된 체액의 역할에 관한 실험 연구(An Experimental Investigation of the Role of the Blood Fluids in Connection with Phagocytosis)", 『런던 왕립협회 기록(Proceedings of the Royal Society of London)』 72 (1903): 366. 2015년 9월 3일 접속(doi: 10,1098/rspl.1903,0062).

수 있다. 이제 더듬더듬 하며 망설이는 대신 현명하게 일할 수 있게 되었다."[208]

1906년 5월, 메치니코프는 영국 왕립 공중보건연구소의 초청으로 하벤 강의Harben lecture에 참여하는 영예를 얻었다. 그는 런던을 방문한 길에 하루 종일 라이트와 함께 시간을 보냈다. 라이트가 총괄 책임을 맡고 있는 세인트 메리 병원의 연구소를 방문하여 그가 옵소닌을 이용해 치료 중인 암 환자와 나병 환자들도 만나 보았다. 몇십 년 뒤, 라이트는 자신의 일흔다섯 살 생일을 축하하는 자리에서 진정한 찬사에는 늘 의혹이 따라온다면서 자신에 대한 메치니코프의 평가를 인용했다.

"라이트는 상당히 뛰어나고 독창적인 생각을 할 수 있는 사람이다. 그러나 라이트의 생각 중에는 그냥 독창적이기만 한 것도 많다."[209]

메치니코프가 라이트의 옵소닌 이론을 '그저 독창적이기만 한' 생각으로 여긴 것은 아니다. 그러나 식세포의 작용 전에 옵소닌이 균과 결합하는 단계가 반드시 필요한 과정이라고 해도 "그 중요성은 식세포의 작용에 비하면 크게 떨어진다"[210]라고 주장했다. 영국에서 등장한 옵소닌에 대해 메치니코프가 이처럼 조소를 보냈음에도 불구하고, 그를 향한 영국 과학자들과 의사들의 깊은 존경심은 전혀 줄어들지 않았다. 런던에 머무는 내내 어디를 가나 사람들은 크나큰 영광으로 여기며 그를 맞이했다. 그가 소박한 것을 좋아하고, ("영국인들은 놀라울 정도로 우아한데, 좀 지나치

208) 레오나드 킨 허쉬버그(Leonard Keene Hirshberg), "질병의 종말(End of Disease)", 『뉴욕 트리뷴(New York Tribune)』, 1911년 4월 9일, SM5.

209) "헨리 데일 경의 찬사에 대한 알름로즈 라이트 경의 답변(Sir Almroth Wright's Reply to Sir Henry Dale's Tribute)", 『영국 의학 저널(British Medical Journal)』 1, no. 3926 (1936): 707.

210) EM, 『새로운 위생(The New Hygiene)』, 23.

다 싶기도 하오."[211] 왕립협회 회원들이 모두 모인 자리에서 메치니코프는 첫 번째 연설로 박수갈채를 받은 후 올가에게 편지를 써서 이렇게 전했다.) 옷차림에 별로 신경 쓰지 않는 것도 아무 문제가 되지 않았다. ("프록코트를 입은 사람은 나 하나뿐이었지만 이제는 그런 일이 전혀 부끄럽지 않소."[212]) 턱시도를 차려입은 사람들과 저녁 식사를 마친 후에 한 말이다.)

또 한 가지 기분 좋은 소식이 또 다른 형태로 메치니코프에게 찾아왔다. 케임브리지 대학교에서 "당신의 명성은 이미 오래전에 더없이 높아졌고, 이곳에서 당신은 가장 따뜻한 환영을 받게 될 것입니다"[213]라는 말과 함께 교수직을 제안한 것이다. 잠시지만 메치니코프는 이 제안을 받아들일 생각을 했다. 1905년, 러시아에서 대대적인 혼란이 일면서 부부의 주된 수입원인 올가의 시골 땅을 잃을 수도 있다고 염려하던 차였다.

"미래가 보장되지 않는다면 우리 두 사람이 과학과 그림을 해 나가기에 마땅치 않은 상황이 올 것이오."[214]

메치니코프는 올가에게 이런 내용의 편지를 보내기도 했다. 파스퇴르 연구소에서 새로 부소장 자리를 맡았지만, 급여는 1년에 4,000프랑[215] 정도로 러시아의 부동산에서 나오는 수익의 약 4분의 1[216]에 불과한 아주 적은 금액이었다. (연구소에 들어간 후 16년간은 아예 월급을 받지 않았다.) 그러나 러시아의 한 중견 정치인으로부터 사유지가 몰수당하는 일은 절대 없을 것이

211) 메치니코프가 올가에게 쓴 편지, 1906년 5월 26일. 편지 2, 170.

212) 메치니코프가 올가에게 쓴 편지, 1906년 5월 25일. 편지 2, 170.

213) 에드워드 A. 벡(Edward A. Beck)이 메치니코프에게 쓴 글, 1906년 5월 19일. ARAN 584.4.66.

214) 메치니코프가 올가에게 쓴 편지, 1903년 8월 25일. 편지 2, 121.

215) 1904년 파스퇴르 연구소 급여 기준. ARAN 584.3.7. 드와이앙 박사(Dr. Doyen)가 『프랑스의 행동(L'Action Française)』에 보낸 서신에 의하면(ARAN 584.1.335, 22), 메치니코프의 급여는 나중에 연 6,000프랑으로 오르고 이후 파스퇴르 연구소가 오시리스(Osiris)의 기부금을 받게 된 1910년에는 연 15,000프랑으로 올랐다.

216) 올가가 매년 러시아에서 얻은 수입은 연 8,000루블로, 약 16,000프랑에 해당하는 금액이었다.

라는 확답을 받은 후,[217] 메치니코프는 자신에겐 과학의 집이나 다름없을 만큼 정이 든 파스퇴르 연구소에 머물기로 결심했다.

같은 해 가을에는 런던 왕립협회가 수여하는 가장 영예로운 상인 '코플리 메달Copley Medal'을 수상하며 동물학과 병리학 분야에서 성취한 업적을 인정받았다. 이러한 명예들로도 모자라 영국의 예술계까지 나름의 방식으로 메치니코프에게 '명예'를 안겨 주었다. 조지 버나드 쇼 George Bernard Shaw가 『의사의 딜레마The Doctor's Dilemma』라는 작품에서 메치니코프의 식세포를 패러디한 것이다. 1906년 11월, 런던 로열코트 극장에서 초연된 이 연극은 의사라는 직업에 관한 풍자극이었다.

쇼는 작품 서문에서, 영국의 의료 시스템이 "살인적인 수준으로 불합리하다"라고 지적했다. 효용 가치라곤 몰리에르의 문학적인 전통에서 조롱거리로 활용될 수 있다는 것 정도에 불과하다는 평가도 이어졌다. 그리고 의학계에 유행이 있다는 사실을 폄하하면서, 옵소닌에 부여된 '극적인 가능성'을 조롱하듯 언급했다.

"알름로스 라이트 경은 백혈구, 즉 식세포가 병을 일으키는 균을 공격하고 잡아먹어서 우리를 이롭게 한다는, 메치니코프의 가장 도발적인 생물학적 로맨스(공상적이고 모험적인 가공의 이야기 또는 연애소설 – 옮긴이)를 이어받아 직접 옵소닌이라 이름 붙인 천연 소스를 병균에 잘 발라서 이 세포들의 입맛을 돋우어야 한다고 주장한다."[218]

쇼는 작품 서문의 말미에 몇 가지 명쾌한 결론을 제시하고 메치니코프의 수명 이론을 암시하는 듯한 문장으로 마무리했다.

---

217) 위테(Witte), 「회고록(Memoirs)」, vol.3, 355–6.

218) 쇼(Shaw), 「의사의 딜레마(The Doctor's Dilemma)」, 2014년 8월 26일 접속(www.online-literature.com/george_bernard_shaw/doctors-dilemma/0/).

"영원히 살 생각은 하지 말자. 결코 성공하지 못할 테니까."

『의사의 딜레마』에서 식세포는 특정 집단의 알아듣기 힘든 전문 용어와 허튼소리가 난무하는 의학계의 전형적인 슬로건 사이 빈틈을 메우는 역할을 맡았다. 몰리에르의 익살극에서처럼 쇼의 연극에서도 의사들은 자신의 무지함을 숨기려고 엉터리 라틴어를 사용한다. 유일하게 의사라는 직업의 가치에 의문을 갖는 40대 외과의사 커틀러 월폴 Cutler Walpole은 '주저하는 법도 없고 의심하는 법도 없어 보여서, 실수를 하더라도 철저하고 확실하게 할 것 같은 사람'이다. 극중 월폴이 환자에게 건네는 말 중에는 이런 대사도 있다.

"식세포로 해결되지 않으면 제게 다시 오세요. 제가 바로잡아 드리겠습니다."[219]

메치니코프가 이 연극에 대해 어떤 생각을 했는지는 알려지지 않았지만 옵소닌이 과대평가되고 있다는 쇼의 주장에는 분명 공감했을 것이다. 영국에서 돌아온 뒤, 그는 면역 기능에 관한 과학적인 평가를 글로 쓰면서 "옵소닌의 활성이 나타나도 균은 생존할 뿐만 아니라 증식하고 해로운 작용도 그대로 유지한다. 반면 식세포가 먹어 치운 균은 생명력을 잃는다"[220]라고 밝혔다.

현재는 옵소닌이 실제로 식균 작용을 촉진하지만, 그 역할이 라이트가 생각한 것처럼 면역 기능의 핵심이라고 볼 수는 없다는 사실이 확인되었다. 그러나 지금으로부터 100년도 더 전에 라이트의 견해는 면

219) 쇼(Shaw), 『의사의 딜레마(The Doctor's Dilemma)』. 2014년 8월 26일 접속(www.online-literature.com/george_bernard_shaw/doctors-dilemma/0/).

220) EM, "과거 10년간 면역계에서 이루어진 발전에 관한 보고서(Bericht über die im Laufe les letzten Dezeniums erlangten Fortschritte in der Lehre über die Immunität)", 『병리학 결과(Ergebnisse der Pathologie)』 1 (1907): 645–89, repr., ASS, vol. 7, 356.

역계에서 일어나는 여러 가지 메커니즘의 관계를 밝힌 선구적인 내용이었고 과학자들에게는 이를 확인할 만한 도구가 없었다. 옵소닌 치료법은 너무 복잡해서 곧 인기가 시들해졌지만, 옵소닌 덕에 식세포에 대한 관심이 한동안 되살아난 것은 사실이다. 노벨 위원회도 1908년에 메치니코프의 면역 연구를 평가한 글에서 다음과 같이 밝혔다.

"그의 이와 같은 성과는 최근 들어 (옵소닌 연구 등을 통해) 새롭게 되살아나 그 중요성을 인정받고 있다."[221]

36. 아니, 저건 메치니코프가 아닌가!

"바닥에 네 다리로 서 있던 탁자들이 공중에 떠오르고 물건들이 저 멀리에서 움직이더니, 몸을 꼬집거나 어루만지는 손길도 느껴지고 유령 같은 모습이 어둠 속에서 빛을 발했소."[222]

1905년, 피에르 퀴리Pierre Curie는 당시 대중에게 잘 알려진 영매의 교령회에 다녀온 후 친구에게 쓴 편지에서 이렇게 설명했다. 그리고 "우리가 본 것들을 속임수라고 설명하기는 어렵다"라는 의견을 밝혔다. 메치니코프도 파리에서 퀴리가 만난 영매와 다른 영매들이 개최한 교령회에 다녀왔지만, 퀴리와 달리 전부 속임수에 불과하다는 결론을 내렸다. 그는 다음과 같이 즐겁게 전하기도 했다.

---

221) 라게르크비스트(Lagerkvist), 「미생물학의 선구자들(Pioneers of Microbiology)」, 164.

222) 피에르 퀴리(Pierre Curie)가 조르주 구이(Georges Gouy)에게 쓴 글, 1905년 7월 24일, 퀸(Quinn)의 저서 「마리 퀴리(Marie Curie)」(208)에 인용됨.

"어딜 가나 결과는 모두 실패였다."[223]

교령회가 새롭게 인기를 얻게 된 것은 사람들이 과학에 느끼는 환멸감이 그만큼 널리 퍼져 있다는 방증이었다. 메치니코프는 이를 과학이 "인간의 고통을 없애는"[224] 역할을 해내지 못한 결과로 보았다. 즉 심각한 질병으로부터 인류를 구원하겠다는 약속을 지키지 못한 것이다. 결핵만 하더라도 결핵균이 발견되고 약 30년이 흘렀지만 여전히 실효성 있는 치료법은 없었다. 어딘가에서 과학이 성공적인 결과를 거두어도 혼잡함과 오염을 가중시키는 기술이 무수히 늘어나 위험도 잔뜩 따라오는 것 같다는 인식이 팽배했다. 그리하여 20세기가 시작될 무렵, 과학의 자신감은 점차 시들해지고 프랑스 사회에는 사후 영혼의 존재를 믿는 강신론과 주술에 대한 관심이 급증했다.[225]

피에르 퀴리나 당대의 다른 저명한 과학자들이 초자연적인 힘을 선선히 수용하는 태도를 보인 것은 과학계에 갓 등장한 발견 역시 그에 못지않게 아주 독특했기 때문이다. 퀴리가 아내 마리와 함께 찾아낸 방사성 물질이나 빌헬름 뢴트겐Wilhelm Roentgen이 발견한 엑스선도 그랬고, 막스 플랑크Max Planck가 밝혀낸 양자의 세계도 사람들에게 상당히 기이하다는 인상을 주었다. 그리하여 과학적으로 완벽한 발견이 눈에 보이지 않는 어떤 신비한 힘에 대한 믿음을 정당화하는 근거가 되었다. "엑스선이 실제로 존재한다면 텔레파시도 그럴 수 있지 않을까?"라는 식이었다.

그러나 메치니코프는 사회가 신비주의에 빠지는 것에 질겁했다. 특

223) EM, 「40년(Sorok let)」, repr., ASS, vol. 13, 24.

224) 위와 동일, 13.

225) 웨버(Weber), 「세기 말의 프랑스(France, Fin de Siècle)」, 32-34.

히 자신의 견해와 정반대로, 과학으로는 세상일을 깊은 면면까지 충분히 설명할 수 없다는 생각이 대세를 이룬다는 사실에 괴로워했다. 그러니 프랑스 철학자 앙리 베르그송Henri Bergson의 강연에 참석했다가 "현실을 이해하는 데 있어서 과학과 이성보다 본능과 직관이 훨씬 더 중요하다"라는 주장을 듣고 크나큰 절망감을 느낄 수밖에 없었다. 심지어 그러한 주장이 대중의 광적인 지지를 이끌어 냈다는 점이 너무나 당황스러웠다.

메치니코프에 따르면, 콜레주 드 프랑스Collège de France에서 열린 이 강연에는 "젊은이들부터 머리가 하얗게 센 남녀 노인들까지 전 연령대"의 인파가 "버섯처럼 생긴 거대한 모자를 비롯해 온갖 종류의 옷차림으로"[226] 나타나 북새통을 이루었다. 베르그송의 말을 어떻게든 듣고 싶은 마음에 출입문에 달린 창문까지 깨부수려는 사람들도 있었다. 죽음에 관한 새로운 해석에 늘 관심이 많았던 메치니코프는 강연이 끝난 뒤 베르그송에게 다가갔다. (베르그송은 큰 키에 체형이 호리호리하고 넓은 이마와 술 많은 콧수염을 가지고 있었다.) 그리고 그가 자주 인용하는 표현 중에 인간은 "가공할 만한 장애물, 그리고 죽음까지도" 극복하기 위해 "막대한 책임을 짊어진 채" 전력 질주하고 있다는 시적인 표현이 정확히 무슨 의미인지 물었다. 베르그송은 표면적인 의미 외에 더 깊은 의미까지 생각해 보지는 않았지만 조만간 밝힐 계획이라고 전하면서 "죽음은 상당히 흥미로운 실험이지요"[227]라고 말했다.

베르그송의 가장 유명한 저서 『창조적 진화Creative Evolution』가 나온 1907년, 메치니코프는 두 번째 철학서 『낙관주의 연구Études optimistes』를

---

226) EM, 『40년(Sorok let)』, 29.
227) 위와 동일, 35.

냈다. 영어 번역서에는 이보다 길고 눈길을 끄는『생명의 연장: 낙관주의적 연구The Prolongation of Life: Optimistic Studies』라는 제목이 붙여졌다. 베르그송의 저서가 시대의 흐름에 꼭 맞는 철학을 다루었다면, 메치니코프의 책은 극단적인 반대의 경우를 보여 준 전형적인 사례였다. 이 책에서 메치니코프는 또다시 아무도 귀 기울이지 않는 입장을 고수하며 수용하기 힘든 주장을 펼쳤다. 바로 과학의 우월성에 관한 주장이었다.

『생명의 연장』에는 유전성의 상대적인 역할이나 수명을 결정하는 환경적 요소, 노인 부양에 관한 사회적 과제 등 의학적, 사회적인 여러 개념에 대한 놀라울 정도로 진보적인 견해가 담겨 있다. 메치니코프는 이렇게 주장했다.

"분명한 사실은, 수명 연장을 위한 노력은 일을 할 수 있는 힘과 능력을 보존하려는 수고와 더불어 진행되어야 한다는 점이다."[228]

2005년,『미국 노년학회지Journal of American Geriatrics Society』는 21세기에 맞게 수정된 이 책의 개정판을 검토하고 "현대 사회와의 관련성이 놀랍도록 깊은 책"[229]이라고 평했다.

메치니코프는 책 전반에 걸쳐 현대 과학에서 지금까지 뜨거운 논쟁이 되고 있는 의문을 다룬다. 바로 "무엇이 인간의 수명을 결정하는가?"와 "인간이 도달할 수 있는 최대 수명은 몇 세인가?"라는 질문이다. 글래스고 수호성인으로 알려진 켄티건Kentigern이 185세까지 생존했다는 것처럼 누군가 100세를 훌쩍 넘겨 살았다는 역사 속 이야기가 대부분 근거 없는 소문이라는 사실은 메치니코프도 인정했다. 그러나 보다 최근에 사람들 사이에서 전설로 회자되는 올드 톰 파Old Tom Parr의 이

---

228) EM,「낙관주의 연구(Etiudy optimizma)」132.

229) 바이얼(Bial), "낙관주의와 노화(Optimism and Aging)", 541.

야기에 대해서는 덜 날카롭게 언급했다. 잉글랜드 슈롭셔 지역의 상인으로 알려진 톰 파는 152년하고도 9개월을 더 살고 1635년 런던에서 사망했다고 알려진 인물이었다. 메치니코프는 이 사례를 자신이 자주 제기해 온 견해, 즉 "인간의 수명은 150세까지 도달할 수 있다"[230]라는 주장을 뒷받침하는 근거로 보았다.

동물들도 메치니코프의 이러한 낙관론에 힘을 보태는 근거를 무수히 제공했다. 메치니코프는 나이를 전혀 먹지 않는 생물체도 있다는 사실과 함께 어떤 단세포생물은 분열을 거듭해 700개로 늘어나며 세대가 이어져도 노화의 징후는 전혀 보이지 않는다고 밝혔다. 또 선물로 받은 수컷 거북이가 여든일곱의 나이에 아기 거북이의 아버지가 되었다는 사실에도 크나큰 흥미를 보였다. 메치니코프는 다음과 같이 설명했다.

"인류의 큰 골칫거리 중 하나인 노쇠 현상, 즉 조기 노화가 고등동물에 속하는 생물들에게 그리 깊숙이 뿌리내리지 않았다는 사실을 곧바로 알 수 있다."[231]

메치니코프는 스스로 낙관주의자라고 선언하기는 했지만 대세를 거스를 수는 없었다. 그의 저서가 세상에 나올 즈음 낙관론과 비관론은 사람마다 다른 기질이 아닌 철학적 견해로 여겨졌다. 옥스퍼드 대학교의 한 학자가 제시한 설명을 빌리자면 "낙관론과 비관론의 경쟁적 구도는 지식층에서 나타나는 주된 특징이었다."[232] 그러므로 화제가 생기면 각자의 입장 규명도 자연스레 뒤따랐다. 당시 철학계에서는 비관론

---

230) EM, 「낙관주의 연구(Etiudy optimizma)」, 87.

231) 위와 동일, 29.

232) 슈림튼(Shrimpton), "레인, 자네는 완벽한 비관론자야(Lane, You're a Perfect Pessimist)", 43.

이 훨씬 시대에 맞는 사조로 여겨졌고, 이런 분위기는 특히 프랑스에서 강하게 나타났다. 이에 파리에서는 유쾌한 삶을 설파하기 위해 여러 지식인들이 모여 '낙관주의 협회'를 구성하기도 했다. 협회 창립자 중 한 사람은 『뉴욕타임스』와의 인터뷰에서 "프랑스와 같은 나라에서는 고대부터 현재까지 음울함이 전해 내려왔을 뿐만 아니라 교육 체계에서도 비관론을 높게 쳐준다"[233]면서 다음과 같은 견해를 밝혔다.

"프랑스 문학 전체에 그러한 정신이 스며들어 있습니다. 볼테르만 하더라도 이렇게 말했지요. '영생이 무엇인지 나는 알지 못하지만, 그것이 아주 끔찍할 정도로 몹쓸 농담이라는 건 안다'라고요."

이 협회는 그리 오래 존속하지 못했다. 부조화를 강조하는 메치니코프의 세계관은 엄격히 보았을 때 낙관론과 비관론의 중간쯤에 위치해 있기는 했지만, 이들은 메치니코프에게 자신들의 공식 연회를 주재해 달라고 요청하기도 했다. 보다 극단적인 낙관론에서는 세상이 기본적으로 살기 좋은 곳이며 역사를 이어 오면서 점점 더 발전해 왔다고 주장한다. 그러나 메치니코프는 불완전한 세상을 개선할 책임이 인간에게 있다고 믿었다. 그는 『생명의 연장』 마지막 장에 '과학과 윤리'라는 소제목을 붙이고 따끔한 질책으로 책을 마무리했다.

"인간은 위대한 일을 해낼 만한 능력이 있다. 부조화가 조화로 바뀌도록 인간이 본성을 바꾸려 노력해야 하는 것도 바로 이런 이유 때문이다. 오직 인간만이 이러한 이상을 실현할 수 있다."[234]

『생명의 연장』도 메치니코프가 앞서 발표한 철학서와 마찬가지로 세

---

233) "낙관론자 그룹, 장수의 비밀이 존재한다고 믿어(Optimist Club Believes It Has Secret of Long Life)", 『뉴욕타임스(New York Times)』, 1912년 2월 25일, SM7.

234) EM, 『낙관주의 연구(Etiudy optimizma)』, 284.

계 곳곳에서 관심을 불러 일으켰다. 『르 피가로』도 그의 영예로운 업적에 기뻐하며 "노년기와 죽음의 비밀을 찾아내고자 그 두 가지 수수께끼 앞에 당당히 선 메치니코프는 마치 아주 먼 옛날, 테베로 향하는 길에 스핑크스가 던진 수수께끼를 풀고 그 괴수를 쓰러뜨린 (오이디푸스의) 후손과도 같다"[235]라는 환희에 찬 평가를 내놓았다. 비판적인 의견들도 있었지만, 열띤 관심을 보이는 의견이 대부분이었고 덕분에 이미 확고했던 그의 명성은 더욱 탄탄해졌다.

"아니, 저건 메치니코프가 아닌가!"[236]

1908년, 그랑 팔레에서 개최된 프랑스 국립예술협회 전시회를 보러 온 관람객들이 한 작품 앞에서 이렇게 외쳤다. 사람들을 놀라게 한 그림은 국립예술협회 대표인 알프레드 롤Alfred Roll이 그린 상징적인 회화 작품 「자연을 향해, 인류를 위해Toward Nature, for Humanity」였다. 현재 소르본 대학교의 원형극장[237] 벽에 걸려 있는 이 그림에는 프랑스 학계에서 가장 유명한 과학자 세 사람이 등장한다. 메치니코프를 포함한 이 세 명의 과학자는 암석이 뒤덮인 골짜기에서 밝은 빛이 비추는 쪽으로 두 팔을 뻗고 있는데, 그 모습에서 빛은 분명 지식을 의미한다는 것을 알 수 있다.

메치니코프는 이처럼 화폭에 담길 만큼 저명한 과학자이자 언론에서 '파리의 인물들personnalités parisiennes' 중 하나로 칭하는 유명인사였다. 그는 대통령이 직접 주관한 연회에 여러 장관들, 외교 사절들과 더불어 초대받아 엘리제궁의 대연회장을 방문하기도 했다. 대중들에게 큰

---

235) 비앙숑(Bianchon), "낙관주의 시험(Les 'Essais optimistes.')", 4.

236) 이름을 알 수 없는 오데사 신문, ARAN 584.1.334, 13.

237) 뒤르켐 원형극장(The Durkheim Amphitheater).

인기를 얻었던 연극 「빛Les Flambeaux」은 연구소가 이야기의 배경이었고, 포르테 생 마틴 극장에서 막이 오른 그 공연에서는 각종 유리 실험기 구들로 가득한 파스퇴르 연구소의 메치니코프 실험실이 그대로 재현됐다. 또 프랑스 해군 탐사대는 남극 해안에 위치한 파머 제도의 파스퇴르 반도 극단에 '메치니코프 곶'[238]이라는 명칭을 붙였다.

이 모든 명성에도 메치니코프는 결코 잘난 체하는 법이 없었다. 그가 경탄해 마지않던 레오 톨스토이의 어느 작품에는 사람은 누구나 분수와 같다[239]는 이야기가 나온다. 분자는 실제 자신이고 분모는 자신에 대한 스스로의 생각이므로, 분모가 커질수록 전체적인 크기는 줄어든다는 것이다. 이 기준대로 평가한다면 메치니코프라는 분수는 값이 큰 편이었다. 그는 크나큰 명성을 얻고도 니힐리스트다운 평등주의자의 면모를 끝까지 유지하며 살았다. 연구는 언제나 어린아이 같은 호기심에서 시작했고, 아이처럼 버릇없는 기질도 여전했다. 어느 여름, 포르투갈의 젊은 왕이었던 마누엘 2세가 파스퇴르 연구소를 방문했을 때의 일이다. 의례적으로 여러 과학자들이 정원까지 나가 그를 맞이하고 있었다. 그런데 왕과 가까운 곳에 서 있던 메치니코프가 아주 흥미롭다는 눈빛으로 가만히 응시하더니 옆에 있던 동료 쪽으로 몸을 휙 돌렸다. 그리고 손가락으로 왕의 목을 가리키며 "결핵 신경절이 있어!"[240]라고 외쳤다. 연구소의 한 학자는 이 에피소드를 떠올리며, "(그의 행동이) 분위기를 싸늘하게 만들었다Cela jetta un froid"라고 설명했다.

---

238) 미국 지명위원회의 지명정보시스템. 2015년 5월 13일 접속(http://geonames.usgs.gov/apex/f?p=gnispq:5:0.:NO::P5_ANTAR_ID:9903).

239) 톨스토이가 여러 작가와 철학자들이 남긴 격언을 모아서 펴낸 책에 담긴 말이다「독서의 원(Krug chteniia), "11월 9일"]. 이 말은 톨스토이 자신이 한 말이다.

240) 데렐(d'Hérelle), "자서전(Autobiographie)", 168.

예술가들의 창작 에너지가 끓어넘치던 파리에서 화가들이며 조각가들이 메치니코프에게 모델이 되어 달라고 부탁했다는 사실도[241] 그가 얼마나 유명한 인물이었는지 잘 알려 주는 일일 것이다. 이들의 집요한 요청은 오늘날로 따지면 파파라치에 비할 만한 수준이었다. 메치니코프의 초상화를 그리고 싶어 하던 예술가들 중에는 상징주의 화가 외젠 카리에르Eugène Carrière도 포함되어 있었다. 현재는 오귀스트 로댕과 절친한 사이였다는 사실이 가장 많이 알려져 있지만, 한창 활동하던 시절에는 자기 이름만으로도 프랑스에서 큰 인기를 얻었던 화가였다. 메치니코프는 올가에게 모델 역할을 어떻게 해냈는지 자조적인 평가를 섞어 전했다. "카리에르가 스케치를 시작하길래 그가 원할 만한 포즈가 뭘까 고민하다가, 책을 한 손에 들고 다른 손은 입에 갖다 대고 손톱을 물어뜯는 자세를 취하면서 나름대로 최선을 다했는데 통하지는 않았소."[242]

카리에르가 그린 메치니코프의 초상화는 베이지색 배경에 머리와 상반신이 드러나 있고, 화가 특유의 표현법대로 인물이 뿌연 안개에 묻혀 있는 듯한 모습으로 완성됐다. 에드가 드가Edgar De Gas는 카리에르의 여러 작품에 나타나는 이 안개 같은 표현 방식을 두고 "모델이 움직였다"[243] 혹은 "누가 아이들 방에서 담배를 피웠나!"라는 식으로 독설

---

241) 몇 가지 예를 들면, 1907년과 1911년에 조셉 페렐만(Joseph Perelmann)과 윌리엄 라파라(William Laparra)가 각각 메치니코프의 초상화를 그렸다. 또 테오도르 리비에르(Théodore Rivière)는 작은 조각상을 제작하였는데, 이 작품들은 모두 파스퇴르 연구소에 있다. 외젠 카리에르(Eugène Carrière)는 라트비아 리가에 위치한 파울 스트라딘스(Pauls Stradins) 역사박물관에 전시된 초상화를 그렸다. 올가 역시 그곳에 있는 메치니코프의 초상화를 몇 편 완성했다. 레옹 코메르(Leon Commerre)가 그린 초상화는 1906년 6월 한 경매장에서 1,950프랑에 판매되었으나(「르 피가로」, 1906년 6월 9일), 현재 어디에 있는지는 알려져 있지 않다(당시 같은 경매에서 르누아르가 여성의 머리를 그린 그림이 2,550프랑에 팔렸다).

242) 메치니코프가 올가에게 쓴 편지, 1902년 7월 7일, 편지 2, 101.

243) 장 피에라르(Jean Pierrard), "외젠 카리에르, 베이지색 속의 생명(Eugène Carrière, la vie en beige)", 「르 뿌앙(Le Point)」, no. 1261, 1996년 11월 16일, 121.

을 퍼붓기도 했다. 무슨 일이건 생물학적인 관점에서 해석하는 습관이 있었던 메치니코프는 카리에르가 주로 단색화를 그리고 캔버스를 흐릿하게 채색하는 것은 신장에 문제가 생겨 시력이 손상되었기 때문임이 분명하다[244]는 평가를 내놓았다.

사실 메치니코프는 파리의 예술적 발전에 별로 관심이 없었다. 시골과도 같은 몽파르나스 지역에서 예술계의 발전을 눈으로 확인할 수 있는 곳이 파스퇴르 연구소 지척에 있었고, 그곳이 몽마르트를 대체하며 예술가들의 성지로 변모해 가던 시기[245]였음을 고려하면 정말이지 놀라운 일이 아닐 수 없다. 연구소 문을 나서서 몽파르나스 대로까지 우회로를 택해 걸어갈 때면, 모딜리아니가 테라스에 앉은 손님들의 초상화를 스케치하던 라 로통드La Rotonde며 피카소가 시인 친구들과 자주 들르던 라 클로즈리 데 릴라La Closerie des Lilas 등이 있는 카페 밀집 지역을 지나쳐야 했는데도 말이다.

파리에서 메치니코프가 즐겨 찾던 장소 중 한 곳인 파리 식물원[246]에서는 현대 미술의 대가 중 하나로 꼽히는 앙리 루소Henri Rousseau가 「호랑이와 버팔로의 싸움Combat of a Tiger and a Buffalo」을 한창 스케치하는 모습을 발견할 수도 있었을 것이다. 프랑스 바깥으로 한 번도 나가 본 적이 없는 루소는 직접 본 유일한 정글[247]인 식물원을 보고 느낀 감상으로 열대 지역의 풍경을 화폭에 담아 냈다. 장을 보러 자주 찾아갔던 콩병씨옹 인근 몽파르나스에서는 러시아를 떠난 예술가들이 모이던 ('벌집'이라는

---

244) "사상가 메치니코프(Mechnikov kak myslitel)", 이름을 알 수 없는 러시아 신문 기사, ARAN 584.2.215, 2.

245) 보걸트(Bougault)의 『파리 몽파르나스(Paris Montparnasse)』에 20세기 초 몽파르나스의 모습이 생생하게 묘사되어 있다.

246) 메치니코프가 올가에게 쓴 편지, 1904년 4월 19일, 편지 2, 137.

247) 보걸트(Bougault), 『파리 몽파르나스(Paris Montparnasse)』, 21.

뜻의) 예술인 마을 '라 뤼셰La Ruche'[248])에서 젊은 마르크 샤갈Marc Chagall이나 카임 수틴Chaim Soutine 등 파리에 막 정착한 예술가들과 잠시 러시아어로 수다를 떨 수 있었을지도 모른다.

메치니코프에게 배어나는 러시아성은 프랑스 과학계에서 연구하는 데 방해가 되지 않았을 뿐만 아니라, 오히려 더 큰 인정을 받을 수 있도록 해 준 요소였다. 프랑스 사회는 외국인을 기피하는 분위기가 급증하던 분위기 속에서도 러시아에 관한 것이라면 무엇이든 열광적인 반응을 보였다.[249]) 늘 거리낌 없이 표현하고 유토피아적 이상을 드러내는 메치니코프의 면모는 방대한 러시아 대륙만큼이나 한없이 뜨거운 열정으로 사람들의 마음을 흔들었다. 그런 특징은 프랑스인들 사이에서 유행하기 시작한 전형적인 '슬라브인의 정신'과 잘 맞아떨어지기도 했다. 러시아를 향한 이 멜로드라마 같은 인식은 그로부터 몇 년 후, 메치니코프의 전 제자가 파리에서 열린 매독 관련 심포지엄에서 스승의 삶에 대해 이야기할 때도 그대로 드러난다.

"슬라브 민족은 절망을 사랑합니다. 사랑이 그분을 심연의 끝으로 몰아넣었던 것, 마음 깊이 사랑한 첫 번째 아내가 세상을 떠나자 목숨을 끊으려고 했던 것만 봐도 그렇지 않습니까?"[250])

메치니코프는 러시아 국민으로 살았지만 프랑스는 그를 프랑스 과학의 영광으로 여겼다. 그리하여 프랑스에서 가장 명망 있는 여러 상을 수상하고 의학학회 회원으로 선출된 데 이어, 프랑스 과학아카데미에서 외국인이 오를 수 있는 가장 높은 지위인 '해외 협력회원associé

---

248) 보걸트(Bougault), 『파리 몽파르나스(Paris Montparnasse)』, 41.

249) 포쉬코(Foshko), 『러시아인이 프랑스에서 맞이한 순간(France's Russian Moment)』, 71–83.

250) 레바디티(Levaditi), "엘리 메치니코프와 에밀 루(Élie Metchnikoff –Émile Roux)", 7.

étranger'의 자격을 얻었다.

메치니코프가 펼친 파격적인 이론이 전 세계 과학계에 뿌리내린 그의 입지를 약화시키지는 않았지만, 아슬아슬한 위기는 분명히 있었다. 『뉴욕타임스』에는 다음과 같은 글이 실린 적도 있다.

"메치니코프는 혈액의 백혈구가 청소부 역할을 하고 병균이 침입하지 못하도록 지키는 경비원 역할도 한다는 사실을 발견했다. 이는 결코 무너뜨릴 수 없는 사실임에도 불구하고, 보수적인 성향의 일부 학자들은 그를 '황인종'이라 불렀다."[251)

그럼에도 메치니코프는 러시아와 유럽 각국, 북미와 남미 지역의 과학 단체와 협회에서 명예회원의 자격을 계속해서 수여받아 가입한 단체와 기관이 100여 곳에 이르렀다. 또 루마니아의 왕 카롤 1세가 수여한 '베네 마렌티 메달Bene Merenti Medal'과 영국 왕립예술협회가 수여한 '앨버트 매달Albert Medal' 등 세계 각국에서 다양한 상을 수상했다.

37. 금의환향

1908년 11월 초, 메치니코프는 스톡홀름에서 온 편지를 한 통 받았다.[252) 노벨상의 첫 시상식이 거행된 1901년부터 비공식적인 '대기자' 명단에 이름이 올라 있었으니[253) 전혀 예상 못한 일은 아니었다. 매해 수

251) "글리코박터(The Glycobacter)", 『뉴욕타임스(New York Times)』, 1912년 6월 18일, 10.

252) 카를 뫼르너(Karl Mörner)가 메치니코프에게 쓴 편지, 1908년 10월 30일. ARAN 584.2.148A.

253) 루텐베르거(Luttenberger)의 "아레니우스 vs. 에를리히(Arrhenius vs. Ehrlich)"(144-145)에 이 '대기자 명단'이라는 개념이 처음 등장했다.

상 후보로 지명된 것은 물론 그를 수상자로 추천하는 사람도 해마다 늘어났다. 면역 분야의 연구가 더욱 활발해지고 인류가 감염질환과의 싸움에서 전례 없던 성과를 이루면서 이러한 분위기는 한층 가속화됐다.

디프테리아를 혈청으로 치료하는 방법이 성공을 거둔 이후, 결핵과 천연두, 페스트 등 수많은 인류의 목숨을 앗아 간 주요 질병을 모조리 무찌르려는 연구가 이어졌다. 콜레라, 티푸스, 파상풍을 예방하는 백신이 개발되어 널리 사용되었고 면역학적인 방식으로 매독을 진단하는 혈액검사법도 등장했다. 옵소닌의 발견은 면역 기능을 토대로 한 새로운 치료법이 등장할 것이라는 희망을 가져다주었다. 그리고 마침내 노벨상 위원회는 메치니코프의 수상 자격에 대한 비공개 심사 결과를 발표했다.

"현대 면역학 연구를 선도하고 면역학의 발전을 위해 오랜 세월 노력한 공로가 매우 크다."[254]

그리하여 1908년, 메치니코프는 노벨 생리·의학상 수상자로 선정됐다. 한 가지 아쉬운 점이 있다면 파울 에를리히와 수상의 영광을 반씩 나누어야 했다는 사실이다. "면역학에서 이들이 이룬 공로를 인정하여" 내린 판단이었다.[255]

알프레드 노벨이 숨을 거둔 날을 기리며 12월 10일, 스톡홀름의 왕립 스웨덴 음악아카데미 대공연장에서 개최된 시상식에서 어니스트 러더퍼드Ernest Rutherford는 원자의 붕괴 현상에 관한 연구로 화학상을 수상

---

254) 라게르트비스트(Lagerkvist), 『미생물학의 선구자들(Pioneers of Microbiology)』, 164.

255) 수상 당시에 제기된 의견과 에를리히와 적대적 관계에 있던 사람들이 수상을 저지하려 했던 시도에 관한 이야기는 다음 자료에서 확인할 수 있다: 라게르트비스트(Lagerkvist), 『미생물학의 선구자들(Pioneers of Microbiology)』, 154-68; 루텐베르거(Luttenberger), "아레니우스 vs. 에를리히(Arrhenius vs. Ehrlich)"; 실버스타인(Silverstein), 『폴 에를리히의 수용체 면역학(Paul Ehrlich's Receptor Immunology)』, 69-70; 타우버(Tauber), "면역학의 탄생 Ⅲ(The Birth of Immunology Ⅲ)"

했고, 가브리엘 리프만Gabriel Lippmann은 사진에 컬러를 구현한 성과로 물리학상을 받았다. 이어 카롤린스카 연구소의 총장인 칼 뫼르너Count karl Mörner백작은 의학상 수상자 두 명을 소개했다.

"엘리 메치니코프는 실험이라는 방법으로 면역의 가장 근본적인 의문을 의식적으로, 결단력 있게 연구한 최초의 인물입니다. 이를 통해 생명체가 병을 일으키는 미생물을 어떻게 물리치는지 밝혀졌습니다."[256]

시상대에 오른 사람은 스웨덴 주재 러시아 대사 표도르 안드레이비치 부드베르크Fyodor Andreyevich Budberg 남작이었다. 스웨덴 국왕 구스타프 5세의 승인에 따라 대리 수상자로 레드카펫을 밟고 단상에 오른 대사는, 노벨의 옆모습이 담긴 금메달과 화환 장식에 둘러싸인 'EM'이라는 수상자의 머리글자가 새겨진 가죽 표지의 상장을 전달받았다. 메치니코프는 시상식에 참석하지 않았다.

당시만 해도 노벨상이 아직 독보적인 자리에 오르지 못한 것은 사실이었다. 하지만 역대 수상자들의 수준과 막대한 상금으로 그 이름이 널리 알려져 매년 수상자가 발표될 때마다 그 소식이 신문 제1면을 장식했다. 메치니코프는 이처럼 중요한 시상식에 이례적으로 불참 의사를 밝히며 수업 일정을 이유로 들었지만 그저 핑계를 댄 기색이 역력하다. 파스퇴르 연구소에서 수업을 이어 가느라 바쁘게 지내기도 했고 노벨상 위원회의 대표에게도 서신으로 그렇게 설명했으니, 실제로 시간적 여유가 없어서 불참했을 가능성도 있다. 그러나 에를리히와 공동 수상자로 선정된 사실을 못마땅하게 여겼을 가능성이 더 크다.[257] 메치니

---

256) 카를 뫼르너(Karl Mörner), "시상식 연설(Award Ceremony Speech)" Nobelprize.org, Nobel Media AB 2014. 2015년 1월 17일 접속(www.nobelprize.org/nobel_prizes/medicine/laureates/1908/press.html).

257) 아서 실버스타인(Arthur Silverstein)의 견해를 참고했다(필자에게 쓴 이메일, 2014년 3월 2일).

코프는 항체 연구가 빠른 속도로 진전되는 동시에 자신의 식세포 이론은 뒤로 밀려나고 있다는 뼈아픈 사실을 잘 알고 있었다. 그래서 스톡홀름에서 에를리히보다 밀리는 존재로 여겨지는 수치스러운 상황에 처하지 않기 위해 스스로 몸을 사리는 쪽을 택한 것으로 보인다. 에를리히 쪽에서도 공동 수상 소식에 노골적으로 분노를 표출했다. 자신이 단독 수상할 자격이 충분하다고 여겼기 때문이다.[258]

20세기 초의 노벨상 관련 기록이 모두 베일을 벗고 공개된 지금 다시 들여다보면, 추천인 숫자로도 메치니코프와 에를리히는 둘 다 강력한 후보자였음이 분명하다. 1901년부터 1908년까지 에를리히는 총 60건의 추천을 받았고,[259] 메치니코프는 프랑스, 러시아를 중심으로 당시 오스트리아 · 헝가리 제국이던 폴란드 지역, 미국, 심지어 독일까지 포함한 다른 국가들에서 총 66건의 추천을 받았다.[260] 과학 역사가인 알프레드 타우버는 당시의 노벨상 위원회가 "메치니코프를 면역학 연구의 '창시자'로 인정하고,[261] 에를리히는 더 나은 실험가로 보았다"라고 밝혔다.

오늘날 돌이켜보면 공동 수상을 결정한 위원회가 얼마나 뛰어난 선견지명을 발휘했는지 알 수 있다. 당시 위원회 측도 아주 신중하게 내린 결정이었다. 메치니코프와 에를리히를 분리해서 시상한다면 노벨상은 "각자가 제시한 이론의 정확성을 보장할 수는 없게 되며,[262] 면역

---

258) 루텐베르거(Luttenberger), "아레니우스 vs. 에를리히(Arrhenius vs. Ehrlich)", 164–165.

259) 후보자 데이터베이스. Nobelprize.org. 2015년 7월 17일 접속(www.nobelprize.org/nomination/archive/).

260) 프랑스에서 2건, 당시 오스트리아-헝가리 제국 소속이던 리보프와 프라하, 크라쿠프에서 2건, 오데사와 바르샤바를 포함한 러시아에서 10건, 벨기에에서 8건, 미국에서 2건, 스위스 2건, 이탈리아와 독일에서 각각 1건의 추천을 받았다. 후보자 데이터베이스. Nobelprize.org. 2015년 7월 17일 접속(www.nobelprize.org/nomination/archive/).

261) 타우버(Tauber), "면역학의 탄생 Ⅲ(The Birth of Immunology Ⅲ)", 525.

262) 라게르트비스트(Lagerkvist), 『미생물학의 선구자들(Pioneers of Microbiology)』, 164.

학의 발전을 위해 명백히 두 사람 모두가 일구어 온 훌륭한 성과를 인정하지 못하게 된다"라는 것이 위원회의 입장이었다.

메치니코프도 노벨상 수상에 우쭐해진 것은 분명하다. 발효유와 칼로멜 연구가 과거 면역 연구를 하던 시절과는 비교도 안 될 만큼 막대한 유명세를 안겨 주었지만, 그는 인류에게 자신이 선사한 진짜 선물이 무엇인지 늘 알고 있었다. 그렇다 해도 아무 거리낌 없는 기뻐하기에는 다소 늦은 감이 있었다. 메치니코프로서는 아주 생경한 감정이기도 했다. 노화 연구에 몰두하기 시작한 지도 최소 7년째 접어들던 시점에 면역 연구가 갑자기 큰 환호를 받으니, 마치 작년에 어느 달리기 대회에 나갔는데 지금 우승 소식이 전해진 것 같은 기분이 들었을 것이다. 한때 제자였던 러시아 학생에게 쓴 편지에서도 메치니코프는 1903년에 수상한 모스크바 상이 훨씬 더 명예롭게 느껴진다고 털어놓았다. 그러나 "재정적으로는 물론 노벨상이 훨씬 더 큰 기쁨을 안겨 주었지"[263]라고 덧붙였다.

메치니코프와 에를리히에게 수여된 상금은 각각 9만 7000프랑으로, 오늘날로 치면 50만 달러(한화 5억 5000만 원 정도 - 옮긴이)에 달하는 금액이었다. 적어도 한동안은 돈 걱정 없이 지낼 수 있게 된 것이다.

"100프랑을 버느라 유명 잡지에 글을 쓰는 일은 이제 더 이상 안 해도 될 것 같네. 내 모든 에너지를 과학에 쏟을 수 있게 됐어."

메치니코프는 제자에게 쓴 편지에서 이렇게 설명했다. 그가 상금을 정확히 어디에다 썼는지는 알 수 없지만 돈은 그리 길지 않은 기간 동안 모두 소진됐다. 간접적인 증거들로 최소한 일부로는 유인원 구입[264]

---

263) 메치니코프가 니콜라이 치스토비치(Nikolai Chistovich)에게 쓴 편지, 1908년 12월 19일. [EM, 편지(Pis'ms), 206]
264) 일부 자료에 따르면 메치니코프는 스톡홀름에서 수상 소식을 듣고 이렇게 외쳤다고 한다. "이제 영장류를 구입

등의 연구비를 충당한 것을 알 수 있다. (노벨상으로 받은 상금만으로 따진다면 침팬지를 100

마리 정도 살 수 있는 금액이지만, 당시에는 매독 연구에 매진하고 있지 않았으므로 그렇게 많이 구입할 필요는 없었다.)

또 일부는 자선단체에 기부하고, 멕시코와 다른 어느 곳의 아연 광산

과 금광에 투자를 하기도 했다. 에밀 레미에게도 같은 곳에 투자를 하

라고 권했다.

"이 투자는 그이의 생이 다할 때까지 아무런 결실도 낳지 못했다. 남

편은 자신의 조언을 따른 사람들에게까지 피해를 주었다는 사실에 아

주 속상해했다."[265]

올가는 이렇게 전했다.

1909년 5월 중반, 메치니코프는 올가와 함께 노벨상 수상자들이 의

무적으로 해야 하는 강의를 하러 아직 춥고 바람이 쌀쌀한 스톡홀름으

로 향했다.

"이곳 사람들 말이 스웨덴의 기후는 두 가지로 나뉜다고 하는군. 새

하얀 겨울이 9개월이고, 푸른 겨울이 3개월이라지."[266]

당시 메치니코프가 마리와 에밀에게 쓴 편지의 내용이다.

"나무들이 아직도 온통 새카맣고 가지에 아주 작은 싹조차 돋아나지

않을 걸 보면, 그 푸른 겨울은 아직 시작되지 않은 모양일세."

노벨 강연에서 메치니코프는 수상의 영광을 안겨 준 예전의 면역 연

구를 다루기로 했다. 하지만 과학적인 내용을 요약해서 총정리하는 식

으로 하는 연설은 그와 어울리지 않았다.

프랑스어로 설명을 이어 가면서 메치니코프는 관중들이 자신의 말

할 수 있겠군!" [드 클랩피(de Clap'ie), "일리야 메치니코프 교수(Professor Il'ia Mechnikov)", 64]

265) ZIIM, 184.

266) 메치니코프가 마리 레미와 에밀 레미 부부에게 쓴 편지, 1909년 5월 16일, 사다(Saada) 개인 소장품.

을 알아듣지 못하는 익숙한 상황에 처했다. 나중에 언어를 잘못 택한 것을 후회하기도 했다. (레미 부부에게 쓴 편지에도 "스웨덴 사람들은 프랑스어보다는 독어에 더 능숙하다네"[267]라고 전했다.) 강연은 "훌륭한 친구 에를리히 교수와 함께"[268] 수상하게 된 것을 영광으로 생각한다는 말로 시작됐다. (에를리히의 강연에서는 자신의 이름이 언급조차 되지 않았다는 사실을 몰랐을지도 모른다.) 그리고 이미 오래전에 사라진 경쟁자들이 여전히 객석에 앉아서 지켜보고 있는 것처럼 열띤 반론을 펼쳐 나갔다. 식세포가 의학계에서 더욱 유용하게 활용되리라는 주장도 펼쳤다. 오늘날 실제로 그렇게 되었으니 선지자와 같은 말을 한 셈이다.

"세상에 처음 등장한 지 25년도 더 된 식세포 이론은, 긴 세월 온 사방에서 격렬한 공격을 받았습니다. 최근에 이르러서야 전 세계 수많은 과학자들에게 인정을 받게 되었고, 실질적으로 활용되기 시작한 지 얼마 되지 않았지요. 그러므로 미래에는 의학계가 식균 작용을 건강 증진을 위해 활용할 수 있는 보다 다양한 방안을 찾아내리라고 충분히 희망할 수 있을 것입니다."[269]

스톡홀름에서 볼일을 마친 메치니코프는 증기선과 기차에 몸을 싣고 동쪽으로 향했다. 그리고 스톡홀름보다 훨씬 춥고 바람도 더욱 강한 상트페테르부르크에 도착했다.

"어제는 심지어 눈도 조금 내렸다네. 지금이 봄이라는 건 가끔씩 밀짚모자를 쓰고 지나가는 여성들을 볼 때나 깨달을 수 있을 정도야."[270]

러시아의 수도에서 그는 마리와 에밀에게 이렇게 전했다.

---

267) 메치니코프가 마리 레미와 에밀 레미 부부에게 쓴 편지, 1909년 5월 16일, 사다(Saada) 개인 소장품.

268) EM, 「현 상태(Sur l'état actuel)」 1.

269) 위와 동일, 23.

270) 메치니코프가 마리 레미와 에밀 레미 부부에게 쓴 편지, 1909년 5월 21일, 사다(Saada) 개인 소장품.

40여 년 전, 메치니코프는 결핵에 걸린 아내를 구하기 위해 차가운 공기가 가득한 상트페테르부르크를 떠났다. 당시만 해도 그는 러시아 내에서 평화롭게 연구할 만한 장소를 찾느라 분투를 벌여야 했다. 그리고 이제 금의환향한 것이다. 상트페테르부르크 시의회는 시립 연구소 이름에 메치니코프의 이름을 포함시키고, 그의 이름으로 세균학 분야의 업적을 기리는 상도 마련했다. 어디를 가나 '러시아의 자랑이자 영광'이라는 찬사가 쏟아지는 가운데, 메치니코프는 군의학교에서 명예박사학위를 수여받고 시 곳곳의 병원에 초대되어 감염질환에 걸린 사람들의 소지품을 소독하는 '멸균실'을 둘러보았다. 신문마다 "자유주의자였던 젊은 교수"가 러시아의 대학 시스템으로 인해 일을 그만둘 수밖에 없었던 상황을 전하며 크게 한탄했다. 열 명이 넘는 하리코프 대학교의 졸업생들이 개최한 저녁 만찬에도 초대되어 양고기와 들꿩 튀김, 아스파라거스를 대접받았다.

지역 의학협회가 메치니코프의 명예를 기리기 위해 기념식을 개최하면서 분위기는 절정에 달했다. 식이 열린 시청 강당에 객석은 물론 발코니, 통로까지 2,500명 가까운 사람들이 몰려든 것이다. ("그토록 많은 관중 앞에 서 있자니 너무나 부끄러웠다네."[271] 나중에 그는 마리와 에밀에게 쓴 편지에서 이렇게 고백했다.) 협회 명예회장을 맡은 이반 파블로프Ivan Pavlov가 야단스러운 환영 인사로 행사의 시작을 알렸다.

"러시아에 있는 우리 모두는 해외와 국내에서 벌어진 혼란스러운 상황에 침통한 심정이었습니다. 그러나 일리야 일리치, 당신의 방문은 우리의 마음을 한껏 부풀어 오르게 했습니다. 온 세상이 인정하는 러

---

271) 메치니코프가 마리 레미와 에밀 레미 부부에게 쓴 편지, 1909년 5월 21일, 사다(Saada) 개인 소장품.

시아의 위대한 과학자를 다 함께 환영합시다."[272]

기립박수를 받으며 등장한 메치니코프는 콜레라에 관한 강연을 펼쳤다. 그리고 늘 그러했듯 예방의 필요성을 강조했다. 콜레라의 공격에 시달리던 상트페테르부르크에서 한창 관심이 뜨겁던 주제였다.

"콧물 증상은 어디서나 볼 수 있을 만큼 흔하지만 완전히 해결할 수는 없습니다. 그러나 콜레라는 방지할 수 있습니다."[273]

일간지『베르체바이 베도모스티Birzhevye Vedomosti』는 이날의 행사를 다음과 같은 제목의 기사로 전했다. '고향에 돌아온 선지자.'

38. 두 개의 태양 [274]

1909년 5월 말의 어느 흐린 날, 회색 프록코트 차림에 나비넥타이를 맨 메치니코프는, 하얀 블라우스와 에이라인 스커트를 차려입고 옅은 푸른색 베일이 달린 밀짚모자를 쓴 올가와 함께 아침 일찍 집을 나섰다. 모스크바에서 두 사람을 태운 기차는 밤새도록 남쪽으로 달려 지저분한 간이역에 도착했다. 밤새 세찬 비가 쏟아진 후라 공기는 더 없이 향긋하고 상쾌했다. 역을 벗어나자 레오 톨스토이 백작이 보낸 삼두마차가 기

---

272) I. P. 파블로프(I. P. Pavlov), "상트페테르부르크시 의학계, 생물학계 인사 전원이 참석한 합동 회의 강연(Rech' na obiedinennom zasedanii vsekh meditsinskikh i biologicheskikh nauchnykh obshchestv goroda S.-Peterburga)", 『연구 모음집(Polnoe sobranie sochinenii)』, vol. 6 (모스크바: Akademiia Nauk SSSR, 1952), 313.

273) N. 디모프(N. Dimov), "조국의 선지자(Prorok v svoem otechestve)", 『주식 베도모스티(Birzhevye Vedomosti)』, no. 11107, 1909년 5월 15일, 2.

274) 본 장의 내용은 다음 자료를 참고했다: EM, 『톨스토이와의 하루(Den' u Tolstogo)』; ZIIM, 161-165; 골든바이저(Goldenveizer), 『톨스토이의 곁에서(Vblizi Tolstogo)』, 269-72, 348; 레즈닉(Reznik), 『메치니코프(Mechnikov)』, 154-58; "올가 치스토비치의 편지(Pis'mo Ol'gi Nikolaevny Mechnikovoi Vere Aleksandrovne Chistovich)", 『과학과 삶(Nauka i Zhizn)』, no. 1, 1967, 153-56.

다리고 있었다. 바퀴 자국이 선명한 길을 따라 숲과 들판을 지난 마차가 마침내 톨스토이의 영지인 야스나야폴랴나의 입구를 알리는 하얀 기둥을 통과하자, 유서 깊은 자작나무들 사이로 난 오솔길이 모습을 드러냈다. 한참을 달리자 푸르른 초목과 활짝 핀 백합에 폭 감싸 안긴 하얀색 2층집이 눈에 들어왔다. 집 앞쪽에서는 소작농으로 일하는 여성들이 땅에 모래를 흩뿌리고 있었다.

러시아에 온 이후 메치니코프의 일거수일투족을 취재해 온 기자들과 사진기자들이 부부가 탄 마차를 바짝 쫓아 이곳까지 따라왔다. 이 극적인 방문은 이성과 믿음, 두 상충되는 세계관의 만남을 의미했다.

"인간의 몸을 연구해 온 훌륭한 학생이 인간의 마음과 영혼을 연구해 온 훌륭한 학생, 톨스토이를 만나기 위한 순례를 결심했다. 언론은 세계의 문학과 과학을 대표하는 두 군주의 만남에 모든 촉각을 곤두세웠다."[275]

『뉴욕타임스』는 '인생학과 마주한 "낙관론의 주창자" 메치니코프'라는 기사에서 이렇게 전했다.

'순례'라는 표현은 아주 탁월한 선택이었다. 수년 전에 톨스토이는 제도화된 종교를 비판했다는 이유로 러시아 정교회에서 제명되었지만, 여전히 윤리적, 정신적 권위자로 널리 존경받는 인물이었다. 톨스토이 자신도 스스로를 작가보다는 전도사로 여겼다. 『전쟁과 평화』, 『안나 카레니나』와 같은 소설은 악에 맞선 비폭력적인 저항과 인류애를 촉구한 『신의 나라는 네 안에 있다The Kingdom of God Is Within You』와 같은 보다 심오한 작품으로 사람들을 이끌기 위한 일종의 유인 수단에 불과

---

275) 번스타인(Bernstein), "메치니코프 – 주창자(Metchnikoff—'The Apostle')"

했다. 늘 사람들에게 양심을 지키며 생활해야 한다고 나무라던 톨스토이는 파리 연구실에 있을 때 메치니코프가 그러하듯 항상 자신을 찾아온 사람들에게 둘러싸여 있었다. 러시아 전역은 물론 다른 나라에서도 철학에 대해 대화를 나누거나 불만을 터뜨리기 위해, 혹은 도움이나 돈을 요청하기 위해 야스나야폴랴나로 사람들이 찾아왔다.

몇 년 앞서 톨스토이는 메치니코프의 형 이반 일리치Ivan Ilyich와 알고 지냈다. 지역 법원의 치안판사였던 이반 일리치가 마흔다섯에 위암으로 숨진 일[276]은 톨스토이의 가장 유명한 작품들이 탄생하는 계기가 되었다. 톨스토이가 다른 작품 속 여러 주인공들처럼 복합적인 인물로 묘사한 소설[277] 속 이반 일리치를 통해 무엇을 말하려 했는지는 잘 알려져 있지만, 실제 이반 일리치가 톨스토이에 대해 어떤 이야기를 했는지는 잘 알려져 있지 않다. 한번은 동생인 엘리(일리야 일리치)에게 톨스토이를 언급하면서, 천재적 재능을 가진 사람이지만 이성적인 사상가는 아니라고 이야기했다.

"넌 동물학 교수니 숲속의 야생동물과 관련된 과학적인 사실에는 아주 익숙할 게다. 하지만 내가 누른도요 사냥에 나간다면 네게 같이 가서 좀 도와 달라고 하지는 않을 거야. 차라리 개를 데리고 가는 편이 나아. 개는 오로지 감각에만 의존해서 새가 있는 위치를 너보다 훨씬 더 잘 찾아낼 테니까."[278]

이반 일리치는 이어서 설명했다.

---

276) 이반 일리치 메치니코프는 1881년에 사망했다.(SV, 239)

277) 세몬 레즈닉(Semyon Reznik)에 따르면(필자와의 인터뷰, 2009년 3월 1일), 이 이야기는 톨스토이의 처제인 타티아나 쿠즈미나카야(Tatiana Kuzminskaya)의 가족 얘기가 적어도 부분적으로나마 반영되어 있다. 이것은 그녀의 회고록 『집과 야스나야폴랴나에서의 삶(Moia zhizn' doma i v lasnoi Poliane)』(툴라: Tul'skoe Knizhnoe Izdatel'stvo, 1958)을 통해서도 유추할 수 있는 사실이다.

278) SV, 129.

"톨스토이도 마찬가지다. 인간의 영혼, 가장 깊숙한 영역에 관한 그의 직관은 그야말로 대단해. 가장 은밀하게 품은 동기도 놀라울 만큼 정확하게 짚어 내지. 하지만 이성이나 논리로 해결해야 하는 문제에 봉착한다면 비판적인 결론을 내놓지 못할 가능성이 아주 높아."

메치니코프의 마음을 사로잡은 것은 바로 인간의 영혼에 관한 톨스토이의 이 통찰력이었다. 삶과 죽음에 관한 의문에 답을 할 수 있는 사람이 존재한다면 바로 톨스토이가 분명했다. 또 메치니코프는 죽음을 향한 두려움을 톨스토이보다 잘 묘사한 사람은 없다고도 보았다.

이러한 존경심이 바탕이 되어, 메치니코프는 톨스토이와 마주하기 오래전부터 자신의 글을 통해 그를 자주 언급했다. 아주 예전에 쓴 에세이 「생명의 법칙」과 철학서 『인간의 본성』에서는 과학에 관한 그의 견해에 반론을 제기하기도 했다. 그러나 메치니코프는 자신이 보낸 이러한 책들을 받아 본 그가 그다지 호의적이지 않은 의견을 밝혔다는 사실은 전혀 알지 못했다. 톨스토이는 한 친척에게는 메치니코프의 책을 두고 "이토록 제대로 어리석다니 상당히 흥미롭다"라고 말했고, 1904년 7월에 쓴 일기에는 한층 더 냉소적인 평가를 했다.

"(메치니코프는) 나이 드는 일과 죽음이 그리 유쾌한 일이 아니라는 걸 이제 막 깨달은 것 같다. 이봐요, 메치니코프 씨. 당신처럼 생각이 짧은 사람들 말고 위대한 이들은 노화와 죽음을 어떻게 해야 해롭지 않은 것으로 받아들일 수 있을지 숙고하고, 이 문제를 지성으로 해결하려 노력해 왔소. 궁둥이로 해결하기보다는 인간의 영적인 정수에서 답을 찾으려 해 왔단 말이오."

자신이 톨스토이에게 상당한 적개심을 불러일으켰다는 사실을 알았더라도 그를 만나고픈 메치니코프의 열망은 더 커지기만 했을 것이다.

20여 년 전에 베를린의 로베르트 코흐와 맹렬히 맞설 때도 메치니코프는 자신에게 적대적인 곳을 향해 서둘러 달려가는 식세포 같은 성향을 드러내지 않았던가.

"나는 오래전부터 톨스토이와 가까워지고 싶었다. 어린 시절부터 내 마음을 차지한 인류 공통의 문제에 대해 그가 정말로 어떤 생각을 하는지 알고 싶었기 때문이다. 특히 도덕성의 기본과 삶의 의미, 삶이 끝나야만 하는 불가피성에 대해 이야기를 나누고 싶었다."

메치니코프는 나중에 「야스나야폴랴나에서 톨스토이와 함께한 하루」라는 에세이에서 이렇게 밝혔다.

메치니코프와 올가는 톨스토이의 여러 딸들 중 한 명이 맞이하는 가운데 집안으로 들어서 간소하게 꾸며진 내부를 둘러보았다. 낡았지만 쓰임새 많은 가구들에서 호화로움이나 우아함은 전혀 느껴지지 않았다. 여든 살이던 톨스토이는 헐렁한 흰색 작업복을 걸치고 허리 아래쯤을 벨트로 고정한 차림으로 위층에서 서둘러 내려왔다. 메치니코프 부부는 희끄무레한 긴 수염에도 불구하고 활기찬 움직임과 젊어 보이는 외모에 깜짝 놀랐다.

"톨스토이는 우리를 꿰뚫어 보려는 듯 매서운 눈으로 응시했지만 이내 인자한 미소를 띠워 우리도 마음을 놓을 수 있었다."

올가는 나중에 당시의 일을 이렇게 썼다. 톨스토이는 소설가다운 인사를 건네며 두 사람을 맞이했다.

"두 분이 닮으셨군요. 오랫동안 함께 살면 그렇게 되지요."

메치니코프 부부는 정원과 집 주변을 모두 둘러보고, 가족들과 함께 점심을 마쳤다. 그 후에야 톨스토이는 메치니코프와 둘이 이야기를 나누고 싶다고 선언했다. 그리고 메치니코프에게 함께 마을을 돌아보자며 이륜 포장마차를 자신이 직접 몰 테니 옆에 타라고 했다. 올가는 다른 식구들과 따로 외출하기로 했다.

마차가 대문을 나서자 톨스토이는 널리 알려진 이야기와 달리 자신은 과학에 전혀 적대적이지 않다고 말했다.

"순수 과학이 인간에게 관심을 가지고, 숙명과 행복을 다룬다는 점에서 그 가치를 높이 인정합니다. 하지만 아주 이례적이고 유익한 일을 해냈다고 주장하는 가짜 과학에는 반대합니다. 토성 주위를 도는 위성의 무게가 정해져 있다든가 하는 식의 내용 말이지요."

메치니코프가 나중에 돌아와서 쓴 에세이에 따르면, 이 말을 들은 그는 가장 비실용적인 과학적 연구가 때로는 인류에 가장 큰 도움을 준 경우가 있다고 반박했다. 또한 미생물 연구도 질병에서 미생물이 어떤 역할을 하는지 밝혀지기 훨씬 전부터 시작되었으니 그러한 예에 포함된다고 설명했다. 그러나 톨스토이가 자신과 단둘이 이야기를 나누고 싶어 한 진짜 이유를 알아채지는 못했다. 톨스토이는 이후 한 친구에게 메치니코프와 종교 이야기를 나누려 했다고 털어놓으며 불만을 토로했다.

"조금 시도는 해 봤지만 침묵만이 찾아왔네. 그래서 그냥 그가 이야기하도록 내버려 두었어. 그 사람은 과학을 성경처럼 믿는 사람이야. 종교나 도덕성에 관한 고민에서 시작되는 윤리적인 의문은 그에게 아주 낯선 주제였지."

두 사람은 이웃집에 들러 흰색 테이블보 위에 놓인 사모바르samovar(찻물을 끓일 때 쓰는 커다란 러시아 주전자)를 사이에 두고 차를 마셨다. 톨스토이는 자신의 큰 고민거리인 사회적 불평등 문제를 언급하며 격분했다.

"하인을 부리는 건 특히나 난감한 문제입니다. 때로는 나이 많은 하인이 젊은이의 시중을 드는 일도 있지 않습니까."

톨스토이는 하인들은 주인을 위해 고급스러운 식탁을 차리지만, 정작 자신들은 주인이 먹고 남은 음식을 먹거나 형편없는 음식으로 배를 채워야 한다고 한탄했다. 그러자 메치니코프는 곧바로 과학이 해결책이 될 수 있다고 제안했다. 한번은 파리 근처 어느 호화로운 대저택에 사는 부르주아 가족이 자꾸만 병에 걸린다고 하소연을 해서, 그들의 부탁대로 그 집을 찾아가 살펴본 적이 있다고 이야기했다. 집에 가보니 하인들이 변기도 없이 너무나 비위생적인 환경에서 살고 있었다. 배설물을 정원에 그냥 버리는 바람에 주인집 식사 재료로 사용되는 채소가 다 오염되었던 것이다. 메치니코프는 집주인에게 이렇게 말했다.

"하인들의 배설물을 그대로 먹고 있었으니 몸이 그렇게 아픈 것도 당연한 일이지요."

이 일에서 알 수 있듯이 사회의 발전, 즉 이 경우에는 하인들의 생활 여건 개선이 자기 건강을 염려하는 주인의 이기적인 동기에서 비롯될 수도 있다고 메치니코프는 주장했다.

"꼭 사람들이 서로를 사랑해야만 발전이 가능한 것은 아닙니다."

나중에 톨스토이는 이토록 지저분한 사연으로 도덕적 가치를 논할 수 있다는 사실에 충격을 받았다고 친구에게 털어놓았지만, 메치니코프는 이에 대해 전혀 알지 못했다.

동물을 인도주의적으로 대해야 한다는 이야기가 시작되자, 톨스토이는 젊은 시절에는 사냥을 아주 즐겼지만 최근에 그만두었다고 말했다. 메치니코프는 야생동물은 원래 자연에서 포식자의 먹이가 될 수밖에 없는데, 그렇게 죽기보다 사냥꾼이 쏜 총알에 맞아 죽는 편이 덜 고통스러울 것이라고 반박했다. 게다가 사냥을 금지하면 포식자가 늘어나 결국 사람에게 해를 끼친다고 덧붙였다. 그러나 채식주의자인 톨스토이는 강하게 반발했다.

"무엇이든 다 추론하려고 하면 가장 신뢰할 수 없고 어리석은 판단을 내리게 됩니다. 나중에는 식인 행위까지 정당화할지도 모르지요."

메치니코프는 나중에 쓴 에세이에서 그때의 소감을 전했다.

"톨스토이와 나누었던 모든 대화를 통틀어 이 말이 내게는 가장 인상 깊게 다가왔다. 감각과 감수성이 예술가적 기질을 뛰어넘고 추론과 논리는 배경으로 밀려난 그의 진정한 모습을 그대로 볼 수 있던 반응이었다."

이어 톨스토이는 수명에 별로 관심이 없다고 밝혔다.

"문제는 우리의 삶이 너무 짧은 것이 아니라 인간이 양심에 반하는 방식으로 나쁘게 살아간다는 것입니다."

그는 이렇게 설명했다. 그리고 메치니코프가 위고와 입센 등 나이 지긋한 유명인사의 사랑에 대해 이야기하자 퉁명스레 대답했다.

"그 부분에 대해서는 당신과 나눌 이야기가 전혀 없군요."

젊은 시절, 톨스토이는 넘치는 활력을 자유롭게 표출하며 살았지만 나이가 들어 종교에 귀의한 뒤에는 섹스를 죄악으로 여겼다. 심지어 자신의 아내와 잠자리를 하고 싶을 때도 죄책감을 느낄 정도였다.

야스나야폴랴나로 돌아오는 길에는 톨스토이는 혼자 따로 말에 올랐다. 집에 도착하자, 그는 위층 서재에서 메치니코프를 향해 질문을 던졌다.

"말해 보시오, 솔직히 여기에 찾아온 이유가 무엇입니까?"

메치니코프는 당연히 크게 놀랐다. 그는 에세이에서 이렇게 밝혔다.

"왠지 민망한 기분이 들었다. 과학에 반대하는 그의 생각을 좀 더 자세히 듣고 싶기도 하고, 철학적인 작품들과는 비교도 할 수 없을 정도로 뛰어난 그의 소설 작품들에 경의를 표하고 싶었다고 대답했다."

저녁 시간이 되어 손님으로 찾아온 한 음악 교수가 연주하는 쇼팽의 음악을 모두 함께 감상한 후, 두 사람의 대화에 모처럼 조화로운 순간이 찾아왔다.

"과학에서는 기존에 있던 것을 파괴하기보다 새로운 무언가를 만들어 내는 일이 훨씬 더 어렵습니다."

메치니코프가 설명했다.

"모든 게 다 그렇지요. 철학은 특히 그렇고요."

톨스토이의 대답이 돌아왔다. 요구르트에 대해서도 두 사람의 의견이 일치했다. 메치니코프가 방문했을 때는 한 번도 화제에 오르지 않은 듯한 사실이지만, 톨스토이는 그보다 앞서 아내에게 쓴 편지에서 메치니코프가 권장한 대로 발효유를 마셨더니 몸 상태가 한결 괜찮아진 것 같다고 이야기했다.

모스크바로 돌아가는 야간열차를 타기 위해 메치니코프 내외가 자리에서 일어서자 톨스토이는 이렇게 선언했다.

"우리 두 사람은 완전히 다른 지점에서 출발했지만, 길게 보면 둘 다 같은 목표를 위해 노력하고 있으니 얼마나 반가운 일입니까. 사람들에게 도움이 될 방법을 찾고 있으니까요!"

둘 중 어느 쪽도 기존의 입장을 조금도 바꾸지 않았다는 사실을 아주 요령 있게 표현한 말이었다.

"그리고 내 당신을 기쁘게 하기 위해서라도 백 살까지 살려고 노력해 보리다."

톨스토이는 웃으며 덧붙였다.

하지만 그 약속을 지키지는 못했다. 1년 반쯤 흐른 뒤, 톨스토이는 안락한 집과 감당하기 힘든 방문객들, 재산을 사회에 환원하려는 자신의 의지에 반대하는 아내를 떠나 주치의만 대동한 채 조용히 도피하는 길을 택했다. 그리고 그 과정에서 폐렴에 걸려 결국 세상을 떠났다.

메치니코프는 톨스토이가 자신에 대해 어떻게 이야기하는지 알지 못한 채 그와의 만남을 더없이 행복한 일로 여겼다. 메치니코프와 올가가 다녀간 후 톨스토이는 한 친구에게 그를 이렇게 묘사했다.

"훌륭하고 단순한 사람이야. 하지만 과학이 약점이지. 술이 문제인 사람이 있듯이 말일세."

무엇보다도 톨스토이는 섭생의 중요성을 강조하는 메치니코프의 견해가 자신이 사람들에게 알리려는 삶의 의미의 본질을 침해한다는 사실을 용납할 수 없었다. 나중에는 이렇게 덧붙였다.

"과학자들이 파리가 몇 종류나 된다고 밝혔는지 아는가? 7,000종이라네! 이러는데 영적인 질문을 고민할 시간이 있겠냔 말인가!"

톨스토이가 사망한 뒤, 올가와 친분이 있던 어느 과학자는 그녀에게 톨스토이가 정말로 자신의 주장처럼 종교적 믿음을 통해 죽음에 대한 두려움을 극복한 것 같았냐고 물었다. 올가는 답장에서 "그분은 심지어 죽음을 갈망한다고 했습니다"라고 전했다.[279]

"하지만 그분의 아내와 자녀들은 그분이 마음속으로는 두려움을 이겨 내지 못했다고 했어요. 몸이 아플 때마다 점점 더 불안해하면서 의사와 상담을 한다고 하더군요."

올가는 과학자로서의 정확성을 잊지 않고 이렇게 덧붙였다.

---

279) 올가가 베링(Behring)에게 쓴 편지, 날짜 미상, AIP,MTO.1.

"그분이 두려워한 건 죽음이 아니라 병이었는지도 모르죠."

메치니코프는 톨스토이의 사망 이후 2년 뒤에 야스나야폴랴나 방문에 관한 에세이를 썼는데, 여기에서 톨스토이가 과학에 대해 표출한 적개심을 나름대로 설명했다. 실증주의와 물질주의적 세계관은 톨스토이의 종교적 믿음과 부딪힌다는 내용이었다. 또한 과학은 그가 죽음에 대한 두려움을 극복하는 데 도움이 되지 못했다는 설명도 이어졌다. 메치니코프는 이러한 이유로 톨스토이가 과학적인 성과에 의문을 갖기 시작했다고 주장했다. 그가 친구에게 파스퇴르의 광견병 연구가 과연 효용성이 있는지 의심스럽다고 말한 적도 있다고 전하면서 다음과 같이 설명했다.

"톨스토이가 친구와 그 대화를 나눈 시기는 1894년 말로, 파스퇴르가 개발한 광견병 백신이 독일에서도 그 가치를 인정받던 때였다. 자신이 낯설게 느끼는 문제는 일단 비판하는 톨스토이의 자기 확신이 진실을 보는 눈을 가리고 만 것이다."

메치니코프에게 이 '진실'이란 당연히 과학이었다. 그는 과학적인 연구로 깊은 의미를 찾아낼 수 없는 문제가 있다고는 생각해 본 적이 없었다. 그리고 언젠가는, 오직 과학을 통한다면, 감정과 이성의 완벽한 조화가 이루어질 수 있다고 확신했다.

39. 메치니코프의 소

"기괴망측한 수술이다."[280] 조지 버나드 쇼는 메치니코프의 이론에 영향을 받아 실제로 이루어진 무모한 수술을 두고 이렇게 말했다. 결장을 없애야 한다는 이론에서 시작된 이 수술은 다른 의사들의 비난이 무수히 쏟아지는 가운데, 매우 유능한 동시에 늘 논란의 중심에 있던 한 영국인 의사의 손에서 시작됐다.

장신에 마른 편이던 윌리엄 아버스노트 레인 경Sir William Arbuthnot Lane 은 누가 뭐래도 꿈쩍도 하지 않는 성격에 손을 쓰는 재주를 타고난 인물이었다.[281] 세계 곳곳에서 그의 혁신적인 방식의 수술을 받으러 사람들이 찾아왔다. 환자들 중에는 영국 왕가도 포함되어 있었다. 빅토리아 시대에 많은 사람들이 그랬듯 레인도 자신과 다른 사람의 장 건강에 상당히 관심이 많았다. 그런 그에게 『인간의 본성』과 1904년에 직접 메치니코프와 만난 일은 엄청난 영향을 주었다. 진화론을 믿고 인체에 남아 있는 진화의 흔적에 원래 흥미를 느껴 온 그는 결장이 진화의 '흔적'이며 '오물 구덩이'라고 결론 내렸다.[282]

그러나 메치니코프와 달리 레인은 인간이라는 생명체가 태어날 때부터 조화롭지 않은 존재라고는 생각하지 않았다. 대신 현대 문명을 문제의 근원으로 보았다. 문명사회에서 사람들이 "몸통을 꼿꼿하게 세

---

280) 쇼(Shaw)가 T. B. 레이튼(T. B. Layton)에게 쓴 편지, 1948년 3월 13일. 달리(Dally)의 저서 『판타지 수술(Fantasy Surgery)』(153)에 인용됨.

281) "윌리엄 아버트노트 레인 경(Sir William Arbuthnot Lane, 1856–1943)", 병원 치료 역사기록 복원 프로젝트 (The Historic Hospital Admission Records Project), 2014년 4월 9일 접속(www.hharp.org/library/gosh/doctors/william-arbuthnot-lane.html).

282) T. B. 레이튼(T. B. Layton), 『윌리엄 아버트노트 레인 경(Sir William Arbuthnot Lane)』(런던: Livingstone, 1956), 89. 포돌스키(Podolsky)의 저서 『문화적 다양성(Cultural Divergence)』(8)에 인용됨.

운 자세에 길들여질 것"[283]을 강요당하는 바람에 큰창자가 꼬이고 구부러진 형태가 되었고, 이에 따라 장의 내용물을 배출하기가 어려워지면서 '자가 중독'이 발생하게 되었다는 것이다. 그리하여 레인은 극히 심한 경우 목숨을 위협할 수도 있는 만성 변비(한동안은 '레인 병'으로도 불렸다.)를 치료하기 위해 환자의 배를 넓게 가르고, 장을 풀어낸 뒤 총 1.5미터에 달하는 결장을 모두 잘라 냈다.

1913년, 레인은 런던에서 열린 왕립 의학협회 회의에서 자신의 수술에 대해 설명하고, 나중에 그의 전기 작가가 "위대한 논쟁"이라고 일컬은 반박 연설[284]의 시간을 가졌다. 그의 견해에 반대하는 사람들은, 메치니코프와는 대조적으로, 인간은 근본적으로 조화로운 존재라는 입장이었다. 그중 한 명인 아서 키스Arthur Keith 교수는 결장의 필요성을 주장했다. 그는 결장은 "지구가 탄생한 과정으로 보면 2차와 3차 단계를 지나도록 그 오랜 세월 인류 조상들의 몸에 존재하며 기능을 하고, 인간이 이 세상에서 지배적이고 보편적인 존재가 되는 데 힘을 보탰다"라고 설명했다. 그리고 "인체의 이 위대한 구성 요소가 갑자기 인간에게 해가 된다고 하니 믿기 힘들다"[285]라는 의견을 밝혔다. 레인은 이날 토론에서 결국 졌고, 나중에는 예방 의학 분야로 옮겨가 사람들에게 식생활과 운동으로 변비가 생기지 않도록 해야 한다고 독려하기 시작했다. 그러나 당시에는 수십 명의 환자들을 대상으로 장을 잘라 내는

283) W. 아버트노트 레인(W. Arbuthnot Lane), "복부 내장과 문명화, 그리고 코르셋에 관한 의견(Civilisation in Relation to the Abdominal Viscera, with Remarks on the Corset)", 「란셋(Lancet)」 174, no. 4498 (1909): 1416.

284) T. B. 레이튼(T. B. Layton), 「윌리엄 아버트노트 레인 경(Sir William Arbuthnot Lane)」, 99. 포돌스키(Podolsky)의 저서 「문화적 다양성(Cultural Divergence)」(8)에 인용됨.

285) 아서 키스(Arthur Keith), 무제 기록, "식사성 독혈증의 원인과 결과, 치료에 관한 논의(A Discussion on Alimentary Toxaemia; Its Sources, Consequences, and Treatment)", 「왕립 의학협회 기록(Proceedings of the Royal Society of Medicine)」 6, Gen. Rep. (1913): 193.

손쉬운 방법을 택했다.

메치니코프는 예방 목적으로 장을 제거해야 한다고는 한 번도 주장한 적이 없었다. 오히려 그 반대였다. 1904년 '노년기' 강연에서 그는 그러한 접근 방식은 주의해야 한다고 경고하고 "진지하게 논의할 만한 가치가 없다"[286]라고 일축했다. 그럼에도 레인이 장폐색증 치료를 위해 절단 수술을 시작했지만, 이를 반대하거나 덜 극단적인 방법을 찾아보도록 설득하지도 않았다. 오히려 사람들이 장이 없어도 멀쩡히 지낸다는 소식이 들려오면 반가워했고, 영국에 갈 일이 생길 때마다 레인의 수술을 받은 환자들의 상태를 확인하기도 했다. 환자들 중 한 명을 직접 관찰하고 싶다며 파스퇴르 연구소에 보내 달라고 부탁한 일도 있었다. 그러면서 "현재와 같은 수술 수준으로는" 주의가 필요하다는 의견을 밝혔다.

"실력이 놀랍도록 뛰어나고 용기도 대단한 영국의 의사 레인 박사는 별 효과가 없는 체내 치료 대신 과감하게 수술을 택했습니다."[287]

1909년 독일 슈투트가르트에서 펼친 한 강연에서 메치니코프는 이렇게 설명했다.

"사실 이 수술은 기본적으로 굉장히 위험합니다. 현재 수많은 사람들이 이 수술을 받고 사망했습니다. 레인 박사는 이미 쉰 명이 넘는 사람들에게 수술을 했는데, 구체적으로 따져 보면 지난해에만 서른아홉 명이 수술을 받았습니다. 그중에 아홉 명, 즉 23퍼센트의 환자가 목숨을 잃었습니다. 나머지 서른 명의 환자들은 수술로 아주 큰 도움을 받

---

286) EM, "노년기(La Vieillesse)", repr., ASS, vol. 15, 52.

287) EM, "철학과 의학(Mirosozertsanie i meditsina)", 「유럽 통보(Vestnik Evropy)」 1 (1910): 217-35, repr., ASS, vol. 13, 204.

았지만, 이 정도 사망률은 상당히 높은 수준입니다."

이와 함께 메치니코프는 자신의 희망을 드러냈다.

"수술 기법이 개선되면 사망률도 감소할 겁니다."

레인의 수술 못지않게 논란이 된 또 한 가지는 바로 발효유와 수명 연장의 연관성이었다. 수명 연장에 도움이 된다는 추정에서 시작된 발효유 열풍은 여전히 거센 상황이었다. 이 문제는 전 세계인의 저녁 식탁에서 뜨거운 설전을 불러일으키며 꾸준히 사람들의 관심을 끌어 왔다. 하지만 이에 대해 전문가들은 냉혹한 비판을 쏟아 냈다. 미국 필라델피아에서 출간되어 그 권위를 인정받은 책『음식과 불순물Foods and Their Adulteration』의 1907년 개정판에는 '발효유와 수명'이라는 제목의 장이 새로 추가되었다. 의사인 저자 하비 W. 와일리Harvey W. Wiley는 이 장에 요구르트와 수명에 관한 소문을 불식시킬 수 있는 내용을 담았다.

"과도한 주장은 발효유의 기능을 둘러싼 이야기가 비난받도록 부추기는 역할을 할 뿐이다."[288]

의학적 정보를 다루는 언론에서도 이성적으로 판단해야 한다는 목소리가 나왔다. 미국의 의학 잡지『메디컬 뉴스Medical News』는 "파리 파스퇴르 연구소의 메치니코프 교수가 프랑스인들 사이에서 '신중한 사람un homme sérieux'으로 통하기에 망정이지, 그렇지 않았다면 대중을 속이는 일을 즐기는 사람으로 착각할 뻔했다"[289]라고 보도했다.

메치니코프도 과대광고를 가라앉히기 위해 애를 썼다.

"수많은 기자들이 내 이름을 거론하며 이야기하는 것과 달리 나는 결단코, 어디에서도 발효유로 수명을 늘릴 수 있다는 주장을 발표한

---

288) 와일리(Wiley), 『음식과 불순물(Foods and Their Adulteration)』, 556.

289) "런던 소식(Our London Letter)", 『메디컬 뉴스(Medical News)』 85, no. 3 (1904년 7월 16일): 132.

적이 없다."[290]

1909년에 게재되어 널리 읽힌 '젖산균의 활용'이라는 제목의 기사에서 그는 이렇게 호소했다. 그러나 발효유로 손쉽게 수명을 늘릴 수 있다는 이야기는 사람들에게 쉽게 포기할 수 없을 만큼 너무나 매력적으로 다가왔다.

신문 기사가 말을 만들어 내면서까지 사람들의 열풍을 부채질하는 일도 있었다. 1912년 여름에도 바로 그러한 일이 벌어졌다. 『뉴욕 아메리칸New York American』 신문에 '100세의 젊음에 대한 메치니코프 교수의 의견'이라는 제목으로 실린 전면 기사[291]는 그가 실제로 한 말을 인용한 것이라며 다음과 같이 전했다.

"내가 개발한 것을 활용하면, 가까운 미래에는 150세까지 생존하는 일도 전혀 낯선 현상이 아닐 겁니다. 예순 살 여성도 더 이상 '노처녀'로 불리지 않을 거고요. 오히려 아흔 살, 혹은 백 살이 넘어도 결혼을 할 수 있을 겁니다."

미국의 한 의사는 이 신문 기사를 오려서 메치니코프에게 보내기도 했다. 기사 한 귀퉁이에는 빨간색 펜으로 "정신 나간 '조잡한 소리'라고밖에 표현할 수 없는 이 터무니없는 이야기가 선생님과 아무 관련이 없기를 진심으로 바랍니다"라는 메모까지 써 있었다. 이 기사를 받아든 메치니코프가 얼마나 큰 수치심을 느꼈을지 짐작할 만하다. 그러나 시카고 신문 『선데이 레코드 헤럴드Sunday Record-Herald』도 곳곳에 일러스트가 들어간 전면 기사에서 메치니코프의 말을 인용한 것이라고 전

---

290) EM, "젖산균의 활용(The Utility of Lactic Microbes)", 『센츄리 일러스트레이티드 먼쓸리 매거진(The Century Illustrated Monthly Magazine)』, LXXIX 또는 LVII(1909–10): 58.

291) "100세의 젊음에 대한 메치니코프 교수의 의견: 노년기를 늦추고 개개인의 개성과 기능을 크게 연장시키기 위한 파스퇴르 연구소의 새로운 식생활 연구", 『뉴욕 아메리칸(Ney York American)』, 1912년 6월 30일. ARAN 584,1,336.

하면서 소의 입은 '미생물이 탄생하는 진짜 온상'이라고 보도했다. 기사 제목도 그에 맞게 정해졌다. '메치니코프 교수, 소 이빨을 닦아 주면 250세까지 살 수 있다고 밝혀.'[292]

발효유 광풍은 자연스레 곳곳에서 풍자를 낳았다. 특히 영국에서는 메치니코프가 152세까지 생존했다고 알려진 17세기 사람 올드 파를 언급한 사실을 놀림감으로 삼았다. 『데일리 크로니클Daily Chronicle』은 수명과 발효유에 관한 이론의 근거를 옛 시에서 찾았다고 조롱하듯 언급하며,[293] '올드 파의 생애'라는 제목 아래 유장으로 만든 치즈와 버터밀크가 등장하는 시를 게재했다.

한편 발효유의 뜨거운 인기는 대중문화계까지 급속도로 스며들었다. 1910년 12월 런던 드루리 레인 극장에서 상연된 팬터마임 공연 「잭과 콩나무」는 그 현상을 보여 주는 대표적인 예로 볼 수 있다. 유명한 동화를 패러디한 이 공연의 내용은 이렇다. 왕이 통풍에 시달리다 '발효유 치료법'을 써 보라는 말을 듣고 그런 우유를 만든다는 농장을 찾아간다. 하지만 잭의 엄마가 키우는 소 프리실라가 처음 약속과 달리 시큼한 우유가 아닌 달콤한 우유를 만들자, 농장 가족들은 쓸모없는 이 우유를 콩과 맞바꾼다. 공연을 향한 극찬이 이어지고, 『타임스』지는 관객이 몰린 결정적 요인 중 하나로 '메치니코프의 소[294]'를 꼽았다.

이 같은 놀림과 야유에도 수명에 관한 메치니코프의 견해는 흔들림 없이 유지됐다. 그 믿음을 가장 탄탄하게 뒷받침한 건 바로 메치니코프 자신이었다.

---

292) 『선데이 레코드 헤럴드(Sunday Record-Herald)』, 시카고, 1909년 4월 18일. ARAN 584.1.336.

293) "참고 자료(Literary Notes)", 『영국 의학 저널(British Medical Journal)』 2, no. 2344 (1905): 1467.

294) "크리스마스에 즐길 거리(Christmas Entertainments)", 『타임스(Times)』(런던), 1910년 12월 22일. 11.

"지금 내가 예순넷인데 보다시피 이렇게 건강합니다."[295]

러시아를 방문했을 때 그는 한 기자에게 자랑스레 이야기했다.

"서른다섯 살 때보다 지금이 훨씬 더 건강한 것 같습니다. 특히 불가리아식 발효유를 하루에 세 번 챙겨 먹기 시작한 후로 그렇군요."[296]

이 쌩쌩한 에너지 덕분인지, 메치니코프는 창의적인 연구를 이어 나갔다. 예순여섯 살에는 올가, 그리고 동료 다섯 명과 함께 러시아 칼미크 스텝스kalmyk steppe 지역까지 탐사를 나서기도 했다. 그는 방대한 볼가강을 따라 5일간 배로 이동한 후 3개월 동안 사막을 가로질렀다. 그리고 그곳에서 토착민들에게 발생한 결핵과 흑사병을 연구했다.

파리로 돌아와서도 감염질환 연구가 이어졌다. 티푸스를 예방하는 백신이 인체에 효과가 있다는 사실을 입증하는 연구였지만, 사실 메치니코프의 주된 관심사는 장내 미생물이었다. 이러한 미생물이 독소를 분비하고, 이것이 식세포를 과도하게 자극하여 노화에 간접적인 영향을 준다는 가설을 검증하는 것이 그가 정한 목표였다. 파스퇴르 연구소에서 발행한『파스퇴르 연구소 연보』에도 그의 지도하에 이와 같은 주제로 진행된 연구 결과가 여러 편에 걸쳐 실려 있다. 「장내 세균총 연구」라는 제목으로 메치니코프가 직접 쓴 네 편의 논문을 비롯해 제자들과 객원 연구원들이 진행한 연구 보고들이 이에 포함된다. 늘 무수한 제자가 따르기는 했지만, 특히 이 당시에는 메치니코프의 연구실에서 가르침을 받으려는 사람들이 너무 많아서 책상 하나를 두 사람이 함께 써야 할 지경이었다. 타고난 지도자인 메치니코프는 이들 사이사

---

295) 이름을 알 수 없는 러시아 신문, 1909년 5월 30일. ARAN 584.2.181, 25-over.

296) 메치니코프는 "젖산균(Les microbes lactiques)"에서 보다 상세한 내용을 전했다. "끼니마다 젖산균과 불가리아 유산균으로 각각 만든 발효유 한두 컵을 잼과 함께 먹습니다. 그리고 대추 속에 불가리아 유산균을 채워서 먹거나 끓는 물에 간단히 세척해서 최대한 자주 먹습니다." (repr., ASS, vol. 15, 274)

이를 누비며 가르침을 전했다.

메치니코프의 실험실에 차려진 '동물원'도 점점 확대되어 이국적인 새로운 동물들이 추가되었다. 뱀과 카이만 악어는 이미 갖추고 있었는데, 메치니코프는 이 동물들을 결핵균과 다른 질병균의 영향을 시험하는 데 이용했다. 장내 미생물 연구를 위해, 인도에서 '날여우박쥐'로 불리는 왕박쥐속Pteropus의 커다란 박쥐 수십 마리를 주문하기도 했다. 동그란 구슬 모양의 두 눈과 막처럼 얇고 널찍한 날개, 여우와 닮은 머리 모양을 한 이 박쥐는 대장이 거의 존재하지 않아 장내 미생물도 거의 없었다. 그래서 오늘날까지도 논란이 되고 있는 중요한 문제, 즉 장내 미생물은 생명체의 건강 유지에 없어서는 안 될 요소라는 파스퇴르의 주장을 포유류의 실험을 통해 확인할 수 있는 특별한 기회를 제공해 줄 동물로 여겨졌다. 그러나 이 박쥐들에게 살균 처리된 먹이를 공급해도 아무런 변화가 나타나지 않아,[297] 그 의문은 역시 간단히 해결될 수 없다는 사실을 알게 되었다. 다른 동물들은 제대로 발달하려면 장내 미생물이 필요한 것으로 보였기 때문이다. 한 예로, 올가가 실시한 실험에서는 멸균 조건에서 키운 올챙이는 균이 득시글대는 일반적인 환경에서 자란 올챙이보다 성장 속도가 크게 뒤처졌다.[298]

장내 미생물이 인체의 화학적 조성에 영향을 주는지 확인하기 위해, 메치니코프는 자신의 소변도 정기적으로 살펴보고[299] 젖산균을 만들어 내는 미생물을 섭취하면 소변 검사 결과가 달라지는지 확인했다. 쥐

297) 메치니코프(Metchnikoff), 와인버그(Weinberg), 포제라키(Pozerski), 디스타소(Distaso), 베르틀로(Berthelot), "균류와 미생물(Roussettes et microbes)", 「연보」 23, no. 12 (1909): 937–78.

298) EM, "장내 미생물(Les microbes intestinaux)", 「파스퇴르 연구소 기록(Bulletin de l'Institut Pasteur)」 1, no. 6 (1903): 217–28 and no. 7 (1903): 265–82, repr., ASS, vol. 15, 108.

299) ZIIM, 166. ARAN에는 메치니코프가 자신의 장에 있는 세균총을 관찰한 기록과(584,1,217) 식생활에 따른 심장 활성과 소변의 변화를 관찰한 기록(584,1,218, 584,1,219)이 담긴 노트가 보관되어 있다.

를 여러 그룹으로 나누고 각각 육류와 식물성 먹이, 이 두 가지가 섞인 먹이를 공급해 보는 실험도 했는데, 그 결과 똑같은 종류의 먹이를 먹은 쥐들도 개체마다 위장의 화학적 조성이 다르다는 사실을 알 수 있었다. 먹이에 따른 몸의 반응이 장내 미생물에 따라 달라질 수 있음을 보여 준 결과였다.[300] 메치니코프는 인체도 이 미생물에 따라 음식물에 대한 반응이 달라질 수 있다는 가설을 수립했다. 당시에는 대담한 생각이었지만, 100여 년이 지난 지금 엄청난 지지를 받게 된 주장이다.

그렇다면 장내 세균총이 어떤 조성을 이루어야 가장 적합하다고 할 수 있을까? 메치니코프는 숲에서 자라는 버섯들을 예로 들며, 먹어도 되는 것이 있고 독이 있는 것이 있듯이 장내 미생물도 건강에 유익한 종류가 있고 해로운 종류가 있다고 주장했다.

"문제는 이 두 가지를 정확하게 규정하고 유익한 균이 해로운 균과 싸우도록 하는 것이다."[301]

또한 장내 세균총은 식생활로 바뀔 수 있으며 우리가 일생을 살아가는 과정에서 변화한다고 주장했다. 그 근거로 아기들보다 성인들에서 이러한 미생물이 더 많이 발견된다는 관찰 결과[302]를 발표했다.

궁극적인 관심사는 노화였기에, 메치니코프는 학생들의 도움을 받아 토끼와 기니피그, 쥐, 생쥐, 짧은꼬리원숭이를 대상으로 장내 미생물이 노화의 대표적인 증상인 동맥경화에 어떤 영향을 주는지 연구했다. 메치니코프는 장이 감염되는 질병에 시달리던 아르헨티나 송아지에게 중

---

300) EM, "조기 노화와 인체대사(Vorzeitiges Altern und Stoffwechsel)", 『신 자유 신문(Neue Freie Presse)』, no. 1785, 1914년 5월 31일, 97–100, repr., ASS, vol. 15, 73–74.

301) 위와 동일, 72.

302) EM, "장내 미생물(Les microbes intestinaux)", ASS, vol. 15, 99.

증 동맥경화가 발생했던 사례[303]를 자주 언급하며 실제로 장내 미생물이 노화에 영향을 미칠 수 있다고 강조했다.

메치니코프가 노년기에만 집중한 것은 아니었다. 장내 미생물에 관한 네 번째이자 마지막 논문 「유아의 설사Diarrhea in Infants」(1914년 발표)에서는 당시 아동 사망률을 높이는 주된 원인이던 설사 문제를 집중적으로 다루었다. 그때 의사들 사이에서는 설사는 미생물이 아닌 음식이나 여름철 높은 기온이 주된 원인이라는 추측이 우세했다. 그러나 메치니코프는 갓 태어난 새끼 토끼들에게 설사에 시달리는 아기들의 분비물을 먹인 실험을 통해 영유아의 설사는 대부분 미생물에 의한 것임을 증명해 보였다. 그리고 즉각적인 위생 개선 조치 마련을 촉구했다.[304]

과학계는 장내 세균총에 관한 메치니코프의 연구에 좋은 쪽으로나 나쁜 쪽으로 모두 극단적인 반응을 보였다. 긍정적인 쪽에서는 추가 연구를 이어 갔다. 예일 대학교의 미생물학자인 래리 레트거Larry Rettger와 해리 채플린Harry Cheplin은 이에 동참한 학자들로, 노화나 식세포에 중점을 두는 대신 젖산균에 관한 집중적인 연구를 시작하여[305] 1921년 『장내 세균총의 변화에 관한 논문A Treatise on the Transformation of the Intestinal Flora』이라는 제목의 책에서 그 결과를 발표했다.

부정적인 쪽은 아예 묵살하거나 조롱했다. 독일의 병리학자 위고 리베르트Hugo Ribbert는 장내 미생물과 노화를 결부시킨 메치니코프의 견해

---

303) EM, "장내 세균총 연구, 2차 결과. 장내 독소와 동맥경화(Études sur la flore intestinale. Deuxième mémoire. Poisons intestinaux et scléroses)", 『연보』 24, no. 10 (1910): 766.

304) EM, "장내 세균총 연구, 4차 결과. 유아 설사(Études sur la flore intestinale. Quatrième mémoire. Les diarrhées des nourrissons)", 『연보』 28, no. 2 (1914): 119.

305) 렛트거(Rettger)와 채플린(Cheplin), 「장내 세균총 변화에 관한 논문(A Treatise on the Transformation)」, 3.

는 '헛된 판타지'[306]라고 평했다. 파스퇴르 연구소에서 연구 보조로 일한 적이 있는 미생물학자의 회고록도 그와 같은 부정적인 반응을 기록하고 있다. 그는 메치니코프가 장의 내용물을 끊임없이 분석하는 통에 다른 사람들이 (정황상 연구소 일부 과학자들까지) 뒤에서 메치니코프에게 '똥 연구가'[307]라는 별명을 붙였다고 회상했다.

많은 학자들이 분명히 탐탁잖게 여긴 점은 메치니코프가 언론의 스타가 되었다는 사실이었다. 메치니코프는 사람들의 관심을 강렬히 잡아끄는 대담한 이론들을 내놓는 저명한 과학자로서 전 세계 누구나 다 아는 인물이었다. 1911년, 영국의 잡지 『스트랜드 매거진Strand Magazine』이 정치인, 과학자, 작가를 대상으로 '현존하는 가장 위대한 인물 10인'을 뽑아 달라는 설문조사를 실시한 결과에서도 그는 아홉 번째로 이름을 올렸다.[308] 1위를 차지한 토머스 에디슨Thomas Edison을 시작으로 러디어드 키플링Rudyard Kipling, 시어도어 루스벨트, 굴리엘모 마르코니Guglielmo Marconi, 리스터 경 등이 함께 선정됐다. 『영국 의학 저널』은 이 목록을 수용하기 힘들다는 입장을 내비치는 논평을 내놓았다. "전반적으로 예상만큼 엉성한 결과는 아니다"[309]라는 의견과 함께 리스터 경이 일군 성과를 극찬하고, 그를 제외하고는 의학계 연구자로서 유일하게 순위에 포함된 메치니코프를 노골적으로 겨냥한 고약한 견해를 표출했다.

"(리스터의) 위아래 순위에 자리한 일부 인물들이 실제로 유익한 일을 해냈는지 잘 모르겠다. 설사 그렇다 한들 실제 성과에 비해 과도한 유명

---

306) EM, 『자연 연구(Etiudy o prirode)』 의 제4 개정판 머리말.

307) 데렐(d'Hérelle), "자서전(Autobiographie)", 170.

308) "10인 선정(Who Are the Ten)", 『스트랜드 매거진(Strand Magazine)』.

309) "살아 있는 가장 위대한 10인(The Ten Greatest Men Living)", 『영국 의학 저널(British Medical Journal)』 2, no. 2657 (1911): 1490.

세가 주어졌다는 사실을 알 수 있다."

40. 합리적 세계관

　20세기 첫 10년간, 프랑스에서는 민족주의적인 분위기가 달아올랐다가 사그라지는 흐름이 나타났다. 그러나 시간이 지날수록 독일의 아프리카 식민지 정책을 두고 거센 논란이 일기 시작하더니, 반독일 정서가 다시 깨어나고 되갚아 줘야 한다는 격렬한 감정이 타올랐다. 프랑스의 극작가들은 애국적인 내용의 작품을 쏟아 냈고, 용기를 강조하며 칭송하는 책들이 베스트셀러 대열에 올랐다. 강연을 하러 단상에 오른 사람들은 독일의 방식이나 아이디어는 청중의 야유가 퍼부어질까 봐 두려워 감히 입에 올리지도 못했다. 1911년 말, 프랑스와 독일은 식민지에 관한 협약을 체결했지만, 양국 국민 모두가 외교적으로 패배한 수치스러운 처사라며 맹렬한 비난을 쏟아 냈다. 역사가 유진 웨버Eugen Weber의 말을 빌자면, 프랑스의 민족주의는 "널리 확산되고 최고조에 이르러 광신적 애국주의"[310]의 면모를 드러내고 있었다. 이제 독일과의 전쟁을 더 이상 피할 수 없게 된 프랑스는 그 준비에 돌입했다. 군사력 증강과 함께 가장 시급한 문제로 떠오른 것은 국가를 단일한 결합체로 만드는 일이었다. 이 같은 분위기 속에서, 프랑스에 제대로 동화하지 않았거나 외국의 것으로 여겨지는 대상은 무엇이든 편견 어린 시선을 받아야 했다.

---

310)　웨버(Weber), 『민족주의자의 부활(The Nationalist Revival)』, 95.

외국인 혐오증이 거세지면서 메치니코프가 적대적인 표적이 되었는데, 올가는 이 상황을 이렇게 설명했다. [311]

"외국인들은 프랑스 곳곳을 차지하며 일자리를 빼앗고, 그렇지 않아도 힘겨운 삶을 악화시키는 존재로 간주되었다. 처음에는 그러한 분위기만 희미하게 맴돌았지만, 민족주의 단체들이 조금씩 정의와 예의범절의 경계를 넘기 시작했다. 공격은 난폭한 도발로 바뀌었다. 경멸적인 의미가 담긴 '이방인métèque'이라는 표현도 다시 등장했다. (이민자를 비하하며 일컫는 명칭이다.) 민족주의 성향의 한 신문에는 남의 명예를 훼손하려는 악의적인 선전이 실렸는데, 그 대상에 메치니코프도 포함됐다."

민족주의가 절정에 달하자, 메치니코프가 요구르트 제조업체 소시에테 르 페르망에 협력해 왔다는 사실이 난데없이 프랑스 언론의 분노를 샀다. 일간지 『19세기Le XIX° Siècle』에서는 1912년 6월 발행자 제1면에 다음과 같이 선언했다.

"이 업체의 판매 수익이 연구소 예산으로 사용되고 미생물학의 발전에 활용됐다면 상관없다. 그러나 확실치도 않은 새로운 효능을 앞세워 벌어들인 돈이 누군가의 개인적인 수익이 되었다면, 이는 분명한 남용 행위다. "[312]

일부 평론에서는 맹목적인 애국주의를 노골적으로 드러냈다. 『정치·문예 토론지Journal des Débats Politiques et Littéraires』에는 다음과 같은 글이 실렸다.

"지난 몇 년 동안, 메치니코프는 스스로 믿고 싶은 희망임이 분명해 보이는 주장, 즉 노화를 쉽사리 물리치고 죽음을 무한정 연기할 수 있

---

311) ZIIM, 182.

312) P.-L. 라파주(P.-L. Lafage), "파스퇴르 연구소(À l'Institut Pasteur)", 『19세기(Le XIX° Siècle)』, 1912년 6월 18일.

다는 주장을 끊임없이 반복해 왔다. 그리고 그의 영향 때문에 ('낙관론'이라는 미명하에) 사람들이 몸속에 수없이 많은 미생물을 집어넣었다."[313]

이 글은 파스퇴르 연구소에서 노화 방지 제품에 대한 품질 관리를 시작해야 한다고 제안하면서 이렇게 덧붙였다.

"대중은 분명 기뻐할 것이다. 이런 임무를 국가적 기부금으로 설립된 연구소가 맡는다면, 또 해당 연구소가 외국인들을 제외한 프랑스 국민으로만 채워진다면 말이다."

앞서 올가가 언급한 악의적인 공격은 『프랑스의 행동L'Action Française』에서 실은 기사를 가리킨 말로 보인다. 이것은 웨버가 "소수의 과격 우파lunatic fringe of the Right"[314]가 만든 일간지라고 묘사한 신문이다. 메치니코프는 최근에 개의 장에서 어떤 미생물을 발견하고 '글리코박터glycobacter'라는 이름을 붙인 뒤,[315] 이 미생물이 탄수화물을 (장에서 산성 성분이 만들어지는 데 필요한) 당으로 바꾸는 역할을 할 가능성이 있다는 가설을 발표했다. 그리고 얼마 안 되어 공격이 가해졌다. 메치니코프나 그의 제자들은 이 미생물이 최근까지 어디에 살던 균인지 전혀 개의치 않는 행보를 보였다. 순수 배양된 글리코박터가 섞인 감자를 그 작용을 확인하기 위해 실험동물로 키우던 쥐와 짧은꼬리원숭이에게 먹인 것은 물론, 연구진도 직접 먹은 것이다. 나중에는 이와 같은 연구 방식도 역사 속으로 사라졌지만, 당시는 아직 그런 때가 아니었다. 그러나 『프랑스의 행동』은 몇 년 뒤에나 나온 나치의 선전물을 방불케 할 반유대주의적 견해까지

---

313) "과학 자료 리뷰(Revue des sciences)", 『정치·문예 토론지(Journal des Débats Politiques et Littéraires)』, 1912년 5월 30일, 1.

314) 웨버(Weber), 『민족주의자의 부활(The Nationalist Revival)』, 100.

315) EM, 유진 볼먼(Eugène Wollman), "장내 해독에 관한 몇 가지 의견(Sur quelques essais de désintoxication intestinale)", 『연보』 26, no. 11 (1912): 843.

집어넣어 이 실험에 비난과 조소를 퍼부었다. 1912년 7월 '우수한 치료제, 메치 아저씨 똥'이라는 제목의 제1면 기사에서 그들은 메치니코프를 가리켜 "파스퇴르 연구소에 있는 개똥 같은 유대인"[316]이라 칭하면서, 그가 "장수의 영약"이라는 의심스러운 결과를 내놓고 르 페르망 사를 통해 돈을 벌어들였다고 매도했다.

파스퇴르 연구소에서 함께 연구하던 동료들을 비롯한 각계각층의 항의 편지가 신문사 편집국에 날아든 후에야 이와 같은 추잡한 선전도 끝이 났다. 파스퇴르 연구소장이던 루도 『정치 · 문예 토론지』에 그들의 기사를 힐책하는 글을 보내고 "나의 친구이자 24년간 존경스러울 정도로 아무런 사심 없이 파스퇴르 연구소를 위해 헌신해 온 메치니코프"[317]를 향한 깊은 존경심을 표했다.

민족주의자들이 목소리가 높아진 것은, 조만간 전 세계 수많은 나라를 덮칠 피비린내 나는 갈등의 전조였다. 메치니코프는 이러한 반발이 과학과 이성주의에 향할 수 있다는 사실을 더 크게 우려했다. 1912년 여름, 그는 20대 중반부터 60대 중반까지 러시아어로 써 온 철학 에세이 『이성적 세계관에 관한 40년간의 탐구Forty Years of Searching for a Rational Worldview』를 세상에 내보낼 준비를 했다. 제목에서도 드러나듯 이성적 사고에 대한 지지를 표명한 책이었다.

이 책은 메치니코프가 남긴 최후의 작품이 되었다. 머리말 후반부에 그는 먼 미래를 향한 유토피아적 비전을 다시 한 번 강조했다.

---

316) "메아리: 엘리 메치니코프의 놀라운 해결책(Échos: Les merveilleux remèdes d'Elie Metchnicrotte)", 『프랑스의 행동(L'Action Française)』, 1912년 7월 1일, 1. 레옹 도데(Leon Daudet), "엘리 메치니코프: 개똥 같은 유대인(Elie Metchnikoff, un juif de crottes de chien)", 『프랑스의 행동(L'Action Française)』, 1912년 6월 21일, 1.

317) 루(Roux)가 편집장에게 쓴 편지, "편지(Correspondance)", 『정치 · 문예 토론지Journal des Débats』, 1912년 7월 4일, 3.

"시간이 흘러, 과학이 비참한 삶을 종결시키고 더 이상 사랑하는 이의 건강과 행복 때문에 고통을 겪지 않아도 되는 때가 오면, 인류의 삶은 정상적인 과정을 되찾고 지금보다 더 높은 수준까지 발전하여 가장 고귀한 목표를 훨씬 수월하게 해내는 데 전념할 수 있을 것이다."[318]

하지만 안타깝게도 그의 목전에 다가온 미래에 세계는 도살장으로 추락할 예정이었다.

41. 최후의 전쟁

1914년 여름, 메치니코프와 올가는 파리 남서부 생 레제 앙 이블린의 숲 한가운데 자리한 자그마한 시골집을 빌렸다.

"들판은 끝이 보이지 않는 지평선과 맞닿아 있고 무성한 양치식물 위로 숲의 그림자가 드리워져 있다. 카펫처럼 깔린 이끼와 온갖 색깔로 물든 야생화, 신비스러운 연못도 보인다."[319]

올가는 그곳의 풍경을 이렇게 묘사했다. 미국에 와 달라는 숱한 요청을 거절한 데서도 드러나듯이 메치니코프는 경치를 구경하거나 여행 자체를 즐기는 여행에는 그다지 흥미가 없는 사람이었다. 그런 그도 자연 속에서 보내는 시간은 진심으로 즐겼다. 숲에서 보낼 이 여름 거처에 그는 흰누에나방의 고치가 담긴 상자를 가지고 갔다.

메치니코프는 이 누에나방이 '자연스러운 죽음' 즉 사고나 질병으로 인해 비롯된 것이 아닌 "생물체 스스로에 의해, 가장 깊은 내면에서 우

---

318) EM, 「40년(Sorok let)」, 40.

319) ZIIM, 184.

372 IV. 요구르트가 전부는 아니다

러나는 힘으로"[320] 비롯된 죽음을 연구할 수 있는 모델이 되리라 믿었다. 누에나방은 내적으로 미리 정해진 원인에 의해 죽음에 이르기까지 한 달 정도를 생존하므로, 이것이야말로 자연적인 죽음에 해당된다고 본 것이다. 누에가 부화를 시작할 때면 거실에 놓인 탁자며 벽난로 위의 선반 전체가 하얀 흔적들로 가득했다. 1915년 10월 『파스퇴르 연구소 연보』에 실린 이 연구의 결과는 메치니코프가 생전에 마지막으로 발표한 논문[321]이 되었다.

아이러니하게도 메치니코프는 무장 갈등으로 수백만 명의 생명이 전혀 자연스럽지 않은 죽음에 이르게 될 사태가 임박한 시기에 '자연스러운' 죽음을 연구하고 유럽에 평화가 지속될 것이라는 낙관적인 발언을 이어 갔다. 한 신문에 기고한 글에서 그는 다음과 같은 의견을 전했다.

"최근까지만 해도 대중 앞에서 발언을 할 때마다 칼을 차고 있던 전 세계 지도자들도 이제는 평화를 바라고 있다.[322] 그러므로 인류의 삶의 가치는 그 어느 때보다 고양될 것이다."

미래를 밝게 내다본 메치니코프의 견해에 근거가 전혀 없지는 않았다. 유럽이 수십 년간 대규모 전쟁을 피하려고 안간힘을 써 온 것만 보아도 그랬다. 나중에 '제1차 세계대전'이라 칭해진 전쟁이 터지고 서로를 향한 반감이 폭발하기 전까지, 그는 문명의 발전으로 폭력적인 갈등은 사라질 것이라 확신했다.

메치니코프는 어린아이일 때부터 폭력을 극히 혐오했다. 다섯 살 때

---

320) EM, 『자연 연구(Etiudy o prirode)』, 257.

321) EM, "뽕나무 나비의 죽음: 죽음학(La mort du papillon du mûrier: Un chapitre de thanatologie)", 『연보』 29, no. 10 (1915): 477–96.

322) EM, "1909년까지 이루어진 미생물학의 발전에 관한 리뷰(Obzor glavneishikh uspekhov nauki o mikrobakh za 1909 god)", 『러스키 베도모스티(Russkie Vedomosti)』, 1910년 1월 1일, 13.

잔뜩 겁에 질려 엄마 치마폭에 매달린 채 난생처음 목격한 폭력의 장면이 평생 동안 그의 머릿속에 생생하게 남아 있었다. 떼 지어 몰려온 경기병들이 폭동을 일으킨 농민들을 무자비하게 두들겨 패다가, 한 여성을 바닥에 내리꽂고 입속에 강제로 흙을 집어넣는 모습이었다.

"이 사건이 그이를 평생 따라다니며 야만스러운 행위와 폭력이라면 일체 혐오하게 만들었다."[323]

올가는 이렇게 설명했다.

7월 28일, 오스트리아·헝가리 제국은 세르비아와의 전쟁을 선포했다. 이제 어느 누구도 막을 수 없는 사태가 도미노처럼 이어졌다. 오스트리아의 동맹국이던 독일이 재빨리 이 싸움에 가담하여 러시아와 맞서기 시작하자, 러시아와 동맹 관계에 있던 프랑스와 영국이 동원되었다. 그럼에도 메치니코프는 전쟁이 실제로 발발한다는 사실을 믿지 않으려 했다. 그러나 영국의 한 대변인이 밝힌 것처럼, 전 유럽의 등불은 이미 다 꺼진 상태였다.

비바람이 거세던 8월 1일 밤, 메치니코프는 이웃집 문을 쾅쾅 두드리는 소리에 잠에서 깼다. 환한 불빛 아래 랜턴을 들고 말 등에 탄 남자들이 눈에 들어왔다. 징집 통지서를 전달하러 온 사람들이었다. 이틀 뒤, 독일은 프랑스를 상대로 전쟁을 선포했다.

생 레제 앙 이블린에서 세브르로 서둘러 돌아온 메치니코프는 파스퇴르 연구소로 발걸음을 재촉했다. 저녁에 귀가하는 남편의 모습을 보고 올가는 깜짝 놀랐다.

"그날 그이가 집에 돌아오던 모습을 절대 잊지 못할 것이다."[324]

---

323) ZIIM, 13.
324) ZIIM, 196.

올가는 이렇게 썼다.

"평소와 같이 기차역 정문에서 기다리고 있었는데, 저 멀리서 다가오는 그이를 바로 알아보지 못했다. 무거운 짐이라도 짊어진 것처럼 등이 구부정한 어느 나이 든 남자가 보일 뿐이었다. 늘 생기가 넘치던 모습은 온데간데없고 깊은 절망이 내려앉아 있었다. 남편은 갈라진 목소리로, 연구소가 군 당국의 통제를 받게 되었으며 연구 활동은 모두 엉망이 되어 버렸다고 말했다. 젊은 친구들은 다 징집되어[325] 실험실이 텅 비었다고, 파리가 포위당하면 먹이가 부족해질 수 있다는 우려로 실험동물들이 유인원도 예외 없이 모두 죽임을 당했다고 했다."

얼마 지나지 않아 파스퇴르 연구소 전체가 전쟁 준비에 활용됐다. 건물과 땅은 물론 연구소에 남아 있던 인력 대부분이 그 대상에 포함됐다. (230명의 직원들 중 절반 이상이 이미 징집된 상태였다.) 부지에는 막사가 설치되고 건물 복도에도 가건물이 추가로 더해져, 이질이나 수막염 등 전투에 나선 군인들에게 발생할 수 있는 감염질환을 막기 위한 백신과 의약품이 생산됐다. 연구소 동물사육장은 실험동물들 대신 소들로 채워져 병원과 아동 보호 시설에 보낼 우유를 마련했다. 전쟁이 시작되고 첫 몇 주간 파스퇴르 연구소가 공급한 티푸스 백신은 67만 회 투여 분량에 이르렀고,[326] 전쟁 기간 전체를 통틀어 수백만 회에 달하는 분량을 만들어 냈다. 독일이 한 차례 공격을 한 후 이곳에서 만들어 낸 파상풍 예방 혈청이 하루에 2만 병이었으니,[327] 유혈 사태가 어느 정도 규모였는지 짐작할 만하다.

---

325) 칼메트(Calmette), 『파스퇴르 연구소의 업적(L'oeuvre de l'Institut Pasteur)』, 463–82.

326) 위와 동일, 466.

327) 가스카르(Gascar), 『무슈의 입장(Du côté de chez Monsieur)』, 204.

독일군이 파리로 점점 가까이 진격하자 도시는 공포에 사로잡혔다. 파리 시민 수천 명이 서쪽으로 달아나고, 수도는 보르도로 옮겨졌다. 독일이 띄운 전투기 타우베가 파리 상공을 수시로 돌더니, 급기야 어느 날 메치니코프와 올가가 기차역을 벗어난 직후 역에 폭탄이 떨어지는 일까지 발생했다. 밤이 되면 어마어마한 규모의 탐조등이 이곳저곳을 정신없이 비추고, 먼 곳에서 대포 소리가 울려 퍼졌다. 한 기자는 당시 상황을 이렇게 전했다.

"파리에는 파리만 남았다. 기념물, 광장, 언덕, 강만 남은 황량한 파리에 고급 옷가게들은 모두 문을 닫고 뻬 거리와 루아얄 거리, 오페라 대로에는 허가받은 군 차량만 지날 수 있게 되었으니, 이 얼마나 놀라운 일인가."[328]

메치니코프는 파스퇴르 연구소에 남아 루를 돕기로 결심했다. 올가는 간호 교육을 받은 후 수술용 구급차에서 일했다. 텅 빈 실험실에서 메치니코프는 『현대 의학의 창시자: 파스퇴르, 리스터, 코흐』를 집필했다. 이 위대한 세 과학자들을 확실한 근거로 세워 과학의 가치를 밝히고자 한 것이다.

"사상 유례 없는 지금의 이 살육 사태가 앞으로 오랫동안, 사람들이 전쟁을 벌이지 않도록 하는 계기가 되기를 희망한다."[329]

책 머리말에서 그는 이런 바람을 밝혔다. 평화를 바라는 마음은 릴리의 남동생이자 그의 대자인 엘리에게 쓴 짧은 편지에도 담겨 있다.

328) 장 아잘베르(Jean Ajalbert), 『대도시, 파리에서(전쟁의 느낌)[Dans Paris, la grande ville (sensations de guerre)]』(파리: Éditions Georges Crès et cie, 1916), 9. 퀸(Quinn)의 저서 『마리 퀴리(Marie Curie)』(358)에 인용됨.
329) EM, 『개척자들(Osnovateli)』, 208.

"이 전쟁이 분명 마지막일 게다."[330]

메치니코프에게는 마지막이 된 이 전쟁은 그의 기력을 꺾어 버렸다. 심장은 앞선 해부터 고장 날 기미를 보이기 시작하더니, 불안감이나 비통함에 휩싸일 때마다 몸 상태가 약화되는 경향이 나타나자 (그리 이례적이지 않은 일이다.) 곧 함께 무너졌다. 심장 박동이 불규칙적으로 빠르게 뛰는 발작성 빈맥이 1914년 가을에 발생했고 이듬해인 1915년 봄에 또다시 그를 덮쳤다.

70대 나이에도 활기차던 메치니코프는 갑자기 구부정하고 움직임이 느릿느릿하고 아무 열의가 없는 노인으로 바뀌어 버렸다.

"전쟁으로 그이는 고목이 쓰러지듯 허물어졌다."[331]

몇 년이 지나 올가는 일기장에 이렇게 썼다. 그리고 그녀가 쓴 전기에 따르면, 거리에서 마주칠 때마다 주머니에서 사탕을 꺼내 주는 메치니코프를 아이들은 '산타클로스 할아버지'[332]라고 부르기 시작했다.

42. 진정한 은인

1915년 5월, 메치니코프의 친구들과 동료들은 파스퇴르 연구소 도서관에 모여 그의 일흔 번째 생일을 축하했다. 메치니코프는 직접 그린 도표를 하나 가지고 와서 사람들에게 보여 주었다. 자신의 가족들이 얼마나 짧은 생을 살았는지 나타낸 도표로, 남자 형제들은 40대나 50대에 세상

---

330) 메치니코프가 엘리 레미(Elie Rémy)에게 쓴 편지, 1914년 9월 2일. 사다(Saada) 개인 소장품.
331) 올가의 일기, 1944년 5월 16일. ARAN 584.6.4, 34-over.
332) ZIIM, 199.

을 떠나고 부모님과 여동생은 60대 중후반에 사망했다는 내용이 담겨 있었다. 그는 이러한 유전적 특성을 고려할 때 자신이 70세까지 산 것은 행운이라고 말했다.

메치니코프는 다른 자리에서도 이와 같은 사실을 강조하며 설명을 덧붙이곤 했다.

"내가 아주 옛날 사람이고, (제 첫 논문은 열여덟 살에 나왔지요.) 평생을 아주 크고 압도적인 불안감 속에서 살아왔다는 사실을 잊지 말아야 합니다."[333]

심장에 처음으로 이상 징후가 나타난 후, 그는 자신의 상태를 관찰하고 일기로 기록하기 시작했다. 이 일기에 그는 다음과 같은 글을 남겼다.

"식세포에 관한 맹렬한 비난으로 인해 내가 이미 훨씬 오래전에 죽음을 맞이했거나 지극히 허약한 상태가 되었다고 해도 무리가 아닐 것이다. …… 게다가 나는 이미 동맥경화의 증세가 나타난 쉰세 살에 이르러서야 합리적인 위생 조치를 취하기 시작했다."

메치니코프는 자신의 죽음으로 노화 이론이 치명타를 입게 될 수도 있다는 생각에 괴로워했다.

"위에서 설명한 상황을 감안해서, 내가 백 살 혹은 그 이상까지 살거라 기대했던 모든 이들이 너무 일찍 세상을 떠난 나를 '용서'해 주길 바란다."[334]

머릿속에서는 죽음의 공포를 이겨 내고 싶다는 욕구가 좀처럼 사라지지 않았다. 4년쯤 전에 메치니코프는 러시아에서 찾아온 한 손님에

---

333) EM, "기록과 일기(Dnevnik s zapisiami)", 1913년 10월 19일, p.4.
334) 위와 동일, 5.

게 자신은 이 두려움을 극복하지 못했다고 시인한 적이 있었다.[335] 70세 생일에 쓴 일기에서 "이제 나는 죽음이 두렵지 않다고 말할 수 있다"[336]라고 선언했지만, 이 문제를 계속 거론한다는 것 자체가 그 말이 사실이 아님을 시사한다. 그를 잠식한 두려움은 사라지기는커녕 뇌리를 떠나지 않는 걱정으로 변형되어 나타났다. 가까운 사람들의 행복이 그 걱정의 주된 요인이었다.

"사랑하는 사람들의 행복과 건강에 대한 걱정은 점점 커지기만 한다. 예전에는 대체 이 걱정들을 어떻게 감당하고 살았는지 모르겠다."

메치니코프는 일기에 이렇게 털어놓았다.

1915년 12월 초에 한 차례 감기를 앓고 난 후 메치니코프의 건강은 급속히 악화됐다. 심장 상태도 계속 나빠져 호흡 곤란 증세를 겪었고 한번씩 숨을 쌕쌕거리거나 기침을 쏟아 냈다. 기침에서 피가 묻어나는 일도 있었다. 밤이 되면 상태는 더욱 나빠졌다. 푹 잠들지 못하는 일이 다반사였고 겨우 잠들어도 땀에 흠뻑 젖어 괴로워하며 깨어났다. 메치니코프와 올가는 파스퇴르 연구소 병원 위층에 마련된 작은 아파트로 거처를 옮겼다. 이곳에서 메치니코프는 치료도 받고, 몸져누운 상태에서도 발길이 끊이지 않는 손님들을 맞이할 수 있었다. 친구들, 제자들, 동료들, 러시아 언론의 기자들, 정치인들, 모두가 '메치 아저씨'를 만나러 찾아왔다.

"병을 앓는 동안 측은할 정도로 온화하고 자상해졌지만 직설적으로 의견을 피력하는 성질은 여전했다. 하지만 그런 일로 사람들의 마음이

---

335) 안치페로프(Antsiferov), 『과거의 생각으로부터(Iz dum o bylom)』, 271.

336) EM, "기록과 일기(Dnevnik s zapisiami)", 1915년 5월 16일, p.11.

상하는 일은 더 이상 벌어지지 않았다. "[337]

올가는 남편의 전기에서 이렇게 썼다.

일흔한 번째 생일이 하루 지난 1916년 5월 16일, 메치니코프는 연필을 쥐고 덜덜 떨리는 손으로 다음과 같은 글을 남겼다.

"병상에 오래 누워 있지 않고 빨리 세상을 떠나고 싶었던 내 꿈은 실현되지 않았다. 다섯 달 넘게 병상에 누워서 지냈다. "[338]

죽음에 대한 본능이 어떤 형태로도 느껴지지 않는 것도 그에게 실망감을 안겨 주었다.

"건강을 되찾아 계속 살고 싶은 나의 욕구는 부분적으로 현실적인 상황 때문인 것 같다."

그는 변명하듯 이렇게 밝혔다.

"전쟁으로 러시아의 수입원에 문제가 생겼다. 내가 죽고 나면, 서툴기만 한 내 아내가 심각한 곤경에 처할지도 모른다."

메치니코프가 직접 쓴 일기는 이것이 마지막이었다.

6월 18일에 그는 올가에게 장문의 일기를 받아 적어 달라고 부탁했다. 자신의 이론을 방어하기 위한 관찰 결과가 그 내용이었다. 메치니코프는 자신이 예상보다 일찍 삶을 마감하게 된 것을 유전적으로 수명이 짧기 때문이라고 보았다. '생의 본능'은 그의 예견대로 최근 몇 년 동안 약화되었지만, 같은 세대에 속한 다른 어떤 미생물학자들보다도 늦은 나이까지 연구를 활발하게 이어 왔다. 그는 이 모든 것이 "섭생으로 얻을 수 있는 성과가 실제로 나타났음을 보여 주는 증거"[339]라고 밝

337) ZIIM, 209.

338) EM, "기록과 일기(Dnevnik s zapisiami)," 1916년 5월 16일, p.13.

339) 위와 동일, 1916년 6월 18일, p.17.

했다. 메치니코프는 생의 종말이 가까워진 시기에도 자신이 맞을 운명 못지않게 자신이 주창한 이론의 운명을 걱정한 것이다.

6월 말, 루의 제안으로 메치니코프 부부는 덥고 답답한 병실을 나와 파스퇴르 연구소 건물 위층 북쪽의 아파트로 옮겨갔다. 바람이 더 잘 드는 이곳은 옛날에 루이 파스퇴르가 주거 공간으로 사용하던 곳이었다. 화려하게 장식된 가구들로 채워진 이 아파트에는 피아노도 있어서, 올가는 메치니코프가 좋아하는 곡을 연주하곤 했다. 거처를 옮겨서 메치니코프가 가장 기뻐한 점은, 같은 층에 마련된 갤러리를 통과하여 건물 반대쪽으로 건너가기만 하면 바로 자신의 실험실이 나온다는 사실이었다. 그는 언젠가 그곳으로 돌아갈 수 있을지도 모른다는 희망을 여전히 놓지 않고 가끔씩 떠올리곤 했다.

이제는 산소가 공급되지 않으면 거의 숨을 쉬지도 못하고 아편 주사 없이는 잠을 이루지 못하는 상태가 되었다. 심장도 한층 더 약해져서 빈맥이 계속 이어졌다. 오른쪽 폐에 충혈이 생기고 폐 내막에는 물이 차올랐다. 갈수록 심해지는 기침에 계속 피를 뱉어 냈다.

7월 중반이 다가오던 어느 날, 메치니코프는 과거 제자이자 칼미크 스텝스로 함께 탐사를 떠난 적도 있는 의사 알렉산드르 살림베니 Alexandre Salimbeni에게 말했다.

"저기 말이야, 이번 주가 내 마지막이 될 걸세. 자네가 내 부검을 해야 해."[340]

임종을 앞두고도 장난기가 여전했던 그는 덧붙여 당부했다.

"자네는 뭔가에 정신이 팔리면 꼭 머리가 옆으로 기울어지더니 지금

---

340) 데렐(d'Hérelle), "자서전(Autobiographie)", 171.

도 그렇군. 좀 슬퍼 보이기도 하고 말이야. 그러지 말게. 별로 중요한 일도 아냐."

제자를 위로하면서 자기 자신을 달래려고 노력한 것인지도 모른다.

7월 15일 오후,[341] 숨이 막혀 오는 증상을 느낀 메치니코프는 살림베니에게 물었다.

"자네는 내 친구지 않나. 말해 보게, 이제 끝인가?"[342]

살림베니는 아니라고 했지만 메치니코프는 부검에 대해 다시 이야기했다. 장을 특히 주의 깊게 살펴보라는 지시가 이어졌다.

"제발 부탁이에요, 여보. 그렇게 무리하게 움직이지 말아요. 그러다 더 안 좋아져요."

메치니코프가 몸을 거칠게 움직이는 모습을 보고 올가는 이렇게 애원했다. 하지만 아무 대답도 돌아오지 않았다.

"고개를 들어 보니, 그이의 머리가 뒤로 젖혀져 베개 위에 놓여 있고 얼굴은 푸르스름하게 변해 있었다. 반쯤 닫힌 눈꺼풀 뒤로 눈도 돌아가 있었다……. 아무 말도, 아무런 소리도 없었다. …… 모든 것이 끝났다……."[343]

구름이 잔뜩 낀 7월 18일 아침, 메치니코프의 친구들과 학생들, 그리고 프랑스와 러시아의 정부 대표들이 파리 페르라세즈Père-Lachaise 공동묘지 한쪽에 신전처럼 서 있는 돔 지붕의 유골 안치소를 가득 채웠다. 메치니코프의 시신이 소각로를 가린 검은색 커튼 뒤로 사라지고

---

341) 올가의 전기에는 메치니코프가 숨진 날짜가 정확히 나와 있지 않다. 7월 16일로 잘못 기재된 자료도 있으나, 파리 껭지엠 지역사무국(Mairie du Quinzième Arrondissement de Paris)에서 발행된 사망 진단에서는 메치니코프가 1916년 7월 15일 오후 5시 30분에 사망한 것으로 명시되어 있다. (ARAN 584.2.208)

342) ZIIM, 218.

343) 위와 동일.

화장이 진행되는 동안 모두 무거운 침묵 속에 앉아 있었다. 생전에 그의 바람대로, 또 과장된 의식을 극히 싫어하던 사람임을 모두가 알기에, 연설이나 종교적인 의식은 치러지지 않았다. 화환도 전혀 없었다. 초췌한 모습의 올가는 창백한 얼굴로 열세 살이 된 릴리와 함께 맨 앞줄에 앉아 있었다. 릴리는 나중에 그날을 떠올리며, 한 시간 정도 화장을 기다리는 동안 올가가 내내 자신의 손을 붙잡고 한 번씩 단단히 힘주어 쥐곤 했다고 전했다.[344] 화장이 끝나고 파스퇴르 연구소로 돌아가는 차 뒷좌석에는 메치니코프의 유골이 담긴 자그마한 붉은색 대리석 단지가 놓여 있었다. 유골은 그의 요청대로 영원히 머물고 싶어 하던 연구소에 놓았다.

신문마다 전쟁 소식이 넘쳐나던 시기였지만 메치니코프가 세상을 떠났다는 사실은 전 세계에서 주요 뉴스로 다루어졌다.『르 피가로』지는 제1면의 상당한 지면을 할애하여, '전쟁 713일째'를 알리는 머리기사와 나란히 메치니코프의 부고를 실었다. 전시 기간에 걸맞은 애국주의가 물씬 담긴 문장으로 그를 칭송하는 내용이었다.

"메치니코프는 우리의 일원이었다. 존경스러운 그의 삶에서 가장 왕성하게 활동했던 시절을 우리와 함께 일하고, 우리의 언어로 가르치고 글을 썼으며, 우리말의 의미와 재미를 표현하는 데도 통달했던 사람이었다. 프랑스는 이런 그를 영원히 기리며 그에게 감사할 것이다."[345]

해외 언론들도 예외 없이 메치니코프에게 찬사를 보내고 그를 "자신의 분야를 통솔한 사람"[346]이라 평가했다.『네이처Nature』지는 메치니코

---

344) 사다 레미(Saada-Rémy), "릴리의 추억(Souvenirs de Lili)", 31

345) 비앙송(Bianchon), "엘리 메치니코프(Elie Metchnikoff)"

346) "엘리 메치니코프(Elie Metchnikoff)",『네이션(Nation)』, 1916년 7월 20일, 53.

프를 가리켜 '과학계의 가장 훌륭한 인물 중 한 사람'[347]이라 전하고 『영국 의학 저널』은 "과학계 전체가 (메치니코프의) 죽음을 애도할 것이다. 그의 연구는 병리학에 큰 변화를 가져왔다"[348]라고 보도했다.

메치니코프의 노화 연구에 대해서는 기사마다 한결 신중한 어조가 나타난다. 『네이션Nation』지는 논란은 있지만 모두 이겨 낼 만큼 충분한 업적을 거두었다는 사실을 독자들에게 상기시켰다.

"메치니코프가 내린 결론들 가운데 일부는 옹호하기가 힘들고 그가 믿었던 이론 중 몇 가지는 상당히 급진적인 것도 사실이지만, 세상을 깜짝 놀라게 하는 이론들을 통해 그가 위대한 인물임이 입증되었다는 점에는 의심의 여지가 없다."[349]

뉴욕에서 발행된 영향력 있는 주간지 『리터러리 다이제스트Literary Digest』는 메치니코프가 제안한 식생활을 언급했다.

"이 문제를 쉴 새 없이 제기한 탓에 명성이 우스꽝스러워질 위험에까지 처했지만, '장수'에 관한 메치니코프의 설교는 그가 남긴 업적 중 가장 미약한 부분일 뿐이다."[350]

예상대로 메치니코프의 죽음은 그의 장수 이론을 추종하던 사람들에게 큰 충격으로 다가왔다. 여러 헤드라인을 통해서도 그 심정이 오롯이 전해졌다. 『로스앤젤레스 타임스』가 "메치니코프가 할당된 150년의 수명을 채우지 못하고 세상을 떠났다"라고 전한 데 이어 『시카고 데일리 트리뷴』은 "노년기의 '발효유 치료법'을 주창하던 인물이 심장병

---

347) 랭키스터(Lankester), 『엘리아 메치니코프(Elias Metchnikoff)』, 443.

348) "부고", 『영국 의학 저널』, 130.

349) "엘리 메치니코프(Elie Metchnikoff)", 『네이션(Nation)』, 1916년 7월 20일, 54.

350) "수명을 늘리려던 사람(The Man Who Tried to Lengthen Life)", 『리터러리 다이제스트(Literary Digest)』, 뉴욕, 1916년 10월 7일. ARAN 584.2.216. 4.

으로 사망했다"라고 알렸고, 『커런트 오피니언Current Opinion』지는 '죽음을 이겨 내려 애쓰던 위대한 과학자, 숨지다'라는 헤드라인을 실었다.

한편, 『선데이 타임스Sunday Times』는 특유의 절제된 표현 방식으로 다음과 같이 전했다.

"과학의 극히 까다로운 문제들을 별 어려움 없이 해결해 내던 메치니코프 교수의 죽음은 수명에 대한 그의 믿음과 현실의 분명한 차이를 드러냈다."[351]

『메디컬 타임스Medical Times』는 더 노골적으로 표현했다.

"지극히 영리하고 날카로운 사람의 머릿속에서 싹튼 이 괴이한 아이디어도 그 창안자와 같은 운명을 맞이한 것으로 보인다."[352]

몇몇 사망 기사에서는 메치니코프가 역사에 어떻게 남을 것인지에 대한 추측을 내놓았다. 『뉴욕타임스』는 "발견자이자 인류의 진정한 은인, 그리고 모두를 놀라게 하면서도 정감 있는 이론을 제시한 인물"[353]로 기억될 것이라 예측했다.

그러나 그 예측은 빗나갔다. 실제 결과와 가장 근사한 예측은 『사이언티픽 아메리칸Scientific American』의 기사에서 찾을 수 있다. 이 잡지에서는 '미생물학자들의 최고참'이 사망했다는 소식을 전하며 "과학적인 명성이 항간에서 왜곡된 사례를 정리해 보는 것도 흥미로운 일이 될 것"[354]이라고 설명했다. 그리고 추가적으로 전했다.

"메치니코프는 발효유를 옹호한 인물이자, 인간은 150세까지 살아

351) "메치니코프와 노년기(Metchnikoff and Old Age)", 『선데이 타임스(Sunday Times)』, 1916년 6월 23일. ARAN 584.2.216, 24.

352) 『메디컬 타임스(Medical Times)』, 1916년 7월 16일, ARAN 584.2.216, 44.

353) "메치니코프", 『뉴욕타임스(New York Times)』 1916년 7월 17일, 10.

354) "미생물학자들의 최고참(The Dean of Bacteriologists)", 『사이언티픽 아메리칸(Scientific American)』, 98.

야 한다고 생각했지만 정작 자신은 일흔한 살에 사망한 인물로 후손들에게 기억될 처지에 놓였다."

43. 올가의 죄

1916년, 올가는 메치니코프가 세상을 떠나고 처음 홀로 겨울을 맞이했다. 당시 쉰여덟이던 그녀는 병과 절망, 외로움을 견디다 나중에 스스로 죄라고 여기게 된 일을 저질렀다. 사실상 어느 정도 죄라고 할 만한 일이기도 했다. 세브르의 집에서 올가는 철저히 혼자 지냈다. 지인들은 모두 징집되었거나 파리가 포위될 수 있다는 두려움에 다른 곳으로 떠났다. 루는 수술을 받고 입원 치료를 받고 있었다. 멀리서 전투기가 떨어뜨린 폭탄이 터지는 소리가 끊임없이 들려왔다. 난방에 사용할 연료가 턱없이 부족한 상황이라 올가는 감기에 걸려 심하게 앓게 되었고, 이제 더 이상 버티지 못할 것 같다고 느꼈다.

메치니코프의 서재에서 벽난로 앞에 우두커니 앉아 남편과 오랜 세월 주고받은 수백 통의 편지를 읽고 또 읽던 올가는 한 통씩, 편지를 불에 던지기 시작했다.

"그때 내가 눈물을 흘렸는지는 기억나지 않지만, 온몸을 떨면서 속으로 흐느꼈던 건 분명하다."[355]

올가는 일기에 그때의 일을 회상하며 기록했다.

"여러 해가 지난 지금 생각하면, 편지를 불태운 그날의 일은 살인 행

---

355) 올가의 일기, ARAN 584.6.5, 8-over.

위로밖에 여겨지지 않는다."

그녀는 메치니코프가 첫 번째 아내였던 루드밀라와 주고받은 편지도 모조리 태웠다. 생전에 메치니코프도 이 편지들을 '너무 사적인' 내용이라고 칭하면서 자신이 죽고 나면 없애 달라고 했었다. 올가 자신이 남편에게 쓴 편지들도 불길 속에 던져졌다.

"그이가 내게 쓴 편지만은 버릴 수가 없었다. 내가 곧 죽게 되리라 생각했기에, 그 편지들은 나와 함께 태워졌으면 하는 바람이 있었다."

이렇게 살아남은 400통의 편지들은 올가와 마찬가지로 앞으로 여러 불운을 겪을 운명이었다. 건강이 나아지자, 올가는 남편과 했던 약속을 지키기로 마음먹었다. 이미 그가 살아 있을 때부터 쓰기 시작한 전기를 완성하기로 한 것이다. 프랑스어, 러시아어, 영어를 비롯해 여러 언어로 출간된 메치니코프의 전기는 생계유지에 도움이 되었다. 1917년 10월 혁명 이후, 소비에트 정권이 올가의 가문이 소유한 부동산을 몰수한 바람에 주된 수입원이 사라진 상황이었다. 파스퇴르 연구소에서 지급되는 연금으로 겨우겨우 살아가면서, 피아노를 팔아 (당시로서는 상당히 큰돈이었던) 3만 프랑을 마련하고[356] 파리의 갤러리에서 전시회를 열어 직접 그리고 조각한 작품 60여 점도 판매했다. 세브르의 집도 팔고 파스퇴르 연구소 내에 있는 작은 공간으로 거처를 옮겼다. 일명 '이즈바 izba'(러시아어로 '농가의 오두막'을 뜻한다.)로 불리는 곳이었다. 그곳에서 올가는 러시아 혁명 이후 프랑스로 도망쳐 온 가족들을 돌보고, 프랑스 내에서 숨을 곳을 찾는 러시아 출신 과학자들을 위해 루의 도움을 받아 가며 힘을 보태느라 분주한 나날을 보냈다.

---

356) 크레삭(Cressac), 「루 박사(Le Docteur Roux)」, 171. 1923년 전시회 카탈로그(ARAN 584.6.41).

루와는 메치니코프가 살아 있을 때처럼 친밀한 관계를 유지했지만 표면적으로는 그 이상 가까워지지 않았다. 루의 조카딸인 마리 크레삭Mary Cressac이 쓴 전기에는 루가 결혼을 하지 않고 살면서 유부녀인 마리 들래트르Marie Delaître와 수년간 연인 사이로 지냈다는 주장이 담겨 있다. 이와 함께 크레삭은 올가와 삼촌의 관계는 메치니코프가 세상을 떠나기 전과 후 모두 부차적인 수준에 머물렀다고 전했다.[357]

"적어도 겉으로 드러난 것으로는 메치니코프의 죽음이 올가 메치니코프와 에밀 루의 관계에 아무런 변화도 가져오지 않았다. 삼촌은 올가를 만날 때마다 계속해서 신중을 기했다."[358]

올가는 파스퇴르 연구소 내에 남편의 논문과 소지품을 전시할 기념 공간을 마련하고 싶어 했지만, 제1차 대전과 이후 혼란스러운 상황이 이어지면서 결국 그 계획은 실현되지 못했다. 그때 소비에트 연방에 머물던 메치니코프의 제자에게서 연락이 왔다. 그의 물건들을 러시아로 보내 달라고 간청하는 내용이었다. 그리하여 1926년, 올가는 메치니코프와 관련된 문서와 각종 물품을 모스크바로 직접 가져다주었다. 모스크바와 인접한 외곽 지역에 그의 제자들이 설립한 '모스크바 메치니코프 세균학 연구소Metchnikoff Moscow Bacteriology Institute'에 위치한 남편의 박물관[359] 개관식에도 참석했다.

"그이의 초상화가 작은 예배당처럼 꾸며진 박물관에 모두 전시되어 있었단다. 엘리가 이곳 러시아에서 얼마나 숭배받는 인물인지, 아마

357) 크레삭(Cressac), 「루 박사(Le Docteur Roux)」, 107.

358) 위와 동일, 171.

359) 전(前) '모스크바 메치니코프 세균학 연구소'는 현재 '메치니코프 바이오메드 사'로 바뀌었다. 연구소에 마련된 메치니코프 박물관은 그대로 남아 있지만 전시품은 대부분 사본이다. 원본 자료는 러시아 과학아카데미 기록보관소(ARAN)에 있고, 나머지는 라트비아 리가에 위치한 파울 스트라딘스(Pauls Stradins) 의학역사 박물관에 소장되어 있다.

너는 상상할 수 없을 거야!"[360]

릴리에게 쓴 편지에서 올가는 이렇게 전했다.

하지만 미처 태울 수 없었던, 남편이 보낸 편지 뭉치는 가장 소중한 물건들과 함께 챙겨서 어디를 가든 가지고 다녔다. 1933년, 루가 세상을 떠난 뒤 일흔다섯 살의 올가는 파스퇴르 연구소를 떠나 프랑스 남부 코트다쥐르의 라 파비에흐La Favière라는 해변 마을에 얼마간 머물렀다. 러시아 혁명 이후 고향을 떠난 수많은 백계러시아인White Russina(볼셰비키 혁명 반대 세력)들이 정착한 곳이었다. 1940년 5월, 독일이 프랑스를 점령하자 올가는 메치니코프의 편지를 안전하게 지키지 못할 것만 같은 두려움을 느끼고 그것을 모두 모스크바의 박물관에 보내려고 했다. 하지만 전쟁이 번진 유럽에서는 불가능한 일이었다. 1943년 가을, 적군이 프랑스 남부를 덮치기 일보 직전이라는 소식이 전해지자, 그녀는 남편의 편지를 비밀 장소에 숨겨 둔 채 여든네 살의 병든 몸을 이끌고 적에게 점령된 파리로 돌아갔다.

프랑스와 미국의 군대가 마침내 파리를 되찾기 한 달 전인 1944년 7월 24일, 올가는 파스퇴르 연구소 병원에서 세상을 떠났다. 그녀가 남긴 유언에는 생애 마지막까지 메치니코프를 향한 마음을 지켜 왔다는 사실이 그대로 담겨 있다. 죽은 뒤 화장해서 파스퇴르 연구소 도서관에 놓인 메치니코프의 유골에 자신의 유골을 더해 달라는 소망을 남긴 것이다.[361] ("거기에 내가 돌아갈 공간은 있겠지."[362] 남동생에게 쓴 편지에서 올가는 이렇게 말했다.) 하지만 전후 어수선하던 시국 탓에 그 요청은 받아들여지지 않았다. 대신

---

360) 올가가 릴리에게 쓴 편지, 1935년 10월 20일. 사다(Saada) 개인 소장품.

361) 올가가 남동생에게 쓴 편지. 유서 포함된 편지 초고. ARAN 584.6.5, 7.

362) 위와 동일.

그녀는 프랑스 남서부의 바뇌 공동묘지에 묻혔다.

올가가 메치니코프에게 받은 400통의 편지는 제2차 세계대전이 끝나고 올가의 올케 중 한 사람이 소련 대사관의 도움을 받아 프랑스 남부에서 겨우 찾아냈다.[363] 이 편지들은 모스크바로 보내져 현재 '메치니코프 기금'으로 운영되는 러시아 과학아카데미 기록보관소Archive of the Russian Academy of Sciences에 보관되어 있다.

44. 사라지다

레오 톨스토이의 딸인 알렉산드라 톨스타야Alexandra Tolstaya는 1920년대에 일본을 방문했다가 누군가 메치니코프의 이름을 일본식 발음으로 크게 외치는 소리를 듣고 깜짝 놀랐다.

"아침마다 아주 깔끔한 흰색 가운을 입고 모자를 눌러쓴 배달부 소년이 자전거에 메치니코프의 요구르트를 싣고 목청껏 외쳤다. '이리야, 이리야!' 일리야 메치니코프를 가리키는 말이었다. (이곳에서는 r과 l의 발음이 거의 비슷하다.)"[364]

톨스타야는 자서전에서 그때의 일을 이렇게 회상했다. 교토의 미생물학자 시로타 미노루Minoru Shirota가 메치니코프의 연구에 영감을 받아 1935년 '야쿠르트Yakult'라는 제품을 출시하면서, 메치니코프가 남긴 업적은 일본의 유제품 산업과 한층 더 긴밀한 관계를 맺게 되었다. 야쿠르트는 젖산균을 인위적으로 다량 집어넣은 발효유이다.

---

363) 가이시노비치(Gaisinovich), 「일과 나날(Trudy i dni)」, 11–14.

364) 알렉산드라 톨스타야(Alexandra Tolstaia), 「딸(Daughter)」(모스크바: Vagrius, 2000), 462.

요구르트는 메치니코프가 일으킨 열풍 덕에 발효유 중에서도 가장 큰 인기를 얻었다. 그가 세상을 떠나고 10~20년이 지난 후에도 세계 어디든 그의 이름을 모르는 사람이 없었던 이유도 대부분 요구르트와 관련이 있었다. 『사이언티픽 아메리칸』의 예측이 맞은 셈이다. 르 페르 망은 메치니코프가 세상을 떠난 후 문을 닫았고 에밀 레미도 징집되었 지만, 나중에 유제품 업계의 공룡으로 발전한 몇몇 업체들이 등장하여 계속해서 메치니코프의 이름을 건 제품들을 내놓았다.

1919년, 바르셀로나에서는 다농Danone이라는 작은 회사가 점토로 만 든 용기에 담긴 발효유를 장이 불편한 아이들에게 도움이 된다고 광고 하며 약국에서 판매하기 시작했다. (나중에 미국에서는 'Dannon'이라는 이름으로 알려진다.)

"주석이 도금된 구리 통에 우유를 담고 열을 가하면서 나무 젓개로 일일이 저어 줍니다."[365]

창립자의 아들인 다니엘 카라소Daniel Carasso는 오래전 회사가 만든 제 품 소개 자료에 이런 설명이 들어갔다고 전했다.

"그리고 피펫을 이용하여 요구르트 배양액을 각 용기에 첨가합니다. 우리 회사는 파스퇴르 연구소에서 공급받은 미생물을 사용합니다."

10년 뒤 이 제품은 파리로 건너와 "다농 요구르트. 파스퇴르 연구소 메치니코프 박사가 권장한 방법대로 만들고 의학계 전문가들이 추천한 제품"[366]이라는 문구가 적힌 스티커를 달고 유제품 판매점에 진열됐다.

같은 해인 1919년에, 미국의 존 하비 켈로그는 『자가 중독』에서 메치 니코프가 일찍 사망한 사실을 그가 제시한 장수 이론의 가치를 논하는 근거로 삼을 수는 없다고 주장했다.

365) 「다농 스토리: 1919–2009(The Danone Story: 1919–2009)」(Danone Corporate Communications, 2009), 5.
366) 위와 동일, p.6.

"이 위대한 과학자의 사망 소식이 대서양을 건너 전해졌을 때, 수천 명의 사람들이 마음 깊이 아쉬워했다. 그렇다고 메치니코프의 철학이 실패한 걸까? 우리는 그 대답이 '아니오'임을 잘 알고 있다. 다시 한 번 힘주어 대답하건대, '실패하지 않았다.'"[367]

켈로그는 '메치니코프의 실수'라는 소제목을 붙인 장에서 우유를 시큼하게 만드는 균을 섭취하는 것으로는 부족하다고 단언했다. 켈로그 자신이 굳게 믿었던 것처럼, 메치니코프도 관장을 통해 장을 말끔하게 세척했어야 한다는 견해도 피력했다.

몇 년이 지나 설파제가 개발되고 항생제가 등장하자 발효유는 건강 개선에 도움이 되는 방법에서 뒤로 밀려났다.[368] 이러한 약들은 체내 미생물을 없애는 효과가 어찌나 강력한지 장내 세균총에 대한 사람들의 관심까지 싹 없앤 것 같다.[369] 장의 미생물을 바꾸는 것이 아니라 아예 없애는 것이 새로운 관심사로 떠올라 강조되기 시작했다. 가끔 장내 세균총과 노화에 관한 메치니코프의 견해가 수면 위로 떠올랐지만 대부분 묵살됐다.

"해로운 장내 세균이 발생시키는 독성으로 인해 노년기 생체 조직이 변화한다는 메치니코프의 생각은 그의 상상력이 판단력보다 훨씬 앞서 나갔다는 증거다."[370]

메치니코프에 관한 글을 찾아보기 힘들던 1940년대 초에는 『네이처』 지에 이와 같은 글도 실렸다.

---

367) 켈로그(Kellogg), 『자가 중독(Autointoxication)』, 307–13.
368) 포돌스키(Podolsky), "의학 기술(The Art of Medicine)", 1811.
369) 리(Lee)와 브레이(Brey), "미생물군의 영향(How Microbiomes Influence)』, 7.1.
370) 페트리(Petrie), "과학 연구(The Scientific Work)," 548.

제1차 세계대전 이후 식세포 연구뿐만 아니라 면역학 연구가 전체적으로 하향세에 접어들었다. 만병통치약이 될 줄 알았던 혈청 치료는 결국 그 기대에 부응하지 못했다. 게다가 과학사가인 아서 실버스타인이 지적한 것처럼 이제 면역학도 수월하게 성과를 거둘 수 있었던 좋은 시절이 다 지나갔다.[371] 인체의 면역 기능에 관한 연구가 계속되는 경우에도 대부분 항체에 초점이 맞추어졌다. 메치니코프가 남긴 과학적인 유산은 전 세계 학계에서 희미해지고, 그의 존재도 사람들의 기억에서 흐려졌다.

그러나 메치니코프의 고향에서는 정반대되는 일이 벌어졌다.

미하일 블가코프Mikhail Bulgakov가 1920년대 중반에 발표한 소설 『개의 심장The Heart of a Dog』에는 젊음을 되찾는 기적 같은 방법을 찾는 연구로 유명해진 모스크바의 의사 필립 필리포비치 프레오브라젠스키가 등장한다. 그는 거리에서 만난 개 한 마리를 집에 데려다 놓는데, 어느 날 집에 돌아와 개가 박제된 부엉이를 잘근잘근 씹어 놓고 책상 위에 있던 유리 액자를 망가뜨린 것을 보고 화가 나 채찍을 휘두르며 묻는다.

"너 왜 메치니코프 박사를 망가뜨렸어?"[372]

소비에트 연방으로 재탄생하기 전 러시아 제국에서 메치니코프의 초상화는 실제로 과학자가 책상 위에 꼭 갖추어 놓아야 할 필수품이었다. 과학 연구소 역시 그의 초상화를 반드시 벽에 내걸었다. 그러다 터무니없을 정도로 아이러니한 일이 벌어졌다. 볼셰비키 혁명이 끝난 직후부터 메치니코프에게 이데올로기적인 명예가 덧씌워진 것이다. 그

371) 아서 M. 실버스타인(Arthur M. Silverstein), "자가 면역 vs. 자가 내성: 인정받기 위한 싸움(Autoimmunity Versus Horror Autotoxicus: The Struggle for Recognition)", 『네이처 이뮤놀로지(Nature Immunology)』 2, no. 4 (2001): 280.

372) 불가코프(Bulgakov), 『개의 심장(Sobach'e serdtse)』, 4장.

리하여 메치니코프는 역사에 남을 위인에서 소비에트 선전 전략에 따라 숭배할 대상이 되었다. 메치니코프가 조금만 더 오래 살았다면 분명 이 혁명의 희생양이 되어 수입원도 다 빼앗기고 연구에 필요한 자금도 마련하지 못했을 것이다. 또한 땅을 가진 지주이자 지식인인 그가 안경을 쓰고 쓰리피스 양복을 차려입은 모습은 볼셰비키 정권의 눈에 '가로등에 걸어 놓아야 할 놈들'에 해당되던 영락없는 '부르주아'였으리라. 더구나 메치니코프는 유대인 혈통이었다. 이 사실이 소비에트 정권에서 나온 전기에서는 중요치 않은 일로 다루어졌지만, 만약 그가 살아 있었다면 반유대 체제에 따라 혐오의 대상이 되었을 것이다.

하지만 이미 고인이 된 메치니코프는 아무 말도 할 수 없었다.

러시아 출신의 다른 저명한 과학자들과 군사지휘자, 작가, 음악가, 그리고 레닌은 물론 볼셰비키 정권의 다른 지도자들과 더불어 메치니코프는 러시아의 제정 황제 시대를 청산하기 위한 선전에 동원되었다. 페트로그라드에서 레닌그라드로 명칭이 바뀐 지금의 상트페테르부르크에 자리한 거대한 표트르 1세 병원도 명칭이 메치니코프의 이름으로 대체됐다. 그뿐만 아니라 수많은 국가기관, 전문협회와 소비에트 연방 곳곳에 설립된 수많은 대로, 거리, 도로도 메치니코프의 이름을 기리며 명명되었다. 그가 러시아를 떠나면서 냉정하게 돌아선 오데사의 두 연구기관, 즉 세균학 연구소와 (현재 '오데사 I. I. 메치니코프 국립 대학교'로 불리는) 노보로시야 대학교에까지 그의 이름이 들어간 것이 아마도 가장 아이러니한 일일 것이다.

이처럼 모순된 상황 속에서도 위대한 과학의 영웅이라는 메치니코프의 명예는 굳건했다. 러시아에서 의사나 과학자로 활동하던 수십 명의 사람들이 파스퇴르 연구소에서 메치니코프의 수업을 들었거나 그의 실험실에서 교육을 받았다. 소비에트 연방의 1세대 미생물학자들은 모두 메치니코프를 고마운 스승으로 여기는 제자들일 정도였다. 게다가 메치니코프와 파블로프는 필자가 이 글을 쓰고 있는 시점까지, 러시아 과학자들 중에서는 유일하게 노벨 생리 · 의학상을 수상했다.

1945년 5월, 소비에트 연방에서 메치니코프 탄생 100주년을 기념하는 행사가 열렸다. 이들은 메치니코프가 마치 최근에 나치 독일을 상대로 거둔 소련의 승리에 직접 공이라도 세운 것처럼 그를 영웅적 인물로 강조했다. 크렘린 궁에서는 소련 인민위원회의가 모든 수단과 방법을 동원하여 메치니코프를 기념하기 위해 법령까지 마련했다. 상, 장학금, 메달, 명판, 동상, 전기, 영화, 연구 성과를 모은 도서 등 상상할 수 있는 모든 방법이 동원되었다. 보건부는 모스크바에서 사흘간 메치니코프의 업적을 알리기 위한 심포지엄을 개최하고 그를 '참된 Pravda' 인물이라 칭송했다.

"러시아인들에게 영광을 안겨 준 메치니코프의 업적에는 러시아 문화의 풍성함과 위대함이 담겨 있다. 그를 통해 러시아는 전 세계 과학계에 엄청난 공헌을 하게 되었다."[373]

소련은 곧 냉전 시대로 돌입하게 되었는데, 그때 메치니코프는 또다시 소환되어 서구 세계보다 소비에트 연방이 더 우수하다는 사실을 증명하는 러시아의 명사 목록에 포함되었다. 내가 고등학교에 다니던 시절, 생물 교과서가 아닌 역사 교과서에서 메치니코프와 마주한 것도 이런 이유에서였다. 그는 '제국 시절 러시아의 위대한 문화적 위인'으로 소개되었다. 나중에야 깨달은 사실이지만, 내가 그 역사책과 더불

---

373) 미테레프(Miterev), "일리야 일리치(Il'ia Il'ich)"

어 메치니코프의 존재까지 모두 잊어버린 것은 잘못이었다 하더라도, 그가 교과서에 소개되는 방식에 대해 의심을 품었던 것은 옳았던 셈이다. 메치니코프가 남긴 성과가 전 세계 과학계에서 희미해지자 이데올로기적 목적을 위해 동원되고 그 맥락에 맞추어 소개된 것이다.

이러한 간극은 1950년대부터 소련 인민회의의 법령에 따라 총 열여섯 권으로 완성된 메치니코프의『연구 모음집Academic Collection of Works』에서도 뚜렷하게 나타난다. 면역학 분야에서 메치니코프가 발표한 연구 자료를 모은 이 책의 서문에는 다음과 같은 설명이 들어가 있다.

"I. I. 메치니코프의 연구는 소비에트 면역학계를 위한 참고 자료로 꾸준히 활용되고 있다."[374]

소련 외에 다른 나라에서 활동하던 면역학자들에게는 생뚱맞은 소리였다. 메치니코프 탄생 125주년이 된 해에 발행된 러시아어 잡지『미생물학Mikrobiologia』에는 "유럽과 미국의 부르주아 과학자들이 러시아 생물학자인 메치니코프가 이룩한 불후의 업적을 은폐하려 한다"[375]라고 문제를 제기한 내용이 실려 있다. 학계에서 메치니코프가 등한시되는 현상 이면에 이데올로기적인 동기가 깔려 있다고 암시하는 부분이다. 이 잡지는 푸시킨의 말까지 인용하여 "선조를 존경하지 않는 것은 만행과 부도덕을 드러내는 최초의 징후"라고 꼬집었다.

사실 메치니코프가 사람들의 기억에서 희미해진 것은 만행이나 부도덕과는 아무런 상관이 없다. 20세기 후반에 이루어진 면역학 연구에서 식균 작용이 도외시된 결과일 뿐이다. 면역의 주된 핵심이자 가장

---

374) L. A. 질버(L. A. Zil'ber), "메치니코프의 면역학 연구(Immunologicheskie issledovaniia I. I. Mechnikova)", ASS, vol. 7, 544.

375) 밀레뉴스킨(Milenushkin), "메치니코프와 미생물학 역사에서의 그의 위치(I. I. Mechnikov i ego mesto vistorii mikrobiologii)," 536.

중요한 요소는 항체라는 시각이 여전히 지배적이었던 것이다.

1954년 미국 소아과학회 연례 회의에서 보스턴의 의사들은 설명하기 힘든 어떤 증후군에 대해 논의했다. 다섯 명의 어린아이들을 결국 숨지게 만든 이 병을 의사들은 '면역학적 역설'[376]이라 칭했다. 병든 아이들의 혈액에 항체가 다량 늘어났음에도 비극적인 결과가 발생했기 때문이다. 회의에 참석한 의사들 중에 몇몇도 비슷한 사례를 경험했다고 밝혔다. 샌프란시스코의 한 의사는 이러한 특징이 나타난 아이들 중 일부는 식균 작용을 하는 일부 세포가 혈액에서 거의 사라진 상태였다고 전했다. 하지만 누구도 그 말에 관심을 기울이지 않았다. 이 '역설적인' 면역 결핍증, 이제는 만성 육아종병이라 불리는 이 질병이 식세포의 기능 이상과 결핍에서 비롯된다는 사실이 밝혀지기까지는 수년이 더 걸렸다.

면역 기능에서 세포의 역할을 파악하기 위한 연구가 각광을 받게 된 1960년대와 1970년대에도 초점은 메치니코프의 식세포가 아니었다. 학계의 관심은 구하기도 쉽고 배양하기도 훨씬 쉬운 작고 동그란 림프구, 즉 T세포와 B세포에게 향했다. 한 저명한 학자가 당시 면역학계의 핵심 화두를 "T-B냐 아니냐, 그것이 문제로다"라고 요약할 수 있다고 말할 정도였다.[377] 긴 세월이 흘러 1980년, 소수의 과학자들이 메시나에서 차로 한 시간가량 소요되는 시칠리아섬 타오르미나라는 곳에 모였다. 그들은 거기에서 '메치니코프 이후 한 세기: 식균 작용의 과거와 미래'라는 제목으로 컨퍼런스를 열고 메치니코프가 지핀 횃불을 환히

376) 제인웨이(Janeway)외, "감마글로불린 과잉혈증(Hypergammaglobulinemia)", 388.

377) 닐스 예르네(Niels Jerne) [마이클 셀라(Michael Sela), 필자와의 인터뷰, 2008년 11월 4일]

밝혔다. 2년 뒤 발행된 이 컨퍼런스의 회의록[378]에는 메치니코프와의 인연을 부각시키기 위해 장소를 '메시나 지방'이라고 밝혔다. 그러나 식세포 연구는 이 상징적인 장소처럼 현대 면역학 연구라는 거대한 바다의 외딴섬과 같은 형편이었다. 이 행사에는 유럽과 북미 등에서 50명이 참석하는 데 그쳤는데, 같은 시기 미국 면역학회American Association of Immunologists의 회원 수는 3,000명에 달했다.

그 무렵에 면역학자들은 면역 기능이 면역계라는 복합적인 체계로 이루어진다는 사실을 받아들인 상태였다. 그런데 이후 그 하위 구조를 나누는 완전히 새로운 방식이 등장해 오늘날까지 전해진다. 여기서는 세포나 체액의 활동에 따라 면역을 구분하지 않는다. 세포와 다양한 구성 요소가 이루는 자연 면역과 적응 면역이 양립하여 면역계라는 하나의 시스템을 지탱한다고 보는 것이다.

메치니코프는 자연 면역 연구의 창시자로, 파울 에를리히는 적응 면역 연구를 시작한 인물로 여겨진다. 몸에 위협이 발생하면 가장 먼저 반응하는 자연 면역은 태어날 때부터 기능이 발휘되기 시작하여 전 생애에 걸쳐 변함없이 기능이 지속된다. 이것은 유전자에 의해 결정되며 선천 면역이라고도 한다. 적응 면역은 이름에서도 알 수 있듯이 각기 다른 위협에 특이적으로 적응하며 발휘되는 기능이므로 체계화에 더 오랜 시간이 소요된다. 또한 몸을 공격한 다양한 대상과 맞선 기억을 유지하므로 전 생애에 걸쳐 점차 기능이 향상되는 특징이 있다. (적응 면역 은 후천 면역 또는 획득 면역이라고 부르기도 한다.)

과거 면역 전쟁의 결과를 상기시키듯, 이 새로운 분류 방식이 등장

---

378) 카노브스키(Karnovsky)와 볼리스(Bolis), 『식세포-과거와 미래(Phagocytosis-Past and Future)』

한 초기에는 메치니코프의 업적이 에를리히보다 덜 중요한 것으로 여겨졌다.

자연 면역은 식세포의 작용을 비롯한 가장 오래된 면역 기전과 관련이 있다. 곤충, 벌레, 연체동물, 기타 무척추동물과 같은 원시적 생물에도 동일한 기능이 존재하며, 약 10억 년 전 다세포생물에서부터 등장한 기능으로 추정된다. 이에 비해 항체와 T세포, B세포 등을 통해 이루어지는 적응 면역은 오직 척추동물에서만 나타나는 방어 기전인데, 이런 사실에 비추어 보면 겨우 약 4억 5000만 년밖에 안 되었음을 알 수 있다. '메치니코프의' 자연 면역은 인간보다 훨씬 단순한 생명체에 공통적으로 존재하는 유서 깊은 기전이 종합된 기능이라는 점에서, 초기에는 시기적으로 늦게 발달한 '에를리히의' 적응 면역보다 원시적인 기능으로 여겨졌다. 게다가 적응 면역은 표적이 더욱 뚜렷하고, (전문용어로는 '특이적'이라 표현한다.) 기억이 저장되는 특징이 있어 더 정교하고 연구할 만한 가치도 높다는 인식이 있었다.

1970년대와 1980년대에 메치니코프의 면역을 연구한 사람들과 이야기를 나눠 보면, 모두 당시 과학계의 관심이 적응 면역에 쏠려 있었다고 회상한다.

"항체와 나중에 알려진 T세포는 분명 사람들의 마음을 사로잡았습니다. 제 생각에는 이 분야에서 연구하던 사람들의 95퍼센트가 그랬다고 봅니다."[379]

면역학 연구로 노벨상을 수상한 랄프 스타인먼Ralph Steinman도 인터뷰에서 이렇게 밝혔다. 저명한 베테랑 면역학자 아이라 멜먼Ira Mellman도

379) 랄프 스타인먼(Ralph Steinman), 필자와의 인터뷰, 2008년 12월 19일.

그의 생각에 동의했다.

"1980년대에는 면역학 분야에 똑똑한 사람들은 대부분 T세포와 B세포를 연구했습니다."[380]

똑똑하지만 그 대세에 합류하지 않았던 멜먼은 자연 면역이 그토록 오랫동안 뒤로 밀려나 있었던 데에는 중요한 이유가 있다고 설명했다.

"항체의 다양성을 파악한다는 것은 개념적으로 커다란 난관이었습니다. 수없이 다양한 외부 침입체에 인체가 어떻게 대응하는가? 이 물음은 거대한 철학적 질문이기도 했어요. 유전되는 특징들이 DNA에 어떻게 암호화되는가? 이런 의문과 같은 수준이었으니까요. 이 문제는 수십 년 동안 면역 연구를 이끈 동력이 되었습니다. 하지만 식세포는 별로 기능도 없고 지루하다고 여겨졌어요. 굳이 신경을 써야 할 이유가 없었지요. 식세포가 하는 일이라곤 정예요원인 T세포와 B세포가 현장에 당도하기 전에 시간을 벌어 주는 것이 전부라고들 생각했거든요. 또한 자연 면역이 적응 면역과 완전히 분리된 개념이라는 잘못된 생각을 하기도 했지요."

파스퇴르 연구소는 긴 세월을 지나며 파리 시민들로 북적이는 시내 한복판에 건물들이 조밀하게 들어선 캠퍼스로 변모했다. 그리고 여기에서도 예외 없이 이와 같은 상황이 벌어졌다. 붉은 벽돌로 지어진 6층짜리 거대한 건물 '메치니코프 빌딩Elie Metchnikoff Building'은 외부에 "본 캠퍼스에서 면역학 연구의 대부분이 이루어지는 곳"이라는 설명이 적혀 있지만 이 건물에 드나드는 사람 중에 메치니코프의 자연 면역을 연구하는 사람은 아무도 없었다.[381] 메치니코프에게도 상대적으로 덜 중요

---

380) 아이라 멜먼(Ira Mellman), 필자와의 인터뷰, 2011년 7월 25일.

381) 장 마크 카바용(Jean-Marc Cavaillon), 필자와의 인터뷰, 2012년 11월 8일.

한 분야를 창시한 인물이라는 불명예가 안겨졌다. 노벨상의 영광은 여전히 빛을 발했지만 다른 고매한 수상자들에 비하면 그 빛이 다소 약하다고 여겨졌다. 메치니코프가 완전히 잊힌 것은 아니라 하더라도, 그와 식균 세포의 존재는 종종 무시당하기 일쑤였다.

그러나 그토록 새카맣게 잊고 있던 존재가 다시 등장할 때, 충격은 한층 더 큰 법이다.

Ⅴ. 유산

45. 메치니코프의 삶

메치니코프가 어린 시절을 보낸 파나소브카 인근의 소박한 스텝 지역은 메치니코보로 이름이 바뀌었다. 하지만 그 모습은 150년 전, 어린 소년이던 메치니코프가 뛰놀던 때 그대로 거의 변함없이 남아 있는 듯하다. 풀과 약쑥이 카펫처럼 풍성하게 깔린 땅과 늘 허브 향기가 감도는 고요한 풍경을 깨뜨리는 건 간간히 끼어드는 거위 울음소리와 윙윙대는 파리 소리가 전부인, 상상의 나래를 무한히 펼칠 수 있을 만한 이곳의 풍경이 메치니코프의 연구를 이끈 상상력을 키웠을 것이다.

2009년에 찾아간 메치니코보에서 나는 구운 해바라기 씨의 냄새가 감도는 예스러운 마을을 발견했다. 사람들이 떠나가고 반쯤 비어 있는 마을을 이룬 세 개의 거리마다 회반죽을 바른 집들이 촘촘하게 서 있었다. 집에 살고 있는 사람은 대부분 한 사람이 전부이고, 여름철에만 사람들이 찾아오는 집들이 많았다. 젊은 사람들은 일자리를 찾아 큰 도시로 떠나고 은퇴한 노인들만 마을에 남아 땅을 빌려 주고 그 대가로 보리와 밀을 얻어 겨우겨우 생계를 이어 가며 살았다.

그곳에서 과거 공산당 지역 서기로 일했던 바실리 니콜라예비치 스트로예프Vasily Nikolayevich Stroyev를 만나 그의 집 거실에서 대화를 나눌 수 있었다. 그는 메치니코보가 국가의 상징적 인물을 배출해 낸 요람으로 주목받았던 소련 시절을 그리워했다. 이제는 영화와 공연, 축구 모두 과거의 추억으로 사라지고 메치니코프의 이름이 붙은 초등학교와 식료품 상점까지도 없어졌다. 메치니코프의 이름 외에는 그와 관련된 것이 별로 남지 않았다. 그의 사진이며 자료들은 문이 굳게 닫힌 마을의 어느 허름한 클럽 건물 벽에 걸린 삼베 액자에 핀으로 꽂힌 채 먼지를 잔뜩 뒤집어쓴 상태로 방치되어 있었다. 메치니코프의 가족이 살던 2층 벽돌집은 수십 년 전 소작농들에 의해 허물어졌다가, 이미 오래전부터 무성한 잡초로 뒤덮여 있었다. 국가의 상징을 드높이기 위해 나라에서 지원금이 쏟아지던 시절이 다 끝났음을 분명히 확인할 수 있었다.

메치니코보를 포함하여 우크라이나와 러시아 곳곳을 여행하는 동안 나는 소비에트 시대 이후에 고등학교를 다닌 젊은이들은 메치니코프를 들어 본 적도 없는 경우가 많다는 사실을 알게 되었다. 하지만 정부에서는 여전히 메치니코프가 필요했다. 볼셰비키 혁명 이후에도 그랬듯, 그는 과거 정부의 오점이 묻어 나지 않는 영웅이 되어 주었고, 이번에는 청산의 대상이 소비에트 정부였다. 하리코프에서는 '메치니코프 미생물·면역학 연구소Metchnikoff Institute of Microbiology and Immunology' 정면에서 그의 동상을 발견하고 감탄하며 바라보았다. 구소련 특유의 우상화 노력이 엿보이는 거대한 붉은 화강암 동상은 그리 멀지 않은 시기인 2005년에 메치니코프 탄생 160주년을 기념하며 마련된 것이다. 또 러시아 자연과학회Russian Academy of Natural Sciences에서는 최근 '노벨상 수상자 일리야 일리치 메치니코프 명예 메달'을 수여하기로 결정하고, 그 대상을

'국민 건강 증진에 실질적으로 기여한 자'로 정했다. 2011년에는 상트페테르부르크의 노스웨스턴 주립 의과대학교가 메치니코프의 이름이 포함된 새로운 이름으로 다시 문을 열었다.

메치니코프의 이름이 비단 학계에서만 특별한 의미를 인정받는 것은 아니다. 1919년 그의 제자들이 설립한 '메치니코프 모스크바 세균학 연구소Metchnikoff Moscow Bacteriology Institute'는 나중에 그를 기념하는 박물관이 되었다가, (당시 이곳에서 보관되던 전시품들은 대부분 다른 박물관과 보관소로 옮겨졌다.) 이제는 백신과 프로바이오틱스 제품을 생산하는 생명공학 업체 '메치니코프 바이오메드Metchnikoff Biomed'로 바뀌었다. 러시아만 메치니코프를 자신들의 영웅이라 주장하는 것도 아니었다. 얼마 전 우크라이나에서 방영된 텔레비전 시리즈 「100명의 위대한 우크라이나인100 Great Ukrainians」에 그가 포함되었고, 러시아어 사전에도 '유대인 노벨 수상자' 항목에 어머니가 유대인인 메치니코프가 올라 있다.

이제는 전 세계 발효유 산업에 메치니코프의 이름이 필요하지 않을 거라 생각한다면 큰 오산이다. 인터넷 검색창에 '메치니코프의 삶Metchnikoff's Life'을 입력하자, 한국 업체 '한국야쿠르트'가 대원로의 분위기가 가득한 메치니코프의 사진을 제품 용기에 자랑스럽게 내건 발효유 음료를 판매하고 있다는 사실을 확인할 수 있었다. 다농 사가 자사 요구르트를 광고하기 위해 최근 제작한 러시아어 광고에는 턱수염이 덥수룩한 배우가 연기하는 메치니코프가 등장한다. 벨기에에 본사를 둔 국제낙농연맹International Dairy Federation, IDF에서는 2007년부터 '발효유 관련 미생물학, 생명공학, 영양학, 보건 분야'의 뛰어난 연구 성과에 'IDF 엘리 메치니코프 상'을 수여한다.

이렇게 메치니코프가 고국과 세계 유제품 업계에서 어떻게 기억되고 있는지 조사를 벌이면서, 나는 릴리의 행방을 추적했다.

제1차 세계대전이 끝나고 릴리는 부모님과 함께 잠시 튀니지에 머물던 중 라울 사다Raoul Saada라는 유대인 변호사와 결혼을 했다. 사다는 수도 튀니스에서 커다란 카펫 판매점을 운영하는 유복한 집안 출신이었다. 시댁의 요청으로 릴리도 유대교로 개종했지만[1] 유대교인으로서 살지는 않았다. 이후 릴리는 남편과 함께 외동아들 자크를 데리고 프랑스로 돌아와서 세브르와 멀지 않은 빌다브레에 정착했다. 파스퇴르 연구소와도 꾸준히 연락하고, 소련에서 메치니코프의 연구를 이어 가던 학자들과도 친하게 지내며 편지를 주고받았다. 1982년에 세상을 떠나기 전까지, 릴리는 메치니코프의 생일이나 그가 세상을 떠난 날이면 자크의 손을 잡고 파스퇴르 연구소 도서관을 찾아가 그의 유골함 앞에 꽃을 놓아 두었다. 꽃으로 가득 장식된 빌다브레의 릴리 묘소에는 '엘리 메치니코프가 아끼던 대녀'라는 문구가 새겨진 붉은 화강암 묘비가 서 있다. 그녀 자신이 요청한 문구인지, 자크가 떠올린 아이디어였는지는 알 수 없지만 메치니코프와의 관계가 그녀의 정체성의 중심이 된 것은 분명했다.

자크 사다가 샹젤리제 거리의 은행에 보관해 둔 메치니코프의 자료를 얻을 방법을 찾느라 백방으로 노력하면서, 나는 자크에 대한 정보를 최대한 찾으려 했다. 무엇보다 자크는 릴리의 아들이니 메치니코프의 마지막 후손일 가능성이 있었기 때문이다. 맨 처음 찾아낸 자료는 사다의 사망증명서에 적힌 파트리스 랑베르 박사라는 이름이었다. 조용하고 상냥한 음성으로, 랑베르 박사는 자신이 릴리를 치료했으며 자

---

1) 릴리는 미리암(Miriam)이라는 히브리어 이름이 있었지만 이 이름은 전혀 사용하지 않은 것으로 보인다.

크가 세상을 떠나기 전 비참한 말년을 보내는 동안 그를 돌봐 주었다고 전했다. 랑베르 박사가 노력해 준 덕분에 나는 자크의 지인들과 친구들과도 인터뷰를 할 수 있었고, 마침내 메치니코프의 손자로 추정되는 그의 안타까운 사연을 전해 들을 수 있었다.

그 이야기는 나를 파스퇴르 연구소에서 갑자기 할리우드에 데려다 놓았다. 수년 동안 과학과 관련된 글을 써 온 내가 영화에 미쳐 사는 사람들이 떠올릴 법한, 영화 캐릭터와 다름없는 인물들이 등장해 반전을 거듭하는 환상 같은 이야기 속으로 푹 빠져 버렸다.

변호사였던 자크 사다는 꼬박꼬박 출근하는 직장에는 한 번도 다닌 적이 없었다. 멋진 신사였지만 모든 걸 다 내던지는 사랑 한 번 해 본 적 없이, 실패할 수밖에 없는 거창한 계획을 세우는 데 몰두하던 몽상가였다. 욕심 많은 사색가라는 점은 그의 외할아버지로 추정되는 메치니코프와 닮았지만 그 욕심을 생산적인 일로 바꾸는 재주는 물려받지 못했다.

자크는 튀니지에서 태어나 부모님과 함께 파리로 와서 파리 대학교에서 법률을 공부했다. 그의 심장을 쿵쿵 뛰게 한 것은 음악과 예술이었다. 가족이 러시아와 인연이 깊었던 덕분에, 즉 메치니코프와의 관계 덕분에 아이디어를 얻어 자크는 러시아의 여러 작곡가와 예술가가 남긴 작품의 저작권을 후손들을 대신해 관리하는 일을 했다. 그러나 그가 가장 큰 열정을 쏟아부은 것은 영화였다. 자크는 언젠가 자기 이름을 걸고 직접 영화를 만드는 날이 오기만을 꿈꿨다.

패기 넘치고 말솜씨가 뛰어난 데다 머리도 비상했던 자크는 큰 키에 몸매는 약간 통통했지만 늘 옷을 말끔하게 차려입고 안경을 쓴 모습이었다. 유복한 집안에서 자란 사람답게 씀씀이도 좋은 편이었다. 문제는 늘 멋진 곳에서 친구들과 와인을 마시고 식사를 하는 등, 돈을 버는 것보다 쓰는 것에 재능이 더 많았다는 점이다. 재산이 언제까지나 두둑하리라는 기대를 버리지 못했으니 결국 빈털터리가 될 수밖에 없었다. 1980년대에 부모님이 모두 세상을 떠나고 나서 자크는 물려받은 막대한 유산을 물 쓰듯 쓰기 시작했다. 그는 자신의 거대한 야망에 부합할 만한 영웅으로 나폴레옹 보나파르트를 선택하고, 이 프랑스 황제에 관한 영화를 제작하기 위해 값비싼 장비를 사들이고 러시아에서 촬영 기사까지 섭외했다. 하지만 결국 영화는 완성되지도 못했다.

결혼은 한 번도 하지 않고 슬하에 자녀도 없었던 자크는 영화계에 모든 것을 바친 사람답게 할리우드 스타들에게 애정과 관심을 퍼부었다. 특히 샤론 스톤이 출연하는 영화가 개봉되고 그녀의 명성이 높아질 때마다 자크는 열광하며 자축했다. 스크린이 가장 큰 상영관에 친구들을 초청하여 함께 샤론 스톤의 영화를 보기도 했다. 샤론 스톤이 파리를 방문했을 때는 그녀의 수행단까지 모두 초대해 몽마르트 언덕에 위치한 유명한 식당 '물랭 드 라 갈레트'에서 함께 저녁 식사를 한 일도 있었다. 또한 그는 『영화 가이드Guide des films』라는 제목으로 출간되어 큰 인기를 누린 일종의 영화 백과사전에 샤론 스톤의 영화에 관한 부분을 직접 쓰기도 했다. 그녀를 향한 뜨거운 열정이 고스란히 느껴지는 이 글에서 자크는 샤론 스톤을 감히 범접할 수 없는 여신이라고 추앙했다. 시간이 갈수록 그의 행동은 점점 더 괴상한 쪽으로 변질되어 갔다. 샤론 스톤을 향한 집착은 파리 영화관을 자주 드나드는 사람들 입에 오르내리는 농담거리가 될 정도였다.

1990년대 후반, 자크에게 재앙이 닥쳤다. 『기사 가문에서 태어난 샤론 스톤Sharon Stone, la Chevalière』이라는 다큐멘터리를 제작하려 한 것이 화근이었다. 이 다큐멘터리가 샤론 스톤이 게르만 민족에 속한 어느 기사 집안의 후손이라는 내용이었다. 자크는 이때 완전히 무너졌다. 엄청난 빚더미에 올라 앉아 빌다브레에 있던 아파트를 넘기고도 돈을 다 갚을 수가 없었다. 돌아갈 집도 없는 그에게는 친척들이며 친구들에게 손을 벌려야 하는 굴욕적인 삶만이 남겨졌다.

그럼에도 자크는 희망을 잃지 않았다. 어머니가 보관해 두었던 메치니코프의 편지와 문서, 소지품으로 이루어진 '메치니코프 기념물품'을 판매하는 것이 큰 수익이 되리라는 아이디어가 떠오른 것이다. 그는 실제로 이것들을 경매에 내놓기 위해 소더비에서 감정을 받기도 했다. 하지만 메치니코프를 여전히 국가적 영웅으로 여기는 러시아에 팔아야겠다는 마음이 가장 절실했다. 국가 유산의 가치가 있는 이 물건들을 얻기 위해 러시아 정부가 수백만 달러도 아낌없이 제시하리라고 믿었기 때문이었다. 그리하여 일단 리옹 신탁은행에, 그것도 샹젤리제 거리라는 가장 멋들어진 위치에 자리한 지점에 직접 찾아가 개인금고에 물건들을 넣어 두고 파리에 거주하던 전 러시아 외교관을 통해 러시아인들과 협상을 시작했다.

자크는 세브르-빌다브레 기차역 인근 조용한 광장에 위치한 작은 호텔에 작은 방을 빌려 그곳에서 지냈다. 메치니코프가 파리의 연구소에서 일을 마치고 나서, 집으로 가기 위해 생 라자르 노선에 몸을 실었다 내리던 그 기차역이었다. 이곳에 머물던 자크는 어느 날 계단을 내려오다가 그만 다리가 부러지고 말았다. 진찰 결과 골절의 원인은 종양으로 밝혀졌다. 골암이었다. 자크는 유언장을 작성하고, 자신의 가장 귀중한 재산인 메치니코프의 물품과 샤론 스톤 다큐멘터리의 저작권을 소련 여행에서 만난 어느 패션 분야 저널리스트에게 남긴다고 명시했다. 큰 키에 금발인 이 라트비아인 여성은 나이가 자크의 절반 정도인데, 자크로부터 파리에 놀러 오라고 여러 번 초대를 받았던 것으로 알려져 있다.

러시아인들과의 협상은 결국 실패로 돌아가 자크의 계획은 혼자 부풀어 있던 또 하나의 몽상으로 끝이 났다. 2003년 7월, 예순여덟의 나이로 그가 세상을 떠난 뒤 메치니코프의 물건들은 리옹 신탁은행의 금고에 그대로 남겨졌다. 그리고 내가 단 몇 시간 동안 그 문서들을 복사할 수 있는 권한을 얻은 2012년 가을에야 비로소 뚜껑이 열렸다가 다시 금고 속으로 들어갔다. 지금 이 책이 인쇄되는 시점까지 메치니코프의 물건들은 여전히 그곳 은행 금고에서 잠자고 있다.

46. 메치니코프의 경찰관

2010년 1월, 이스라엘 바이츠만 과학연구소에서 과학 저술가로 일하던 나는 연구소의 인기 강연 '전쟁 영화: 감염질환, 암과 맞선 면역계에 관한 면밀한 관찰'에 참석했다. 메치니코프에 대한 사람들의 기억이 도저히 그냥 넘길 수 없을 만큼 잘못되어 있다는 사실을 바로잡기 위해 직접 책을 쓰기로 마음먹고 계획을 세우던 시기였다. 하지만 이날 강연에서, 나는 역사가 이미 메치니코프의 생애에 기존과 전혀 다른 결말을 부여하고 있음을 깨달았다.

강연이 시작되자마자 첫 슬라이드부터 머리가 덥수룩한 메치니코프의 초상화가 등장하여 나는 놀랍기도 하고 반갑기도 했다. 강연을 맡은 가이 샤카르Guy Shakhar라는 이름의 젊은 면역학자는 식균 작용을 발

견한 메치니코프의 업적에 경의를 표하며 면역학계의 최신 성과를 소
개했다. 그러다 영화에서 추격 장면에 깔릴 법한 긴박한 배경음악이
울려 퍼지는 가운데 식세포가 만화 캐릭터처럼 세균을 끈질기게 공격
하는 실제 장면이 화면에 등장하자 객석에서 웃음소리가 터져 나왔다.
한때 메치니코프에게 씌워진 신비주의적 생기론과 같은 이야기는 전혀
언급되지 않았다. 대신 식세포는 세균에서 방출되는 화학 물질을 감지
하고 따라간다는 설명이 이어졌다. 메치니코프가 면역 전쟁 초기, 자
신과 맞선 과학계의 경쟁자들에게 이런 영상을 보여 줄 수 있었다면
그토록 긴 세월을 비통하게 보내지 않아도 됐으리란 생각이 내 머릿속
을 스쳤다.

최근에 나온 과학계 문헌을 뒤지던 중 나는 메치니코프의 노벨상 수
상 100주년을 기념하며 그의 영광스러운 업적을 칭송한 여러 글들을
발견했다.[2] 『네이처 이뮤놀러지Nature Immunology』에는 파리 파스퇴르 연
구소에서 '2008년 메치니코프의 유산'이라는 주제로 이틀간 떠들썩
하게 개최된 심포지엄 소식[3]이 상세히 실렸다. 다른 학술지와 인터넷
검색으로 찾은 자료에서도 안경을 걸친 메치니코프의 사진이 계속해
서 발견됐다. 『백혈구 생물학 저널Journal of Leukocyte Biology』의 표지[4]와 대
식 세포 분야의 전문가로 꼽히는 시아몬 고든Siamon Gordon의 글 '엘리 메
치니코프: 자연 면역의 아버지'가 실린 『유럽 면역학회지European Journal
of Immunology』의 2008년 특집호 표지, 온라인 사이트 '아이바이올로지
iBiology.org'에 게재된 아이라 멜먼의 세미나 '면역 반응과 세포의 기본 기

---

2) 카우프만(Kaufmann)의 "면역의 기초(Immunology's Foundation)" 등을 참고하기 바란다.

3) 네이선(Nathan), "메치니코프의 유산(Metchnikoff's Legacy)"

4) 카바용(Cavaillon), "역사적 이정표(The Historical Milestones)"

능' 동영상 첫 화면에도 빠짐없이 그의 얼굴이 등장했다.

현대 과학에서 메치니코프의 부활을 가장 확실하게 알린 소식은 2011년에 전해졌다. 그해 노벨 생리 · 의학상 수상자가 발표됐을 때 당사자를 제외하면 나보다 더 기뻐한 사람은 아마 없을 것이다. 줄스 호프만Jules Hoffmann과 브루스 보이틀러Bruce Beutler가 수상자로 선정된 이유는 자연 면역의 활성화 과정을 발견하는 성과를 이루었기 때문이다. 즉, '메치니코프의' 면역이 활성화되는 과정을 밝힌 것이다. 두 사람은 식세포와 다른 세포들이 세균과 바이러스, 균류와 같은 외부 침입자를 인식할 수 있도록 해 주는 '톨−유사수용체TLR, toll-like receptor'의 존재를 발견했다. 자연 면역에 관한 연구에 노벨상이 수여된 것은 메치니코프 이후 처음으로, 이 분야가 현대 과학의 중심 무대에 등장했음을 분명하게 보여 준 일이었다. 앞서 100년이라는 기나긴 세월 동안 면역학 분야의 연구 성과에 부여된 열 건의 노벨상은 모두 '에를리히의' 적응 면역이 거머쥐었다.

메치니코프처럼 무척추동물을 대상으로 한 실험으로 노벨상을 거머쥔 호프만은 (그는 특히 메뚜기를 많이 활용했다.) 나중에 나와 인터뷰를 하면서 이렇게 말했다.

"현재 자연 면역 연구라 불리는 분야는 메치니코프가 맨 처음 가장 중요한 발길을 내딛었습니다. 그리고 시베리아의 겨울처럼 혹독하고 긴 세월을 지나왔지요."[5]

자연 면역 분야는 그만큼 수십 년 동안 도외시되었다. 그러다 21세기가 되어서야 세포를 다루는 방식과 면역의 기본 원리를 분자 단위

---

5) 줄스 호프먼(Jules Hoffmann), 필자와의 인터뷰, 2014년 6월 23일.

로 연구할 수 있게 되면서 기존의 인식이 완전히 바뀌기 시작했다. 이론적인 개념이 새로이 정립되고 수많은 과학자들의 선견지명 덕분에 그 흐름은 한층 더 힘을 얻었다. 특히 내가 인터뷰한 사람들 대부분이 2003년 사망한 미국의 면역학자 찰스 제인웨이(Charles Janeway)를 현대 자연 면역 연구를 선도한 인물로 꼽았다. 그리하여 2000년대 중반에 이르기까지 과학 분야의 학술지들에는 면역 반응 중에서도 자연 면역적 요소의 '재발견'에 관한 내용들이 등장했다.[6]

"너무나 오랫동안 뒤처져 있던 분야에 이제야 만회할 기회가 주어졌습니다."

호프만은 이렇게 설명했다.

과학계에서 어떤 주제에 관한 관심의 열기가 어느 정도인지 판단할 때 사용할 수 있는 믿을 만한 방법 중 하나는 그 주제와 관련된 논문이 얼마나 많은지 확인하는 것이다. 기준대로라면 자연 면역 연구는 21세기에 그야말로 최고조에 이르렀다고 할 만하다. 20세기 말에 톨-유사 수용체가 발견된 후 약 20여 년 사이에 이 주제에 관한 학계의 논문만 약 2만 5000편이 쏟아졌다.[7] 호프만은 이와 같은 막대한 노력이 백신을 개선시키고 알레르기, 염증, 자가면역 질환 등 흔히 발생하는 여러 질병의 치료에 도움이 될 것으로 전망했다.

다양한 식세포에 관한 연구도 갑자기 폭발적인 증가세를 보였다. 미국 국립의학도서관에서 운영하는 세계적인 생물의학 분야 데이터베이스인 '펍메드 센트럴(PubMed Central)'에서 '식세포'를 검색하면 1930년에는 네 건, 1960년에는 서른 건에 불과하던 자료가 2015년에는 약 4,000

---

6) 제르맹(Germain), "내적으로 흥미진진했던 10년(An Innately Interesting Decade)"(1316) 등을 참고하기 바란다.

7) 줄스 호프만(Jules Hoffmann), 필자와의 인터뷰.

건으로 늘어났다. '대식 세포'로 검색하면 1930년에 세 건, 1960년에 서른네 건, 2015년에는 1만 2000건 이상이었다.

메치니코프가 자연 면역 연구에 노벨상이 수여된 그날까지 살아 있었다면 166세였을 것이다. 그의 기준에서는 도달하지 못할 나이가 아니었다. 나는 스톡홀름에서 열린 호프만의 노벨상 기념 강연에 메치니코프가 참석했다면 어땠을까 상상해 보았다. 죽은 초파리에 TRL 수용체가 없다는 사실을 밝히며 모두를 화들짝 놀라게 한 전자현미경 사진이 제시되며 분위기가 절정으로 무르익었을 때 그는 분명 온 얼굴 가득 득의양양한 표정을 지어 보였으리라. 이 수용체가 없는 초파리는 진균류 감염을 이겨 내지 못해 몸 윗부분이 마치 털처럼 수북이 자란 곰팡이로 덮여 있었다. 꼭 빗질 안 한 털이 무성히 자란 모습이었다. 130년쯤 전, 메치니코프는 오데사에서 친구의 집 수족관을 구경하다가 무척추동물(물벼룩)이 균류의 공격을 받아 벌어진 똑같은 상황을 목격했고, 그것이 면역 전쟁을 헤쳐 나갈 수 있는 힘을 그에게 불어넣어 주었다. 호프만은 이 강연 초반에 메치니코프의 연구 업적을 설명했다.[8] 그 뒤 자신의 연구 이야기를 하며 1995년에 초파리에서 발견한 항균성 단백질에 대해 설명했는데, 그는 메치니코프의 이름을 따서 이 단백질에 '메트크니코윈Metchnikowin'이라는 이름을 붙였다.

2011년 노벨 의학상의 세 번째 주인공은 '수지상dendritic' 세포를 최초로 발견한 랄프 스타인먼이었다. 수지상 세포는 자연 면역과 적응 면역을 이어 주는 연결 고리 역할을 한다는 점에서, 메치니코프가 뛰어

---

8) 줄스 A. 호프먼(Jules A. Hoffmann), 노벨상 강연, "곤충의 숙주 방어: 자연 면역의 패러다임(The Host Defense of Insects: A Paradigm for Innate Immunity)." Nobelprize.org, Nobel Media AB 2014, 2015년 9월 11일 접속(www.nobelprize.org/nobel_prizes/medicine/laureates/2011/hoffmann-lecture.html).

든 면역 전쟁의 관점에서는 중재자로 볼 수 있다. 감염을 일으키는 생물체를 집어삼킨다는 점은 식세포와 동일하지만, 주된 기능이 식세포처럼 침입한 대상을 파괴하는 것이 아니라 추가 병력, 즉 적응 면역 기능이 발휘되도록 경고하는 것이라는 차이가 있다. 1908년 메치니코프와 에를리히에게 공동 수여된 노벨상은 두 사람이 제시한 면역의 개념이 완전히 분리되어 있다고 보았지만, 2011년 노벨상은 면역계 내에서 이루어지는 의사소통에 초점을 맞춘 것이다.

"메치니코프와 에를리히가 자연 면역과 적응 면역을 두고 한쪽이 더 중요하다며 자기 주장을 방어하느라 애를 쓴 건 정말이지 바보 같은 일이었습니다. 각기 다른 이유에서 둘 다 중요한 기능이니까요."[9]

스타인먼은 노벨상 수상자로 선정되기 2년 전에 나와 했던 인터뷰에서 이렇게 밝혔다. (그는 수상자 발표 이틀 전에 세상을 떠났다.)

자연 면역과 적응 면역은 메치니코프와 에를리히의 관계와 달리 서로 협력하며 기능한다. 자연 면역은 우리 몸에서 최초의 방어선이다. 위험이 감지된 즉시 활성화되어 세균, 균류, 혹은 다른 침입체를 향해 돌진한다. 내가 메치니코프의 부활을 처음으로 감지했던 샤카르의 강연에서는 살모넬라균의 경우 장에 옮겨 오고 30분 이내에 식세포와 비슷하게 생긴 수지상 제포에 의해 장 내벽에 붙잡힌다고 밝혔다.[10] 이러한 수지상 세포는 자연 면역계에 속하지만, 적응 면역으로 이어지는 핵심적인 사다리로 작용한다. 당시 샤카르의 강연에서 보여 준 현미경을 통한 관찰 장면에는 장 내벽의 가장 바깥 면에서 뻗어 나온 수지상

9) 랄프 스타인먼(Ralph Steinman), 필자와의 인터뷰. 2008년 12월 19일.

10) J. 파라쉐(J. Farache) 연구진, "체내 내강의 세균 발생 시 CD103(+) 수상돌기세포가 장의 상피조직에 동원되어 세균의 항원을 감지하는 기전(Luminal Bacteria Recruit CD103(+) Dendritic Cells into the Intestinal Epithelium to Sample Bacterial Antigens for Presentation)", 『면역(Immunity)』, 38, no. 3 (2013): 581–95.

세포들이 균을 붙잡는 모습이 그대로 담겨 있었다. 이렇게 붙들린 균은 재빨리 가까운 곳에 있는 림프절로 보내지고, 그때부터 적응 면역에 필요한 요소들이 동원되기 시작한다. T세포와 B세포는 전열이 정비되기까지 며칠이 소요되지만 일단 준비가 완료되기만 하면 표적을 정확히 노린 방어가 가능해진다. B세포의 역할은 살모넬라균과 맞설 수 있는 맞춤형 항체를 만들어 내는 일이다. 그러므로 항체가 만들어지는 과정 자체는 다른 세포들이 담당하지만, 식세포가 항체 생산에 관여한다고 한 메치니코프의 주장이 어느 정도는 옳았던 셈이다.

식세포에 관한 메치니코프의 다른 주장에서도 깜짝 놀랄 만한 통찰력이 발휘된 부분이 많다.[11] 대식 세포가 면역 기능은 물론 생체 조직을 유지하는 일에 있어서도 중추적인 역할을 한다고 했던 내용도 전부 사실로 입증됐다. 『분자의학 동향Trends in Molecular Medicine』에 게재된 대식 세포의 기능에 관한 리뷰 논문도 '메치니코프의 경찰관'[12]이라는 제목처럼 그의 주장을 적극적으로 받아들였다.

대식 세포는 조직 전체에 전략적으로 분포하고 감염을 일으키는 존재를 집어삼키는 기능과 함께 죽은 세포와 잔해를 제거하는 역할도 수행한다. 뼈조직이 교체되는 과정에도 참여하고 뇌 신경세포 사이 연결 구조의 재편성을 돕고 간의 조직 재생도 촉진한다. 일부 과학자들은 인체의 모든 세포를 통틀어 단일한 종류 중에서는 대식 세포의 수가 가장 많다고 본다.[13] 간 조직의 경우 1그램에 수백만 개의 대식 세포

---

11) 배롤(Varol), 마일드너(Mildner), 정(Jung), "거대 식세포: 발달과정과 조직 특수화(Macrophages: Development and Tissue Specialization)"

12) 스테페이터(Stefater) 외, "메치니코프의 경찰관(Metchnikoff's Policemen)"

13) 데이비드 A. 흄(David A. Hume), 『대식 세포의 생물학-온라인 리뷰(The Biology of Macrophages-An Online Review)』 1.1 에디션, 2012년 5월. 2015년 5월 27일 접속(www.macrophages.com/macrophage-review).

가 존재하며, 이 세포들은 전체 간세포 중 5분의 1가량을 차지한다.[14] 게다가 이 '잘 먹는' 세포들은 단순히 먹기만 하는 것이 아니라, 다양한 물질을 분비하여 혈압과 지방 대사를 조절하고 조직 재생을 돕는다.

그러나 메치니코프가 경찰관으로 주목한 이 대식 세포가 때로는 위험한 존재로 돌변한다. 메치니코프처럼, 멈춰야 하는 시점을 제대로 알지 못해 원래는 인체에 도움이 되어야 할 생물학적 과정이 해로운 결과를 초래할 때가 있는 것이다.

"대식 세포는 거의 모든 질병에 관여한다."[15]

『네이처』지에 실린 한 리뷰 논문에는 이런 설명이 나와 있다. 대식 세포는 인슐린 저항성을 높이고 지방이 축적되게 하는 물질을 분비할 뿐만 아니라 알츠하이머병과 같은 신경 퇴행성 질환에 영향을 주는 것으로 알려진 염증 촉진 물질도 분비할 수 있다. 실제로 죽상 동맥경화증으로 발생한 플라크를 살펴보면, 내부가 콜레스테롤로 꽉 찬 대식 세포들로 이루어져 있다. 게다가 메치니코프의 경찰관들이 메치니코프에게 심장 질환을 일으켜 그의 죽음을 앞당겼을 가능성도 있다. 이 세포들이 분비하는 물질이 심장 근육에 손상이나 섬유증을 일으킬 수 있기 때문이다. 메치니코프도 1881년에 직접 주사한 재귀열이 나중에 심장병을 일으켰다는 견해를 밝혔고, 사후 시신을 부검한 결과 심장에서 장기간 지속된 병리학적 변화가 발견됐다.

메치니코프가 꿈꾼 유토피아처럼 좀 더 밝은 측면을 이야기하자면, 이처럼 각종 질병에 관여하여 인체 구석구석에 영향을 주는 대식 세포의 기능이 밝혀지자 치료 방법을 모색하기 위한 연구에도 예상치 못했

---

14) 시아몬 고든(Siamon Gordon), 필자에게 보낸 이메일, 2015년 6월 28일.

15) 윈(Wynn), 차울라(Chawla), 폴라드(Pollard), "대식 세포 생물학(Macrophage Biology)," 452.

던 새로운 방향이 제시됐다. 대식 세포를 겨냥한 치료법 연구가 시작된 것이다. 그중에서도 가장 놀랍고 혁신적인 분야는 바로 암 치료법을 찾기 위한 연구일 것이다.

암성 종양에서 처음으로 대식 세포가 다량 발견됐을 때만 해도 과학자들은 이 세포들이 종양에 맞서 싸우려는 것이라고 추측했다. 사실 일반적으로는 대식 세포가 몸 전체에 새로 형성된 암세포를 없애는 역할을 한다. 그러나 나중에 밝혀진 것과 같이, 일부 종양은 이러한 방어 기전을 이겨 낼 뿐만 아니라 대식 세포를 '꼬드겨' 종양의 생장과 확산을 돕게끔 유도할 수 있다.[16] 현재는 한 과학자가 "부패한 경찰관"이라 칭한 이들의 작용을 차단하기 위한 약[17]이 개발되어 환자들을 대상으로 한 시험 단계를 거치고 있다.

47. 대단원의 막[18]

식균 작용에 관한 연구가 이미 사람들의 삶을 바꿔 놓기 시작했다는 사실을 깨달았을 때쯤 내게 커다란 감동을 안겨 준 인터뷰 기회가 찾아왔다. 서른두 살의 어느 여성과의 대화였는데, 편의상 그녀를 디나라 부르기로 하자. 남편과 함께 세 살배기 딸아이를 키우며 살고 있는 디나는 텔아비브 남부 교외 지역에 위치한 안락한 자신들의 아파트에 도착한

---

16) 보나비타(Bonavita) 외, "부패한 경찰관, 대식 세포(Phagocytes as Corrupted Policemen)"

17) 에두아르도 보나비타(Eduardo Bonavita) 연구진, "암의 보체 의존성 염증을 조절하는 외인성 종양 억제물질 PTX3(PTX3Is an Extrinsic Oncosuppressor Regulating Complement-Dependent Inflammation in Cancer)", 「셀(Cell)」, 160 (2015): 700–14.

18) 디나의 이야기는 2015년 3월 20일에 이루어진 필자와의 인터뷰 내용을 바탕으로 작성했다.

나를 따뜻하게 맞이해 주었다. 윤기 있는 새카만 머리카락과 윤곽이 뚜렷한 얼굴, 살짝 치켜 올라간 눈매에 올리브색 눈을 가진 디나에게서는 자신감과 건강함이 느껴졌다. 목에 나 있는 희미한 흉터만이 도자기처럼 하얀 피부에 유일한 흠으로 남아 지난날의 고통을 전하고 있었다.

"제가 결혼을 하리라곤 상상도 하지 못했어요. 누군가 저를 사랑할 수 있다고는 생각할 수가 없었거든요. 아이도 절대 낳지 못할 거라고 확신했어요. 제가 책임질 수가 없었으니까요."

디나는 내게 이렇게 이야기했다. 러시아 카프카스 북부 지역에서 자란 그녀는 어릴 때 늘 림프절이 부어오르는 증상과 폐렴을 달고 살았다. 폐에 발생한 만성 감염 때문에 의사들은 결핵이라고 '진단'했지만 몸 어디에서도 결핵균은 발견되지 않았다. 어린 시절의 기억이라곤 겨울마다 병원과 요양원을 전전하며 한 손 가득한 약을 삼키고 결핵 주사를 맞은 일이 전부였다. 항상 병을 앓고 여기저기 옮겨 다닌 바람에 친구도 제대로 사귈 수 없어서 극히 폐쇄적인 성격이 되고 말았다. 초등학교 3학년 때는 선생님이 지적 장애아로 여길 정도였다.

디나는 열한 살에 엄마와 함께 이스라엘로 왔지만 상황은 별로 나아지지 않았다. 목을 절개하여 농양에서 고름을 제거하고도 온몸에 번진 종기를 가라앉히기 위해 끊임없이 애쓰고 또다시 결핵 치료를 받았다. 아이들은 병이 옮을까 봐 디나를 멀리했다. 목의 흉터를 감추느라 여름에도 스카프를 매고 다니던 그녀를 마구 놀려 대기도 했다.

"어린 시절에는 정상적인 삶을 살지 못했던 것 같아요. 자존감이 엄청나게 낮은 상태였죠."

디나는 당시의 일을 이렇게 회상했다.

스물두 살에는 폐에 중증 감염이 발생하여 폐 한쪽을 완전히 제거하는 수술을 받아야 했다.

"옆구리에 굉장히 큰 흉터가 있어요. 내 몸이 프랑켄슈타인처럼 될 때까지 계속 자르려나, 그런 생각까지 들 정도였어요."

디나는 병원에서 3개월을 보내면서 체중이 11킬로그램이나 빠지는 바람에 계단조차 오르지 못할 만큼 몸이 허약해졌다. 결국 극심한 우울증이 찾아왔다.

바로 그 시기에 병원 의사들 중 한 사람이 면역 진단 검사를 전문적으로 실시하는 분석검사소에 디나의 혈액을 보내보기로 결정했다. 검사 결과, 디나는 1954년 미국 소아과학회American Pediatric Society 회의에서 '면역학적 역설'이라 불렸던 바로 그 면역결핍증chronic granulomatous disease, CGD에 걸린 것으로 확인됐다. 지금은 만성 육아종병으로 불리는 병으로, 식세포의 기능 이상으로 발생하는 질병이었다. 서로 육촌 사이인 부모님에게서 물려받은 유전자 돌연변이가 원인이었다. 양친은 돌연변이가 생긴 유전자를 각자 한쪽씩만 보유하고 있었기에 병에 걸리지 않았지만, 디나는 문제의 유전자를 한 쌍 모두 갖고 태어나 면역력에 문제가 발생한 것이다.

그때만 해도 디나는 이 진단이 가져올 변화를 실감하지 못했다.

"의사들은 드디어 문제가 무엇인지 알게 되었으니 너무 잘됐다고 이야기했지만, 저는 '그런데 뭐가 어떻다는 거야?'라고 생각했어요."

하지만 그로부터 1년이 지나고, 다시 또 1년이 지나자 더 이상 몸이 아프지 않았다. 디나의 만성 육아종병은 비교적 경미한 수준이라 예방 치료 목적의 항생제로도 충분히 상태를 제어할 수 있었다. 증상이 심해지려는 징후가 조금이라도 나타나면 육아종병의 특징적인 감염 치료를 위해 개발된 약으로 즉각 치료를 받았다. 자존감도 자연스레 점점 높아졌다.

스물일곱 살에는 결혼을 하고 2년 뒤에는 딸아이도 태어났다. 내가 디나와 만났을 때는 뱃속에 곧 태어날 둘째도 있었다. 자신의 병을 이해하고 싶다는 생각으로 대학에서 생물학을 전공했지만, 나중에 늘 마음속으로 꿈꾸던 인테리어 디자이너로의 길로 전향했다.

"그동안 지나온 모든 일들 덕분에 전 행복한 사람이 되었어요. 남편, 가족, 좋은 직장 같은 꿈도 못 꾸던 것들이 얼마나 소중한지 잘 아니까요. 진단을 받기 전과 후의 삶은 비교할 수도 없어요. 몸도 정신도 전혀 다른 세상을 살고 있으니까요. 이제는 제 잘못이 아니라는 것도 알고, 구체적인 이유를 반드시 밝히는 것이 꼭 필요하다는 사실도 알게 되었어요. 이겨 내는 법도 배웠고요."

만성 육아종병은 유럽과 미국에서 신생아 25만 명당 한 명꼴로 발생하는 희귀질환이다. 디나와 같은 환자들의 경우 병의 '구체적인' 원인은 바로 유전자 돌연변이로 인해 식세포의 기능이 망가지는 것이다. 정상적인 기능을 발휘하지 못하는 식세포는 인체에 침입한 대상을 제대로 없애지 못한다. 그 결과 식세포가 다른 세포들과 함께 감염된 조직에 축적되어 병명에서도 드러나는 작은 혹, 즉 육아종이 형성된다.

1950년대 중반 미국 소아과학회 회의가 끝나고 얼마 지나지 않아, 당시만 해도 미스터리한 면역 결핍증으로만 여겨지던 이 질병이 "아동에게 발생하는 치명적인 육아종성" 증후군으로 정의되었다.[19] 이 병에 걸린 아이들은 해소되지 않는 통증과 농양, 감염에 시달리다가 생후

---

19) 트레이시 아사리(Tracy Assari), "만성 육아종병: 기본 단계(Chronic Granulomatous Disease; Fundamental Stages in Our Understanding of CGD)", 『의학 면역(Medical Immunology)』, 5:4 (2006), 2015년 9월 11일 접속(doi: 10.1186/1476-9433-5-4).

몇 년 안에 사망했다. 치료법이 개선되어 '치명적인'이라는 표현은 병명에서 빠졌지만 식세포의 기능 이상이 원인이라는 사실이 밝혀지기까지는 다시 10여 년의 세월이 지나야 했다.

만성 육아종병의 증상은 대부분 백혈구 중에서도 그 수가 가장 많은 호중성 백혈구라는 식세포의 활성에 문제가 생기면서 발생한다. 메치니코프는 '크기가 작은 식세포'를 '소식 세포'라고 칭하는 분류를 마련했다. 호중구는 현재는 사용되지 않는 용어인 이 소식 세포의 일종으로, 환자의 혈액에서 쉽게 얻을 수 있어서 진단에 널리 활용된다. 메치니코프가 발견한 식세포 중 덩치가 더 큰 '경찰관'에 해당되는 대식세포는 주로 조직에서 오랫동안 살아가지만, 그보다 크기가 훨씬 작은 호중구는 수명이 굉장히 짧다. 보통 하루가 채 안 되는 경우가 많아 골수에 의해 새로운 세포가 계속 공급된다. 인체에 위험이 감지되면 혈액에 있던 호중구는 상처나 감염이 발생한 곳으로 이동한다. 세균이나 균류에게 달려들어 꿀꺽 집어삼키고 소화시키는 것이 이 '작은 경찰관들'의 기능이다. 고름은 이 치열한 전투 뒤에 죽은 채로 전장에 쌓인 호중구의 흔적이다.

디나의 면역결핍증을 찾아낸 만성 육아종병 진단 연구기관인 이스라엘 메이어 메디컬 센터의 '백혈구 기능 실험실'에서는 호중구가 제대로 기능하는지 확인하고 그렇지 않을 경우 그 원인이 정확히 무엇인지 조사한다.

"메치니코프가 식균 작용의 과정을 전반적으로 설명했다면, 현재는 그 기능의 모든 단계를 체계적으로 점검하고 치료를 위해 정확히 어느 부분에 중점을 두어야 하는지 조사합니다."[20]

이곳 실험실 대표로 30년 넘게 만성 육아종병 연구에 매진해 온 버록 월렉Baruch Wolach 교수의 설명이다.

식세포 기능의 첫 단계는 호중구가 체내에 침입한 세균을 인지하고, 균이 방출한 화학 물질을 감지하여 균이 위치한 곳을 향해 이동하는 것이다. 다음 단계에서는 혈관 벽에 달라붙어 벽을 통과한 후 감염 대처에 집중한다. 감염이 폐나 귀, 간, 그 외 신체 기관 어느 곳에서 일어났든 말이다. 조지 버나드 쇼가 풍자 소재로 삼기도 했던 알름로스 라이트의 옵소닌 분자는 호중구를 끌어모으는 생화학적 신호를 증폭시켜 균이 표적이 되도록 함으로써 이 과정이 보다 수월하게 이루어지도록 돕는다. 마지막 단계는 이렇게 모인 호중구가 균을 집어삼켜서 없애는 것이다.

"큰 연구실 안에 앉아 공초점 현미경을 들여다보면서 호중구의 움직임을 쫓던 때가 기억나는군요. 균을 어떻게 포착해서 없애는지 지켜보았지요."

월렉은 기술이 더 좋아진 현미경 덕분에 식균 작용을 처음으로 관찰했던 날을 이렇게 전했다.

"메치니코프의 설명과 정확히 일치했습니다. 현대적인 장비라곤 하나도 없던 시기에 그렇게 설명했다는 것 아닙니까! 제가 배우고 또 믿었던 모든 내용들, 메치니코프가 내다본 일들이 다 사실이었다는 생각이 들자 눈물이 났습니다."

식균 작용의 이 모든 단계에서 문제가 생길 수 있지만, 균을 사멸시

---

20) 버록 월렉(Baruch Wolach), 필자와의 인터뷰, 2015년 3월 18일.

키는 과정에서 결함이 가장 많이 발생한다. 식세포가 균을 삼키긴 하지만 파괴하지는 못하는 이 문제가 바로 만성 육아종병의 정확한 원인이다. 식균 작용은 수십억 년에 걸쳐 이루어진 진화의 한 부분이라 그 과정이 너무도 복잡해서, 과학계는 아직도 수수께끼를 완전하게 풀지 못한 상황이다. 현장에 와서 균과 싸우라는 신호가 감지되면, 식세포의 내부에서는 단백질 분자의 조합이 시작되고 이를 통해 여러 가지 효소가 만들어진다. 우리에게는 표백제나 살균제로 친숙한 물질이자 식세포의 주요 살해 무기인 과산화수소도 이와 같은 방식으로 형성된다. 더불어 균을 죽이기 위한 다른 기전도 활성화된다. 균을 파괴하는 과정은 다른 세포 구조가 손상되지 않도록 침투성이 없는 세포 내 주머니 속에서 이루어진다.

여러 요소가 종합적으로 참여하는 이 과정에서는 관련 유전자 중 어느 하나에 돌연변이가 단 하나만 발생해도 균을 없애는 일에 차질이 생긴다. 어떤 유전자에 어떤 결함이 발생했느냐에 따라 면역 결핍증의 유형과 강도가 넓은 범위 안에서 결정된다.[21] 디나의 경우 과산화수소를 만들어 내는 효소 생성이 암호화된 유전자에 돌연변이가 생긴 것으로 밝혀졌다. 이로 인해 호중구가 집어삼킨 균 가운데 3분의 1 정도만 파괴된다는 사실을 검사 후에 알게 된 것이다.

만성 육아종병은 식세포가 사람의 건강은 물론 생존에 있어서도 얼마나 중요한 역할을 하는지 분명하게 보여 준다. 그러나 이 병은 식세포의 갖가지 결함으로 발생하여 환자의 목숨을 위협하는 수많은 질

---

21) 다음 자료를 참고하기 바란다: 조셉 벤아리(Joseph Ben-Ari), 오퍼 월렉(Ofir Wolach), 로니트 가브리엘리(Ronit Gavrieli), 버룩 월렉(Baruch Wolach), "만성 육아종병과 관련된 감염: 유전학과 표현형의 연계성(Infections Associated with Chronic Granulomatous Disease: Linking Genetics to Phenotypic Expression)", 『감염 치료법 전문가 리뷰(Expert Review of Anti-Infective Therapy)』, 10, no. 8 (2012): 881–94.

병 가운데 고작 한 가지에 불과하다. '백혈구 접합물질 결핍증leukocyte adhesion deficiency'도 그중 하나다. 이것은 호중구가 특정한 분자와 결합할 수 없어 혈관 바깥으로 나가는 과정이 제대로 이루어지지 않고, 그 결과 감염이 발생한 조직에 도달하지 못해 감염질환을 이겨 내지 못하는 질병이다.

메치니코프의 '작은 경찰관들'이 너무 적어서 발생하는 면역 결핍증인 '호중구 감소증neutropenia' 역시 식세포가 우리 몸에서 얼마나 중요한 역할을 하는지 보여 준다. 건강한 사람은 혈액 한 방울에 약 7만 5,000개의 호중구가 존재한다. 분석 단위로는 1마이크로리터(100만분의 1리터)당 1,500개에 해당되는 양으로, 이 기준보다 적으면 호중구 감소증으로 분류된다. 1마이크로리터당 호중구가 500개 이하로 급감하면 생명이 위태로워진다. 호중구 감소증도 만성 육아종병처럼 유전적 결함이 원인이 되기도 하지만, 그보다는 호중구가 정상적으로 만들어진 후 파괴되어 줄어드는 경우가 더 일반적이다. 한 예로 암 치료로 실시되는 화학 요법은 성장 속도가 빠른 세포를 일괄적으로 파괴하므로 그 부작용으로 호중구까지 파괴될 수 있다. 호중구 감소증을 심각하게 앓는 사람은 감염에 극히 취약하여 엄격한 멸균 조건이 지켜지는 분리 병실에 입원한 채 살아야 한다.

얼마나 많은 생명을 구해 냈느냐를 기준으로 평가한다면, 호중구는 식세포의 역할에 관한 메치니코프의 믿음을 현재까지 가장 실질적으로 입증해 낸 주인공이라 할 수 있다. 그가 면역에서 식세포의 역할을 밝히지 않았다면 오늘날 호중구 감소증 치료법이나 그에 못지않게 중요한 예방법을 떠올릴 수조차 없었을 것이다. 다행히 식세포의 기능이 밝혀진 덕분에 수백만 명의 암 환자들이 호중구 감소증이 생길 위험을 염려하지 않고 생명 유지에 꼭 필요한 화학 요법을 받을 수 있는 방법이 마련되었다. 필요한 경우 약으로 호중구의 숫자를 일시적으로 높일 수도 있다.

만성 육아종병은 이와 달리 문제가 평생 따라다닐 수 있다. 디나의 경우보다 훨씬 심각해서 식세포가 균을 거의 없애지 못하는 상태라면 남은 치료법은 골수 이식밖에 없다. 그 자체도 위험한 수술이지만 환자에게 맞는 골수를 제공해 줄 공여자를 찾아야 하는 문제도 있다. 골수 이식은 먼저 환자의 골수를 모두 없애고 정상적인 백혈구를 만들어낼 수 있는 줄기세포를 이식하는 순서로 진행된다. 실험적인 방법으로 골수 이식을 대체할 수 있는 유전자 치료는 결함이 있는 유전자를 상쇄할 정상 유전자를 바이러스를 이용하여 골수에 전달하여, 이 정상 유전자의 발현을 통해 식세포가 주어진 역할을 적절히 수행하도록 한다.

이 치료법을 조사하던 중, 나는 메치니코프가 듣는다면 회심의 미소를 띄울 만한 소식을 접하게 되었다. 지금 이 글을 쓰는 시점에, 파울 에를리히가 활동하던 독일 프랑크푸르트의 파울 에를리히 거리의 연구소 '게오르크 스파이어 하우스Georg Speyer Haus'에서 대대적인 만성 육아종병 유전자 치료법의 시험이 진행된다는 소식[22]이 들려온 것이다. 면역계의 양대 산맥인 자연 면역과 적응 면역의 협력이 이루어지고, 면역전쟁이 마침내 종결되었다는 근거로서 메치니코프의 실험이 에를리히의 거리에서 행해지는 것보다 더 절묘하게 어울리는 일이 있을까?

---

22) 마리온 G. 오트(Marion G. Ott 연구진), "유전자 치료를 통한 X염색체 연관 만성 육아종병의 치료(Correction of X-linked Chronic Granulomatous Disease by Gene Therapy)", 「네이처 의학(Nature Medicine)」, 12, no. 4 (2006): 401–9, 2015년 9월 11일 접속(doi: 10.1038/nm1393); 마누엘 그레츠(Manuel Grez), 필자와의 인터뷰, 2013년 2월 13일.

48. 150세까지 살 수 있을까

인간이 150세까지 살 수 있다고 믿었던 메치니코프의 생각이 지금은 어떻게 받아들여지는지 조사를 벌이던 중, 나는 2001년에 미국의 저명한 노화 전문가 두 사람이 바로 이 문제를 두고 내기를 걸어 대대적인 관심을 불러 모았다는 사실을 알게 되었다. 이미 태어난 아기가 150세까지 생존하는 전례 없는 결과의 주인공이 될 수 있느냐 없느냐를 놓고 돈을 건 것이다. 미국 앨라배마 대학교 생물학과의 학과장이자 생물 노년학자인 스티븐 오스터드Steven Austad는 '가능하다'에 150달러를 걸었고 시카고 일리노이 대학교의 생물 인구통계학자 S. 제이 올샨스키S. Jay Olshansky는 누구도 그만큼 오래 살 수는 없다는 쪽에 같은 금액의 돈을 걸었다. 두 사람은 이 300달러의 돈으로 신탁 기금에 가입하고, 2150년에 승리한 쪽의 후손이 그때쯤이면 5억 달러 정도로 불어난 돈을 갖는다는 내기 조건에 합의했다. 그 해에 이 지구상에서 몸과 정신이 온전한 상태로 150번째 생일을 맞이하는 사람이 단 한 사람이라도 있으면, 오스터드의 자손이 돈을 받는다. 반대로 그러한 사람이 발견되지 않으면 올샨스키의 후손이 거액의 주인이 된다.

이 내기의 바탕에는 메치니코프가 『생명의 연장』에서 던진 질문의 요지가 그대로 담겨 있다. 바로 "인간이 도달할 수 있는 최대 수명은 몇 살인가?"[23]이다. 현재까지 과학자들은 수명을 일정한 수준으로 제어하는 생물 시계나 인체에 내재된 유전적 프로그램은 존재하지 않는다는 결론을 내놓았다. 그러나 생물종마다 평균 수명에 특징이 나타나

---

23) EM, 「낙관주의 연구(Etiudy optimizma)」, 86.

는 것을 보면, 수명이 어떤 생물학적 기전에 의해 좌우되는 것이 아닌가 하는 생각을 하게 된다.

열혈 진화론자였던 메치니코프는 진화의 동력인 자연 선택이 바로 이 기전이라고 보았다. 20세기 후반에 등장하여 21세기에도 널리 수용되는 수명 이론들에서는 생물의 수명을 결정하는 핵심 요소가 생식기능이라고 본다. 자연 선택을 통해, 종의 생물학적인 구성은 자손을 낳고 어린 자손이 성장하여 스스로 생식기능을 발휘할 수 있을 정도로 자랄 때까지 생존할 수 있게끔 진화한다는 것이다. 노년기에 일어나는 변화는 무엇이 되었든 종의 생존 측면에서는 별로 중요하지 않으므로, 나이 든 개체에 도움이 될 수 있는 형질은 다음 세대로 전달될 형질로 '선택'되지 않는다. 설상가상으로 자연 선택에서 없애지 못한 해로운 형질이 그대로 남아 노화라 불리는 결함이 발생하며, 이 해로운 영향이 누적되면 결국 죽음에 이른다.

자연 선택은 각기 다른 생물마다 수명이 방대한 다양성을 띠는 원인이 되었다. 하루살이의 수명은 보통 몇 시간에 불과하고 생쥐는 2~3년 정도 사는데 북극고래는 보통 200년씩 생존한다. 북미 대서양연안에서 발견되는 식용 대합조개는 수명의 기록을 분석하자 405세라는 결과가 나오기도 했다.[24] 수명이 진화 과정을 거치면서 이만큼 달라질 수 있다면, 필요에 따라 늘어날 수 있다는 논리적 추정이 가능하다. 그렇다면 인간의 수명 연장은 어떻게 전망되고 있을까?

오스터드와 올샨스키 박사가 내기를 걸고 약 15년이 지난 시점에 나는 두 사람에게 연락을 했다. 둘 다 메치니코프가 노화 연구 분야에서

---

24) 실버타운(Silvertown), 『긴 생애와 짧은 생애(The Long and the Short)』, 킨들(kindle) 에디션, loc. 2165.

최초로 현대적인 아이디어를 제시한 학자라는 사실에 존경심을 표했지만, 각자의 견해는 전혀 바뀌지 않았다고 밝혔다.

"우리 두 사람의 의견이 일치한 부분도 있습니다. 노화의 근본적인 속도에 직접적으로 영향을 줄 수 있는 방법을 찾아내기 전까지는 누구도 150세까지 살 수 없다는 점이지요."[25]

오스터드는 내게 이렇게 설명했다.

메치니코프의 주요 연구 분야들은 노화의 근본적인 기전 연구에서 뜻밖의 접점을 갖는다. 최근 진행된 노화 연구에서 메치니코프가 대식 세포로 분류한 경찰관들이 다시 주목을 받게 된 것이다. 메치니코프가 들으면 굉장히 흐뭇해하거나 화들짝 놀랄 만한 사실도 밝혀졌다. 나이가 들수록 대식 세포가 뇌, 근육과 다른 생체 조직의 여러 세포들과 마찬가지로 염증을 촉진하는 물질을 비정상적일 정도로 과량 분비한다는 결과가 나온 것이다. 이러한 변화를 가리키는 '염증 노화inflamm-aging'[26]라는 말까지 등장했다. 오스터드는 이렇게 설명했다.

"노화는 곧 염증이 점차 증대되는 상태라는 사실이 밝혀졌습니다. 따라서 염증의 증가폭을 줄일 수 있다면 전부는 아니라도 노화의 여러 가지 양상을 늦출 수 있을 겁니다."

그러므로 현재까지 밝혀진 결과로는 노화를 한 가지 방법으로 막을 수 있는 가능성은 희박하다고 볼 수 있다. 그보다 노화로 발생하는 수많은 문제를 해결할 여러 가지 '치료법'이 등장할 가능성이 크다. 내가

---

25) 스티븐 오스터드(Steven Austad), 필자와의 인터뷰, 2015년 3월 30일.

26) 다음 자료 등을 참고하기 바란다: 클라우디오 프란체스키(Claudio Franceschi), 주디스 켐피시(Judith Campisi), "만성 염증(염증노화)과 노화 질환에 끼치는 잠재적 영향(Chronic inflammation (inflammaging) and its potential contribution to age-associated diseases)", 「노년학 저널(Journals of Gerontology)」 시리즈 A: 생물과학(Series A: Biological Sciences) 69 (2014년 6월): 보충자료 1: S4-9, doi: 10.1093/gerona/glu057.

치료법이라는 표현에 따옴표를 붙인 이유는 오스터드와 올샨스키 모두 노화를 질병으로 정의한 메치니코프의 견해에 동의하지 않았기 때문이다. 현재 과학자들은 노화를 전적으로 자연적인 현상으로 본다는 것이 그 이유였다. 그러면서도 두 사람은 현실적인 측면에서는 자연스럽다는 정의가 부적절하다는 데 동의했다.

"자연적인 현상이라고 해서 바뀔 수 없다는 의미는 아닙니다. 감염도 자연스럽게 이루어지는 과정이지만 항생제로 바꿀 수 있으니까요."

오스터드의 설명이다.

메치니코프의 제안대로 장내 세균총의 조성을 변형시켜 노화를 '치료'하는 것도 분명 매력적인 전략이 될 수 있다. 사람의 소화관에는 수십조 마리의 미생물 수천 종이 존재한다. 다 합치면 그 무게가 우리 뇌에 육박하고, 이들의 유전자 수도 사람의 유전체보다 100배가량 더 많을 것으로 추정된다. 21세기에 접어들면서 장내 미생물에 관한 연구에도 맹렬한 가속도가 붙었다. 더 빠르게 유전자 염기서열 분석을 할 수 있는 기술이 개발되고 분석 비용이 낮아진 것이 여기에 큰 몫을 했다. 덕분에 사람의 장내 미생물 전체, 즉 '미생물군microbiome'의 유전자 염기서열을 모두 분석한다는 목표로 미국에서 시작된 '인체 미생물군 분석 사업Human Microbiome Project' 등 몇 가지 대대적인 연구 사업도 가능해졌다.

이처럼 관련 연구가 급증하면서 장내 미생물총과 노년기 질병을 포함한 여러 가지 건강 문제의 연관성이 밝혀졌지만 아주 최근까지도 노화의 과정과는 연결 고리가 발견되지 않았었다. 그러다 면역학에서와 마찬가지로, 메치니코프의 믿음이 또다시 입증됐다. 장내 미생물과 노화의 연관성은 '터무니없는 환상'이 아니라는 사실이 밝혀진 것이다.

게다가 이 결과는 메치니코프와 아주 어울리는 대상, 즉 무척추동물인 벌레와 파리 연구에서 나왔다.[27] 이와 관련된 대부분의 연구가 2010년이 지나서야 시작되었으므로 아직까지는 그 결과가 포유동물에게도 적용될지 알 수 없다. 그러나 최근 과학계에서 개최된 여러 행사와 회의에서 장내 미생물과 노화만을 주제로 내걸고 집중적인 토의가 이루어진 경우가 많은 것을 보면, 이 주제가 엄청난 관심을 불러 모은 것만은 분명하다. 2014년에는 미국 콜드스프링 하버 연구소가 2년마다 개최하는 권위 있는 노화 분자유전학 회의에서 최초로 미생물군을 개별 주제로 다루기도 했다.

미생물군과 노화의 직접적인 관계는 아직까지 명확히 밝혀야 할 과제로 남아 있지만, 간접적인 수준에서는 그에 관한 메치니코프의 주장이 놀랄 만큼 정확했다는 사실이 입증됐다. 현대 의학의 관점에서 노화와 관계가 있는 질병을 예방하기 위한 방안에 다름 아닌 메치니코프의 견해가 반영된 것이다. 예를 들어, 전문가들은 노년기에는 불안정한 면역 체계가 병을 일으키는 주된 요인이라고 보는데, 장내 미생물을 변형시키면, 즉 식생활을 바꾸면 면역력이 증대될 수 있다고 이야기한다.

"공중보건 분야에서 장내 미생물균은 큰 화제가 되었습니다. 메치니코프가 이미 100년 전에 연구했던 주제지요. 그는 시대를 100년이나 앞서간 사람이었습니다."[28]

올샨스키는 내게 이렇게 설명했다.

또한 장내 세균총에 관한 연구에서 그 성과를 전적으로 메치니코프의 공으로 돌릴 수 있는 부분이 있으니, 바로 프로바이오틱스 연구이

---

27) 하인츠(Heintz), 메이어(Mair), "우리가 데리고 있는 것이 바로 우리 자신이다(You Are What You Host)"

28) S. 제이 올샨스키(S. Jay Olshansky), 필자와의 인터뷰, 2015년 3월 20일.

다. 프로바이오틱스란 인체에 이로운 미생물을 가리키는 말로 '생명에 이롭다'는 의미에서 '활생균'으로도 불리며 항생제antibiotics와 반대되는 개념을 담고 있다. 현재까지 셀 수 없이 많은 프로바이오틱스 제품이 쏟아져 나왔지만 실제로 건강에 도움이 되는지, 그저 떠들썩한 광고에 지나지 않는지는 그리 간단히 판단할 수 없다. 그래도 21세기 후반부터 과학계에서 프로바이오틱스 연구가 급물살을 타고 있다는 점만은 분명하다. 영국의 의학 저널 『란셋』에 실린 글에서 지적한 것처럼 20년 전만 하더라도 "프로바이오틱스 연구가 좋게 봐야 별 소득 없는 일이고 정통 의학에 속하지 않는 분야"[29]로 여겨졌지만 지금은 "의학계의 진지한 연구 분야이자 전 세계에서 수십억 달러가 오가는 산업 분야"로 변모했다.

『란셋』의 이 글에는 '의학의 기술: 메치니코프와 미생물군The Art of Medicine: Metchnikoff and the Microbiome'이라는 아주 적합한 제목이 붙여졌다. 이 글 외에도 나는 메치니코프의 이름이 이처럼 현대 과학계에 새로이 등장한 용어와 나란히 놓여 있는 최신 자료를 무수히 발견하고 100년 전 메치니코프가 했던 연구가 얼마나 현대적인 수준이었는지에 사뭇 경이로움을 느꼈다. 「프로바이오틱스: 엘리 메치니코프의 관찰 이후 100년 Probiotics: 100 Years(1907-2007) After Elie Metchnikoff's Observation」이라는 제목의 리뷰 논문[30]도 그중 하나이다. 나와 인터뷰를 한 여러 과학자들도 메치니코프를 "프로바이오틱스 분야의 신적인 존재"[31]라거나 "현대 프로바이오틱

---

29) 포돌스키(Podolsky), "의학 기술(The Art of Medicine)," 1810.

30) 킹슬리 C. 아누캄(Kingsley C. Anukam), 그레고어 레이드(Gregor Reid), 『응용 미생물학 분야의 최신 연구와 교육 화두의 동향에 관한 정보(Communicating Current Research and Educational Topics and Trends in Applied Microbiology)』, vol. 1, 편집: A. 멘데즈 빌라(A. Méndez-Vilas) (스페인 바다호스: Formatex, 2007), 466-74.

31) 그레고어 레이드(Gregor Reid), 필자와의 인터뷰, 2015년 4월 27일.

스 연구의 아버지"[32]로 지칭했다.

노화 연구의 경우, 과학계는 노화의 속도를 늦추는 방법을 찾아내느라 여전히 고투를 벌이고 있지만, 인류의 수명은 이미 크게 늘어나 전문가들의 예측을 뛰어넘었다. 2002년 학술지 『사이언스Science』[33]는 '기절초풍할 만한 사실'이라는 설명과 함께 1840년대 이후 인류의 수명이 하루 평균 여섯 시간씩, 즉 10년마다 2년 반씩 꾸준히 증가했다고 전했다. 그리고 "이토록 대대적인 변화가 이만큼 규칙성을 띠는 양상은 지금껏 어느 분야에서도 관찰된 적 없는 놀라운 일"이라고 덧붙였다. 이 놀라운 흐름은 다시 10년이 지나도 그대로 이어졌다.

이는 인류 역사에서도 중요한 소식이다. 한 과학적인 분석 자료에 의하면 1900년 이후 인간의 사망률은 대대적으로 감소했다.[34] 이것은 현재까지 지구상에 살았던 수천 세대 중 불과 다섯 세대 정도만이 경험하고 있는 변화다. 같은 기간에 서유럽과 북미 지역은 기대수명도 30년 가까이 현격히 증가했다.[35] 미국의 경우 1900년과 2010년의 기대 수명을 비교하면[36] 남성은 마흔여섯 살에서 일흔여섯 살로, 여성은 마흔여덟 살에서 여든한 살로 늘어났다. 또 한 가지 새롭게 나타난 변화는 과거에는 주로 아동의 사망률이 줄면서 평균 수명이 증가했지만, 1950년대 이후에는 기대 수명의 증가폭이 노년층에서 가장 높게 나타났다는 점이다.

사망률이 이와 같은 추세로 계속 감소한다면, 2000년 이후 출생한

32) 시민 메이다니(Simin Meydani), 필자와의 인터뷰, 2015년 3월 18일.

33) 외팬(Oeppen), 보펠(Vaupel), "무너진 한계(Broken Limits)』", 1029. 보펠(Vaupel), "생물개체군학(Biodemography)"

34) 버거(Burger), 바우디슈(Baudisch), 보펠(Vaupel), "인류의 사망률 개선(Human Mortality Improvement)", 18210.

35) 크리스텐슨(Christensen) 연구진, "노화 인구(Ageing Populations)』", 1196.

36) 아리아스(Arias), "미국의 생존 통계(United States Life Tables)』", 45~46.

아이들은 대부분 100세 생일을 맞이할 것으로 전망된다.[37) 과학계에서는 이 가능성을 두고 뜨거운 설전이 벌어지고 있다. 실제로 그러한 결과가 나타나려면 인류의 생활 방식이 건강에 유익한 방향으로 크게 바뀌어야 한다. 그렇게 될 확률은 그리 높지 않지만, 전혀 불가능한 일은 아니다.

이 문제만큼 열띤 논의가 이루어지는 문제가 바로 오스터드와 올샨스키의 내기로 대표되는 최고 수명에 관한 전망이다. 오스터드는 수명을 좌우하는 생물학적인 한계가 있다는 견해에 크게 과장된 부분이 있다고 본다.

"쥐가 평균 수명보다 75퍼센트 더 오래 살도록 하는 실험이 성공을 거둔 적이 있습니다. 저는 생물학적인 한계라 일컬어지는 것이 혹시 존재하더라도 그 영향력은 우리 생각보다 훨씬 더 미미하다고 봅니다. 실험동물들을 통해 수명을 늘릴 수 있는 수십 가지 방법이 발견되었으니까요. 그중에 최소한 몇 가지는 사람과도 관련이 있을 것이라고 확신합니다. 저도 인간의 평균 수명이 150세에 이르리라곤 생각하지 않지만, 지금으로부터 100년이 더 흐른 뒤에는 그 정도로 오래 사는 사람이 어쩌다 한 명 정도 나올 수 있다고 보는 겁니다."

반면 올샨스키는 인체가 생물학적인 구조상 150년까지 버틸 수 없다고 생각한다. 우리 몸의 핵심 구성 요소인 근섬유와 신경세포만 하더라도 그토록 오랜 세월 동안 복제될 수 없다는 것이다. 따라서 올샨스키는 노화를 늦추려는 노력이 필요하다는 데 강력히 동의하고, 흔히 발생하는 질병은 노화가 원인이 되는 경우가 많은 만큼 노화를 늦추는

37) 크리스텐슨(Christensen) 연구진, "노화 인구(Ageing Populations)", 1196.

것이 질병 예방에 가장 큰 역할을 한다고 본다. 그러나 그런 노력으로 실제로 인간의 수명을 얼마나 늘릴 수 있을지는 알 수 없다고 밝혔다.

"노화 속도를 조정할 수 있는 어떤 방법이 발견되고 이것이 수명을 50년은 더 늘릴 것으로 추정된다고 해 봅시다. 정말로 그런지 확인하려면 최소 50년은 더 기다려야 합니다."

이와 함께 올샨스키는 앞으로 수명의 증가폭이 점차 줄어들 것이라고 주장했다.[38]

나는 메치니코프라면 낙관적인 쪽의 편을 들었으리라 장담한다.

"다소 먼 미래에는 과학이 인간의 수명을 원하는 지점까지 연장할 방도를 찾을 수 있을 것이라고 생각한다."[39]

철학 에세이 『이성적 세계관에 관한 40년간의 탐구』에서 메치니코프는 이렇게 밝힌 바 있다.

살아생전 그가 제시한 생각들은 커다란 상상력에서 시작됐지만 나중에 그 생각들이 과학적으로 뒷받침되었다는 사실은 그저 놀라울 뿐이다.

"메치니코프는 자신의 믿음을 억지로 관철시켰다."[40]

폴 드 크루이프는 저서 『미생물 사냥꾼들』에서 이렇게 평가했다.

"이상한 일이지만, 때로는 그런 그의 생각이 옳았다. 그것도 아주 중요한 부분이 말이다."

언젠가는 인간의 수명에 대한 메치니코프의 믿음 역시 옳았다는 사

---

38) 올샨스키(Olshansky), 카네스(Carnes), 『생명의 측정(A Measured Breath of Life)』에서 이 내용에 관한 설명과 1마일 달리기의 역사와의 비유를 확인할 수 있다.

39) EM, 『40년(Sorok let)』, 21.

40) 드 크루이프(de Kruif), 『미생물 사냥꾼들(Microbe Hunters)』, 203.

실이 증명될지도 모른다.

현대에 들어 노화 연구에 엄청난 가속도가 붙었다는 사실 자체가 메치니코프에게는 최상의 영예일 것이다. 메치니코프가 터전을 마련하고 이름까지 붙인 노년학이 과학적으로 열띤 연구가 이루어지는 분야로 탈바꿈했다. 이를 안다면 임종 직전까지 그를 고통스럽게 했던 걱정, 즉 자신의 때 이른 죽음이 지금껏 설파해 온 내용에 찬물을 끼얹을지도 모른다는 불안감도 모두 해소될 것이다. 노년학 분야에서 매년 수천 건의 연구가 이루어지고 있는 만큼, 메치니코프의 연구 결과도 다시금 새롭게 해석될지 모른다.

엘리 메치니코프는 100년 전에 세상을 떠났지만, 그의 미래는 지금도 계속되고 있다.

감사의 말

이 책이 아직 아이디어 단계에 머물러 있을 무렵, 나는 소설가이자 저술가인 린나 사무엘Rinna Samuel에게 조언을 구했다. 전설적인 편집자, 범접할 수 없는 실력자로 정평이 난 그녀는 내게 이런 이야기를 했다.

"메치니코프에 관한 책을 쓸 마음을 먹었다면 일단 그 사람과 결혼을 해야 해요."

쓰고자 하는 주제와 얼마만큼 친밀해져야 하는지 알려 준 말이었다. 영광스럽게도 사무엘은 도와 달라는 내 요청을 기꺼이 받아들여, 이후 수년 동안 큰 인내심으로 내가 쓴 초고를 다듬고 또 다듬어 주었다. 정말이지 감사할 따름이다. 창작에 관한 나름의 신조도 내게 알려 주려고 노력했다. 나는 그녀를 통해 형용사는 금처럼 귀하게 여기고 아껴가며 사용할 것, 즉 글은 구조가 가장 중요하니 형용사는 적을수록 좋다는 가르침을 얻었다. 사무엘은 아흔을 훌쩍 넘긴 연세에도 이런저런 구문을 가리켜 '진부하다'고 비판하기도 했다. 아흔세 번째 생신을 불과 한 달 앞두고 세상을 떠난 그녀에게 내 최종 원고를 보여 드리지 못한 것이 못내 아쉽다. 그녀의 생각과 조언은 이 글 곳곳에 배어 있다. 사무엘의 지도가 없었다면 나는 이 책을 쓰지 못했을 것이다.

아서 실버스타인의 저서 『면역학의 역사A History of Immunology』는 메치니코프가 참전한 '면역 전쟁'을 조사하게 된 계기가 되었다. 의학 역사가인 그는 메치니코프가 남긴 글에 아주 익숙한 분이라 더없이 귀중한 고문 역할을 맡아 주셨다. 10년에 가까운 긴 세월을 나의 한도 끝도 없는 이메일에 답하며 의학적인 개념을 바로잡아 주고 독일어와 라틴어 번역을 도와주고 과학적인 오류에 빠지지 않도록 조언을 해 주고, 원고가 대략적인 형태를 갖추었을 때에는 전체적인 의견을 제시하는 큰 호의를 베풀어 주었다. 물론 완성된 책의 정확성은 오로지 내가 책임져야 할 부분임을 밝혀 둔다.

그 외에도 수많은 과학자들과 과학사 저술가들께 큰 빚을 졌다. 집필 초기에 너무도 절실했던 용기를 한껏 불어넣어 준 레슬리 브렌트Leslie Brent, 메치니코프에 관한 글과 직접 수집해 온 메치니코프의 연구 관련 자료를 귀중한 참고 자료로 마음껏 활용할 수 있게 해 준 알프레드 타우버께 감사드린다. 세묜 에피모비치 레즈니크Semyon Efimovich Reznik가 러시아어로 쓴 메치니코프 전기도 내게는 유용한 자료였다. 러시아 과학계의 역사에 관한 그의 의견은 그가 바라본 메치니코프와 내가 바라본 메치니코프를 비교해 볼 수 있는 소중한 기회가 되었다. 이스라엘 바르밀란 대학교의 과학 · 기술 · 사회 프로그램에서 학생들을 가르치고 있는 오렌 하먼Oren Harman도 마치 신나고 지적인 모험을 떠나듯 과학의 역사를 들려주었다.

스티븐 오스터드, 폴 브레이Paul Brey, 하랄 브루소Harald Bruessow, 장 마크 카바용Jean-Marc Cavaillon, 카레 크리스텐센Kaare Christensen, 이란 엘리나브Eran Elinav, 바딤 프라이펠트Vadim Fraifeld, 베라 고부노바Vera Gorbunova, 시아몬 고든, 마누엘 그레츠Manuel Grez, 댄 헬러Dan Heller, 줄스 호프만Jules Hoffmann,

스테판 융Steffen Jung, 마크 킵니스Mark Kipnis, 나탈리아 니콜라에브나 콜로틸로바Natalia Nikolaevna Kolotilova, 프란츠 루텐베르거Franz Luttenberger, 윌 메어Will Mair, 알베르토 만토바니Alberto Mantovani, 아이라 멜먼, 시민 메이다니Simin Meydani, 캐롤 모베리Carol Moberg, 로알드 네블린Roald Nezlin, 얼링 노르비Erling Norrby, S. 제이 올샨스키, 에드거 픽Edgar Pick, 올렉 야로슬라보비치 필립추크Oleg Yaroslavovich Pilipchuk, 스캇 포돌스키Scott Podolsky, 아하론 라빈코프Aharon Rabinkov, 미셸 라비노비치Michel Rabinovitch, 그레고어 레이드Gregor Reid, 이반 로이트Ivan Roitt, 올리비에 슈워츠Olivier Schwartz, 마이클 셀라Michael Sela, 가이 샤카르, 아디 샤니Adi Shani, 엘리어스 셰젠Elias Shezen, 랄프 스타인먼, 에이드리언 스레셔Adrian Thrasher, 데스몬드 토빈Desmond Tobin, 앤소니 S. 트레비스Anthony S. Travis, 타티아나 이바노브나 울얀키나Tatiana Ivanovna Ulyankina, 데이빗 웰라치David Wallach, 제럴드 바이스만Gerald Weissmann, 버룩 월렉, 엘리 울먼 등 내 요청을 받아들여 전화나 이메일로 자신의 연구 내용을 설명하고, 의견 교환을 통해 내가 여러 가지를 깨닫게 하고, 여러 시간을 할애해 과학적인 개념을 설명해 주신 분들도 많다.

레이철 골드먼Rachel Goldman과 모리스 카르노브스키Moris Karnovsky는 1980년 메시나에서 개최되었던 식세포 회의에 관한 기억을 내게 들려주었다. 실비 멜쉬오르 보네Silvie Melchior-Bonnet와 레이몬드 드브로이Raymonde deVroey는 각각 할아버지 콘스탄틴 레바디티Constantin Levaditi와 쥘 보르데에 관한 추억을 들려주었고, 로니트 가브리엘리Ronit Gavrieli는 내가 이스라엘 메이어 메디컬 센터의 백혈구 기능 연구소를 둘러볼 수 있도록 해 주었다. 또 전 세계인의 입맛에 맞는 요구르트 개발에 힘쓰고 있는 업체 트누바Tnuva의 수석 과학자 지브 파이코브스키Zeev Paikovsky에게도 도움을 얻었다.

파리 출신 변호사, 요셉 하다드가 프랑스 법률 시스템에 도통한 마법 같은 능력을 발휘해 주지 않았다면, 리옹 신탁은행에 갇혀 있던 메치니코프의 자료를 보지도 못했을 것이다. 그가 충분한 시간을 들여 노력해 준 덕분에 얻을 수 있었던 성과였다. 프랑스 법률에 관한 방대한 지식과 걸출한 협상력 덕분에 안전금고를 열고 자료의 사본을 구하는 모든 과정이 더없이 순탄하게 이루어졌다. 자크 사다가 유산 상속인으로 지정한 에리카 스멜코바Erica Smelkova의 수락을 얻어 이러한 법적 절차가 진행될 수 있었다는 점에서, 우리를 믿고 기꺼이 협력해 준 그녀에게도 무한한 감사를 드린다. 더불어 요셉 하다드의 조수로 일이 효율적으로 진행되도록 도와준 뮤리엘 가르시아Muriel Garcia에게도 감사 인사를 전하고 싶다.

리옹 은행에 보관된 자료의 사본을 얻기 위해서는 파스퇴르 연구소의 도움이 꼭 필요했다. 연구소 과학 기록 위원회의 앙리 뷕Henri Buc과 제네비에브 밀롱Geveniève Milon의 도움과 지원에 감사를 표한다. 또 당시 연구소장을 맡았던 앨리스 도트리Alice Dautry는 이 책이 출간될 때까지 내가 사본을 독점적으로 사용할 수 있는 권한을 주었다. 다니엘 드멜리어Daniel Demellier는 내게 주어진 단 몇 시간 동안 자료의 사본을 제대로 마련할 수 있도록 전문적인 조언을 아끼지 않았고, 나중에 파스퇴르 연구소의 고문서를 다루는 방법에 대해서도 알려 주었다. 연구소 도서관의 미디어실과 파스퇴르 박물관 직원들, 특히 전자 자료를 능수능란하게 다룰 줄 아는 산드라 레고트Sandra Legout와 카트린 세실리오Catherine Cecilio, 요한 슈비아르Johann Chevillard, 미카엘 대비Michael Davy에게도 감사드린다.

"절대로 잊지 못할 만남이 될 겁니다." 2007년, 당시 파스퇴르 박물관장이던 아니크 페로Annick Perrot는 엘리 울먼과 내가 만날 수 있는 자리를 마련하고 이렇게 전해 왔다. 귀중한 인터뷰 기회를 마련해 주고, 내 무수한 질문에 답을 해 주고, 중요한 과거 사진들이 어디에 있는지 일일이 알려 주고, 내 원고에 대해 의견도 제시해 준 아니크의 도움이야말로 절대로 잊지 못할 것 같다.

파트리스 랑베르 박사에게도 특별한 도움을 받았다. 그는 자크 사다의 이야기를 종합할 수 있도록 도와주고, 내가 세브르 인근을 둘러볼 수 있도록 안내자 역할을 해 주었다. 세브르에서 만난 파스칼 솔레흐Pascale Solere와 브루노 코스타마리니Bruno Costa-Marini는 메치니코프가 살던 집에 내가 들어가 볼 수 있도록 따뜻하게 배려해 주었다. 그 일은 내가 이 책을 쓰기 위해 진행한 모든 조사를 통틀어 가장 감동적인 기억으로 남았다. 자크 사다의 기억을 들려준 알렉산드르 아리스토프Alexandre Aristov와 아그네스 피뇰Agnes Pignol, 샹딸과 질 뒤플레시스Chantal and Gilles du Plessis, 장 튈라르Jean Tulard에게도 감사드린다.

책을 쓰느라 여행을 떠나야 할 때마다 수많은 사람들이 뒷바라지를 해 주었다. 가족들, 친구들의 응원 덕분에 러시아로 떠난 연구 여행에서 유익한 정보를 얻고 즐거운 추억도 만들 수 있었다. 모스크바에서 따뜻한 집에 머물 수 있게 해 준 알렉산더 보리소비치 비칸스키Alexander Borisovich Vikhanski와 타티아나 레오니도브타 샤로바Tatiana Leonidovna Sharova, 그리고 상트페테르부르크에서 조사를 도와준 발레리아 드미트리브나 우글레바Valeria Dmitrievna Ugleva에게 특히 감사드린다. 엘레나 에피모브나 디너스타인Elena Efimovna Dinerstein은 나와 러시아 역사에 대해 의견을 나누어 주었고, 엘레나의 아버지 에핌 아브라모비치 디너스타인Efim Abramovich Dinerstein은 집필에 참고할 만한 자료를 소개해 주었다. 이탈리아에서는 메치니코프가 즐겨 찾곤 하던 나폴리 동물학연구소에서 크리스티안 그뢰벤Christiane Groeben을 만나 엄청난 도움을 받았다. 그 밖에도 메치니코프가 활동하던 시절의 각종 자료가 보관된 오데사 I. I. 메치니코프 대학교를 비롯해, 메치니코보와 하리코프, 오데사에서 내가 그의 흔적을 쫓는 동안 도움을 주신 모든 분들께 감사드린다.

프랑스, 이스라엘, 폴란드, 러시아, 우크라이나, 영국, 미국의 각종 기록보관소와 도서관, 기관, 인터넷 커뮤니티를 뒤지며 조사를 벌이는 과정에서도 수많은 분들의 도움을 받았다. 러시아 과학아카데미 기록보관소에 보관된 방대한 자료를 조사하는 동안 이리나 게오르기예브나 타라카노바Irina Georgievna Tarakanova는 전문가다운 지식으로 도움을 준 것은 물론 열람실에서 편안하게 조사할 수 있는 분위기를 만들어 주었다. 메치니코프의 외할머니인 카테리나 미헬손Catharine Michelson의 흔적을 찾는 일은 19세기 초의 자료를 뒤져야 하는 일인 데다, 여성에 관한 기록은 더욱 희귀한 실정이라 상당히 까다로운 작업이었다. 베네딕트 그리고리예비치 뱀Venedikt Grigoryevich Bem이 제공해 준 단서들과 상트페테르부르크에서 만난 기록관리 전문가 엘레나 이브게니예브나 크니아세바Elena Evgenyevna Kniaseva의 어마어마한 경력 덕분에 다행히 자료를 모을 수 있었다.

꽁데 슈흐 베르그흐에 위치한 '라 콜로니'의 다니엘 뒤자보Danielle Duizabo, 미국 면역학회 소속 존 엠리치John Emrich, 파리 이반 투르게네프 러시아 도서관의 타티아나 글라드코바Tatiana Gladkova, 록펠러 기록보관 센터의 리 R. 힐트지크Lee R. Hiltzik, 야후닷컴에 마련된 커뮤니티 '취미나 직업으로 현미경 들여다보기Microscopy as a Hobby or Profession'의 메르브 홉든 Merv Hobden, 바이츠만 과학연구소 도서관의 사서인 안나 일리온스키Anna Ilionski와 마리나 샌들러Marina Sandler, 키예프 지역 국가 기록보관소Derzhavnii

Arkhiv Kievskoii Oblasti의 미콜라 코리니Mykola Korinnyj, 예루살렘 유대인 국립대학 도서관의 에델스타인 컬렉션 관리자 하바 노웨르스천Hava Nowersztern과 마야 울라노브스키Maya Ulanovsky, 뉴욕 의학협회 도서관의 아를렌 섀너Arlene Shaner, 바이츠만 기록보관소의 메라브 세갈Merav Segal, 알렉산더 마르모렉Alexander Marmorek의 자료를 얻을 수 있었던 센트럴 시오니스트 기록보관소의 로셸 루빈스타인Rochelle Rubinstein, 그리고 모스크바에 위치한 러시아 국립도서관 '레닌카Leninka'에서 참고 자료에 관한 조언을 제공해 주고 지금까지 나와 연락을 하고 지내는 여러 관계자 여러분께도 이 책과 관련하여 궁금한 부분을 해소해 주고 조사가 보다 원활히 이어질 수 있도록 도움을 준 것에 대해 깊은 감사의 인사를 드린다.

책을 준비하는 내내 나는 온라인에서 무료로 구할 수 있는 수많은 자료들을 보면서 감탄을 금치 못했다. 덕분에 짧게는 수개월, 길게는 수년이 걸릴 수도 있었을 조사와 여행 시간을 아낄 수 있었다. 특히 프랑스 국립도서관 사이트gallica.bnf.fr는 옛 프랑스 신문의 사본을 검색할 수 있어 큰 도움이 되었다. 그 밖에도 온라인 디지털 도서관 인터넷 아카이브archive.org, 전자책 제공 사이트 구텐베르크gutenberg.org, 디지털 도서관 하티트러스트hathitrust.org, 학술정보 데이터베이스 월드캣worldcat.org, 노벨상 수상자에 관한 데이터베이스nobelprize.org에서 값진 자료를 무료로 얻을 수 있었다.

미국 스키드모어 칼리지에서 진행된 '작가협회 여름특강' 중 저술가 호너 무어Honor Moore의 비소설 쓰기 강좌에 참석한 덕분에 나는 이 책의 일부를 무사히 완성할 수 있었다. 값진 의견과 참고할 만한 자료를 제시해 준 동기들에게 감사드린다. 무엇보다 일대일 수업을 통해 로리 골든손Lorrie Goldensohn에게서 깊이 있는 통찰과 조언을 얻을 수 있었던 것

책 전반에 나오는 러시아어는 표음식 철자와 보다 널리
적용했다. 가령 일리야는 'Il'ia' 대신 'Ilya'로, 톨스토이
Tolstoy로 적었다.

세기 초의 파리 날씨를 묘사한 부분은 해당 시기에 매일
보도한 『르 피가로』지의 기사를 참고했다.

서, 신문, 잡지, 그 밖의 정기간행물은 겹낫표(『』)로 표시
문, 기고문, 에세이, 편지, 신문·잡지의 기사, 강의·강
ㅋ따옴표("")로 표시해 두었다.

과 출처

니코프 Elie Metchnikoff

치니코프 Olga Metchnikoff

니코프 연구 모음집 I. I. Mechnikov. Akademicheskoe sobranie sochinenii,
크바: Medgiz, 1950-1964.

스퇴르 연구소 연보 Annales de l'Institut Pasteur』

코프가 올가에게 쓴 편지, 1876-1899. 편집: A. E. 가시
novich와 B. V. 레브신 B. V. Levshin. 모스크바: Nauka, 1978.

코프가 올가에게 쓴 편지, 1900-1914. 편집: A. E. 가시
V. 레브신. 모스크바: Nauka, 1980.

프의 회고록 I. I. Mechnikov. Stranitsy vospominanii. 모스크바: 구소련
USSR Academy of Sciences, 1946.

Mechnikova. 『메치니코프의 삶 Zhizn' Il'i Il'icha Mechnikova』. 모스
라드: Gosizdat, 1926.

이 이 특강에서 얻은 최고의 성과였다.

여러 친구들과 동료들도 나를 돕기 위해 시간과 노력을 기꺼이 내
주었다. 책을 어떻게 출간해야 하나 고민할 때 이끌어 준 레이첼 헬러
Rachel Heller, 제안서를 읽고 의견을 제시해 준 타마르 바이탈 Tamar Vital, 원
고에 대해 조언을 해 준 준 레빗 June Leavitt을 비롯해 찾기 힘든 역사적
문서를 찾아낼 수 있도록 창의적인 해결책을 제시한 하워드 스머클러
Howard Smukler에게 감사드린다. 누리트 허먼 Nurit Hermon은 메치니코프가 살
던 집의 정원 사진에 담긴 식물들이 무엇인지 알려 주었고, 에다 골드
스타인 Eda Goldstein, 나바 하버샤임 Navah Haber-Schaim, 리자 준그레이스 Riza
Jungreis, 안나 키셀레브 Anna Kiselev, 오린 제하비 Oren Zehavi는 책 전체를 읽고
소중한 의견을 준 것은 물론, 큰 도움이 된 여러 가지 조언을 아낌없이
제공해 주었다.

집필 작업이 막바지에 이른 시기에는 낸시 로린슨 Nancy Rawlinson으로
부터 고견을 얻었다. 그녀는 특별한 통찰력으로 글쓰기에 관한 세심한
가르침과 더불어 귀중한 읽을거리, 편집에 관한 날카로운 의견을 제시
해 주었다. 디스텔 앤드 고더리치 리터러리 매니지먼트 Dystel and Goderich
Literary Management에서 만난 훌륭한 에이전트 제시카 파핀 Jessica Papin은 이
책이 나올 수 있도록 능력과 열정뿐 아니라 익살까지 발휘해 주었고,
내가 에이전시에 소속된 이후부터 지금까지 내내 도움을 주고 있다.

다소 별난 내 책을 받아 주고 편집 감각을 적극 발휘해 준 시카고 리
뷰 프레스의 제롬 폴렌 Jerome Pohlen과 미셸 윌리엄스 Michelle Williams, 출판 과
정이 무탈하고 즐겁게 진행될 수 있도록 도와주신 여러 직원들께도 모
두 감사드린다.

그리고 기나긴 세월을 건너, 오래전 '철의 장막' 뒤에서 내게 영어를

가르쳐 주신 인나 아로노브나 코헨Inna Aronovna Cohen과 안나 파블로브나 마슬로바Anna Pavlovna Maslova 두 분의 훌륭한 선생님께 진심 어린 감사를 표한다.

각주ㅇ

작성되었으나
알려진 철자를
는 Tolstoi 대ᄉ
19세기와 2
전날의 날씨를
각주에서 ᄃ
했고, 그 외 ᄂ
연 등은 모두

이 책에 일일이 표시하지는 않았지
니코프의 삶Zhizn' Il'i Il'icha Mechnikova』은
제공해 주었다. 나는 올가가 맨 처ᄃ
원래 이 책은 제일 처음 러시아어 ᄆ
지만 10월 혁명으로 인해 보류되어
됐다. 그리고 1921년 영어 번역서가
간됐다.

메치니코프의 저서는 러시아어ᄂ
다. 메치니코프가 다른 언어보다 ᄋ
의 경우 오류가 있을 수 있기 때문이
의 영어 번역서에는 메치니코프가 18
다고 나와 있지만, 실제로 그는 그 행
프랑스어, 독일어 번역서는 모두 필
독일어 자료 중 러시아어나 영어로 빌
로 표시를 해 두었다.

각주에 사용된 러시아어는 미국 ᄋ

자주 인용된 아

EM: 엘리 메
OM: 올가 메
ASS: I. I. 메
총 16권: 모스
연보Annales:『ᄌ
편지 1: 메치
노비치A. E. Gai
편지 2: 메치
노비치와 B.
SV: 메치니
과학아카데ᄆ
ZIIM: O. N
크바―레닌ᄀ

기록보관소 명칭

AIP: 파스퇴르 연구소 기록보관소Archives de l'Institut Pasteur (파리)

AIMR: 로댕 박물관 연구소 기록보관소Archives institutionnelles du mesée Rodin (파리)

ARAN: 러시아 과학아카데미 기록보관소Arkhiv Rossiiskoi Akademii Nauk (모스크바)

DAHO: 하리코프 지역 국가 기록보관소Derzhavnii Arkhiv Kharkivskoi Oblasti (하리코프)

DAKO: 키예프 지역 국가 기록보관소Derzhavnii Arkhiv Kievskoii Oblasti (키예프)

GARF: 러시아연방 국가 기록보관소Gosudarstvennyi Arkhiv Rossiiskoi Federatsii (모스크바)

RAC: 록펠러 기록보관센터Rockefeller Archive Center (뉴욕 슬리피 할로우)

RGASPI: 러시아 국립 사회정치역사 기록보관소Rossiiskii Gosudarstvennyi Arkhiv Sotsial'no-Pliticheskoi Istorii (모스크바)

RGIA: 러시아 국립 역사기록보관소Rossiiskii Gosudarstvennyi Istoricheskii Arkhiv (상트페테르부르크)

사다 컬렉션Saada Collection: 자크 사다의 개인 소장품

월러 자료 모음집Waller Manuscript Collection, 웁살라 대학교 도서관

발데마르 모데카이 하프킨 기록모음Waldemar Mordechai Haffkine archive, 이스라엘 국립도서관 (예루살렘)

면역
메치니코프에 묻다

펴낸날	개정판 1쇄 인쇄 2020년 5월 10일
	개정판 1쇄 발행 2020년 5월 15일
지은이	루바 비칸스키
옮긴이	제효영
펴낸이	이경민
펴낸곳	㈜동아엠앤비
출판등록	2014년 3월 28일(제25100-2014-000025호)
주소	(03737) 서울특별시 서대문구 충정로 35-17 인촌빌딩 1층
전화	(편집)02-392-6901 (마케팅)02-392-6900
팩스	02-392-6902
전자우편	damnb0401@naver.com
SNS	ﬀ ◎ 🄱🄻🄾🄶

ISBN 979-11-6363-193-4 (03990)

이 이 특강에서 얻은 최고의 성과였다.

여러 친구들과 동료들도 나를 돕기 위해 시간과 노력을 기꺼이 내주었다. 책을 어떻게 출간해야 하나 고민할 때 이끌어 준 레이첼 헬러Rachel Heller, 제안서를 읽고 의견을 제시해 준 타마르 바이탈Tamar Vital, 원고에 대해 조언을 해 준 준 레빗June Leavitt을 비롯해 찾기 힘든 역사적 문서를 찾아낼 수 있도록 창의적인 해결책을 제시한 하워드 스머클러Howard Smukler에게 감사드린다. 누리트 허먼Nurit Hermon은 메치니코프가 살던 집의 정원 사진에 담긴 식물들이 무엇인지 알려 주었고, 에다 골드스타인Eda Goldstein, 나바 하버샤임Navah Haber-Schaim, 리자 준그레이스Riza Jungreis, 안나 키셀레브Anna Kiselev, 오린 제하비Oren Zehavi는 책 전체를 읽고 소중한 의견을 준 것은 물론, 큰 도움이 된 여러 가지 조언을 아낌없이 제공해 주었다.

집필 작업이 막바지에 이른 시기에는 낸시 로린슨Nancy Rawlinson으로부터 고견을 얻었다. 그녀는 특별한 통찰력으로 글쓰기에 관한 세심한 가르침과 더불어 귀중한 읽을거리, 편집에 관한 날카로운 의견을 제시해 주었다. 디스텔 앤드 고더리치 리터러리 매니지먼트Dystel and Goderich Literary Management에서 만난 훌륭한 에이전트 제시카 파핀Jessica Papin은 이 책이 나올 수 있도록 능력과 열정뿐 아니라 익살까지 발휘해 주었고, 내가 에이전시에 소속된 이후부터 지금까지 내내 도움을 주고 있다.

다소 별난 내 책을 받아 주고 편집 감각을 적극 발휘해 준 시카고 리뷰 프레스의 제롬 폴렌Jerome Pohlen과 미셸 윌리엄스Michelle Williams, 출판 과정이 무탈하고 즐겁게 진행될 수 있도록 도와주신 여러 직원들께도 모두 감사드린다.

그리고 기나긴 세월을 건너, 오래전 '철의 장막' 뒤에서 내게 영어를 가르쳐 주신 인나 아로노브나 코헨Inna Aronovna Cohen과 안나 파블로브나 마슬로바Anna Pavlovna Maslova 두 분의 훌륭한 선생님께 진심 어린 감사를 표한다.

각주에 대하여

이 책에 일일이 표시하지는 않았지만 올가 메치니코프가 쓴『엘리 메치니코프의 삶Zhizn' Il'i Il'icha Mechnikova』은 책을 쓰는 데 필요한 수많은 정보를 제공해 주었다. 나는 올가가 맨 처음 집필한 러시아어 원고를 참고했다. 원래 이 책은 제일 처음 러시아어 버전으로 1917년에 발행될 예정이었지만 10월 혁명으로 인해 보류되어 1920년 프랑스어 버전이 먼저 출간됐다. 그리고 1921년 영어 번역서가 나온 후 1926년에야 러시아어로 출간됐다.

메치니코프의 저서는 러시아어나 프랑스어 버전을 찾아서 인용했다. 메치니코프가 다른 언어보다 영어에 서툴렀던 탓에 영어 번역서의 경우 오류가 있을 수 있기 때문이다. 한 예로『감염성 질환과 면역』의 영어 번역서에는 메치니코프가 1890년 베를린 학회에서 강연을 했다고 나와 있지만, 실제로 그는 그 행사에 참석하지 않았다. 러시아어, 프랑스어, 독일어 번역서는 모두 필자가 소유한 도서를 활용했으며, 독일어 자료 중 러시아어나 영어로 발행된 자료를 활용한 경우에는 따로 표시를 해 두었다.

각주에 사용된 러시아어는 미국 의회도서관 음역체계를 활용하여 작성되었으나 책 전반에 나오는 러시아어는 표음식 철자와 보다 널리 알려진 철자를 적용했다. 가령 일리야는 'Il'ia' 대신 'Ilya'로, 톨스토이는 Tolstoi 대신 Tolstoy로 적었다.

19세기와 20세기 초의 파리 날씨를 묘사한 부분은 해당 시기에 매일 전날의 날씨를 보도한 『르 피가로』지의 기사를 참고했다.

각주에서 도서, 신문, 잡지, 그 밖의 정기간행물은 겹낫표(『』)로 표시했고, 그 외 논문, 기고문, 에세이, 편지, 신문·잡지의 기사, 강의·강연 등은 모두 큰따옴표("")로 표시해 두었다.

자주 인용된 이름과 출처

EM: 엘리 메치니코프Elie Metchnikoff

OM: 올가 메치니코프Olga Metchnikoff

ASS: I. I. 메치니코프 연구 모음집I. I. Mechnikov. Akademicheskoe sobranie sochinenii, 총 16권: 모스크바: Medgiz, 1950−1964.

연보Annales: 『파스퇴르 연구소 연보Annales de l'Institut Pasteur』

편지 1: 메치니코프가 올가에게 쓴 편지, 1876−1899. 편집: A. E. 가시노비치A. E. Gaisinovich와 B. V. 레브신B. V. Levshin. 모스크바: Nauka, 1978.

편지 2: 메치니코프가 올가에게 쓴 편지, 1900−1914. 편집: A. E. 가시노비치와 B. V. 레브신. 모스크바: Nauka, 1980.

SV: 메치니코프의 회고록I. I. Mechnikov. Stranitsy vospominanii. 모스크바: 구소련 과학아카데미USSR Academy of Sciences, 1946.

ZIIM: O. N. Mechnikova. 『메치니코프의 삶Zhizn' Il'i Il'icha Mechnikova』. 모스크바−레닌그라드: Gosizdat, 1926.